VICTOR GROSSMAN

IF I HAD A SONG

VICTOR GROSSMAN

IF I HAD A SONG

Lieder und Sänger der USA

Lied der Zeit
Musikverlag Berlin
1990

ISBN 3-7332-0023-3

2. Auflage

© 1988 by VEB Lied der Zeit, Musikverlag, Berlin
Lizenz-Nr. 419-440/ A11/90 · LSV 8390 · Bestell-Nr. 521 231 4
Schutzumschlag, Einband und typografische Gestaltung:
Frank Schneider
Lektor: Sabine Tuch
Fotografen des Schutzumschlags: ADN-ZB/Schäfer; Mario Rietz
Porträt des Autors: Junge Welt-Bild/W. Olm
Printed in the German Democratic Republic
Satz: Druckerei Neues Deutschland, Berlin
Druck: Druckhaus Aufwärts, Leipzig III/18/20
Schrift: 9/9/11p Publica, Digiset
01950

INHALT

6

ERSTES KAPITEL

SCHLAGZEILEN UND LIEDER
Einleitung

Zuerst zieht der lange Troß – mehr als 100 LKW, Lieferwagen, Busse – die Marschroute entlang. Stunden später folgt zu Fuß die lange Schlange von über 700 Menschen, ermüdet von den täglich zurückzulegenden 30 Kilometern im Durchschnitt. Als sie sich dem nächsten Tagesziel nähern, geben ihnen winkende Menschen, gelegentlich auch hupende Autos und Lastwagenfahrer – Fremde, die ihre Schilder lesen – neuen Antrieb für die letzten Meilen.

Der Große Friedensmarsch von 1986, insgesamt etwa 5400 Kilometer lang, begann in Los Angeles und dauerte neun Monate; er überquerte die hohen Pässe der Rocky Mountains, führte durch die trockene, aber dennoch schöne Ödnis der Mojave-Wüste, verlief entlang der endlos geraden Fernstraßen zwischen den Weizen- und Maisfeldern der Prärien und durch die hektisch-geschäftigen Zentren der östlichen Industriestädte. Immer wieder waren Musik und Gesang dabei.

Manchmal war es nur das schlichte Summen zur Gitarre eines der »Marschierenden«, kurz vor dem Schlafengehen im Zelt und im Schlafsack. Oder ein altes Lied, das gemeinsam mit neuen Bekannten gesungen wurde, in Ortschaften, von denen man vorher nie gehört hatte. Wenn man weder Küchen- noch Zeltdienst hatte – jeder kam an zwei Tagen in der Woche an die Reihe –, konnte man abends in den »Medienbus« einsteigen und ein John-Lennon-Konzert erleben oder Videotapes alter Filme ansehen – vielleicht »Woodstock« oder »Alice's Restaurant«.

Gegen Ende des Marsches, in New York, in Philadelphia und in anderen großen Städten des Ostens, traten legendäre Vertreter der früheren Sängergenerationen bei den gewaltigen Kundgebungen auf. In Philadelphia war es Graham Nash – wie hatten die jungen Leute der 60er Jahre ungeduldig auf jedes neue Lied von Crosby, Stills, Nash and Young gewartet!

Als der Marschtrupp, an dem sich jetzt mehr als tausend Menschen beteiligten, endlich Washington erreichte, wurde er nicht nur vom schwarzen Oberbürgermeister der Hauptstadt und einem Senator des Bundesstaates Iowa, den sie Monate zuvor durchquert hatten, empfangen, sondern auch Peter Yarrow sang seinen Gruß. Jahre zuvor hatte seine Gruppe – Peter, Paul and Mary – einen solchen Einfluß auf die Jugend der USA ausgeübt, daß es ihnen fast möglich erschienen war, Wahlkämpfe mit ihrem Singen entscheiden zu können.

Ankunft des Friedensmarsches 1986 in Washington

Bei einer Kundgebung in Washington sang die rothaarige Holly Near, die zur jüngeren Generation gehört und in vielen Ländern populär ist. Zu den ersten Musikeinflüssen, die auf sie gewirkt hatten, gehörten Sänger wie Paul Robeson und die berühmte Gruppe »The Weavers«.

Und bei der Hauptkundgebung im Lafayette Park, gerade gegenüber dem Weißen Haus, fehlte auch nicht der Mitbegründer der »Weavers« und etlicher anderer Musikgruppen und -organisationen, bis zurück zu den »Almanac-Singers« im Jahre 1940 – der etwas kahl gewordene, doch noch immer jugendlich wirkende Altmeister, Gitarre- und Banjospieler Pete Seeger. Sie alle bildeten Brücken zur Vergangenheit.

Ganz neu dagegen, mit aktuellen Liedern, die gerade für den Marsch geschaffen worden waren, stellten sich zwei Gruppen vor, die auch mitgelaufen waren. Sie nennen sich »Collective Vision« (Kollektive Sicht) und – mit Augenzwinkern – »Wild Wimmen for Peace« (etwa: Wilde Weiber für den Frieden). Unterwegs hatten sie vor Tausenden gesungen – vor Farmern in Iowa und Nebraska, vor Gettobewohnern in New York und Philadelphia, vor Stahlarbeitern in Pittsburgh und Chicago – mit und ohne Arbeit – vor Bergleuten in den Rockies und Alleghanies – und die Menschen zum Nachdenken angeregt.

Die Brücke, die die Lieder durch die Zeiten und über die weiten Räume der USA schlagen, ist schon sehr lang, und sie wird immer länger ...

Central Park, New York: Über eine Million Menschen stehen oder sitzen auf der riesigen Wiese. Es ist ein warmer Tag, der 12. Juni 1982. Aus gewaltigen Lautsprechern klingt eine klare Tenorstimme, die auch die entferntesten Winkel der Wiesen des 340 Hektar umfassenden Parks erreicht. Beim Lied »If I Had a Hammer« singen oder summen viele mit. Sie erkennen den Sänger, obwohl nur die am nächsten Stehenden den langaufgeschossenen, bärtigen Mann sehen können, dessen Finger über die Saiten seines Banjos flitzen – Pete Seeger.

Zahlreiche Reden werden gehalten – doch jedem Redner stehen nur ein paar Minuten zu, und so können viele Lieder erklingen. Zu den Sängern gehören neben Seeger James Taylor, Rita Marley, Linda Ronstadt ... Es ist wohl in der Geschichte der Vereinigten Staaten die bis dahin größte Kundgebung gegen den Krieg.

Weit weg von New York, in den westlichen Teilen des Landes, fanden Paralleltreffen statt: in der hochgelegenen Bergstadt Denver oder in Salt-Lake-City am Großen Salzsee. Im Amphitheater Hollywood-Bowl in Los Angeles gab es eine Überraschung für die 100 000 Anwesenden: Nach vielen Jahren sangen Bob Dylan und Joan Baez wieder zusammen – das Lied, das sie gemeinsam 1963 beim Newport Folk Festival gesungen hatten: »With God on Our Side« von Bob Dylan – scharf, bissig und ätzend wie so viele seiner Lieder. Der ironische Angriff auf Leute, die Krieg glorifizieren, hat seine Aktualität nicht verloren.

Zu den ergreifendsten Ereignissen in dieser Juniwoche 1982 gehörte jener Moment, als eine Gruppe Überlebender aus Hiroshima und Nagasaki »We Shall Overcome« auf Japanisch anstimmte.

Im gleichen Jahr 1982 kauften Hunderttausende junge Amerikaner eine Schallplatte – eine Single, auf der sich zwei berühmte Stimmen von entgegengesetzten Seiten des Atlantiks vereinten. Wenn die schwarzen Ebenholz- und die weißen Elfenbeintasten des Klaviers so gut miteinander harmonieren, warum können das dann schwarze und weiße Menschen nicht ebenso? fragt das Lied. Wochenlang blieb es »on top of the charts« – also Spitzentitel. Schöpfer und Sänger von »Ebony and Ivory« waren der Ex-Beatle Paul McCartney und der schwarze Amerikaner Stevie Wonder.

Blicken wir weiter zurück in die Geschichte: Am 15. August 1969 wollten fast eine Million junge Amerikaner nach Bethel, 150 km nördlich von New York. Sämtliche Zufahrtswege waren verstopft, die Polizei wurde fast wahnsinnig; etwa 400 000 schafften es, durchzukommen. Das erste Opfer war der Zaun, der alle jene ohne eine Sieben-Dollar-Tageskarte aussperren sollte. Als nächstes brach die gesamte Versorgungsstruktur zusammen, es fehlte an Lebensmitteln, Wasser, Ärzten, sanitären Einrichtungen. Dafür gab es Musik im Freien – achtzehn Stunden am Tag, ohne Pause, trotz Wolkenbrüchen. Die Liste der Musiker war imposant: Richie Havens, Arlo Guthrie, Crosby, Stills, Nash and Young, Country Joe McDonald, Joe Cocker, The Who, Santana, Jefferson Airplane, Butterfield Blues Band, Jimi Hendrix ...

Die meisten Lieder waren der Jugendszene der 60er Jahre angepaßt – der Liebe und dem Frieden gewidmet, aber rebellisch und laut. Besonders hervorzuheben sind der »Fixin' to Die Rag« von Country Joe McDonald and the Fish, eines der schärfsten Lieder gegen den Vietnamkrieg, »Joe Hill« von Earl Robinson, ein fast klassisch zu

nennendes Arbeiterlied, gesungen von Joan Baez, und »Drug Store Truckdrivin'
Man«, ein ganz neuer Song, gewidmet einem unangenehmen Gouverneur aus Kali-
fornien namens Ronald Reagan, das ebenfalls Joan Baez – diesmal gemeinsam mit
Jeffrey Shurtleff – sang. Jimi Hendrix trat mit seiner Parodie der Nationalhymne,
»The Star-Spangled Banner«, auf.

Viele der unzähligen friedlichen Pärchen und Grüppchen in der riesigen Runde
fragten sich: Ist das nicht auch eine Art Revolution? Noch Jahre danach wurden die
jungen Leute, die hier ihre Lebensweise demonstrierten – und natürlich ihre Musik
hören wollten, nach dem Ort benannt, in dem das Festival ursprünglich stattfinden
sollte: die »Woodstock-Generation«.

Drei Monate später, am 15. November 1969, versammelten sich etwa 500 000
Menschen – wiederum in der Mehrzahl Jugendliche – vor den Säulen des Lincoln-
Denkmals in Washington. Ein Wald von Schildern und Transparenten rief zum
Kampf gegen den Vietnamkrieg auf. Neben kunstvoll gemalten Losungen gab es
rasch hingekritzelte – neben ernsten Worten wie: »Napalm tötet Kinder und andere
Lebewesen« auch witzige: »Ich wahre lieber meinen Arsch als Präsident Nixons Ge-
sicht!«

Wieder gab es Reden und Lieder, und wie dreizehn Jahre später im Central Park
war auch hier Pete Seeger dabei. »Was kann man anstimmen, um eine halbe Million
zum Mitsingen zu bewegen?« überlegte er. Da flüsterte ihm der schwarze Pfarrer
und Sänger, »Brother« Fred Kirkpatrick, zu: »Versuch's mit Lennon!« Das tat er.
Brother Fred und das Trio Peter, Paul and Mary sangen mit – immer wieder die
Zeile: »All we are saying is give peace a chance« – »Alles, was wir sagen, ist, gebt
dem Frieden eine Chance«. Mehr und mehr Menschen stimmten ein, bald sangen
alle 500 000 und schwenkten ihre Transparente und Schilder im Rhythmus – acht
bewegte Minuten lang. Das war der einigende Höhepunkt des Tages.

Doch Präsident Nixon sah sich in dieser Zeit lieber ein Football-Spiel im Fernsehen an, wie er zynisch verkündete. Ohnehin wurden von der gigantischen Kundgebung nur wenige Minuten aufgezeichnet, und auch diese hat man ein paar Tage später wieder gelöscht.

Nochmals sechs Jahre zurück, am 28. August 1963, versammelten sich 250 000
Amerikaner am gleichen Ort, vor dem Lincoln-Denkmal. Diese Zahl stellte damals
noch einen Rekord dar. Menschen aller Altersstufen waren vertreten, etwa Dreivier-
tel davon waren schwarz.

Es war die Zeit des heißesten Ringens der Schwarzen um ihre Rechte. Auf diesem
»Marsch« hielt Martin Luther King seine berühmte Rede – »Ich hatte einen Traum«.
Das Trio Peter, Paul and Mary sang das Lied »If I Had a Hammer« von Pete Seeger
und Lee Hays. Bob Dylan, der gerade erst bekannt geworden war, erinnerte mit einem Lied an den vor kurzem in Mississippi ermordeten Schwarzen Medgar Evers,
und die Afroamerikanerin Odetta trug mit ihrer tiefen, volltönenden Stimme das
alte Sklavenlied »Oh, Freedom« vor. Joan Baez eröffnete und beendete den »Marsch
auf Washington« mit »We Shall Overcome«.

Teilnehmer des Woodstock Festivals 1969

Der »Marsch auf Washington« 1963 wurde zur bis dahin größten
Demonstration in der Geschichte der USA

Das waren einige Beispiele dafür, wie eng die Verbindung von Liedern mit den Ereignissen der letzten Jahrzehnte in den USA ist. Wie man diese Lieder bezeichnen soll, ob als Volkslieder (»folk songs«), Protestlieder oder aktuelle Lieder (»topical songs«), über Definitionen und Abgrenzungen streiten manche Leute endlos. Hier werde ich mich nicht einmischen. Ich werde vielmehr davon erzählen, wie die amerikanische Geschichte Lieder hervorgebracht hat, und – umgekehrt – wie Lieder die Geschichte mitgeformt haben.

Nach diesem Rückblick auf die letzten Jahrzehnte begebe ich mich nun Jahrhunderte zurück zu den ersten Siedlungen an der Atlantikküste, um die Entwicklung von Liedern und Liedtraditionen von den Anfängen bis in die Gegenwart zu verfolgen. Dabei wird von faszinierenden Liedermachern die Rede sein – wie Joe Hill, »Aunt Molly« Jackson, »Leadbelly«, Woody Guthrie, Lee Hays, Pete Seeger, Bob Dylan, Phil Ochs, Malvina Reynolds – und einer Reihe von Liedern, die noch heute gesungen werden und noch heute wirken. Die im Buch abgedruckten Liedtexte dienen der Illustration der Geschichte. Doch aus Platzgründen und – besonders bei den neueren Liedern – auch aus rechtlichen Gründen mußten wir auf viele verzichten. Die Textübersetzungen sind weder singbar noch poetisch, sie dienen nur dem Verständnis des Inhalts.

Nun noch ein Hinweis für Englischlehrer: Grammatik und Rechtschreibung der englichen Liedtexte entsprechen oft nicht den Sprachregeln. Es handelt sich eben nicht um Kunstlieder, sondern um Volksgut.

ZWEITES KAPITEL

VON »YANKEE DOODLE«
BIS »JOHN BROWN'S BODY«
1607–1865

Die ersten Töne

Die meisten der englischen Siedler, die 1607 an der Küste Virginias Jamestown gründeten, waren Abenteurer. Von ihrem Anführer, Hauptmann John Smith, erzählt die Legende, er verdanke sein Leben der hübschen Indianerin Pocahontas, die ihn vor dem Zorn ihres Häuptlingsvaters rettete. Mit ihrer Grazie, Schönheit und Klugheit versetzte Pocahontas später ganz England in Staunen und Bewunderung. Wir wissen nicht, welche Lieder Hauptmann Smith bevorzugte – falls er überhaupt sang; aber es wurde uns überliefert, daß einer von den ersten englischen Virginiern seine Geige mit in die Wildnis brachte.

Als die Abenteurer merkten, daß kein Gold zu finden war, machten sie entweder kehrt, oder sie verlegten sich auf ein Produkt, das fast ebensoviel Gewinn abwarf – Tabak, die in Europa plötzlich so begehrte Pflanze der Indianer. Bald holten Segelschiffe die braunen Blätterstapel direkt von den Kais der Plantagen an Virginias vielen Flüssen. Die neureichen Herren und Damen, in feinen Reifröcken und gepuderten Perücken, tanzten elegante Quadrillen und sangen Balladen und Lieder aus England, begleitet von ebenfalls importierten Instrumenten.

Die einfacheren Siedler, die nach und nach die Kolonien Virginia, North und South Carolina, Georgia und Maryland (allesamt nach englischen Königen und Königinnen benannt) bevölkerten, sangen auch die uralten Balladen ihrer Heimat – melancholische, schaurige, gelegentlich auch humorvolle Lieder, die in unzähligen Strophen von Untreue, Rache, Mord, Spuk und anderen aufregenden Erscheinungen erzählten. Durch die Plantagenbesitzer wurden sie – Ackerbauern und Handwerker – aus den fetten Feldern der Küstenebenen immer weiter in die Hügel und Berge des wilden Hinterlandes verdrängt. Oftmals konnten die Sänger weder schreiben noch lesen – Noten schon gar nicht, und wenn sie ihr Gedächtnis mal im Stich ließ, mußten Phantasie und Reimkunst helfen. Mitunter reichten auch die bekannten Strophen dem Publikum nicht aus. So geschah es, daß mehr und mehr die in den Liedern besungenen Personen aus dem fernen England – liebliche Prinzessinnen, boshafte Herzöge, kühne Ritter und andere adlige Gestalten – durch solche ersetzt wurden, die man sich in den Wäldern der neuen Heimat besser vorstellen konnte. Da jeder Sänger andere Zeilen und Strophen austauschte und man sich selten begegnete, entstanden oft unzählige Versionen ein und desselben Liedes. Man sang von Indianerhäuptlingen, Holzfällern und später von Cowboys. Lediglich in den isoliertesten Dörfern und Weilern der südlichen Appalachen blieben manche Lieder relativ unverändert erhalten. Von einer der beliebtesten Balladen, »Barbara Allen«, hat man in den USA etwa 100 verschiedene Fassungen gefunden. Hier sind vier der unzähligen Strophen:

BARBARA ALLEN

All in the merry month of May,
The green buds they were swellin',
Sweet William on his death bed lay
For the love of Barbara Allen.

O slowly, slowly got she up
And slowly she came nigh him;
She drew the curtain to one side
And said, »Young man, you're dying«.

As she was walking towards her home,
She heard the death-bell knellin'
And every stroke it seemed to say:
»Cold-hearted Barbara Allen!«

»O, father, father, dig my grave,
O dig it long and narrow;
Sweet William died for love of me,
And I will die for sorrow«.

BARBARA ALLEN
(Bar'bry Ellen gesprochen)

Es war im lustigen Monat Mai,
Die grünen Knospen schwollen,
Sweet William lag auf dem Totenbett
Aus Liebe zur Barbara Allen.

Oh langsam, langsam stand sie auf,
Und langsam ging sie zu ihm;
Sie zog den Vorhang zur Seite
Und sagte: »Junger Mann, Sie sterben.«

Als sie dann nach Hause ging,
Hörte sie Totenglocken läuten,
Und jeder Schlag schien ihr zu sagen:
»Kaltherzige Barbara Allen!«

»O Vater, Vater, heb mein Grab aus,
Oh, mach es lang und schmal;
Sweet William starb aus Lieb' zu mir,
Ich sterb' aus Trauer um ihn.«

Man sang gewiß nicht nur von unbefriedigter Liebe in den kleinen Blockhäusern der schlichten Farmer oder bei den »indentured servants«, den Ärmsten der Armen, die die lange Segelschiffsreise mit sieben harten Dienstjahren im neuen Lande abzuzahlen hatten. Oft erinnerte man sich auch an die Gassenhauer, die in London oder Liverpool als lose Blätter feilgeboten wurden und auf den Straßen zu hören waren. Diese »Broadsides« – die Bezeichnung stammt vielleicht von den Salven, die die Breitseite eines Kriegsschiffes trafen – waren meist bissige Lieder, die das unstete Leben und die sozialen Konflikte in England widerspiegelten. Einige Änderungen reichten aus, dann konnte man sie auch gegen die reichen Tabakpflanzer und Plantagenbesitzer an der Küste Amerikas verwenden. Der Gesang wurde hin und wieder von den Flintenschüssen Aufständischer begleitet.

1619, zwölf Jahre nach Hauptmann John Smith, landeten die ersten Vertreter einer neuen Einwanderergruppe in Virginia – allerdings unfreiwillig. Es waren etwa zwanzig schwarze Gefangene aus Afrika. In den folgenden 230 Jahren mußten Millionen diese fürchterliche Überfahrt ertragen – wochenlang in engen, stinkenden Bootsleibern eingesperrt, Mensch an Mensch gekettet. Und Scharen von gierigen Haien folgten den Sklavenschiffen, sie warteten auf Tote und Rebellen, die ins Meer gestürzt wurden. Die amerikanischen Pflanzer hatten festgestellt, daß Afrikaner viel besser zur Feldarbeit taugten als eingeborene Indianer oder eingewanderte Briten, für die es – im Gegensatz zu den Schwarzen – verhältnismäßig leicht war, in der

Sklaventransport aus Afrika in die »Neue Welt«

Umgebung unter ihresgleichen unterzutauchen. Es wurde ein erbarmungsloses System errichtet, um die schwarzen Sklaven lebenslänglich zur unbezahlten Arbeit zu zwingen – als Diener, Handwerker, meistens aber auf den Feldern, wo Tabak, Reis, Zucker, Indigo oder Baumwolle angebaut wurden.

Ohne Rücksicht auf Familien, Nationalität und Sprache wurden sie in die verschiedenen Kolonien verstreut. Dabei kam ihnen ein großer Teil ihrer Kultur abhanden. Doch wenn sie sangen – oftmals zur Unterstützung rhythmischer Arbeitsverrichtungen, die sie sich dadurch ein wenig erleichterten, wurden dennoch Traditionen aus ihrer Heimat lebendig. Aus Westafrika stammten die erstaunlich komplizierten rhythmischen Muster, die ein emotionsstarkes Gewebe aus vielfältigen Fäden hervorbrachten; dem Kulturfremden konnte es chaotisch erscheinen, da jeder seinen eigenen Rhythmus sang.

Der Engländer Charles Lyell notierte 1845 bei einem Besuch in den Südstaaten der USA: »... Unsere schwarzen Ruderer ließen mit ihrem Lied die Wälder widerhallen. Einer von ihnen übernahm die Führung und improvisierte eine Strophe ... Dann stimmten die übrigen fünf in den Refrain ein, dieselben Worte immer wiederholend.« (1) Solches Vorsingen und Antworten im Wechsel, Antiphonie oder »call and response« genannt, entstammt ebenfalls dem afrikanischen Kulturkreis und wurde nicht allein beim Rudern praktiziert. Für die westafrikanische Melodik war die Pentatonik charakteristisch, eine fünfstufige Tonleiter ohne Halbtöne. Sie bildet die Grundlage für viele Volksmusiken aus allen möglichen Teilen der Erde. Obwohl sich die Afroamerikaner allmählich an die europäische Tonleiter gewöhnten, blieb ein Rest der Pentatonik erhalten. Daraus entstanden später die sogenannten Blue Notes, eine leichte Veränderung der dritten und siebenten Stufe der Tonleiter durch den Sänger bzw. Instrumentalisten, die sich kaum im Notenbild ausdrücken läßt. Diese »Blues tonality« oder »Blues-Stimmung« ruft eine eigenartige emotionale Wirkung hervor. Sie ist noch heute für die Musik schwarzer Amerikaner kennzeichnend, man hört es ganz deutlich im Gesang der Gospel-Interpretin Mahalia Jackson und vieler anderer.

Den Sklavenbesitzern war es ziemlich gleichgültig, welche Musik auf ihren Plantagen entstand. Sie waren höchstens daran interessiert, daß die Arbeit schneller ging. Das Trommeln war den Sklaven allerdings streng verboten – aus Angst, daß sie sich damit über große Entfernungen hinweg untereinander verständigen könnten.

Ein Jahr, nachdem die ersten Sklaven von Holländern in Jamestown verkauft worden waren, legte das Segelschiff »Mayflower« in England ab. Seine 103 Passagiere wollten ebenfalls nach Virginia. Doch das Navigieren war damals eine unsichere Sache – das Schiff landete weit im Norden an einem felsigen Küstenstreifen, den die Ankömmlinge Plymouth nannten. Zehn Jahre später folgte diesen »Pilgern« von 1620 eine weitere Gruppe, »Puritaner« genannt, die in der Nähe Boston und Salem gründete. Bald entstanden noch andere Ableger der »Massachusetts-Kolonie« in diesem kargen, unwirtlichen Nordostzipfel des Landes, den man nun als »Neu-England« bezeichnete. Die Siedler hier unterschieden sich von ihren Landsleuten in Virginia, waren sie doch aus religiösen Gründen in die neue Welt gekommen, aus Protest gegen die lockeren kirchlichen Sitten und Bräuche in England. Sie waren starrköpfig wie der Granit in dieser Region, denn Religionsfreiheit verlangten sie für sich, aber keinem Andersgläubigen billigten sie sie zu. Als strenge Kalvinisten trugen sie Grau und Schwarz, lehnten farbigen Schmuck ab und achteten streng darauf, daß auch der letzte Bürger sonntags in die Kirche ging. Dort sangen sie Psalmen, Psalmen und nochmals Psalmen. Sämtliche Musikinstrumente – selbst Kirchenorgeln – waren in Massachusetts verboten, auch das Tanzen, weil das Umfassen der Taille als gefährlich galt. So ernst und schlicht die Psalmen auch waren, hörten sie sich doch oft sehr schön an, besonders wenn der Pfarrer die Kunst der »lining out« verstand, also jeweils eine Zeile vorsang, die anschließend von der Gemeinde wiederholt wurde. Das erste in Nordamerika verlegte Buch war dann auch das »Bay Psalm Book« – ein Textbuch ohne Noten, denn die Melodien waren allgemein bekannt. Es erschien im Jahre 1640. Später wurde statt Noten ein System von Kreisen, Dreiecken und Vierek-

Gedenkstätte mit einer Soldatenunterkunft aus dem Unabhängigkeitskrieg
und einem Triumphbogen für die Offiziere und Soldaten der Kontinentalarmee

ken (»shape notes«) erfunden. Das war eine Hilfe für Musikunkundige. Doch eine
kalvinistische Zeitung warnte: »Wenn wir einmal mit dem Singen nach Noten beginnen, kommt bald als Nächstes das Beten nach Regeln, dann das Predigen nach Regeln – und darauf folgt nur noch das Papsttum.«

Dennoch blieb es trotz aller Verbote nicht bei den Psalmen, um das Singebedürfnis zu befriedigen. Man konnte hier genau wie im Süden »Broadsides« kaufen, insgeheim gedruckt, lustig und mitunter auch angriffslustig.

Cotton Mather, ein gar nicht humorvoller Pfarrer, der sich u. a. auch für die Hinrichtung von »Hexen« einsetzte, zog wütend gegen diese »albernen Lieder und Balladen, die Hausierer und Krämer in alle Teile des Landes hinaustragen«, zu Felde. (2)

Zwischen den ersten Einwanderern in den Südstaaten und den puritanischen Siedlern im nördlichen Massachusetts lagen die Kolonien Delaware, Pennsylvania, Maryland, New Jersey und New York (ursprünglich Neu-Amsterdam), besiedelt von Holländern, Schweden und Deutschen – von Katholiken, Quäkern und anderen Glaubensgruppen. Sie alle besaßen eigene musikalische Traditionen. 1746, nach dem gescheiterten Aufstand ihres »schönen Prinzen Charlie«, flüchteten auch viele Schotten nach Amerika, vor allem in die südlichen Berge. Sie brachten ihre schauerlichen Balladen, aber auch ihre Spottlieder gegen die Engländer mit.

Im selben Jahr fand in Pennsylvania ein Singefest statt, das die Völkermischung besonders deutlich zum Ausdruck brachte. Organisiert wurde es von der Sekte der

19

Mährischen Brüder, die täglich sangen und allwöchentlich Singefeste, »Liebesfeste« genannt, abhielten. Die deutsche Hymne »In dulce jubilo« wurde gleichzeitig in dreizehn Sprachen gesungen, darunter Böhmisch, Holländisch, Englisch, Deutsch, Französisch, Irisch, Walisisch, Schwedisch, Wendisch (bzw. Sorbisch) und die beiden Indianersprachen Mohawk und Mohikaner. (3)

Die Existenz spanischer Siedlungen in Florida und im Südwesten und französischer Kolonien in Kanada übte damals auf die musikalische Entwicklung außerhalb dieser Gebiete fast so wenig Einfluß aus wie die immer mehr aus dem Osten verdrängten Indianer. Die Kultur der »Amerikaner« wurde allmählich und über Generationen vorwiegend von Engländern, Schotten und schwarzen Sklaven an der Ostküste geprägt. Holländer und Deutsche brachten weniger ein. Der musikalische Fundus enthielt Balladen, religiöse Gesänge und – während des Krieges Englands gegen die Franzosen von 1756 bis 1763 – auch eine Reihe von Kriegsliedern.

»Yankee Doodle«

Die junge amerikanische Kultur war Bestandteil eines neuen Nationalbewußtseins, das sich in den dreizehn britischen Kolonien allmählich herausbildete. Als England versuchte, die Kosten des langen Krieges, in dessen Ergebnis es Kanada von Frankreich eroberte, auf Amerika abzuwälzen, meuterten die Kolonisten. Unter der Losung »Keine Steuern ohne Vertretung« protestierten sie dagegen, im englischen Parlament nicht vertreten zu sein. Zu einem Höhepunkt kam es, als in Boston eine Gruppe von Meuterern, als Indianer getarnt, Kisten mit Tee, auf dessen Einfuhr eine erhöhte Steuer lag, ins Meer kippte.

1768 dichtete John Dickinson, ein Rechtsanwalt aus Delaware, einen revolutionären Text auf eine alte Melodie:

THE LIBERTY SONG	DAS FREIHEITSLIED
Come, join hand in hand, brave Americans all,	Kommt, reicht euch die Hände, ihr Amerikaner all,
And rouse your bold hearts at fair Liberty's call;	Und erhebt eure kühnen Herzen beim Ruf der hehren Freiheit;
No tyrannous acts shall suppress your just claim,	Keine tyrannischen Taten werden eure gerechte Forderung unterdrücken
Or stain with dishonor America's name.	Oder Amerikas Namen mit Unehre besudeln.

1775 begannen die Kugeln der amerikanischen Revolution zu pfeifen, begleitet vom Liederduell zwischen Englandtreuen und Aufständischen. Die meisten Lieder entstanden dadurch, daß die Melodien alter Balladen oder Hymnen neue Texte erhielten. Das folgende jedoch, das von amerikanischen Soldaten an vielen Lagerfeuern gesungen wurde, war völlig neu gedichtet und komponiert – und zwar von William Billings, einem halbblinden Gerber, der keine musikalische Ausbildung besaß, aber dennoch viel zur Verbreitung der Musik und des Singens in dem jungen Land beigetragen hatte:

Bekanntmachung der Unabhängigkeitserklärung 1776

Thomas Jefferson – Präsident, Denker, Wissenschaftler
und Hauptautor der Unabhängigkeitserklärung.

CHESTER

The foe comes on with haughty stride.
Our troops advance with martial
 noise.
Their vet'rans flee before our youth
And gen'rals yield to beardless boys.

CHESTER

Der Gegner naht mit stolzem Schritt.
Unsere Truppen greifen an mit
 kämpferischem Lärm.
Ihre Veteranen fliehen vor unserer Jugend,
Und Generäle ergeben sich bartlosen Jungen.

Nach sechs harten Kriegsjahren gelang es den aufständischen Kolonien, der Weltmacht England eine Niederlage zu bereiten. Nach der letzten großen Schlacht in Yorktown (Virginia) spielten die »Rotröcke« bei der Waffenabgabe das englische »Die Welt steht kopf«. Dem hatten die amerikanischen Flöten und Trommeln das kecke, kleine Liedchen »Yankee Doodle« entgegenzusetzen. Ursprünglich war es ein englisches oder holländisches Lied, und britische Soldaten hatten es als Spottlied gegen die Amerikaner gesungen. Die griffen es auf und gaben es mit neuer Ironie zurück. So hallte es hin und her. Ist der Text auch ziemlich belanglos, so ist die Melodie doch unvergeßlich. Als Yankees wurden zunächst nur Neu-Engländer, später alle Nordstaatler und schließlich alle US-Amerikaner bezeichnet.

YANKEE DOODLE

Father and I went down to camp
Along with Captain Gooding;
And there we saw the men and boys
As thick as hasty pudding.
Chorus:
Yankee doodle, keep it up,
Yankee doodle dandy;
Mind the music and the step
And with the girls be handy.

There was General Washington
Upon a slapping stallion,
A-giving orders to his men,
I guess there was a million.
Chorus: …

YANKEE DOODLE

Vater und ich zogen ins Lager
Zusammen mit Hauptmann Gooding;
Dort sahen wir Männer und Jungen
So eng beieinander wie Mehlpudding.
Refrain:
Yankee Doodle, bleib dabei,
Geckenhafter Yankee Doodle,
Achte auf Musik und Schritt
Und sei flott mit den Mädchen.

Dort war General Washington
Auf einem stolzen Hengst,
Er gab Befehle seinen Männern,
Ich glaube, es war eine Million.
Refrain: …

1783 wurde in Paris der Friedensvertrag unterschrieben. Damit war ein relativ fortschrittlicher Staat – ohne König und Feudaladel – geboren. In seinem nördlichen Teil war er bereits bürgerlich, im Süden aber ein Sklavenstaat.

Die Republik wächst

Nur zehn Jahre später rollten in Paris die Köpfe von König und Adel. Die Herrscher Europas kämpften mit allen Mitteln gegen die französischen Jakobiner. Napoleon – ein einfacher Offizier – ergriff die Macht und führte viele siegreiche Schlachten zu Lande, während England die Meere beherrschte. Diese Ereignisse schienen weit weg zu sein von den Vereinigten Staaten, die sich gerade an ihre neue Verfassung gewöhnten. Und doch wirkten sie sich auch hier aus. Viele Reiche, die das Volk verachteten, traten wieder für England ein und versuchten, ihre Gegner mundtot zu machen. Die Freunde Frankreichs unter Führung von Thomas Jefferson waren jedoch beim Wahlkampf im Jahre 1800 erfolgreicher. Zu Tausenden sangen sie das Lied von »Jefferson and Liberty« (Jefferson und Freiheit). Präsident Jefferson gelang es, 1803 von Napoleon riesige Gebiete westlich des Mississippi (Louisiana), mit der geographisch und später auch in musikalischer Hinsicht so wichtigen Hauptstadt New

Orleans im Mississippi-Delta, zu einem spottbilligen Preis abzukaufen. Das junge Land dehnte sich aus.

1812 kam es ein zweites Mal zum Krieg mit England, das den USA den Handel mit Europa verbieten wollte und amerikanische Seeleute entführte. In diesem Krieg festigte sich die Republik. Es entstanden viele Lieder – zwei davon singt man noch heute:

Als englische Kriegsschiffe im Hafen von Baltimore lagen, ruderte der Rechtsanwalt Francis Scott Key mit einer weißen Fahne zu ihnen hinaus, um die Freilassung eines festgenommenen Freundes zu erwirken. Da der Hauptangriff auf die befestigte Stadt für die kommenden Stunden geplant war, hielt man Key fest, damit er die britischen Pläne nicht verraten konnte. Fünfundzwanzig Stunden tobte das Bombardement, 1500 Geschosse detonierten – für Key war es die Hölle. Am Morgen sah er jedoch, daß die US-Flagge noch immer über der Hafenfestung wehte. Voller Dankbarkeit verfaßte er ein Gedicht. Zur Melodie eines englischen Liedes gesungen, wurde es überall bekannt und 1931 zur Nationalhymne der USA erklärt: »The Star-Spangled Banner« (Das sternenbesäte Banner).

Das zweite Lied, das bis heute lebt, »The Hunters of Kentucky« (Die Jäger von Kentucky), berichtet über die Schlacht bei New Orleans am Golf von Mexiko, wo die rauhen Siedler von Kentucky mit ihren langen Flinten unter Führung von General Andrew Jackson die heranmarschierenden, in ihrer starren Disziplin unbeweglichen »Rotröcke« Seiner britischen Majestät in die Flucht schlugen. Das triumphierende Lied schildert die hinterwäldlerischen Scharfschützen als »halb Pferd, halb Alligator«. Als bittere Ironie der damaligen Zeit mit ihrer langsamen Nachrichtenübermittlung ist es zu verstehen, daß der Krieg schon seit einer Woche beendet war, als diese Schlacht tobte.

Die Städte an der Küste wuchsen – und mit ihrem Wachsen begann das Ringen um Arbeit und Lohn. Viele Menschen, die über etwas Anfangskapital und Erfahrung verfügten, zogen über die Appalachen, in die fast jungfräulichen Gebiete von Kentucky und Tennessee oder weiter nach Norden, in das Land zwischen dem Ohio-Fluß und den Großen Seen. Hier entstand ein neuer Menschenschlag: Männer und Frauen, die den Urwald rodeten, Blockhäuser bauten, sich mit den Indianern arrangierten oder – was häufiger war – sie bekämpften. Alles mußten sie selbst bewältigen – von den Farmarbeiten bis zum Steppdeckennähen, von der Seifenherstellung bis zum Kerzenziehen. 1820 erreichte die Siedlungsgrenze bereits die Ufer des Mississippi.

Die Siedler führten ein hartes, karges Leben. Aber wenn sie den reichen Boden gut bewirtschafteten, hatten sie nach einigen Ernten genug Getreide, um es zu verkaufen. Doch war der Transport – mit Ochsenkarren über die Berge – zu beschwerlich. Daher stellten viele Siedler Whisky her; Schotten und Iren hatten diese Kunst aus der Heimat mitgebracht. Statt Gerste benutzten sie auch Roggen – für »Rye Whiskey« – oder Mais – für »Bourbon Whiskey«, der zuerst im Kreis Bourbon in Kentucky produziert wurde. Bald hatte sich dieses Getränk gegen den Rum aus der Karibik durchgesetzt. Allerdings belegte die Regierung nun den Verkauf von Whisky

Siedler auf ihrem Zug nach dem nordamerikanischen Westen

mit einer Steuer. Es begann ein schwunghafter illegaler Handel mit dem »Mondschein«-Getränk, der zu mitunter sogar blutigen Kleinkriegen führte und noch heute nicht ganz beendet ist. Davon erzählt das folgende Lied:

DARLING COREY	LIEBE COREY
Wake up, wake up, darling Corey,	Wach auf, wach auf, liebe Corey,
What makes you sleep so sound?	Wie kannst du so tief schlafen?
The revenue officers is a-comin'	Die Steuerbeamten kommen,
To tear your still-house down.	Um deine Schnapsbrennerei abzureißen.

Das Leben in den Blockhütten war recht einsam. Die Siedlerfamilien waren froh, wenn ein Reisender vorbeikam, der musizieren oder singen konnte. Für ihn wurde der beste Platz am Kamin reserviert, ihm gebührte die größte Portion Maisbrot mit Fleischsoße und vielleicht sogar ein großes Stück Kürbiskuchen. Die gebräuchlichsten Musikinstrumente waren Geigen, Flöten, verschiedene Schlaginstrumente – wie das Tambourin – und die eigene Stimme. Von Zeit zu Zeit versammelten sich die weit verstreut wohnenden Nachbarn, um sich gegenseitig beim Bauen von Blockhäusern, beim Nähen von Steppdecken und beim Maisschälen zu helfen. Da wurde viel getratscht – und abends auch getanzt und gesungen. Falls ihnen aus religiösen Gründen der Gebrauch von Musikinstrumenten und das Tanzen verboten waren, wurde gesungen, gestampft und geklatscht, wobei die Teilnehmer dieser sogenannten Play-parties im Kreis herumhüpften. Die Hauptsache war, daß sie die Füße nicht kreuzten, denn das galt als tanzen – und damit als teuflisch.

Religion spielte im Leben der Siedler eine große Rolle. Das drückt sich auch in den Ereignissen um 1800 aus, die später als »Großes Erwachen« oder »Neue Wiedergeburt« bezeichnet wurden. Mehr und mehr eifrige Prediger wanderten als Missionare durch die neubesiedelten Ländereien, vor allem durch West Virginia, North Carolina und Kentucky. Gleich ob sie Methodisten, Congregationalisten oder Baptisten waren – für sie alle gab es in den fruchtbaren Siedlungsgebieten ebenso fruchtbare Seelenäcker. Die Menschen, die durch ein hartes Leben geprägt waren, suchten nach einem Ventil für ihre aufgespeicherten Emotionen. Sie fanden es in den dramatischen Predigten der wandernden Pfarrer. Tausende strömten zu den Treffen, die oft in Zelten stattfanden, um sich vor dem Wetter zu schützen.

Ein Augenzeuge berichtet:

»Nachts, wenn die Lagerfeuer in einem mächtigen Kreis um die unzähligen herbeigeeilten Siedler brannten, sah man die erschütterndsten Szenen. Als die Finsternis tiefer wurde, die Mahnungen der Prediger dringlicher und leidenschaftlicher, ihre bildhaften Voraussagen des Untergangs greller und alarmierender, da überstieg die Kraft der Lieder jedes Maß. Überall brachen aus den Kehlen der Menschen Schreie der Ekstase, Schluchzen, Stöhnen ... Sobald geflüstert wurde, woanders gehe es lebhafter zu, eilte die Menge zum nächsten Prediger. Man drängelte sich begeistert um einen ›gefallenen Bruder‹, lachte, hüpfte, schluchzte, schrie, fiel in Ohnmacht ... Man schätzte die Zahl derer, die während des Treffens hilflos zu Boden fielen, auf etwa dreitausend ... Die Liegenden trug man zum Meetinghaus. Manche lagen still, unfähig, sich zu bewegen oder zu sprechen. Andere schrien schmerzvoll und sprangen herum wie ein Fisch ohne Wasser. Viele legten sich auf die Erde und rollten sich stundenlang hin und her. Andere rasten wie wild über Bänke und Baumstümpfe, stürzten in den Wald und schrien ›Verloren! Verloren!‹ ...« (4)

Dieses Phänomen scheinbarer Verrücktheit, das eine Generation später erneut durchs Land fegte und noch heute hin und wieder anzutreffen ist, war von Bedeutung für die musikalische Entwicklung. Die Prediger brachten Lieder mit – ihr Publikum ebenfalls. Obgleich die ersteren häufig mit dem strengen Glauben von Massachusetts im Nordosten gebrochen hatten, liebten sie noch das Singen ohne Noten, das mannigfaltige Improvisationen erlaubte – das »Herumrutschen« mit der Stimme sowie allerlei Verzierungen beim »Finden« der Töne. Sie pflegten auch noch immer die Methode des Vorsingens jeder einzelnen Zeile, die dann von der Gemeinde laut und schön wiederholt wurde. Dieses »lining out« war in den eleganteren Kirchen des Nordens, wo mittlerweile jeder Gläubige lesen konnte, längst verpönt. Es war jedoch besonders für Gottesdienste im Freien geeignet, wo laut gesungen, wenn nicht gar geschrien wurde. Harmonie war hier weniger gefragt.

Diese Methode kam auch den Singegewohnheiten der Schwarzen entgegen, die ebenfalls Vorsänger und Antwortende (Antiphonie oder »call and response«) kannten, gern improvisierten, Verzierungen bestimmter Noten praktizierten und wenig Wert auf Harmonie legten. Bei diesen ekstatischen Gottestreffen, die von einem demokratischen Geist beseelt waren, kam es nämlich auch zu einer Begegnung zwischen den weißen Siedlern der Südstaaten und Schwarzen – meist Sklaven, seltener freien. Im Gegensatz zu den strengen Kalvinisten, bei denen der Himmel nur wenigen Auserwählten vorbehalten blieb, glaubte man in jenen Kirchen daran, daß jeder ein Recht darauf hatte, wenn er nur seine Sünden bereute und sich im Fluß taufen ließ. Die Schwarzen brachten vor allem ihre Rhythmen mit. Es entstand eine neue Musik – zündend, aufpeitschend und freudig, oder auch besorgt und traurig.

Patrick arbeitet bei der Bahn

Ein altes Segelschiff lag am Kai von New York vor Anker. Nach Erledigung der Einreiseformalitäten strömte eine beträchtliche Anzahl ärmlich gekleideter Männer, Frauen und Kinder an Land. Sie waren von der langen Reise gezeichnet und schienen froh zu sein, daß sie endlich ihren Fuß auf festen Boden setzen konnten. Die Reisenden kamen aus Irland. Nach der mißlungenen Revolution von 1798 gegen England verließen sie ihre arme, schöne »Smaragdinsel« und tauschten sie gegen das »wilde Amerika« ein. Bis zum Jahre 1845 gab es bereits eine Million irischer Einwanderer. In der Zeit von 1845 bis 1848 vernichtete in Irland eine Seuche das Hauptnahrungsmittel, die Kartoffel. Es lagen »unbegrabene Tote, wo sie hinfielen, den Mund von Unkraut und Disteln grün gefärbt, die sie in ihrer äußersten Not gegessen hatten« (5), während England trotzdem weiterhin Lebensmittel aus der Insel preßte. Von acht Millionen Iren starben eineinviertel Millionen, während mehr als 4,3 Millionen über den Ozean nach Amerika kamen. Viele blieben in New York, Boston, Philadelphia und in anderen Städten des Nordostens, mancherorts bildeten sie bereits die Mehrheit. Doch ohne Berufsausbildung – häufig waren sie Analphabeten – und bettelarm, hatten sie meist nichts zu bieten als die Kraft ihrer Arme. Man stellte sie gegen die niedrigste Bezahlung für die schwersten körperlichen Arbeiten ein, verhöhnte und diskriminierte sie – wie es später noch vielen Einwanderern erging. Da sie in der Mehrzahl katholisch waren, ergab sich hieraus eine neue Grundlage für die Spaltung unter den Arbeitern in den USA – die Trennung nach ihrer Religion.

Neben ihrer Muskelkraft und dem unbeliebten katholischen Glauben brachten die Iren einen tiefen Haß gegen England mit – und eine lange, reiche Lied- und Tanztradition: Lieder voller Melancholie und Heimweh, auch revolutionäre aus dem Jahre 1798 und lustige und witzige mit ansteckendem Rhythmus, die zum Tanz reizten. Dazu erfanden sie – wie andere Einwanderer auch – passende neue Texte. Da sie in englischer Sprache gesungen wurden, hatten sie eine größere Chance, in den Hauptstrom amerikanischer Musik einzufließen, als die Lieder anderer Gruppen, wie z. B. der in dieser Zeit ebenfalls zahlreich ankommenden Deutschen.

Aus zwei alten Liedern jener Zeit schuf Pete Seeger das folgende neue, zu einer lustigen Melodie sang er den zornigen Text:

NO IRISH NEED APPLY	IREN BRAUCHEN SICH NICHT ZU MELDEN
I seen employment advertised,	Ich las von einem Stellenangebot,
It's just the thing, says I;	Das war für mich das Rechte!
But the dirty spalpeen ended with:	Doch endete der Halunke mit den Worten:
»No Irish need apply«.	»Iren brauchen sich nicht zu melden.«

O, says I, but that's an insult,
O, to get the place I'll try;
So I went to see the blackguard
With his »No Irish need
 apply«.

I told him what I came for
When he in a rage did fly,
»No«, he says, »You are a Paddy,
No Irish need apply«.

I couldn't stand it longer
So a-hold of him I took;
I gave him such a welting
As he'd get at Donnybrook.

He hollered Milia Murther
And to get away did try,
And swore he'd never write
 again:
»No Irish need apply«.

Some do think it a misfortune
To be christened Pat or Dan,
But to me it is an honor
To be born an Irishman.

Oh, dachte ich, das ist eine Kränkung,
Ich werd' es trotzdem wagen;
Also ging ich zu dem Schweinehund
Mit seinem »Iren brauchen sich nicht
 zu melden!«

Ich sagte ihm, was ich wollte,
Da geriet er in Wut:
»Nein«, sagt er, »du bist ein Paddy,
Iren brauchen sich nicht zu melden!«

Ich konnte nicht länger an mich halten,
Da nahm ich ihn mir vor;
Ich habe ihn härter bearbeitet
Als in der Schlacht von Donnybrook.

Er schrie Zeter und Mordio
Und versuchte, sich loszureißen.
Und schwor, er würde niemals wieder
 schreiben:
»Iren brauchen sich nicht zu melden.«

Manche meinen, es sei ein Unglück,
Pat oder Dan getauft zu sein,
Aber für mich ist es eine Ehre,
Als Ire geboren zu sein.

Es waren vor allem Iren, die am Bau des »Großen Grabens«, des Erie-Kanals, beteiligt waren, mit dem man 1817 begann. »Von einem Kanal, der 580 km durch die
Wildnis führt, auch nur zu reden grenzt sehr nahe an Wahnsinn«, schrieb ein Zweif-
ler. Doch nach acht Jahren Schufterei in Sumpf und Urwald war die wichtige Verbindung zwischen dem Hudson-Fluß (und an seiner Mündung dem Hafen New York)
und dem Erie-See – nicht weit von Buffalo entfernt – fertig. Mehr als fünfzig Kähne
zogen täglich den Kanal entlang, bis zu siebzig mußten oft an den Schleusen warten. Die Mannschaften der von Pferden und Maultieren gezogenen Kähne bestanden häufig aus Iren; sie erfanden lustige Lieder über schwere Stürme und fürchterliche Gefahren bei der Kanalfahrt:

E-RI-E CANAL

We were forty miles from Albany,
Forget it I never shall,
What a terrible storm we had that night
On the E-ri-ee Canal!
Chorus:
The E-ri-ee was a-rising,
And the gin was a-gitting low,
And I scarcely think we'll get
 a drink
Till we get to Buffalo,
Till we get to Buffalo.

E-RI-E-KANAL (IH-REI-IH)

Wir waren vierzig Meilen von Albany,
Vergessen werd' ich's nie!
Welch fürchterlichen Sturm es gab
Eines Nachts am Ih-rei-ih-Kanal!
Refrain:
Der Ih-rei-ih stieg an,
Und der Ginpegel nahm ab,
Und ich fürchte, wie kriegen nichts
 gegen den Durst,
Bis wir Buffalo erreichen,
Bis wir Buffalo erreichen.

Chinesische Arbeiter an der Pacific-Bahnlinie in der Sierra Nevada

Our cook she was a grand old gal,
She had a ragged dress,
We hoisted her upon a pole
As a signal of distress.
Chorus: ...

The wind began to whistle,
And the waves began to roll,
We had to reef our royals
On that raging canal.
Chorus: ...

Die Köchin war eine großartige Alte,
Sie trug ein Lumpenkleid,
Wir hißten sie hoch oben am Mast,
Zu dienen als Notsignal.
Refrain: ...

Der Wind begann zu pfeifen,
Und die Wellen begannen zu rollen,
Das Oberbramsegel mußten wir reffen
Auf dem wütenden Kanal.
Refrain: ...

Dieser »wütende, stürmische« Wasserweg war 12 m breit und 1,2 km tief – gerade genug, um Flachkähne durchzulassen. Und doch reichte er aus, um Waren vom Osten nach Westen und aus dem Binnenland zum Hafen von New York zu bringen, das dadurch Weltstadt wurde.

Es wurden weitere Kanäle gebaut, bis man schließlich eine bessere Transportmöglichkeit fand. Zunächst legte man Gleise für Pferdebahnen, dann kamen die donnernden, rauchenden Ungetüme aus England. Bereits 1830 gab es Lokomotiven aus eigener Produktion – schnell, wendig, aber auch noch sehr kipplig. Die Strecke war

in diesem Jahr 37 km lang und führte von Baltimore an der Küste aus in die Richtung der Berge und des Ohio-Flusses. Daraus wurden 4500 km im Jahr 1840, und
1850 gab es schon eine Strecke von 14 500 km. 1860 umfaßte das Eisenbahnnetz
49 000 km. Beim Gleisbau – eine harte Arbeit, weil dabei Berge, Ebenen, Flüsse und
Felsklüfte zu überwinden waren – wurden vorwiegend Iren beschäftigt. Dabei sangen sie:

PAT ON THE RAILWAY	**PATRICK BEI DER BAHN**

PAT ON THE RAILWAY

In eighteen-hundred-and-forty-one
I put my corduroy breeches on,
Put my cord'roy breeches on
To work upon the railway.
Chorus:
Fil-i-mee-oo-ree-eye-ri-ay *(3×)*
To work upon the railway.

In eighteen-hundred-and-forty-two
I left the old world for the
    new,
Bad cess to the luck that brought
    me through
To work upon the railway.
Chorus: ...

In eighteen-hundred-and-forty-three
'Twas then I met sweet Biddy
    McGhee
An elegant wife she's been to me
While workin' on the railway.
Chorus: ...

In eighteen-hundred-and-forty-five
I thought myself more dead than alive,
I thought myself more dead than alive,
While workin' on the railway.
Chorus: ...

It's »Pat do this« and »Pat do
    that«,
Without a stocking or cravat,
And nothing but an old straw
    hat
To work upon the railway.
Chorus: ...

In eighteen-hundred-and-forty-seven,
Sweet Biddy McGhee, she went to heaven,
If she left one kid, she left
    eleven,
To work upon the railway.
Chorus: ...

PATRICK BEI DER BAHN

Achtzehnhunderteinundvierzig
Zog ich meine Cordhosen an,
Zog ich Cordhosen an,
Um bei der Bahn zu arbeiten.
Refrain:
Fil-i-mi-u-ri-ei-ri-eh *(3×)*
Um bei der Bahn zu arbeiten.

Achtzehnhundertzweiundvierzig
Verließ ich die alte Welt und zog
    in die neue,
Ein Fluch dem Glück, das mich
    durchkommen ließ,
Um bei der Bahn zu arbeiten.
Refrain: ...

Achtzehnhundertdreiundvierzig,
Das war, als ich die süße Biddy McGhee
    traf.
Sie ist mir eine feine Frau gewesen,
Als ich bei der Bahn arbeitete.
Refrain: ...

Achtzehnhundertfünfundvierzig
Kam ich mir eher tot als lebendig vor,
Kam ich mir eher tot als lebendig vor,
Als ich bei der Bahn arbeitete.
Refrain: ...

Es heißt: »Pat, tu dies« und »Pat,
    tu das«,
Ohne Krawatte und Strumpf,
Und mit nichts als einem alten Strohhut
    auf,
Um bei der Bahn zu arbeiten.
Refrain: ...

Achtzehnhundertsiebenundvierzig
Kam die süße Biddy McGhee in den Himmel,
Sie hinterließ eine Kinderschar, nicht eins
    weniger als elf,
Um bei der Bahn zu arbeiten.
Refrain: ...

Nicht nur die Gleisbauer drangen immer weiter westwärts vor und sangen bei ihrer Arbeit und am Feierabend. Auch die Holzfäller, die systematisch die Urwälder rodeten, waren für lange Zeiträume von der Außenwelt isoliert und brauchten daher Lieder. Sie sangen die bekannten, schufen sich aber auch eigene, neue. Meist dichteten sie nur neue Texte zu alten Melodien, denn ein Text ist schneller erfunden als eine neue Melodie. Dieses Verfahren ist typisch für die Geschichte der Volkslieder. Die Holzfällerlieder und -balladen zogen mit ihren Schöpfern von Neu-England nach New York, weiter westwärts durch Pennsylvania, Michigan und Wisconsin nach Minnesota. Ergänzt wurden sie von Legenden über den riesigen Holzfäller Paul Bunyan, der mit seinem Ochsen »Babe« die Großen Seen und den Mississippi-Fluß geschaffen haben soll.

Die Lieder der Iren mischten sich unter die der Yankees aus dem Nordosten und die französischen Lieder aus Kanada. Sie erzählten von Unfällen beim Flößen auf den reißenden Flüssen und vom Heimweh. Manche waren mit Humor und Ironie gewürzt und spotteten über mieses Essen, verwanzte Betten und lausigen Lohn. Solche frühen »Protestlieder« verfolgten natürlich einen Zweck. Weitaus eindeutigere, wenngleich zeitlich begrenztere Ziele hatten die Wahllieder. Der Präsidentschaftskandidat der Whig-Partei von 1840 war ein älterer, unbedeutender Herr, William Henry Harrison, der sich lediglich durch seinen Spitznamen – »Tippecanoe« – auszeichnete. Er hatte ihn erhalten, als er 29 Jahre zuvor einen Ort dieses Namens, das Hauptquartier der Indianervereinigung unter Tecumseh, erobert hatte. Dadurch war er für viele Amerikaner zum Helden geworden. Der Kandidat für die Vizepräsidentschaft hieß Tyler. Das brachte einen Werbemanager auf den genialen Slogan »Tippecanoe and Tyler, too« (Tippecanoe und Tyler auch). Es reimt sich und klingt so einprägsam, daß es einem nur schwer aus dem Sinn geht. Als Werbeteams mit Ochsenkarren durchs Land zogen und diesen mit einer Melodie versehenen Slogan sangen, war der Sieg Harrisons gesichert. Das war der Auftakt für den Einsatz von Liedern in zukünftigen Wahlkampagnen.

1844 war die Gegenpartei besser vorbereitet; sie kam mit eigenen, zündenden Liedern. Dafür hatten die Whigs diesmal ein großes Handicap bei ihrer Reimerei – ihr Vizepräsidentschaftskandidat hieß Frelinghuysen. Sie schusterten schließlich ein Lied zusammen, doch war die Mühe umsonst, denn es siegten James Polk und George Dallas (nach dem später eine Stadt benannt werden sollte) von der Gegenpartei. Während Polks Amtszeit provozierten die Sklavenbesitzer in dem neuen Bundesstaat Texas einen Krieg gegen den jungen Staat Mexiko (1846–1848), trotz des Widerstands der besten Amerikaner jener Zeit. Im Ergebnis des Krieges wurde Mexiko halbiert, und die USA erhielten ein riesiges, neues Stück Land, das bis zum Stillen Ozean reichte und Gebietszuwachs für Texas sowie die Territorien Colorado, Utah, Nevada, New Mexico, Arizona und Kalifornien brachte. Ein wehmütiges Soldatenlied aus jener Zeit begann mit den Worten »Green grow the lilacs ...« (Grün wächst der Flieder ...). Es wurde so viel gesungen, daß die Mexikaner, die das »Green grow« als »Gringo« hörten, ein Schimpfwort daraus machten, mit dem sie noch heute ihre aggressiven Nachbarn im Norden belegen. So meinen jedenfalls manche Experten.

Plenty of Gold

»Gold! Wir haben Gold gefunden!« Die Nachricht von der Entdeckung dieses Metalls neben der Mühle des Schweizer Einwanderers John Sutter, an einem Nebenfluß des Sacramento, konnte man unmöglich geheimhalten. Das geschah am 24. Januar 1848, nur wenige Tage, nachdem Kalifornien Teil der USA geworden war. Schon 1849 strömten 80 000 Amerikaner und Menschen aus allen Teilen der Welt in die Goldregion; insgesamt kamen in den zehn Jahren nach dem Fund etwa 300 000. Ganze Kirchengemeinden leerten sich, Redaktionen schlossen, biedere Anwälte, Schreiber, Farmer und Lehrer eilten nach Kalifornien und waren voller Hoffnung, das begehrte Metall zu finden. Darunter gab es nicht wenige zwielichtige Personen, die aus den Staaten des Ostens kamen, um einer Strafe zu entwischen oder einem lästigen Familienleben zu entgehen. Viele kamen auch mit der Absicht, den eifrigen Goldsuchern ihren Fund mit Pistolen, langen Fingern oder durch Falschspiel beim Pokern abzunehmen. Eines der Lieder, die die Neuankömmlinge als erstes hörten, war deshalb:

WHAT WAS YOUR NAME IN THE STATES?	WIE WAR DEIN NAME IN DEN STAATEN?
Oh, what was your name in the states?	Oh, wie war dein Name in den Staaten?
Was it Thompson or Johnson or Bates?	War es Thompson oder Johnson oder Bates?
Did you murder your wife	Hast du deine Frau ermordet
And fly for your life?	Und bist um dein Leben geflüchtet?
Oh, what was your name in the states?	Oh, wie war dein Name in den Staaten?

Ein großer Teil der Goldsucher segelte mit dem Schiff um Kap Hoorn, die Südspitze Südamerikas, oder nach Panama, wo sie über die Landenge ziehen mußten, weil es den Kanal damals noch nicht gab, und dann weiter mit dem Schiff nach San Francisco. Hier wurde oft die gesamte Schiffsbesatzung untreu und zog mit auf Goldsuche. Das Lied »A Ripping Trip« (etwa: Eine durchschlagende Reise) erzählt, wie sich alle anstrengen mußten, daß das lecke Schiff oben und das miese Essen unten – im Magen – blieb, wie der Schiffsingenieur blau wurde, der Koch über Bord fiel, wie Skorbut und Cholera um die Vorherrschaft rangen, daß die für Panama versprochene Bahn gar nicht vorhanden war und wie ihnen schließlich in San Francisco von Falschspielern das letzte Geld aus den Taschen gezogen wurde.

Ein anderer Teil der sogenannten Neunundvierziger zog die Reise mit der Wagenkolonne vor und nahm lieber die Strapazen über die Berge und durch die Prärie in Kauf. Das war langwierig und schwer und außerdem gefährlich, denn die Indianer waren nicht gerade entzückt über die Kolonnen, die durch ihr Land zogen.

Und doch zählte man in Fort Laramie (Wyoming) im ersten Halbjahr 1850 schon 37 570 Männer, 825 Frauen und 1126 Kinder, die in 9101 Wagen mit 31 502 Ochsen angekommen waren. Auf der Reise und auch noch Jahrzehnte danach sang man die Lieder vom Goldrausch. Zur Melodie des Tanzboden-»Schlagers« »Villikins and His Dinah« dichtete man ein Lied, dessen unzählige Strophen allgemein bekannt und ungeheuer beliebt wurden. Darunter die folgenden:

Goldsucher in Kalifornien

SWEET BETSY FROM PIKE

Oh, don't you remember sweet Betsy
from Pike,
Who crossed the big mountains with
her lover Ike,

SÜSSE BETSY AUS PIKE *(Paik)*

Erinnerst du dich nicht an die süße
Betsy aus Pike?
Die die breiten Berge überquerte mit ihrem
Geliebten Ike,

With two yoke of cattle, a large
yellow dog,
A tall Shanghai rooster and one
spotted hog?
Chorus:
Singing tooral lal looral lal looral
lal la,
Singing tooral lal looral lal looral
lal la,
Sing tooral lal looral, sing tooral
lal la,
Singing tooral lal looral lal looral
lal la.

Out on the prairie one bright starry
night
They broke out the whiskey and Betsy got
tight;
She sang and she shouted, she danced o'er
the plain,
And showed her bare arse to the whole
wagon train.
Chorus: …

They soon reached the desert where
Betsy gave out,
And down in the sand she lay rolling
about;
While Ike, half-distracted, looked on
with surprise,
Saying, »Betsy, get up, you'll get sand
in your eyes.«
Chorus: …

Long Ike and sweet Betsy got married,
of course,
But Ike, getting jealous, obtained a
divorce;
And Betsy, well satisfied, said with
a shout,
»Goodby, you big lummox, I'm glad you
backed out.«
Chorus: …

Mit zwei Paar Ochsen, einem großen gelben
Hund,
Einem großen Shanghai-Hahn und einem
gefleckten Schwein?
Refrain:
Singt: Tural lal lural lal lural
lal la,
Singt: Tural lal lural lal lural
lal la,
Singt: Tural lal lural, singt:
Tural lal la,
Singt: Tural lal lural lal lural
lal la.

Draußen auf der Prärie in einer
sternhellen Nacht
Öffneten sie den Whisky, und Betsy
wurde blau;
Sie sang und sie schrie, sie tanzte über
die Ebene
Und zeigte ihren bloßen Arsch der ganzen
Wagenkolonne.
Refrain: …

Bald erreichten sie die Wüste, wo Betsy
aufgab,
Sie legte sich in den Sand und rollte
sich herum;
Und Ike, halb von Sinnen, schaute sie
überrascht an
Und sagte: »Betsy, steh auf, du kriegst
Sand in die Augen!«
Refrain: …

Der lange Ike und die süße Betsy heirateten
natürlich,
Doch Ike wurde eifersüchtig und ließ
sich scheiden;
Und Betsy war ganz zufrieden und sagte
schreiend:
»Tschüß, du großer Dummkopf, ich bin
froh, daß du abhaust!«
Refrain: …

Eines der schwierigsten Probleme für die Goldsucher am Sacramento war der Mangel an Frauen, auch solchen wie Betsy. Weitere entstanden dadurch, daß trotz mühevoller Schufterei mit Hacke, Schaufel und Sieb kein Gold mehr zu finden war. Viele zogen enttäuscht weiter – zum Beispiel in das Oregon-Gebiet nördlich von Kalifornien. Dabei sangen sie ein Lied, dessen wunderbar rollende Melodie noch heute beliebt ist. Ursprünglich stammte sie aus Irland, und eine der ältesten irischen

Textversionen – »Rosin the Beau« – berichtet von einem lustigen Säufer, der sich vor seinem Hinscheiden noch rasch einen genehmigen will. Dann sang man auf diese Melodie im Wahlkampf von 1840 den bereits erwähnten Slogan »Tippecanoe and Tyler, too«, nutzte sie in einem späteren Wahlkampf für Abraham Lincoln, ein Jahrhundert danach dichtete Woody Guthrie bissige Strophen darauf, und in den siebziger Jahren unseres Jahrhunderts wurde die Melodie zu einem Lied der amerikanischen »Grünen« gesungen. Am bekanntesten blieb jedoch die alte Version vom Puget-Sund, die sogar zur Hymne des Bundesstaates Washington erklärt wurde:

ACRES OF CLAMS	MASSEN VON CLAMS *(eine Art Muscheltiere)*
For those who gain riches by mining,	Als ich begriff, daß für die, die am Bergbau reich werden,
Perceiving that hundreds stay poor,	Hunderte arm bleiben,
I made up my mind to try farming,	Beschloß ich, es als Farmer zu versuchen,
The only pursuit that is sure.	Im einzigen Beruf, der sicher ist,
The only pursuit that is su-u-re,	Im einzigen Beruf, der sicher ist,
The only pursuit that is sure,	Im einzigen Beruf, der sicher ist.
I made up my mind to try farming,	Beschloß ich, es als Farmer zu versuchen,
The only pursuit that is sure.	Im einzigen Beruf, der sicher ist.
So I packed up my grub in a blanket	So packte ich mein Essen in eine Decke
And left all my tools on the ground	Und ließ mein Werkzeug am Boden liegen
And started one morning to shank it	Und begann eines Morgens zu laufen
For a country they call Puget sound.	In das Land, das Puget-Sund heißt.
For a country ...	In das Land ...
(repeats as above)	*(Wiederholung wie oben)*

Der Goldrausch, der mit seinem wilden Streben nach Reichtum, seinem Humor, seiner Tragik und mitunter Tragikomik zu einem echten Symbol für die USA wurde, ging also zu Ende. Was blieb, waren etliche neue Städtchen und viele Lieder. Auf der Reise nach Kalifornien war aus dem Lied »Camptown Races« von Stephen Foster ein Shanty entstanden, das noch heute weit verbreitet ist: »Blow, boys, blow, for Califor-ni-o, there's plenty of gold, so I've been told, on the banks of Sacramento« (Es gibt viel Gold, so erzählte man mir, am Ufer des Sacramento). Auf der Rückreise sang man statt dessen: »There's plenty of stones and dead men's bones on the banks of Sacramento« (Es gibt viele Steine und Totengebeine am Ufer des Sacramento).

Die Shanties – oder Chanteys, sicher nach dem französischen Wort chanter (singen) benannt – spielten an Bord der alten Segelschiffe eine äußerst wichtige Rolle. Wie die Siedler, Holzfäller und Goldsucher bildeten die Seeleute eine häufig isolierte Gruppe, die ihre Unterhaltung selbst organisieren mußte. Daraus entstanden die »fo'c'stle«-Lieder, die man während der Freizeit in der Koje singen konnte. Wichtiger noch waren die Shanties, die bei schwerer Arbeit gesungen wurden, um den Takt anzugeben, wie z. B. beim Tauziehen, Segelsetzen, Ankerhieven oder beim Pumpen. Der Shantyman sang die Strophen vor, und die Männer stimmten in den Kehrreim ein. Dieser »Vorsänger«, dem die Mitarbeit erspart blieb, kannte immer die geeigneten Shanties und erfand neue Strophen hinzu. Da gab es witzige oder wehmütige Kommentare zu den amourösen Abenteuern im letzten Hafen. Immer wieder ging es bei den einsamen Männern um das ewige »Thema Nr. 1«, beispielsweise »In Amsterdam, da lebte ein Mädchen, und sie war Meisterin ihres Gewerbes« oder »Oh, Shenandoah, ich liebe deine Tochter, ich werde sie über das rollende Wasser bringen ... Wir ziehen weit über den breiten Missouri«. Manche Lieder kommentierten auch die Geschichte: »König Ludwig war König von Frankreich vor der Revolution, König Ludwig bekam den Kopf abgeschlagen, das verdarb ihm die Verfassung« oder »Boney ging nach Waterloo, dort wurde er geschlagen, Boney wurde weggeschickt, bis nach Saint Helena«.

Häufig enthielten die Shanties auch Klagen und Beschwerden über die harten Bedingungen an Bord. Zumal die Mannschaften, die auf den Fernostlinien oder auf Walfängern oft zwei, drei und vier Jahre unterwegs waren, sich nicht immer ganz freiwillig anheuern ließen. In ihren Liedern schimpften sie über das »kleine Stück stinkendes Rindfleisch und den verdammt dünnen Brotsack« oder über das Gebrüll des Bootsmanns: »Schnell zum Heck, sonst helf' ich dir hin mit der Spitze meines Stiefels! Du landest flach auf dem Deck, denn ›Jack der Treter‹ Williams kommandiert die ›Black Ball‹.«

Mitunter wurden auf See neue Melodien erfunden, doch meist stammten sie von Gassenhauern, man borgte sie sich von den Holzfällern oder den Leuten auf den Flußbooten, nicht wenige wurden auch von schwarzen Sklaven übernommen, die Baumwollballen und andere Fracht zwischen den Kais und den Schiffen hin und her schleppten, oder von freien Schwarzen, die als Seeleute auf den Seglern arbeiteten. Die Melodien wanderten also vom Land zum Meer und vom Meer zum Land, sie schallten von den Schwarzen zu den Weißen und von den Weißen zu den Schwarzen. Ihr Ursprung wird nie mehr zu enträtseln sein. Und wozu auch?

Minstrel Shows und Spirituals

Grobes Gelächter hallte den Sängern entgegen – ob aus unrasierten Hälsen am Rande der Zivilisation in Missouri oder aus glatten, parfümierten in New York und Charleston. Minstrel Shows reisten erfolgreich durch das ganze Land, manchmal sogar nach England, und machten das große Geschäft. Nur waren sie leider eine sehr zwiespältige Angelegenheit.

Minstrel heißt eigentlich Minnesänger, mit feudaler Minne hatten die Minstrel Shows allerdings nichts zu tun. Sie waren eine Art Varieté – mit Musik, Tanz und witzigen Dialogen, eine Unterhaltungsform, die um 1840 aufkam und noch immer nicht endgültig verschwunden ist. Die Minstrel Shows brachten Musik und Lachen selbst in abgelegene Gegenden. Was war denn daran schlecht?

Die meist weißen Sänger und Tänzer glaubten, sie wirkten komischer, wenn sie ihre Gesichter mit rußigem Kork bemalten, so daß sie wie Schwarze aussahen, deren Lieder sie parodierten und deren Sprechweise sie nachäfften und die sie als faule, abergläubische und dumme Hampelmänner darstellten, mit breitem, närrischem Grinsen und rollenden Augen.

Sklavenversteigerung in Richmond (Virginia)

Dieses Bild prägte sich bei unzähligen Weißen ein – und das in einem Lande, wo Millionen von schwarzen Sklaven von Sonnenaufgang bis Sonnenuntergang in Baumwoll-, Zuckerrohr- und Reisfeldern schufteten – als Lohn erhielten sie ein paar Speisereste und Lumpen. Schwarze Sklaven waren vollkommen rechtlos, sie durften keine Familien gründen, den Müttern wurden häufig die Kinder weggenommen. Lesenlernen war ihnen streng verboten, und jedes Aufbegehren wurde mit Auspeitschen, Verstümmelungen und anderen grausamen Torturen bestraft. Auch die freien Schwarzen waren außerordentlichen Diskriminierungen unterworfen. Der Erhaltung dieses Zustands dienten die verlogenen Karikaturen, die in der Minstrel Show präsentiert wurden. Diese Vorstellungen leben noch heute und befördern die Spaltung zwischen Schwarz und Weiß.

Die Musik freilich war mitreißend und steckte an. Den größten Teil hatte man den Sklaven gestohlen und sich damit eine goldene Nase verdient. Das traf auch für den vermutlich ersten Minstrel Song zu, den man einem alten, tanzenden und singenden Sklaven abgelauscht hatte, der entweder eine Krähe (»Crow«) imitierte oder sich selbst so bezeichnete. Das Lied heißt »Jump, Jim Crow« und wurde eine der meistgespielten Nummern in den Minstrel Shows. Der Begriff »Jim Crow« blieb als Symbol für Rassentrennung und Diskriminierung erhalten.

Viele der Lieder hatten einen damals noch ungewohnten, synkopierten Rhythmus – anders als üblich lag die Betonung auf den sonst unbetonten Taktteilen. Das temperamentvolle Lied von »Old Dan Tucker«, dem Alten, der sein Gesicht in der Bratpfanne wusch, die Haare mit einem Wagenrad kämmte und Zahnschmerzen in der

Ferse hatte, wird noch heute bei »Square Dances« gesungen, den beliebten Volks-
tänzen mit jeweils vier Paaren im Quadrat (Square) und mit einem Ausrufer, der die
Figuren angibt. »The Blue Tail Fly« (Die Blauschwanzfliege) erzählt vieldeutig-iro-
nisch von einem Sklaven und seinem Herrn, der vom Pferd stürzt und stirbt – durch
den Stich einer Art Bremse, wie der Sklave treuherzig berichtet. Das Lied »Dixie«
(Dixie und Dixieland sind Spitznamen für die Südstaaten), von Dan D. Emmett, einem Minstrel-Komponisten aus dem Norden, 1859 geschrieben, wurde im Bürgerkrieg zur inoffiziellen Hymne des Südens.

Die bekanntesten Minstrel Songs schrieb Stephen Foster. Viele vermuteten bei seinen Liedern, sie seien von einem Schwarzen, doch Foster war weiß, er kannte kaum
den Süden oder die dortigen Zustände, denn »Ol' Black Joe«, »Suwannee River«
(»Old Folks at Home«) und »My Old Kentucky Home« schwärmen von einem angeblich idyllischen Plantagenleben der Schwarzen während der Sklaverei. Wieder ein
Bild, das noch heute fleißig verbreitet wird.

MY OLD KENTUCKY HOME

The sun shines bright on the old Kentucky
  home,
'Tis summer, the darkies are gay ...
The young folks roll on the little cabin
  floor,
All merry, all happy and bright ...

MEIN ALTES KENTUCKY-HEIM

Die Sonne strahlt hell auf das alte
  Kentucky-Heim,
Es ist Sommer, die Neger sind fröhlich ...
Die Jungen tollen über den Boden der
  kleinen Hütte,
Alle sind lustig, glücklich und froh ...

Stephen Foster schrieb eingängige Melodien, doch leider hatten sie oft irrefüh-
rende Texte!

Die echte Musik der Sklaven war vielfältig, oft von überragendem emotionalem
und musikalischem Wert. Neben Tanz- und Arbeitsliedern gab es auch die Spirituals,
früher oft als Negro Spirituals bezeichnet (heute sind die Begriffe »Negro« bzw. »Neger« nicht mehr aktuell, ja gelten mitunter als diskriminierend). Sie haben religiöse
Inhalte, den Texten liegen Bilder und Episoden aus der Bibel zugrunde. Die meisten
von ihnen sind klagend, ja zutiefst traurig, manche aber auch hoffnungsvoll oder sogar lustig.

Noch heute streiten Experten über ihre Quellen und die Bedeutung ihrer Texte. In
ihrer kaum erträglichen Not suchten viele Sklaven Trost in der Religion und in dem
Gedanken, daß es nach dem Tode ein besseres Leben für sie im Himmel gäbe. Das ist
das Thema vieler Spirituals. Doch sie sind nicht immer von Demut geprägt – der Be-
reitschaft, diesseits zu leiden, um jenseits Ruhe oder Freude zu finden, einer Haltung, die dem Sklavenbesitzer nur allzu willkommen gewesen wäre. Vielfach sind
die Klagen gegen die Sklaverei – wenn auch religiös verschlüsselt – ganz und gar
nicht demütig.

Nach dem gescheiterten Sklavenaufstand von 1831, den der schwarze Prediger
Nat Turner in Virginia organisiert hatte, wurden die Unterdrückungsmaßnahmen
verschärft. Oft mußten die Gottesdienste der Sklaven geheim bleiben. Das führte
dazu, daß die religiösen Texte der Spirituals sich einer noch stärker verschlüsselten
Sprache bedienten.

Stephen Foster schrieb schöne Melodien, aber fragwürdige Texte

LET MY PEOPLE GO

Go down, Moses, way down in
    Egypt's Land,
Tell old Pharaoh,
Let my people go!

LASS MEIN VOLK FREI

Geh hinunter, Moses, weit hinunter ins
    Ägyptenland,
Sag dem alten Pharao,
Laß mein Volk frei!

Dieser Text ist allerdings eindeutig, zumal »Moses« ein Spitzname für die geflüchtete Sklavin Harriet Tubman war, die sich jedes Jahr einmal in den Süden zurückwagte, um immer mehr Sklaven durch Wälder und Sümpfe in die Freiheit zu führen. Hier noch ein weiteres Beispiel:

DIDN'T MY LORD DELIVER DANIEL?	HAT MEIN HERR NICHT DANIEL ERLÖST?
Didn't my Lord deliver Daniel ...	Hat mein Herr nicht Daniel erlöst,
And why not every man?	Und warum nicht jedermann?
He delivered Daniel from the lion's den,	Er rettete Daniel aus der Höhle des Löwen,
Jonah from the belly of the whale,	Jona aus dem Bauch des Wals
And the Hebrew children from the fiery furnace,	Und die hebräischen Kinder aus dem Feuerofen,
And why not every man?	Und warum nicht jedermann?

Viele Spirituals besangen das »Sichwegstehlen«, das »Überqueren des Jordan-Flusses nach Canaan«, das »Sichholenlassen«. Gewiß dachten dabei viele ans Jenseits, doch gleichzeitig auch an die Flucht aus den Sklavengebieten, über den Ohio-Fluß in die »freien Staaten« des Nordens oder nach Kanada. In folgendem Lied, das auch als Spiritual gilt, heißt es völlig offen:

MANY THOUSAND GONE	VIELE TAUSENDE SIND WEG
No more auction block for me,	Keinen Versteigerungsblock mehr für mich,
No more, no more,	Nie mehr, nie mehr,
No more auction block for me,	Keinen Versteigerungsblock mehr für mich,
Many thousand gone.	Viele Tausende sind weg.
No more driver's lash for me ...	Keine Antreiberpeitsche mehr für mich ...
No more mistress' call for me ...	Keinen Ruf der Herrin mehr für mich ...
No more hundred lash for me ...	Keine hundert Hiebe mehr für mich ...

Manche Rassisten vertreten die Meinung, daß schwarze Sklaven nie in der Lage gewesen sein könnten, solch herrliche Musik zu schaffen. Sie sei sicher von weißen Liedern übernommen worden. Freilich haben sich auch in den Spirituals Elemente des Afrikanischen und des Europäischen vermischt, wie in fast jeder Musik der USA. Doch hier herrscht eindeutig das afroamerikanische Element vor. Im Vergleich zu anderer afrikanischer Musik wurden Antiphonie (»call and response«) und typische Rhythmen zugunsten des Melodischen ein wenig zurückgedrängt. Die Textzeilen wurden länger – sie entstammten häufig den Predigten schwarzer Pfarrer, deren Vortragsstil fast wie Gesang wirkte. Das Element der Improvisation und der »blue tonality« blieb erhalten. Auf den Einfluß weißer Musikdirektoren und Chorleiter in späteren Jahren geht es zurück, wenn aus einigen Spirituals europäische Harmonik herauszuhören ist. Indem sie einen ihnen vertrauten »Wohlklang« anstrebten, kamen sie einem weißen Publikum entgegen.

Der Volksmusiksammler Alan Lomax schrieb, in den Spirituals »errreichte die amerikanische Volkskunst ihre höchste Spitze. Ja, wir behaupten sogar, daß diese Lieder die eindrucksvollste Musik sind, die bisher in Amerika geschaffen wurde, und daß sie mit der besten Musik auf dieser Erde gleichwertig sind.« (6)

Und nach der Meinung, die der große Gelehrte und Kämpfer des schwarzen Amerika, William E. B. DuBois, im Jahre 1903 geäußert hat, ist das Spiritual »der schönste Ausdruck menschlicher Erfahrung, der diesseits der Meere geboren wurde. Es wurde vernachlässigt, es wird noch halb verachtet, vor allem wurde es dauernd verkannt und mißverstanden, doch trotz alledem bleibt es – als die einmalige Erbschaft der Nation und die größte Gabe des Negervolkes!« (7)

Abolitionisten und Bürgerkrieg

Die Minstrel Shows der vierziger und fünfziger Jahre des 19. Jahrhunderts waren nicht die einzige musikalische Äußerung weißer Musiker in jener Zeit. Da gab es beispielsweise die Hutchinson-Familie. Zunächst sangen sie nur zur eigenen Freude und für die Nachbarn in ihrem Dorf Milford (New Hampshire) und in den umliegenden Dörfern. Ermutigt durch die Begeisterung ihrer Zuhörer wagten sie es, Berufssänger zu werden – sie blieben es fünfunddreißig Jahre lang, von 1841 bis 1876. Zunächst bestand das Repertoire des Quartetts aus den damals so beliebten sentimentalen Liedern. Doch immer mehr trauten sie sich auch Lieder gegen die Sklaverei zu singen, obwohl sie damit manche Anhänger verärgerten und verloren. Vorrangig schrieben sie neue Texte zu alten Melodien. Aus dem Minstrel-Song »Old Dan Tucker« machte beispielsweise Vater Jesse Hutchinson:

THE CAR EMANCIPATION	DER WAGGON DER BEFREIUNG
… Roll it along through the nation	… Rollt ihn weiter durch die Nation,
Freedom's car Emancipation.	Den Freiheitswagen der Emanzipation.
Hurrah, hurrah, Emancipation	Hurra, hurra, Emanzipation
Soon will bless our happy nation!	Wird bald segnen unsere frohe Nation!

Die neue Eisenbahn diente hier als Symbol für die Freiheit; diese symbolische Rolle sollte sie noch in unzähligen Liedern spielen.

Allmählich verbreitete sich die Bewegung gegen die Sklaverei in den Nordstaaten. Ihre aktiven Gegner nannten sich hier Abolitionisten (abolition = Abschaffung). Sie wurden verlacht, verpönt und manchmal genauso brutal angegriffen wie in den Sklavenstaaten des Südens, obwohl in den Nordstaaten die Sklaverei gesetzlich verboten war.

Jedoch eine Reihe von Gesetzen, die der USA-Kongreß verabschiedete, machte es immer mehr Menschen deutlich, wieviel Macht die Sklavenhalter noch im ganzen Land besaßen. Diese Gesetze richteten sich nicht nur gegen geflüchtete Sklaven und freie Schwarze, sondern auch gegen deren Freunde. Plantagenbesitzer aus dem Süden nahmen immer mehr Land im jüngstbesiedelten Westen in Anspruch, denn Baumwolle, wenn sie in Monokultur und ohne ausreichende Düngung angebaut wird, braucht ständig neue Felder, da sie den Boden schnell erschöpft.

Viele Farmer, aber auch Arbeiter und aufstrebende Kapitalisten erkannten nach und nach, wie diese Ausdehnungsbestrebungen ihre eigenen Interessen gefährdeten und wie mächtig der Einfluß der Sklavenhalter im Kongreß, am Obersten Gericht und sogar im Weißen Haus bereits war. Tapfere Leute, Schwarze und Weiße, kämpf-

John Brown, sein Tod führte zu neuem Kampfgeist gegen die Sklaverei

ten dagegen – oft unter großer Gefahr. In diesem Kampf der Abolitionisten spielten Lieder eine zunehmende Rolle, nicht zuletzt auch durch den Einfluß der Hutchinson-Familie.

Eines der beliebtesten Lieder war »Darling Nelly Gray« von B. R. Hanby:

DARLING NELLY GRAY	DARLING NELLY GRAY
Oh, my poor Nelly Gray,	Oh, meine arme Nelly Gray,
They have taken you away,	Sie schleppten dich weg,
And I'll never see my Nelly anymore ...	Und ich sehe meine Nelly niemals wieder ...
The white man bound her with his chain,	Der weiße Mann band sie mit seinen Ketten,
They have taken her to Georgia for to wear her life away,	Man brachte sie nach Georgia, wo sie sich ihr Leben abquälen mußten,
As she toils in the cotton and the cane.	Schuftend in den Baumwoll- und Zuckerrohrfeldern.

Trotz des traurigen Textes ist die Melodie derart mitreißend, daß auch dieses Lied, flott vorgetragen, zum Standardrepertoire der heutigen Square Dances gehört.

Im Nordosten, in den sechs Staaten Neu-Englands, sang man zu der allen Kirchgängern bekannten Hymne »Old Hundred«:

... We ask not ›eye for eye‹, that all who forge the chain and ply the whip	Wir fordern nicht ›Auge um Auge‹, daß alle, die die Kette schmieden und die Peitsche schwingen,
Should feel their torture, while the thrall	Deren Qualen selber spüren, während der Knecht
Should wield the scourge of mastership.	Die Herrschaftsknute schwingt.
... But let the hand that tills the soil be,	... Doch laßt die Hand, die die Erde bestellt, so frei sein
Like the wind that fans it, free.	Wie der Wind, der sie streift.

Andrew Newton, den Kapitän eines Sklavenschiffes, traf plötzliche Reue; er gab seinen Schandberuf auf, wurde Pastor und schrieb das Lied »Amazing Grace«, das auch heute sehr beliebt ist:

AMAZING GRACE	ERSTAUNLICHE GNADE
Amazing Grace, how sweet the sound	Erstaunliche Gnade, wie süß der Klang,
That saved a wretch like me;	Der einen Elenden wie mich rettete;
I once was lost but now I'm found,	Ich war einst verloren, jetzt habe ich mich gefunden,
Was blind but now I see.	Ich war blind, doch nun sehe ich.

Einer der Entschlossensten war John Brown, der – gemeinsam mit seinen Söhnen – im »blutigen Kansas« bewaffnet gegen die Ausdehnungsbestrebungen der Sklavenbesitzer kämpfte. Im Jahre 1859 versuchte er, eine Festung der Sklavenmacht zu erstürmen und zu besetzen. Zusammen mit einundzwanzig jungen Männern, schwarzen und weißen, gelang es ihm, für anderthalb Tage das Waffenarsenal in Harper's Ferry zu halten. Elf von ihnen fielen im Kampf, John Brown und fünf weitere wurden gehängt, doch ihr Tod verhalf Millionen Menschen in den Nordstaaten

Trommeleinheit der Nordtruppen im Bürgerkrieg

zu neuem Verständnis der politischen Situation und führte zum Haß auf das Sklavensystem.

1860 – ein Jahr später – wurde der fortschrittliche Kandidat Abraham Lincoln zum Präsidenten gewählt; daraufhin zogen sich die meisten Südstaaten aus dem Staatenbund zurück und bildeten eine neue Sklavenföderation; im April 1861 kam es schon zu den ersten blutigen Kämpfen. Gleich zu Beginn des Bürgerkrieges sangen die Soldaten des Nordens ein Lied, das weltberühmt werden sollte. Die Melodie entstammte einer Hymne des ziemlich unbekannten William Steffe – »Say Brothers, Will You Meet Us?«. Er hatte sie Jahre zuvor für die im Süden stattfindenden Gospel-Meetings komponiert, bei denen zündende Melodien und durchschlagende Rhythmen gefragt waren. Manche meinen, er habe die Melodie von einem Lied der Schwarzen übernommen. Die Soldaten sangen dazu den eingehenden, neuen Text:

JOHN BROWN'S BODY	JOHN BROWNS KÖRPER
John Brown's body lies a-moulderin' in the ground *(3×)*	John Browns Körper liegt modernd in der Erde, *(3×)*
But his soul goes marching on.	Doch seine Seele marschiert weiter.
Glory, glory, hallelujah,	Gelobt, gelobt, hallelujah,
His soul goes marching on.	Seine Seele marschiert weiter.
John Brown died that the slave might be free	John Brown starb, damit der Sklave frei sein konnte
His soul goes marching on ...	Seine Seele marschiert weiter ...

Ende 1861 besuchte Julia Ward Howe die gefährdete Hauptstadt Washington und hörte unzählige Soldaten dieses Lied singen. Ihr gefiel der schlichte Text nicht; in ei-

Ein Soldat der Nordtruppen im Bürgerkrieg

Präsident Abraham Lincoln

nem Zuge schrieb sie einen neuen. »Die Zeilen scheinen kaum von mir zu stammen«, sagte sie, »so voll sind sie von dem Atem jener Heldenzeiten.« (8) Ihr neuer, religiös-poetischer Text – unter dem Titel »The Battle Hymn of the Republic« (Schlacht-hymne der Republik) – verbreitete sich ebenfalls schnell. Jeder wählte nun denjeni-gen, der ihm am besten gefiel. Später kamen noch zahlreiche andere Texte hinzu. Es war schwer, dieser Melodie zu widerstehen, die gewiß zu den einprägsamsten in der Musikgeschichte gehört.

Die Hutchinson-Familie, die den Wahlsieg Abraham Lincolns mit ihrem Lieder-buch »Lincoln and Liberty« (Lincoln und Freiheit) unterstützt hatte, zog nun durch die Militärlager und Lazarette – ohne Bezahlung und oft gegen den Willen der Offi-ziere, die keinesfalls alle Gegner der Sklaverei waren. Doch die Hutchinsons besaßen Lincolns Genehmigung – und sie sangen für die Soldaten. Einer der Zuhörer schrieb nach Hause: »Hast du jemals gehört, wie sie das John-Brown-Lied singen? Wie die Soldaten ihnen zujubeln, das zeigt, daß sie verstanden haben, worauf es ankommt. Sie erhalten eine Inspiration, die zum endgültigen Sieg führt und von der Sklaverei nichts übrig lassen wird als die Narben, die Schande und ihre verwesende Lei-che.« (9)
Auch der Süden hatte seine Lieder, die oft von Lokalpatriotismus und Heldenkult ge-prägt waren. In den Liedern des Nordens ging es um die Rettung der Republik vor der Spaltung, die Fahne als Symbol wurde oft besungen. Nur selten handelten sie vornehmlich vom Kampf gegen die Sklaverei, denn viele Kräfte lenkten gern von dieser Schlüsselfrage ab. Erst 1863 trat Präsident Lincolns »Emanzipationserklä-rung« in Kraft, welche die Sklaven in den rebellierenden Gebieten offiziell für »be-freit« erklärte.

Endlich durften nun auch Schwarze als Soldaten kämpfen – gegen die Sklaverei, wie sie es von Anfang an gefordert hatten. Der Bürgerkrieg wurde eindeutiger als zuvor zu einem Kampf von »immenser, welthistorischer, fortschrittlicher und revolu-tionärer Bedeutung« (10) und diente schließlich als »Sturmglocke ... für die europä-ische Arbeiterklasse«. (11)

Etliche der besten Kriegslieder gelten inzwischen als Folklore, wie das von dem erfolgreichen Liedschöpfer George Root:

BATTLE CRY OF FREEDOM	SCHLACHTRUF DER FREIHEIT
We are springing to the call of our brothers gone before,	Wir sprengen dem Ruf unsrer Brüder nach, die uns vorangingen,
Shouting the battle cry of freedom,	Und rufen den Schlachtruf der Freiheit,
And we'll fill the vacant ranks with a million freemen more,	Wir werden füllen die leeren Reihen mit einer Million neuer Freien,
Shouting the battle cry of freedom.	Und rufen den Schlachtruf der Freiheit.
Chorus:	*Refrain:*
The Union forever, hurrah, boys, hurrah!	Es lebe die Union, hurra, Jungs, hurra!
Down with the traitor, up with the star;	Nieder mit dem Verräter, hoch der Stern;
While we rally round the flag, boys, rally once again,	Während wir uns um die Fahne sammeln, Jungs, noch einmal sammeln,
Shouting the battle cry of freedom.	Rufen wir den Schlachtruf der Freiheit.

Ein Offizier der Südstaaten berichtete: »Ich kann nie vergessen, wie ich dieses Lied zum ersten Mal gehört habe. Ich war auf Patrouille, als ein Kerl auf der Gegenseite das Lied anstimmte, andere fielen in den Kehrreim ein, bis es mir schien, als ob die ganze Yankee-Armee sang. Ein Mann neben mir sagte: ›Mein Gott, Herr Hauptmann, woraus bestehen diese Kerle überhaupt? Sechs Tage hintereinander haben wir sie geschlagen, doch noch am Vorabend des siebenten singen sie ›Rally Round the Flag‹.‹ Ich bin eigentlich nicht abergläubisch, doch das Lied klang mir wie die Todesglocke des Schicksals, und mein Mut sank ...« (12)

Ebenfalls von George Root stammt das folgende Lied für die Kriegsgefangenen, das durch viele Parodien noch heute lebendig ist:

TRAMP! TRAMP! TRAMP!	SCHRITT, SCHRITT, SCHRITT! (etwa)
Tramp! Tramp! Tramp! the boys are marching,	Schritt, Schritt, Schritt, die Jungs marschieren,
Cheer up, comrades, they will come,	Kopf hoch, Kameraden, sie kommen doch.
And beneath the starry flag	Und unter dem Sternenbanner
We shall breathe the air again	werden wir wieder die Luft atmen
Of the free land in our beloved home.	Der freien Erde in unserer geliebten Heimat.

Über den letzten blutigen, entscheidenden Vorstoß durch Georgia verfaßte Henry Work ein Lied, das jahrzehntelang bei unzähligen Treffen der nördlichen Kriegsveteranen mit großer Begeisterung gesungen wurde. Heute lebt es weiter als Square-Dance-Musik:

MARCHING THROUGH GEORGIA	WIR MARSCHIEREN DURCH GEORGIA
Bring the good old bugle, boys, we'll sing another song –	Bringt die gute alte Trompete, Jungs, wir singen noch ein Lied –
Sing it with a spirit that will start the world along –	Singen es mit einem Schwung, der die Welt voranbringt –
Sing it as we used to sing it, fifty thousand strong,	Singen es, wie wir es damals sangen, fünfzigtausend Mann stark,
While we were marching through Georgia.	Als wir marschierten durch Georgia.
Chorus:	*Refrain:*
Hurrah! Hurrah! We bring the jubilee!	Hurra! Hurra! Wir bringen den Jubeltag!
Hurrah! Hurrah! The flag that makes you free!	Hurra! Hurra! Die Fahne, die euch befreit!
So we sang the chorus from Atlanta to the sea,	So sangen wir den Kehrreim von Atlanta bis zum Meer,
While we were marching through Georgia.	Als wir marschierten durch Georgia.

DRITTES KAPITEL

JOHN HENRY, MOLLIE MAGUIRES UND MOTHER JONES
1865–1895

John Henry und der Wiederaufbau (Reconstruction)

Als 1861 die jungen Soldaten in den Bürgerkrieg zogen, wurden sie mit einem fröhlichen Lied und mit vielen Hurras verabschiedet. Den Text hatte der Militärkapellmeister Patrick Gilmore gedichtet:

WHEN JOHNNY COMES MARCHING HOME

When Johnny comes marching home again,
   hurrah, hurrah,
We'll give him a hearty welcome then,
   hurrah, hurrah,
The girls will dance, the boys will
   shout,
The ladies they will all come out,
And we'll all feel gay when Johnny
   comes marching home!

WENN JOHNNY NACH HAUSE KOMMT

Wenn Johnny wieder nach Hause kommt,
   hurra, hurra,
geben wir ihm einen großen
   Empfang, hurra, hurra,
Die Mädchen werden tanzen, die Jungen
   werden schrein,
Die Damen werden alle herauskommen,
Und wir werden alle fröhlich sein, wenn
   Johnny wieder nach Hause kommt.

Ganz so fröhlich war das jedoch alles nicht! 1865 hatte man die Abtrünnigen besiegt und die Sklaverei – den Schandfleck der Menschheit – beseitigt. Doch wenige Tage vor Beendigung des Krieges wurde Präsident Lincoln, der maßgeblich zum Sieg beigetragen hatte, in seiner Theaterloge erschossen. Hunderttausende kehrten als Krüppel oder gar nicht nach Hause zurück. Und für die Zurückgekehrten gab es manches harte Problem. Im Süden, wohin sich die geschlagenen Armeen der Rebellen verzogen hatten, war die Wirtschaft zerrüttet. Ganze Landstriche lagen in Trümmern, und viele Weiße sahen in der Beseitigung der Sklaverei einen Zusammenbruch, den ihre Ur-Urenkel bis heute nicht verwunden haben – noch immer schwenken sie deshalb bei jeder Gelegenheit die Fahne der konföderierten Südstaaten.

Doch von entscheidender Bedeutung war, daß die ehemaligen Sklaven ihre Freiheit und einen neuen Status als Menschen gewonnen hatten, der durch die Beschlüsse des »radikalen Kongresses« unterstützt wurde. Dieser war 1866 im Ergebnis und unter dem Einfluß des Krieges gewählt worden. Unter dem Schutz der »Besatzungsarmeen« des Nordens gelang es den Schwarzen und armen Weißen gemeinsame Regierungen in einigen Bundesstaaten wie Louisiana, Mississippi und South

Zwei Volksmusikanten aus North Carolina,
etwa zur Zeit des Bürgerkriegs

Carolina zu bilden, die mit ihren sozialen Erneuerungen ein Muster in der Geschichte der USA darstellten. Überall – häufig mit der Hilfe von einsatzbereiten Lehrern und Lehrerinnen aus dem Norden – entstanden im Süden neue Schulen, an denen die befreiten Sklaven, die bewußt in Unwissenheit gehalten worden waren, ihr Bildungsbedürfnis befriedigen konnten.

Die »Fisk Jubilee Singers« auf Konzertreise 1871

Einer dieser Lehrer war George White. Er gab Musikunterricht in Nashville (Tennessee). Bald bemerkte er, wie überraschend gut seine Schüler sangen – und welch erstaunlich schöne Lieder sie kannten. Das wollte er die Leute der Nordstaaten hören lassen, von denen viele die Schwarzen als unzivilisierte Halbmenschen ansahen. 1871 reiste White zu diesem Zweck mit neun jungen Leuten, den »Fisk Jubilee Singers«, nach dem Norden. Sie hatten zu wenig warme Kleidung, sie froren und hungerten, anfangs wurden sie geschmäht, und die Hotels wiesen sie ab. Doch ihre Musik war so großartig, daß sie sich dennoch durchsetzten – zunächst in Ohio, Pennsylvania, New York, und dann auch vor Königen und Kaisern in England, Deutschland und Holland. Auf ihrer sieben Jahre währenden Reise verdienten sie $ 150 000, womit die Fisk University, eine der wenigen Universitäten für Schwarze, errichtet wurde.

Zu ihrem Repertoire gehörten vor allem Spirituals, die bisher kaum bekannt waren, aber auch sogenannte Jubilees. Das Wort ist dem Johannes-Evangelium der Bibel entnommen, wo von einem Jubeltag der Freiheit die Rede ist. Es handelt sich um fröhliche, siegreiche Lieder, oftmals von lebhafter Antiphonie geprägt. Das wohl heute bekannteste ist:

WHEN THE SAINTS GO MARCHING IN

Oh, when the saints go marching in, (2×)
Oh, I want to be in that number,
When the saints go marching in!

WENN DIE HEILIGEN EINMARSCHIEREN

Oh, wenn die Heiligen einmarschieren, (2×)
Oh, ich möchte einer von ihnen sein,
Wenn die Heiligen einmarschieren!

51

Die Sklaven sind frei – als Teilpächter schuften sie weiter

Diese Zeit der »Reconstruction« (des Wiederaufbaus) war nur von kurzer Dauer. Recht schnell fanden die geschlagenen Sklavenbesitzer zu ihrem alten Gleichgewicht zurück. Sie gründeten Terrorbanden wie den Ku-Klux-Klan, um politisch aktive Schwarze und ihre weißen Freunde auszupeitschen oder zu ermorden. Sie hetzten die armen Weißen gegen die Schwarzen auf. Zwischen den ehemaligen Sklavenbesitzern und den aufstrebenden Fabrikherren im Norden, die ihre Worte und Taten für Freiheit und Gerechtigkeit im Bürgerkrieg völlig vergessen hatten und ihre tapferen schwarzen Verbündeten verrieten, kam es zu einer Einigung. Das gestattete den etwa zehn Jahre zuvor besiegten Plantagenbesitzern nunmehr, die wenigen noch immer fortschrittlichen Regierungen zu stürzen und eine neue Terrorherrschaft zu errichten. Die einzigen Veränderungen für die Schwarzen bestanden darin, daß sie nun nicht mehr Sklaven hießen, sondern fast völlig mittellose Landarbeiter oder Teilpächter waren, und daß sie Familien gründen durften.

1877 zogen die Nordarmeen ihre letzten Besatzungstruppen ab und überließen die Südstaaten ihrem Schicksal. Der Traum von den einstmals versprochenen »vierzig Acres Land und einem Maultier«, die jede Familie bekommen sollte, war zu Ende.

Die meisten Schwarzen blieben also auf dem Lande, schufteten weiterhin auf den heißen Feldern und sangen dabei ihre Lieder, um sich den Weg durch die langen

Baumwollreihen und die langen Tage zu erleichtern. Wie man aber Jahre später feststellen sollte, hatte sich etwas in ihrer Musik verändert, da sie jetzt oft vereinzelt arbeiteten.

In manchen Liedern diente die Eisenbahn als Symbol der Hoffnung auf ein besseres Leben – im Diesseits oder im Jenseits. Nach dem Bürgerkrieg entstanden lange, neue Linien durch die Südstaaten, die von nördlichen Bahngesellschaften gebaut wurden. Obwohl dadurch mancher Arbeitsplatz geschaffen wurde, war das eigentümlich lange, einsame Pfeifen der Lokomotiven im Süden nicht nur ein Symbol der Freude.

Beim Bau des Swannanoa-Eisenbahntunnels in West Virginia in den 80er Jahren mußte die Arbeit mit Muskelkraft bewältigt werden. Was Kraft, Geschmeidigkeit und Genauigkeit mit dem schweren Hammer betraf, war der große schwarze John Henry unbestrittener Meister (wobei ungewiß ist, ob er nicht nur Legende ist). Da bot eines Tages ein Vertreter einen Dampfhammer an und wettete mit dem Aufseher, daß die Maschine schneller sei als John Henry. Die Geschichte vom Wettkampf zwischen Mensch und Maschine erzählt ein Lied in unzähligen Strophen, die auch die Beziehungen zwischen Arbeiter und Boß, zwischen Mann und Frau und zwischen Schwarzen und Weißen auf subtile Art kommentieren. Es sind Strophen voller Triumph, Humor und Tragik wie diese:

JOHN HENRY

The captain said to John Henry,
»I'm gonna bring that steam drill around,
I'm gonna bring that steam drill out on
    the job,
I'm gonna whup that steel on down.«
(*many repeats of last two lines*)

John Henry told his captain,
»Lord, a man ain't nothing but a man,
But before I'd let your steam drill beat
    me down,
I'd die with a hammer in my hand!«

Now the man that invented the steam drill,
He thought he was mighty fine,
But John Henry drove fifteen feet,
The steam drill only made nine.

John Henry hammered in the mountains,
His hammer was striking fire,
But he worked so hard, it broke his
    poor heart
And he laid down his hammer and he died.

JOHN HENRY

Der Käpt'n sagte zu John Henry:
»Ich bringe den Dampfhammer her,
Ich bringe den Dampfhammer zur
    Arbeitsstelle her,
Ich werde den Stahl herunterhauen.«
(*letzten beiden Zeilen mehrfach wiederholen*)

John Henry sagte zum Käpt'n:
»Herrgott, ein Mensch ist nur ein Mensch,
Doch ehe ich mich von eurem Dampfhammer
    schlagen lasse,
Sterbe ich mit dem Hammer in der Hand!«

Der Mann, der den Dampfhammer erfand,
Er glaubte, er wäre was Besonderes,
Doch John Henry schaffte fünfzehn Fuß,
Und der Dampfhammer schaffte nur neun.

John Henry hämmerte in den Bergen,
Sein Hammer schlug Funken,
Doch arbeitete er so schwer, daß ihm das
    arme Herz brach,
Und er legte den Hammer hin und starb.

Mit Pete Seeger meinen viele Musikliebhaber, »John Henry« sei die ausdrucksstärkste und wohl auch bedeutendste Ballade der US-amerikanischen Folklore.

Die Cowboylieder der wilden Prärie

Im siegreichen Norden sah es natürlich ganz anders aus: Nichts war zerstört, die Gefahr aus dem Süden gebannt, der Weg für die Expansion der Industrie, des Bergbaus und des Verkehrsnetzes war frei. Eine Gruppe listiger Männer, die sich nach den damals geltenden gesetzlichen Möglichkeiten vom Militärdienst freigekauft hatten, rafften bereits während des Bürgerkrieges verschiedene Industriezweige zu ungeheuer starken Monopolen zusammen. Davon betroffen waren die Zuckerindustrie, der Landmaschinenbau, die Eisen- und Stahlindustrie, die Fleischindustrie, der neue Zweig der Erdölindustrie – und, von besonderer Bedeutung, die mit den Banken eng verflochtenen Eisenbahngesellschaften. Es folgten Jahre der Erfindungen, der neuen Verfahren, aber auch der harten Wirtschaftsschlachten und der Börsenspekulationen in bisher ungekanntem Maße. Begleiterscheinung dieser Entwicklung waren die lähmenden Krisen, die aller zehn bis fünfzehn Jahre auftreten und für jeweils vier bis fünf Jahre Millionen Menschen treffen.

Der Musiker Josiah Warren, der einst an dem Versuch des utopischen Kommunisten Robert Owens in New Harmony in Indiana mitgewirkt hatte, schuf einen vielsagenden kleinen Kanon über diese Zeit:

Genius contrives all,	Genie erfindet alles,
Money drives all,	Geld treibt alles voran,
Labor makes all, and	Arbeit macht alles und
Speculation takes all!	Spekulation nimmt alles!

1869 wurde endlich die Atlantikküste mit der Pazifikküste durch Bahnlinien verbunden. Die berühmte Union Pacific wurde vom Osten her von irischen Arbeitern gebaut. Über die Berge kam ihr – in wildem Wettkampf – die Central Pacific entgegen, die vorwiegend von chinesischen Gleisbauern unter unbeschreiblichen Bedingungen errichtet wurde.

Nun war also das Land erschlossen. Es gab die Bahnverbindung von West nach Ost, es gab immer mehr Eisen- und Stahlwerke, die außer Schienen für die Eisenbahn neuerdings auch Blechbüchsen herstellten. Diese wurden benötigt von den riesigen Fleischmonopolen in Chicago, die gewaltige Rinderherden verarbeiteten. Doch vorerst wurden die ursprünglichen Bewohner der weiten Flächen des Landes, die Büffel- und Bisonherden, vertilgt.

Bob Claiborne, der sich mit Volksmusik beschäftigte, schrieb: »Gemeinsame, nicht-mechanische Arbeit produziert ... verschiedene Arten von Arbeitsliedern. Noch weiter verbreitet ist das Lied, das nicht aus der Arbeit selbst entsteht, sondern aus den isolierten Bedingungen, unter denen diese Arbeit durchgeführt wird. Arbeiter auf Kanal- und Flußbooten, Walfänger, Fischer, Holzfäller, Cowboys an einsamen Lagerfeuern ... haben Hunderte von Balladen produziert, die die Abenteuer, die Sorgen und den bitteren Humor ihrer Arbeit reflektieren. Abenteuer und Humor spielten zweifellos eine wichtige Rolle, aber auch die Gefahr, niedrige Löhne und miserable Arbeitsbedingungen ...« (13)

So ist es auch aus folgendem Lied zu hören:

Langhornrinderherden haben die Bisons abgelöst

THE BUFFALO SKINNERS

'Twas in the town of Jacksboro in the spring
  of Seventy-three,
A man by the name of Crego came stepping
  up to me,
Saying, »How do you do, young fellow,
  and how would you like to go
And spend one summer pleasantly on the
  range of the buffalo?«

DIE BÜFFELHÄUTER

Es war in der Stadt Jacksboro im Frühling
  dreiundsiebzig,
Ein Mann namens Crego kam auf
  mich zu
Und sagte: »Guten Tag, junger Mann,
  möchten Sie nicht gehen
Und einen angenehmen Sommer verbringen
  auf der Weide bei den Büffelherden?«

Die folgenden Strophen der langen Ballade berichten, wie schnell man sich beim Häuten in die Hand schnitt, wie miserabel das Essen und wie hart das Bett, wie gierig die Flöhe und wie rachedurstig die Indianer waren. Aber keine der Strophen erzählt, daß das Bisonschlachten die Lebensgrundlage der Plains-Indianer vernichtete. Als dann am Ende dieses Sommers voller Leiden der Chef und Auftraggeber Crego behauptete, die Ausgaben der Männer wären so hoch gewesen, daß nicht er bei ihnen, sondern sie bei ihm Schulden hätten, hieß es im Lied weiter: »Wir drängten ihn und stritten, doch da war nichts zu machen ... So ließen wir seine Knochen bleichen auf der Weide der Büffelherden.« Die Melodie dieser Ballade gehörte wohl ursprünglich zu einem englischen Liebeslied (»Caledonia«), wurde dann zu einem kanadischen Shanty (»Canaday-I-O«) und später zu einem Holzfällerlied, bevor die Bisonjäger in Texas diese weitgereiste und vielfach benutzte Musik übernommen hatten.

Leben und Arbeit der Cowboys

Als die Bisons schließlich fast völlig ausgerottet waren, füllten sich die weiten Flächen des Westens mit großen Langhornrindern, die sich rapide vermehrten. Alljährlich wurden diese Tierherden auf weiten, ausgetretenen Trails von Texas nach Norden getrieben, wo sie auf einen Schienenstrang der neuen Eisenbahnlinien stießen und zu den Schlachthöfen im Osten verfrachtet wurden. Während der einsamen Monate auf dem Trail erfanden die Cowboys Lieder, mit denen sie sich selbst trösteten, die Pferde beruhigten und die Abendstunden am Lagerfeuer verkürzten.

Etwa mit diesem Klagelied, das in vielen Variationen nicht nur von Cowboys gesungen wurde:

THE COWBOY'S LAMENT

As I walked out in the streets
  of Laredo,
As I walked out in Laredo one day,
I spied a young cowboy all wrapped in
  white linen,
Wrapped in white linen and cold as
  the clay.

»I see by your outfit that you are
  a cowboy«,
These words he did say as I boldly
  walked by;
»Come sit down beside me and hear my
  sad story,
I'm shot in the breast and I know I
  must die.«

COWBOYS LAMENTO

Als ich in den Straßen von Laredo
  ausging,
Als ich eines Tages in Laredo ausging,
Erspähte ich einen jungen Cowboy, ganz
  in weißes Leinen gehüllt,
In weißes Leinen gehüllt und so kalt wie
  der Lehm.

»Ich seh' an deiner Kleidung, daß du
  ein Cowboy bist«,
Diese Worte sagte er, als ich kühn
  vorbeiging;
»Komm, setz dich zu mir und hör meine
  traurige Geschichte,
Meine Brust ist durchschossen und ich
  weiß, daß ich sterben muß.«

Einst saß er froh im Sattel, war erst zu »Rosie's« und dann zum Spielhaus gegangen ... und nun möchte er sechs Cowboys als Sargträger haben und sechs hübsche Mädchen, die singen, wenn die Erde auf ihn herabfällt. »Denn ich bin ein junger Cowboy, und ich weiß, ich habe Unrecht getan.«

In Irland hatte dieses Lied von einem »unglücklichen Taugenichts« erzählt und in New York von einem »gefallenen Mädchen«, und immer brachte es viele Augen zum Überlaufen (meine einst auch).

Von ganz anderem Charakter ist das ausgelassene Jodellied, das die Cowboys grölten, wenn sie sich mit ihren Herden auf dem bedeutendsten Trail zwischen Texas und Kansas befanden:

THE OLD CHISHOLM TRAIL

Come gather 'round me, boys, and I'll tell
  you a tale,
All about my troubles on the old Chisholm
  trail.
Chorus:
Coma Ti Yi Yippi, Yippi Yay, Yippi Yay,
Coma Ti Yi Yippi, Yippi Yay.

Oh, it's bacon and beans most every day,
I'd as soon be eatin' prairie hay.
Chorus: ...

I went to the boss to draw my roll,
He had it figgered out I was nine dollars
  in the hole.
Chorus: ...

I went up to the boss and we had a
  little chat,

DER ALTE CHISHOLM TRAIL
(sprich: Tschis'm)

Kommt her, Jungs, ich will euch eine
  Geschichte erzählen.
Ich erzähl' euch von meinen Sorgen auf
  dem alten Chisholm Trail.
Refrain:
Coma Ti Yi Yippi, Yippi Yay, Yippi Yay,
Coma Ti Yi Yippi, Yippi Yay.

Es gibt Speck und Bohnen fast jeden Tag,
Da könnte ich genauso gut Prärieheu essen.
Refrain: ...

Ich ging zum Boß, um mein Geld zu holen,
Er hatte es so berechnet, daß ich ihm
  neun Dollar schuldete.
Refrain: ...

Ich ging zum Boß, und wir hatten einen
  kleinen Plausch,

Kinderarbeit im Bergbau

I slapped him in the face with my big slouch hat.	Ich schlug ihm ins Gesicht mit meinem großen Schlapphut.
Chorus: ...	*Refrain:* ...
I'll sell my horse and I'll sell my saddle;	Ich verkauf' mein Pferd und ich verkauf' meinen Sattel;
You can go to hell with your longhorn cattle.	Ihr könnt zum Teufel gehen mit euren Langhornrindern.
Chorus: ...	*Refrain:* ...

Als immer mehr Zäune die weiten Ebenen zerteilten und die Eisenbahnlinien auch Texas erreichten, war es mit dem großen Treiben der Herden vorbei – das letzte fand 1887 statt. Heute sieht man mehr Cowboys auf dem Bildschirm oder auf der Kinoleinwand als im »wilden Westen«. Hollywood hat der Welt unzählige Cowboylieder geschenkt, die viele Liebhaber fanden. Nur frisch aus dem Sattel stammen sie eben nicht.

Mollie Maguires und die Ritter der Arbeit

Vom kleinen Halbbruder (oder der Halbschwester) des Pferdes erzählt ein ganz anders geartetes Liedchen, das die rauhen, Tabak kauenden Bergleute mit den weichen Herzen sangen:

MY SWEETHEART'S THE MULE IN THE MINES

My sweetheart's the mule in the mines.
I drive her without any lines.
On the bumper I sit,
And I chew and I spit
All over my sweetheart's behind.

MEIN LIEBLING, DAS MAULTIER IM SCHACHT

Mein Liebling ist das Maultier im Schacht.
Ich führe es ganz ohne Zügel.
Ich sitz' auf dem Bock,
Ich kau' Tabak und spucke
Überall auf meines Lieblings Hinterteil.

Die Menschen in den Gruben — mit oder ohne Maultier — wurden für das wachsende Land immer wichtiger. Ihr Leben wurde jedoch deshalb nicht leichter; oft war es von Tragik gezeichnet. Die Besucher von Maunch Chunk, einer kleinen Stadt im Anthrazitrevier von Pennsylvania, sangen am 21. Juni 1877 keine Lieder. Zweitausend ärmlich Gekleidete — stumm, trauernd, aber auch zornig — starrten auf die Gefängnismauern. Kurz vor elf Uhr schritten zwischen dem Sheriff, den Hilfssheriffs und dem Priester, bewacht von einer Einheit der »Kohle- und Eisenpolizei«, zwei Männer — James Boyle, mit einer großen roten Rose, und Hugh McGeehan, mit Kreuz und Marienfigur — aufrecht zu den Galgen ...

Im Anthrazitrevier waren die Löhne miserabel, statt Geld erhielten die Bergleute oft nur Gutscheine für den Kauf in den Läden der Firma, in denen alles sehr teuer war. Der Firma gehörten auch die windschiefen Hütten, in denen sie wohnten. Die Arbeitsbedingungen waren grauenhaft:

There's one thing I'll tell you and don't
  you forget
That your back with the droppers is all
  wringing wet,
Your clothes they are soaking, your
  shoes are wet through,
Oh, never be a miner whatever
  you do.

Eins will ich dir sagen, vergiß es
  auch nie,
Daß dein Rücken von den Tropfen stets
  durchnäßt ist.
Deine Sachen sind klatschnaß, die Schuhe
  voll Wasser,
Oh, werd niemals ein Bergmann, was auch
  immer du tust.

Für ein paar Cent trennten Sieben- bis Sechzehnjährige von früh bis spät Kohlestücke vom Schiefer. Für sie gab es keine Schule. Bergmann zu sein war schon von Kindheit an ein Fluch. Im Jahre 1869 nach einem Grubenbrand, bei dem 179 Arbeiter wegen des Geizes der Firma ums Leben kamen, traten viele Bergleute einer noch jungen Gewerkschaft bei. Vier Jahre später brach eine der schwersten Krisen der Geschichte aus — drei Millionen verloren ihre Arbeit. Die Grubenherren nutzten die Situation aus und kürzten die ohnehin schon unerträglich niedrigen Löhne. 1875 streikten die Bergleute. Dabei sangen sie:

Now two long months are nearly over,
  that no-one can deny,
And for to stand another we are willing
  for to try,
Our wages shall not be reduced, though
  poverty do reign,
We'll have seventy-four basis, boys,
  before we work again.

Zwei lange Monate sind fast vorüber, was
  keiner leugnen kann,
Und wir sind bereit zu versuchen, noch
  einen Monat auszuhalten.
Unsere Löhne dürfen nicht gekürzt werden,
  wenn auch Not herrscht.
Wir kriegen den Grundlohn von 1874, Jungs,
  ehe wir wieder arbeiten.

Doch nach sechs Monaten zwangen die Macht der Bosse und der Hunger der Bergarbeiterfamilien die Männer wieder an die Arbeit. »Nun sind wir geschlagen«, hieß es bitter in einem Lied. Die Gewerkschaft war vernichtet.

And thus the matter stands. We do not dare
To look a boss in the face and whisper »Bah«,
Unless we wish to join the mighty train
Of miners wandering o'er the earth like Cain,
And, should you wish to start upon a tramp ...
One word will do it, »Union«,
Just murmur that, and all the laws of the State
Or Congress will not save you from your fate ...

So steht die Sache. Wir wagen es nicht,
Dem Boß ins Gesicht zu sehen und »Bah« zu flüstern.
Es sei denn, wir wollen uns dem riesigen Zug der Bergleute anschließen,
Die wie Kain über die Erde wandern ...
Und falls du wünschst, den langen Fußweg anzutreten,
Genügt allein ein Wort – »Gewerkschaft«;
Das brauchst du nur zu flüstern, und alle Gesetze des Staates oder Kongresses
Bewahren dich nicht vor deinem Schicksal ...

Die kämpferischsten unter den Bergleuten, die meist irischer Abstammung waren, gehörten zum »Ancient Order of Hibernians« – dem »Uralten Orden der Iren«. Mit der Erfahrung eines jahrhundertelangen Kampfes gegen England setzten sie ihren Widerstand fort. Die Grubenbesitzer antworteten mit Gewalt, Terror und Bespitzelungen und mit einer Reihe von Prozessen gegen die Führer der Hibernier, die man nach einer Geheimorganisation in Irland »Mollie Maguires« nannte. Jeder Mord und jedes Verbrechen dieser von Gewalt geprägten Jahre wurde ihnen angedichtet. Der reichste Grubenbesitzer fungierte zugleich als Staatsanwalt im Kreis. Auf sein Geheiß schürte die Presse permanent Hysterie gegen die »Mollie-Maguire-Terroristen«. Die Zeugen in den zahlreichen Prozessen änderten immer wieder ihre Aussagen, ohne daß jemals einer deswegen belangt worden wäre. Einer, der extra aus dem Gefängnis geholt worden war, um gegen einen Führer der Bergleute auszusagen, gestand hinterher seinem Zellenkameraden: »Ich hätte selbst gegen Jesus Christus ausgesagt, um hier herauszukommen.« (14) Schuldbeweise wurden nicht benötigt, die Mitgliedschaft in dem Orden genügte – und so wurden McGeehan, Boyle und siebzehn andere Bergleute zum Tode verurteilt und hingerichtet. Kurz vor dem Ende rief Boyle seinem Kameraden McGeehan zu: »Leb wohl, Alter, wir werden wie Männer sterben.« Im geheimen sangen die Bergleute das trotzige Lied:

Step by step the longest march
Can be won, can be won;
Single stones will form an arch
One by one, one by one.
And by union, what we will,
Can be all accomplished still,
Drops of water turn a mill,
Singly none, singly none.

Schritt für Schritt – so kann selbst der längste Marsch gewonnen werden,
Einzelne Steine bilden eine Brücke, wenn einer zum anderen kommt.
Und durch Einigung erreichen wir alles, was wir wollen.
Wassertropfen drehen gemeinsam eine Mühle,
Einzelne schaffen nichts, Einzelne schaffen nichts.

Die sogenannten Mollie Maguires bei einem heimlichen Gewerkschaftstreffen

Nur Wochen nach den Hinrichtungen der Bergleute kürzte man nun die kargen Löhne der Eisenbahner im benachbarten Maryland. Ihr spontaner Streik erreichte Pittsburgh, Chicago und selbst San Francisco. Bald weitete er sich zum bisher größten Streik der Geschichte aus. Als Mitglieder der Nationalgarde sich weigerten, auf ihre Klassenbrüder zu schießen, beauftragte man damit die Soldaten, die gerade aus den Südstaaten abgezogen worden waren, wo sie eigentlich die Rechte der Schwarzen schützen sollten. Hätten die Arbeiter im Norden damals verstanden, daß die Schwarzen im Süden eigentlich ihre Verbündeten waren, und sich für deren Belange eingesetzt, so wäre die Armee noch dort geblieben und könnte im Norden nicht auf streikende Eisenbahner schießen. Doch das hatten die meisten Arbeiter nicht begriffen – ja, viele begreifen es heute noch nicht. In ihren Berichten über die Streikkämpfe zog die Presse hysterische Vergleiche mit der Pariser Kommune sechs Jahre zuvor. »Chicago im Besitz der Kommunisten«, stand riesengroß in den Schlagzeilen, als die Arbeiter für kurze Zeit die Lage beherrschten. Doch die Armee war stärker. Nach wenigen Wochen wurden die Eisenbahner überall geschlagen.

Als diese »schreckliche« Pariser Kommune 1871 vernichtet worden war, hatte der Textilarbeiter Eugène Pottier, einer der Stadtbezirksbürgermeister, aus Paris fliehen müssen, um sein Leben vor dem weißen Terror zu retten. In der Verbergung schrieb er ein Gedicht, das Jahre später von Pierre Degeyter, einem Laienkomponisten, vertont wurde. »Die Internationale« wurde bald darauf in der ganzen Welt und natürlich auch in den USA gesungen.

Es waren neun Schneider, die 1869 eine Geheimorganisation gründeten. Sie nannten sich »Ritter der Arbeit« und waren mit ihren mysteriösen Einweihungsriten, ihrer verschlüsselten Sprache und allerlei eigenwilligen Zeremonien den Freimaurern vergleichbar. Sie legten den Grundstein für den ersten dauerhaften Gewerkschaftsverband der USA auf nationaler Ebene.

Jede geheime Sitzung wurde mit dem Lied »If We Will We Can Be Free« (Wenn wir wollen, können wir frei sein) feierlich beendet. Nachdem sie einige große Streiksiege erringen konnten, verbreiteten sich die »Ritter der Arbeit« rapide im ganzen Land. Ihre Erfolge waren nicht zuletzt darauf zurückzuführen, daß sie es verstanden, Menschen zu organisieren, die von den Fachverbänden meist ignoriert wurden: Einwanderer ohne Berufsausbildung, die millionenfach in die USA strömten. Je stärker die »Ritter« wurden, umso weniger blieben sie geheim. Mit Fackeln zogen sie durch die Straßen und sangen:

Toiling millions now are waking	Die schuftenden Millionen werden wach,
See them marching on ...	Seht, wie sie marschieren ...
Storm the fort, ye Knights of Labor,	Stürmt die Festung, ihr Ritter der Arbeit,
Battle for your cause;	Kämpft für eure Sache,
Equal rights for every neighbor,	Gleiche Rechte für alle Menschen,
Down with tyrant laws.	Nieder mit den Tyrannengesetzen.

Zur offiziellen Hymne der wachsenden Bewegung für den Achtstundentag wurde das folgende Lied, das auch viele »Ritter der Arbeit« sangen:

We mean to make things over;	Wir wollen alles ändern,
We are tired of toil for naught,	Wir haben's satt, für nichts zu schuften,
With but bare enough to live upon	Gerade genug zum Leben zu haben
And ne'er an hour for thought.	Und nie eine Stunde zum Denken;
We want to feel the sunshine,	Wir wollen den Sonnenschein spüren,
And we want to smell the flow'rs,	Und wir wollen die Blumen riechen,
We are sure that God has willed it,	Wir sind gewiß, Gott wollte es so,
And we mean to have eight hours.	Und wir wollen acht Stunden haben.
We're summoning our forces	Wir sammeln unsere Kräfte
From the shipyard, shop and mill.	Aus Werft, Fabrik und Werk.
Chorus:	*Refrain:*
Eight hours for work,	Acht Stunden für die Arbeit,
Eight hours for rest,	Acht Stunden zum Ausruhen,
Eight hours for what we will.	Acht Stunden nach eigenem Wunsch.

So sangen Hunderttausende am 1. Mai 1886. Nach diesem Tag – so hoffte man – würde keiner mehr als acht Stunden arbeiten müssen. Aber nur wenige haben damals dieses Ziel erreicht. Nachdem bei einer Demonstration am Haymarket Square in Chicago ein Provokateur eine Bombe geworfen hatte, setzte eine wilde Welle der Hetze und Unterdrückung ein. In einem Schauprozeß wurden acht Führer der Chica-

Attention Workingmen!

GREAT
MASS-MEETING
TO-NIGHT, at 7.30 o'clock,
AT THE
HAYMARKET, Randolph St., Bet. Desplaines and Halsted.

Good Speakers will be present to denounce the latest atrocious act of the police, the shooting of our fellow-workmen yesterday afternoon

Workingmen Arm Yourselves and Appear in Full Force!
THE EXECUTIVE COMMITTEE

Achtung, Arbeiter!

Große
Massen-Versammlung
Heute Abend, ½8 Uhr, auf dem
Heumarkt, Randolph-Straße, zwischen Desplaines- u. Halsted-Str.

☞ Gute Redner werden den neuesten Schurkenstreich der Polizei, indem sie gestern Nachmittag unsere Brüder erschoß, geißeln,

☞ Arbeiter, bewaffnet Euch und erscheint massenhaft!
Das Executiv-Comite.

Flugblatt mit dem Aufruf zur Kundgebung am Haymarket
in Chicago im Mai 1886

63

Unterkunft einer Neusiedlerfamilie in der Prärie

goer Arbeiterbewegung – darunter fünf deutsche Einwanderer – als Anstifter des Bombenwurfs verurteilt. Vier von ihnen, die als »Haymarket-Märtyrer« unvergeßlich sind, wurden gehängt. Zu Ehren dieser Männer und um ihren Kampf fortzuführen, beschloß 1889 die II. Internationale in Paris, auf der ganzen Welt den 1. Mai als Kampftag zu feiern.

Farmer und Frauen

Die USA wurden zunehmend ein Land der Großstädte. Millionen aus Europa kamen mit dem Schiff in New York, Boston, Philadelphia an. Viele blieben hier in den Werkstätten – auch Schwitzbuden (»sweat shops«) genannt – hängen. Andere schickte man in die Gruben, Stahlwerke und Fabriken an den Großen Seen – nach Pittsburgh, Chicago, Milwaukee, Buffalo, Cleveland, Detroit. Es waren Slowaken, Deutsche, Ungarn, Kroaten, Finnen, Litauer, Juden, Italiener und weitere dreißig Nationalitäten. Nach San Francisco und Seattle im Westen kamen auch Chinesen, Japaner und Filipinos.

In den Großstädten entwickelten sich neue Kulturen; Neuhinzugekommenes stieß auf Älteres, es kam zu unverdauten Vermischungen und Gegenüberstellungen. Ein

64

neuer, pfiffiger und manchmal recht durchtriebener Menschenschlag entwickelte sich; in diesem Dschungel war es nicht leicht zu überleben, und viele gingen im Elend zugrunde.

Die Gegensätze zwischen Stadt und Land wurden schärfer und klarer. Gemeinsamkeiten – in der Kultur wie in der Politik – waren kaum noch feststellbar. Dennoch kamen immer wieder welche »von der Farm« in die Großstadt, neugierig auf diese »Sündenpfühle«, aber auch voller Hoffnung.

Sie stießen auf »freundliche Herren«, die bereit waren, ihnen etwa die Brooklyn-Brücke »ganz billig« zu verkaufen, oder auf grell bemalte Frauen, die andere Ware feilboten. Alle hatten es auf ihr Geld abgesehen. Doch davon hatten sie bereits andere befreit – nämlich die Ernteaufkäufer, die Saat- und Geräteverkäufer und vor allem die Eisenbahnkonzerne. Diese besaßen riesige eigene Ländereien, die sie vom Kongreß als »Belohnung« erhalten hatten. Sie genossen das völlige Transportmonopol, wodurch sie die Farmer aussaugen konnten wie ein Krake eine Seemuschel.

Doch in den 1880er und 1890er Jahren schlugen die Farmer zurück. Sie bildeten breite Organisationen in den Farmgebieten und sangen u. a. trotzige Lieder:

THE FARMER IS THE MAN

When the farmer comes to town
With his wagon broken down,
Oh, the farmer is the man who feeds
  them all,
If you'll only look and see,
I think you will agree,
That the farmer is the man who feeds
  them all.
Chorus:
The farmer is the man, *(2 ×)*
Lives on credit till the fall,
Then they take him by the hand
And they lead him from the land
And the middleman's the one who gets
  it all.

DER FARMER IST DER MANN

Kommt der Farmer in die Stadt
Mit seinem Karren, fast kaputt,
Oh, der Farmer ist der Mann, der alle
  ernährt.
Schaust du nur richtig hin,
Wirst du sicher zustimmen:
Der Farmer ist der Mann, der alle
  ernährt.
Refrain:
Der Farmer ist der Mann, *(2 ×)*
Er lebt vom Kredit bis zum Herbst,
Dann nimmt man ihn an der Hand
Und führt ihn weg vom Land,
Und der Zwischenhändler ist der, der alles
  bekommt.

In weiteren Strophen erfahren wir, daß der Farmer den Rechtsanwalt, den Fleischer, den Pfarrer, den Bäcker und den Händler ernährt. Ohne ihn wären sie alle nichts. Solange der Farmer das nicht erkennt, bleibt er der Niedrigste, »dem die Hosen durchgescheuert sind«. »Ein Wunder, daß er noch nicht gestorben ist!«

1891 näherten sich für kurze Zeit Stadt und Land an; Farmer und Arbeitergruppen bildeten gemeinsam die »Populisten-Partei«. Sie forderten mitunter, daß Bahn- und Schiffahrtslinien, Telefon- und Telegrafenanlagen verstaatlicht werden (was bis heute noch nicht geschehen ist). In den Wahlen von 1892 erhielt ihr Präsidentschaftskandidat eine Million Stimmen, und in vier Bundesstaaten stellten die Populisten den Gouverneur. 1894 bekam ihre Partei bereits vier Millionen Stimmen, und sechs Senatoren konnten nach Washington entsandt werden. Zu der alten Melodie von »Acres of Clams« sangen die Populisten siegesbewußt:

HAYSEED LIKE ME	EIN TÖLPEL WIE ICH
I once was a tool of oppression And as green as a sucker could be; And monopolies banded together To beat a poor hayseed like me.	Einst war ich ein Werkzeug der Unterdrückung, Und so grün, wie ein armer Schlucker nur sein kann; Und die Monopole schlossen sich zusammen, Um mich armen Tölpel zu schlagen.
The railroads and the old party bosses Together did sweetly agree; They thought there would be little trouble In working a hayseed like me ...	Die Eisenbahnfirmen und die alten Partei- bosse, Die waren sich so schön einig; Sie glaubten, es wäre kein großes Problem, Einen Tölpel wie mich auszunehmen ...
But now I've roused up a little, Their greed and corruption I see, And the ticket we vote next November Will be made up of hayseeds like me.	Aber nun werde ich langsam munter, Ihre Gier und Korruption durchschaue ich, Und auf der Kandidatenliste, für die wir im November stimmen, Werden nur solche Tölpel wie ich zu finden sein.

Für die Hälfte der amerikanischen Bevölkerung waren die Wahllokale gesperrt, denn nur Männer hatten das Wahlrecht. Seit 1848 kämpften viele Frauen – und mit ihnen auch manche Männer – um eine Änderung dieser Situation. Der erste Sieg dieser Wahlrechtsbewegung wurde 1889 im neuen Bundesstaat Wyoming errungen, dann 1893 in Colorado und 1896 in Utah und Idaho. Doch erst 1919 erlangten die Frauen nach langen, schwierigen Kämpfen das Wahlrecht im ganzen Land durch Verfassungsänderung. Darüber berichtet das folgende Lied:

VICTORIA'S BANNER	VICTORIAS BANNER
Hark the sound of women's voices Rising in their might. 'Tis the daughters of Columbia Pleading for their right.	Hört den Ruf der Frauenstimmen, Die immer stärker werden. Es sind die Töchter Columbias, Die für ihr Recht plädieren.
Womankind shall not be fettered Nor her birthright sold, Never yield to rank injustice, Alter evil laws. Brothers, won't you stand beside us In our righteous cause?	Die Frauen sollen nicht gefesselt sein Und nicht ihr angeborenes Recht verkauft. Niemals soll man sich dem Unrecht beugen. Ändert schlechtes Gesetz! Brüder, wollt ihr uns nicht beistehen In unserer gerechten Sache?

Unter den Kämpfenden dieser Jahre gab es eine bemerkenswerte Frau. »Mutter Jones« legte allerdings weniger Wert auf Wahlen, sie setzte mehr auf den Kampf der Arbeiter, sie stritt für »ihre Jungs« – die Bergmänner und ihre Familien. Früh hatte sie den Mann und ihre Kinder durch das Gelbfieber verloren; sie arbeitete als Näherin und entdeckte schließlich die Gewerkschaftsbewegung für sich, für die sie leidenschaftlich eintrat, bis sie 100 Jahre alt wurde. In seidenen Kleidern mit Spitzenkragen

»Mother Jones«, Kämpferin für die Arbeiterrechte
bis in ihr 100. Lebensjahr

wirkte sie wie eine gesetzte ältere Dame. Doch sie konnte durch eisige Bäche waten,
um die Schlägertrupps der Grubenbesitzer zu umgehen. Oft genug kam sie ins Gefängnis. Sie konnte reden und fluchen – und sie wußte, was Lieder vermochten.
Während eines Streiks wurde eine Gruppe von Frauen wegen »Friedensbruchs« zu
dreißig Tagen Haft verurteilt. Sie hatten am Grubeneingang Streikbrecher beschimpft, die zum Hunger ihrer Kinder beitrugen. »Mutter Jones« berichtet:

»Als die Frauen mit ihren Babys vor dem Gefängnis ausstiegen, jubelte ihnen die
Menge zu ... Der Sheriff sagte zu mir: ›Mutter, ich hätte lieber, Sie brächten mir
hundert Männer als diese Frauen. Frauen sind gemeingefährlich‹ ›Ich habe sie nicht
gebracht‹, antwortete ich, ›sie sind ein Geschenk des Richters, der zur Bergbaufirma
gehört‹ ...

Zu den Frauen sagte ich: ›Singt die ganze Nacht lang. Seid ihr müde oder heiser, dann löst einander ab. Schlaft am Tage und singt nachts – und hört niemals auf! Sagt, ihr singt für eure Babys. Ich bringe euch Milch und Obst für sie. Singt, singt!‹ Die gereizte Frau des Sheriffs, die nicht schlafen konnte, versuchte vergeblich, sie zur Ruhe zu bringen. Da schickte der Sheriff nach mir und bat mich, sie einhalten zu lassen.

›Das kann ich nicht‹, sagte ich. ›Sie singen für ihre Kleinen. Rufen Sie den Richter an, er soll sie freisprechen.‹

Dutzende Klagen kamen aus anliegenden Hotels, Pensionen und Wohnungen. ›Diese Frauen heulen wie die Katzen‹, beschwerte sich ein Hotelier. ›So spricht man nicht von Frauen, die patriotische Lieder und Wiegenlieder für ihre Kinder singen.‹

Nach fünf Tagen und Nächten, in denen jedermann in der Ortschaft wachgehalten wurde, befahl der Richter endlich ihre Freilassung.« (15)

VIERTES KAPITEL

HOBOS UND IWW-WOBBLIES
1895–1917

Lieder zum Lachen und Weinen

Gegen Ende des Jahrhunderts sang man in den wachsenden Großstädten des Nordostens und Mittelwestens nicht allzu oft Kampflieder oder gar revolutionäre Lieder. Abgesehen von den mitgebrachten Liedern der Einwanderer und von einigen neugeschaffenen, kecken Volksliedern, die in den Städten entstanden sind, wurden vor allem die Schlager einer sich entwickelnden Musikindustrie gepfiffen und geträllert.

Schon seit dem Bürgerkrieg produzierten einige Komponisten und Textdichter berufsmäßig. Finanziell erfolgreicher waren nunmehr Musikverleger, was am Musikpegel in den Städten überall erkennbar war. Die junge Musikindustrie kam durch den Verkauf von Notenblättern zu Geld. Das beste Geschäft wurde mit traurigen, sentimentalen Liedern gemacht:

SILVER THREADS AMONG THE GOLD	SILBERNE FÄDEN UNTER DEN GOLDNEN
Darling, I am growing old,	Liebling, ich werde langsam alt,
Silver threads among the gold,	Silberne Fäden unter den goldnen
Shine upon my brow today;	Glänzen heute auf meiner Stirn;
Life is fading fast away…	Das Leben schwindet schnell …

Die Liebe – wenn auch nicht immer derart »tief philosophisch« zum Ausdruck gebracht – war auch damals schon ein begehrtes Thema:

WHITE WINGS	WEISSE FLÜGEL
… In her dear little home she is waiting for me.	… In ihrem netten, kleinen Haus wartet sie auf mich.
High up where cliffs they are craggy,	Hoch oben, wo die Felsen so schroff sind,
There's where the girl of my heart waits for me!	Dort wartet das Mädchen meines Herzens auf mich!

Auch in den Jahren, die man »Gay Nineties« (Fröhliche Neunziger) nannte, liebte man traurige Lieder, vor allem, wenn es um die Tugend ging:

TAKE BACK YOUR GOLD	NIMM DEIN GOLD ZURÜCK
Take back your gold, For gold can never buy me;	Nimm dein Gold zurück, Denn mit Gold kann man mich niemals kaufen;

Take back your bribe,	Nimm die Bestechung zurück
And promise you'll be true;	Und versprich mir, daß du treu sein wirst.
Give me the love, the love that you'd	Gib mir die Liebe, die du mir
deny me;	verweigern möchtest,
Make me your wife, that's all I ask	Mach mich zu deiner Frau, das ist alles,
of you.	worum ich dich bitte.

Bei folgendem beliebten Evergreen fließen die Tränen auch heute noch reichlich:

AFTER THE BALL	NACH DEM BALL
After the ball is over,	Wenn der Ball vorbei ist,
After the break of morn,	Wenn der Morgen anbricht,
After the dancers' leaving;	Wenn die Tänzer gegangen sind,
After the stars are gone;	Wenn die Sterne weg sind,
Many a heart is aching,	Schmerzt doch manches Herz.
If you could read them all;	Wenn man doch in allen lesen könnte;
Many the hopes that have vanished	So viele Hoffnungen sind verschwunden,
After the ball.	Wenn der Ball vorbei ist.

Die Verleger benötigten immer mehr Material, so daß die Komponisten gar nicht schnell genug produzieren konnten. Die meisten weißen Minstrel Shows waren um die Jahrhundertwende verschwunden, ihr Mittelteil – das Varieté oder »Vaudeville«, wie man diese bunte Veranstaltung in den USA nannte – blieb erhalten. Dafür wurden Unmengen dieser kurzlebigen Unterhaltungsmusik gebraucht. Man nahm Anleihen im alten Europa auf – bei Offenbach in Paris, bei Gilbert und Sullivan in London, bei Johann Strauß und Lehár in Wien und auch bei Paul Lincke in Berlin. Gerade dessen »Glühwürmchen« wurde zum riesigen Erfolgsschlager.

Nur am Rande soll hier erwähnt werden, daß die sogenannte ernste Musik in dieser Zeit in den USA ebenfalls eine immer größere Rolle spielte, wenn auch in erster Linie für die Reichen. Abendkleider, Schmuck und Smoking dominierten bei Sinfoniekonzerten und Opernvorstellungen im Parkett und in den Logen. Musik, Dirigenten und Solisten aus Europa beherrschten vorwiegend die Bühnen. Der böhmische Komponist Antonín Dvořák war drei Jahre lang Direktor des National Conservatory of Music in New York. Er hinterließ mit seiner Musik einen großen Eindruck, wurde aber auch selbst von der Musik der schwarzen Amerikaner und der Indianer beeinflußt. Davon zeugt die 1893 entstandene Sinfonie »Aus der Neuen Welt«, in der diese Impressionen verarbeitet wurden. Doch den meisten Amerikanern blieb dieses wunderbare Werk leider völlig unbekannt.

Wenden wir uns jedoch wieder den Liedern zu, die um 1900 herum weniger rührselig waren, doch dafür oft frecher, wie das folgende:

TA-RA-RA BOOM-DER-É	TA-RA-RA BOOM-DER-É
A sweet Tuxedo girl you see,	Ein süßes Tuxedo-Mädchen siehst du,
Queen of swell society.	Die Königin der feinen Gesellschaft.
Fond of fun as fond can be,	Ich liebe Spaß, so viel wie möglich,
When it's on the strict Q.T.	Solange er nur vertraulich bleibt.
I'm not too young, I'm not too old,	Ich bin nicht zu jung, ich bin nicht zu alt,

Notenblatt eines Schlagers von 1892,
der in zwanzig Jahren millionenfach verkauft wurde

Not too timid, not too bold,	Nicht zu schüchtern, nicht zu kühn,
Just the kind you'd like to hold,	Genau die Sorte, die du haben möchtest,
Just the kind for sport, I'm told.	Ganz richtig zum Spielen, sagt man mir.
Ta-ra-ra Boom-der-é. *(8×)*	Ta-ra-ra Boom-der-é. *(8×)*

Dieses Lied, das zwar nicht gerade für die Gleichberechtigung der Frau warb, wurde ein Riesenerfolg. Man munkelte, es stamme gar nicht aus der Feder seines angeblichen Schöpfers, Henry Sayers, sondern dieser habe es aus einem Bordell mitgebracht, wo es die begabte schwarze Sängerin »Mama Lou« vortrug.

Die Bahn und die Hobos

Gegen Ende des 19. Jahrhunderts war das Eisenbahnnetz schon äußerst dicht ausgebaut. Das Land wurde kreuz und quer von Schienen durchzogen. Obwohl die Farmer einerseits unter den Bahngesellschaften zu leiden hatten – wie wir bereits feststellten –, konnte die Eisenbahn auch eine große Quelle der Bereicherung sein. Das entdeckten unter anderen die Banden der Bahnräuber, die so oft im Kintopp das Publikum erschauern ließen. Denken wir nur an die legendäre Bande von Jesse James, der »von den Reichen nahm, um den Armen zu geben«, bis er von einem Verräter erschossen wurde. Dieses Verhängnis wurde in einer schönen Ballade verewigt – für ihn allerdings ein schwacher Trost.

Doch unermeßlich höhere Reichtümer schöpften aus der Bahn ihre Besitzer, deren Namen ebenfalls legendenumwoben sind – James Hill, Edward Harriman, der alte Cornelius Vanderbilt und Jay Gould mit dem schwarzen Bart, der Bahnlinien wie Bleistifte kaufte oder stahl, nach Laune an ihnen weiterbaute oder sie verfallen ließ bis zum Bankrott. Diese mächtigen Männer, die oft auch gleichzeitig Finanziers waren, kontrollierten in unvorstellbarem Maße das ganze Land. Soviel wir wissen, schufen sie jedoch keine Lieder über die Bahn. Das besorgten eher die Eisenbahner, die die endlosen Strecken der Pennsylvania-Bahn, der »Union Pacific« und der »Atchison, Topeka & Santa Fe« befuhren, Gleise legten und reparierten oder andere Arbeiten verrichteten. In einsamen Nächten, oft weit weg von zu Hause in schlechten Pensionen, besangen sie die Romantik der Eisenbahn. Häufig spielten Unfälle in den Liedern eine Rolle. Sicherheit war teuer, sie wurde also kleingeschrieben. Entgleisungen und Zusammenstöße waren an der Tagesordnung – und einige tauchten in den Liedern wieder auf, wie in diesem, das wohl zunächst von dem schwarzen Bahnarbeiter Wallace Sanders, einem Freund des Lokführers, auf eine alte Melodie gedichtet und dann nach Änderungen von zwei Vaudeville-Sängern populär gemacht wurde:

CASEY JONES	CASEY JONES
Come all you rounders if you want to hear	Kommt, ihr Kerle, wenn ihr hören wollt
The story of a brave engineer,	Die Geschichte von einem tapferen Lokführer,
Casey Jones was the rounder's name,	Casey Jones war der Name dieses Kerls,
On a big six-wheeler, boys, he made his fame …	Auf einer großen Dampflok, Jungs, wurde er berühmt …

He looked at the water and the water was low,	Er schaute auf den Wasserstand, und der war zu niedrig,
He looked at the watch, the watch was slow.	Er schaute auf die Uhr, die Uhr ging nach.
He looked at the fireman, the fireman said,	Er schaute den Heizer an, der Heizer sagte:
»Boy, we're gonna reach 'Frisco but we'll all be dead.« ...	»Mann, wir werden Frisco erreichen, doch wir werden alle tot sein.« ...
Casey pulled up that Reno hill,	Casey schnaufte den Reno-Hügel hinauf,
He blew at the crossing with an awful shrill.	Er pfiff an der Kreuzung mit fürchterlich schrillem Ton.
The switchman knew by the engine's moan	Der Weichensteller erkannte aus dem Stöhnen der Lok,
That the man at the throttle was Casey Jones.	Daß der Mann an der Kontrolle Casey Jones war.
Casey got to that certain place,	Casey erreichte den gewissen Ort,
Old Number Nine stared him right in the face.	Die alte Nummer Neun starrte ihm direkt ins Gesicht.
He said to the fireman, »Boy, you'd better jump,	Er sagte zum Heizer: »Junge, du solltest besser abspringen,
'Cause there's two locomotives and they're bound to bump.« ...	Denn da sind zwei Lokomotiven, die sich gleich rammen werden.« ...
Well, Mrs. Casey Jones she sat there on the bed,	Frau Casey Jones saß auf dem Bett,
She got the telegram that her poor husband was dead.	Als sie das Telegramm erhielt, ihr armer Mann sei tot.
She said, »Go to bed, children, and hush your cryin',	Sie sagte: »Geht schlafen, Kinder, und weint nicht mehr,
You got another papa on the Salt Lake line.«	Ihr bekommt einen neuen Papa auf der Salt-Lake-Linie.«

Viele Lieder stammten auch von den blinden Passagieren, die in harten Zeiten zu Hunderttausenden diese Reiseart wählten, da es die einzige war, die sie sich leisten konnten: in Güterwagen oder auf dem Gestänge unter den Waggons, was äußerst gefährlich war. Diese illegal Reisenden waren vor allem Wanderarbeiter, die in Erntegebieten, in Holzfällerregionen oder auf Bauplätzen Arbeit suchten. (Die Zeit, wo man sich auf freiem Farmland ansiedeln konnte, war vorüber.) Zu ihnen gehörten aber auch die Arbeits- und Hoffnungslosen, die kaum noch irgendwo feste Arbeit finden konnten – die Hobos und die »Bums«. Die feinen Unterschiede zwischen diesen Kategorien hingen meist nur von Muskelkraft, Alter und momentaner Wirtschaftslage ab. In ihren »Dschungels«, den Schlafstellen im Freien, wo sie auf Züge warteten und ihre Gelegenheitsmahlzeiten – vielleicht einen erlegten Hasen – über dem Lagerfeuer brieten, sangen sie. Und was für Lieder! Eins erzählte vom Eisenbahnmillionär Jay Gould und seiner – gewiß erfundenen – Tochter:

JAY GOULD'S DAUGHTER	JAY GOULDS TOCHTER
Jay Gould's daughter said, before she died,	Jay Goulds Tochter sagte, bevor sie starb:
»Papa, fix the blinds so the bums can't ride;	»Papa, mach die Güterwagen so, daß die Bums nicht mitfahren können;

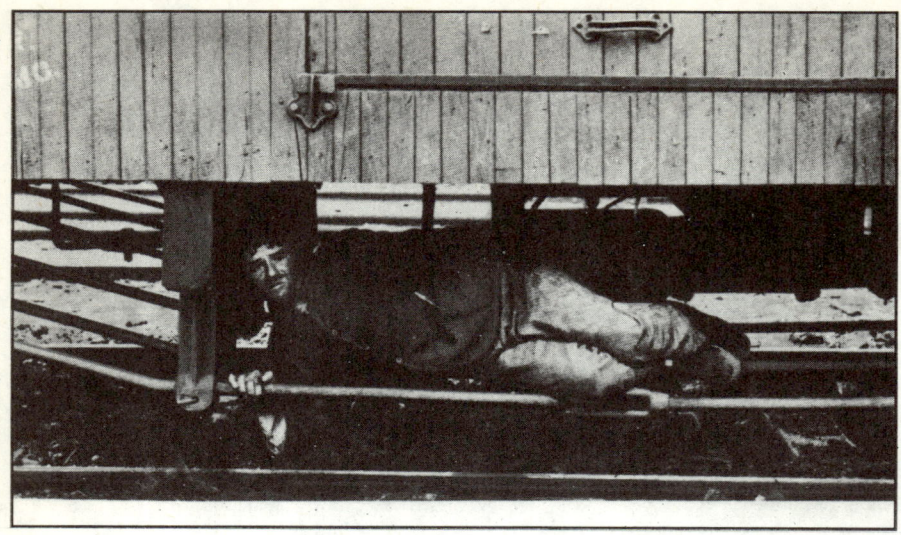

Ein Hobo auf dem gefährlichen »Gestängeplatz«

If ride they must, let them ride
  the rod,
Let them put their trust in the hands
  of God.« *(2×)*

Jay Gould's daughter said before she
  died,
»There's two more drinks I would like
  to try.«
Jay Gould said, »Daughter, what can
  they be?«
»A glass of water and a cup of tea.«

On a Monday morning it began to rain,
'Round the curve came a passenger train.
On the blinds was Hobo John,
He's a good old hobo but he's dead
  and gone.

Wenn sie fahren müssen, sollen sie auf
  dem Gestänge reisen,
Sollen sie ihr Schicksal in Gottes Hand
  legen.« *(2×)*

Jay Goulds Tochter sagte, bevor sie
  starb:
»Es gibt noch zwei Getränke, die ich gern
  probiert hätte.«
Jay Gould sagte: »Tochter, was kann das
  sein?«
»Ein Glas Wasser und eine Tasse Tee.«

An einem Montagmorgen begann es zu regnen,
Um die Kurve fuhr ein Passagierzug.
Auf dem Gestänge war Hobo John.
Er ist ein guter, alter Hobo,
  doch er ist tot und hinüber.

Zwischen den zahlreichen Strophen besteht nur ein loser inhaltlicher Zusammenhang, wie es bei vielen Volksliedern der Fall ist. Manche Strophen wurden von anderen Liedern übernommen, andere neu hinzugedichtet. Bei guten Liedern ergab das dennoch einen Sinn oder eine Stimmung. (Über ein ähnliches Phänomen kann man in Goethes »Wilhelm Meisters Lehrjahre« nachlesen.) (16)

Im folgenden Lied ist wieder vom Eisenbahnmillionär Jay Gould die Rede. Es wird – auch heute noch recht häufig – auf die Melodie einer Hymne gesungen. Jede Strophe steckt voller Ironie und Bitterkeit, ausgedrückt mit den einfachsten Worten.

HALLELUJAH, I'M A BUM

I know Jay Gould
He's a good friend of mine,
And that's why I'm riding
On his railroad line.
Chorus:
Hallelujah, I'm a bum,
Hallelujah, bum again!
Hallelujah, give us a hand-out
To revive us again.

Oh, why don't you work
Like other men do?
How the hell can I work
When there's no work to do?
Chorus: ...

Oh, why don't you save
All the money you earn?
If I did not eat
I'd have money to burn.
Chorus: ...

Oh, I like my boss,
He's a good friend of mine;
That's why I'm starving
Out in the breadline.
Chorus: ...

I knocked at a door
And asked for some bread;
A lady looked out, said,
»The baker is dead!«
Chorus: ...

Whenever I get
All the money I earn,
The boss will be broke
And to work he must turn.
Chorus: ...

I can't buy a job
For I ain't got the dough,
So I ride in a box-car
For I'm a hobo.
Chorus: ...

HALLELUJA, ICH BIN EIN BUM

Ich kenne Jay Gould,
Er ist mein guter Freund,
Und darum fahre ich
Mit seiner Eisenbahn.
Refrain:
Halleluja, ich bin ein Bum,
Halleluja, doch ein Bum!
Halleluja, gib uns eine Spende,
Um uns wieder aufzurichten.

Oh, warum arbeitest du nicht,
Wie es die anderen Männer tun?
Wie, zum Teufel, kann ich arbeiten,
Wenn es keine Arbeit gibt.
Refrain: ...

Oh, warum sparst du nicht
All das Geld, das du verdienst?
Wenn ich nicht essen würde,
Hätte ich Geld zum Verbrennen.
Refrain: ...

Oh, ich liebe meinen Boß,
Er ist mein guter Freund;
Deshalb verhungere ich
In der Armenküchenschlange.
Refrain: ...

Ich klopfte an eine Tür
Und bat um etwas Brot;
Eine Dame schaute heraus und sagte:
»Der Bäcker ist tot!«
Refrain: ...

Wenn ich jemals bekomme
All das Geld, das ich verdiene,
Dann wird der Boß bankrott machen
Und arbeiten müssen.
Refrain: ...

Ich kann mir keinen Job kaufen,
Denn ich habe kein Geld dafür,
So reise ich in einem Güterwagen,
Denn ich bin ein Hobo.
Refrain: ...

Das Schlaraffenlandlied der Hobos halten einige Volksliedexperten für den Lockruf eines alten Landstreichers, der einen unglücklichen Jungen verführen wollte. Doch wer will sich denn schon das schöne Lied nach neunzig Jahren noch verderben lassen?

THE BIG ROCK CANDY MOUNTAINS	DIE GROSSEN KANDISZUCKERBERGE
In the Big Rock Candy Mountains you never change your socks,	In den Großen Kandiszuckerbergen wechselt man nie die Socken,
Little streams of alky-hol come trickling down the rocks.	Kleine Ströme von Alkohol rieseln die Felsen hinab.
Oh, the shacks all have to tip their hats	Oh, die Bremser müssen alle den Hut ziehen,
And the railroad bulls are blind,	Und die Bahnpolizisten sind blind.
There's a lake of stew and ginger ale, too,	Es gibt einen Gulaschsee und einen Brausesee dazu,
And you can paddle all around it in a big canoe,	Und darauf kann man paddeln in einem großen Kanu,
In the Big Rock Candy Mountains.	In den Großen Kandiszuckerbergen.
In the Big Rock Candy Mountains.	In den Großen Kandiszuckerbergen.
Chorus:	*Refrain:*
Oh, the buzzing of the bees in the cigarette trees,	Oh, das Summen der Bienen in den Zigarettenbäumen,
By the soda water fountain,	Bei den Sodawasserspringbrunnen,
By the lemonade springs	Bei den Limonadenquellen,
Where the bluebird sings	Wo der Blaue Vogel singt,
In the Big Rock Candy Mountains.	In den Großen Kandiszuckerbergen.
In the Big Rock Candy Mountains	In den Großen Kandiszuckerbergen
The cops have wooden legs,	Haben die Polizisten Holzbeine,
The bulldogs all have rubber teeth	Die Doggen haben Zähne aus Gummi,
And the hens lay soft-boiled eggs.	Und die Hühner legen weichgekochte Eier.
The box-cars all are empty and the sun shines every day,	Die Güterwaggons sind alle leer, und die Sonne scheint jeden Tag.
I'm bound to go where there ain't no snow,	Ich muß dorthin gehen, wo es keinen Schnee gibt,
Where the sleet don't fall	Wo kein Graupelschauer fällt
And the wind don't blow	Und wo der Wind nicht bläst –
In the Big Rock Candy Mountains.	In die Großen Kandiszuckerberge.
Chorus: ...	*Refrain:* ...

Die Weltmacht und die Wobblies

Die ganz unten, die in den Güterwagen, sangen viel. Sie hatten schöne Lieder. Solche hatten die ganz oben nicht. Leute wie Ed Harriman und James Hill von der Eisenbahn, John D. Rockefeller vom Erdöl, Andrew Carnegie von der Stahlindustrie und J. P. Morgan, der seine Hände und Gelder in fast allen Industrie- und Finanzbereichen hatte, genossen still ihre Milliarden und schwelgten in ihrer Macht. Im Süden hatte man die Schwarzen wieder einer Art Leibeigenschaft und dem Ku-Klux-Klan überlassen. Die Farmer hatte man 1896 aus ihrer Populistenpartei heraus- und in die Demokratische Partei hineingelockt, wo sie nichts zu sagen hatten. Die Ritter der Arbeit waren auseinandergefallen. Der neue Dachverband der Gewerkschaften, die Amerikanische Föderation der Arbeit (AFL), war größtenteils korrumpiert; die Mehrzahl der Führer interessierte sich nur für männliche weiße Facharbeiter, die in

J. Pierpoint Morgan

den USA geboren waren, relativ gute Stellen hatten und besser verdienten. Kaum einer kümmerte sich um die Masse der arbeitenden Menschen, das »Kroppzeug«. Eisenbahnboß Jay Gould sagte: »Ich kann die eine Hälfte der Arbeiterklasse anstellen, um die andre Hälfte zu töten.« (17) Und als einmal im Wahlkampf betrunkene Menschenmassen Lieder für den einen oder dann wieder für den anderen Präsidentschaftskandidaten grölten, gestand der steinreiche Anwalt Frederick Martin: »Es spielt nicht die geringste Rolle, welche Partei an der Macht ist oder welcher Präsident die Zügel in der Hand hält. Wir sind keine Politiker, die sich für die Öffentlichkeit interessieren; wir sind die Reichen, und wir besitzen Amerika ...« (18)

Den Krieg gegen Spanien konnte 1898 auch die halbe Million Mitglieder der »Anti-Imperialisten-Liga« nicht verhindern. Diesen »großartigen, kleinen Krieg«, wie man ihn nannte, in dem sich die USA Puerto Rico, Guam, die Philippinen und zeit-

Aufkleber der Industriearbeiter der Welt – IWW,
hier auch als Abkürzung für: »Ich werde siegen«

weilig auch Kuba einverleibten, wodurch sie zur Kolonialmacht wurden. Die Soldaten in diesem Krieg marschierten zu dem Lied »There'll Be a Hot Time in the Old
Town Tonight« (Es gibt eine heiße Zeit in der alten Stadt heut nacht), das passender-
weise wohl auch in einem Puff entstanden sein soll.

Die Herren Rockefeller, Morgan und andere beherrschten nun nicht mehr nur die
USA, sondern auch das Karibische Meer und einen Teil des Stillen Ozeans. Ihre Ein-
mischung reichte bis nach China. Wer könnte wohl nun noch gegen sie antreten?

Der gewaltig große, einäugige »Big Bill« Haywood, Vorsitzender der Buntmetall-bergleute in den Rocky Mountains, schlug in Ermangelung eines Hämmerchens mit einem Stück Holz auf den Tisch und eröffnete die Versammlung. Unter den Delegierten waren der lange Lokheizer und begnadete Redner Eugene Debs, Gründer der neuen Sozialistenpartei, Professor Daniel De Leon, Chef der älteren und bereits erstarrten Sozialistischen Arbeiterpartei, die alte, aber zähe »Mutter Jones«, wie üblich in Seidenkleid und Spitzen, Lucy Parsons, die kämpferische Witwe eines der 1887 gehenkten »Haymarket-Märtyrer«. Sie alle waren 1905 nach Chicago gekommen, um die »Industriearbeiter der Welt« (IWW) zu gründen. Bald darauf erhielten die Mitglieder dieses neuen Dachverbands den Spitznamen »Wobblies«, die Gründe dafür sind nicht bekannt.

Vor den Versammelten verlas »Big Bill« die Worte: »... Die Arbeiterklasse und die besitzende Klasse haben nichts Gemeinsames. Es kann zwischen ihnen keinen Frieden geben, solange Hunger und Not unter Millionen von Arbeitenden herrschen, während wenige ... alle guten Dinge des Lebens besitzen. Zwischen diesen zwei Klassen muß es einen ständigen Kampf geben ...« (19)

Von Anfang an wurden Versuche unternommen, die IWW mit Agenten zu durchsetzen und zu spalten. »Big Bill« wurde von der Polizei regelrecht gekidnappt und anderthalb Jahre lang unter der fingierten Anklage »Anstiftung zum Mord« eingesperrt, bis er endlich befreit wurde. In vielen Städten des Westens verhaftete man IWW-Redner. Doch es stiegen immer wieder neue auf Rednerpulte und Kisten. Hunderte wurden festgenommen, doch Tausende strömten in die Städte, um zu reden oder einfach die Landesverfassung zu verlesen, wobei sie sich an die Säulen des Gerichtshauses anketteten. Die Inhaftierten sangen so laut wie einstmals »Mutter Jones'« Frauen und schlugen Krach, bis sie wieder frei waren – allerdings oftmals erst, nachdem sie gefoltert und zusammengeschlagen worden waren. In vielen Städten konnten sich die Wobblies durchsetzen. Dann kam die Zeit der IWW-Streiks: Sie wurden so organisiert, daß alle Berufsgruppen in einem Betrieb gemeinsam und gleichzeitig streikten, also ohne Warnung zuschlugen – so, wie es die Konzerne taten. Es kam vor, daß in einer Streikstadt tausend Wobblies aus Güterwagen ausstiegen, um dabeizusein. Dabei sangen sie:

TIE 'EM UP!	LEGT SIE STILL!
Tie 'em up! Tie 'em up!	Legt sie still! Legt sie still!
That's the way to win.	Nur so kann man gewinnen.
Don't notify the bosses	Warnt die Bosse nicht vorher,
Till hostilities begin.	Bevor die Angriffe beginnen.
Don't furnish chance for gunmen, scabs and all their like,	Gebt Pistolenhelden, Streikbrechern und solchen Leuten keine Chance,
What you need is One Big Union	Was ihr braucht, ist eine große Gewerkschaft
And the One Big Strike.	Und der eine große Streik.

Der Haß der Millionäre auf die Wobblies äußerte sich in ihrer Presse. »Das Hängen wäre für sie noch zu gut. Wir wünschten, sie wären tot ...«, schrieb zum Beispiel die »Tribune« von San Diego, wo Wobblies übel zugerichtet wurden. (20)

Kinder in der Textilfabrik

Als 1912 in Massachusetts ein neues Gesetz verabschiedet wurde, nach dem Frauen und Kinder nicht mehr 56, sondern nur noch 54 Stunden in der Woche arbeiten durften, rächten sich die Textilwerke in Lawrence dadurch, daß sie die unerträglich knappen Löhne noch weiter kürzten. Voller Empörung ging die Mehrzahl der 23 000 Arbeiter spontan auf die Straße und streikte. Da der AFL-Verband nur die Interessen der bessergestellten Werktätigen vertrat, rief man die kämpferischen IWW zu Hilfe, um von ihren Methoden des Massenstreiks zu lernen.

»Noch nie hatte es in einer Stadt Neu-Englands solche Ketten von Streikenden gegeben. Zehntausende marschierten. Sie waren sicher, fröhlich, entspannt – und sangen. Immerzu marschierten sie und sangen dabei. Die müden, grauen Menschenmengen, die unablässig in die Fabriken hinein- und aus ihnen herausströmten, waren erwacht und erhoben ihre Stimmen im Gesang, die unterschiedlichen Nationalitäten hatten eine gemeinsame Sprache gefunden ...« (21) In einer Wollspinnerei waren Einwanderer von mehr als 25 Nationalitäten angestellt, damit sie nicht miteinander reden konnten. Aus der alten Heimat mitgebrachte religiöse und nationale Ressentiments trugen ebenfalls zur Spaltung bei. Doch die IWW beriefen Vertreter jeder nationalen Gruppe in den Streikrat: Syrier, Polen, Italiener, Russen, Juden, Slowaken, Deutsche, Franzosen und andere – sie alle waren gleichberechtigt. Besonders die Frauen verlangten symbolisch nach »Brot und Rosen«.

Bei den Aktionen der IWW wurden viele Lieder gesungen. Vom großen Londoner Hafenstreik aus dem Jahre 1889 stammte »The Red Flag« (Die rote Fahne), das auf eine der ältesten europäischen Melodien gesungen wurde – auf die des Weihnachtsliedes »O Tannenbaum«. Die Englisch konnten, sangen ein Lied, das der Wobbly Joe Hill speziell für ihren Streik geschrieben hatte. Auf den großen Meetings erklangen die »Marseillaise« und die »Internationale« – jeder sang sie in seiner eigenen Sprache.

Die Werksbesitzer griffen zu hinterlistigen Maßnahmen. Beispielsweise kauften sie Studenten, die sie als Streikende tarnten und veranlaßten zu randalieren. Oder sie versteckten selbst Sprengstoff, um ihn nach dem Auffinden den Arbeitern anzulasten. Nachdem die Polizei eine Streikende erschossen hatte, wurden zwei Streikführer unter Mordanklage verhaftet. Doch am Ende erkämpfte man in Lawrence eine Lohnerhöhung von mindestens fünf Prozent, und die IWW gewannen unter vielen Arbeitern im Land an Prestige.

Ein Jahr später streikten die Seidenweber in Paterson (New Jersey), wieder kam es zu Hunger, Gewalt und Verhaftungen. Ein junger Journalist engagierte sich für die Streikenden und führte Tausende von ihnen nach New York, wo sie singend die elegante Fifth Avenue entlang bis zum Madison Square Garden zogen. Mit viel Gesang führten sie dort Szenen aus dem Streik auf. Das war gewiß ein neuartiges Ereignis in der amerikanischen Kultur. Allerdings kamen so viele Leute, ohne zu bezahlen, in die Vorstellungen, daß für den Streikfonds kaum Geld eingenommen wurde. Der junge Journalist hieß John Reed.

Im Westen des Landes organisierten die IWW die Nachkommen der Goldsucher, Farmer und Cowboys, die sich nun als herumziehende Erntearbeiter, Holzfäller, Bauarbeiter und Seeleute durchzuschlagen versuchten. Die IWW-Theorie vom »einen großen Streik«, mit dem das herrschende System für immer begraben würde, war revolutionär, wenngleich eine Utopie. Die Wobblies waren erstaunlich verwegene Kerle, die sich nie vor einem Kampf für die Rechte der Arbeiter und gegen alle, die das reiche Land auspreßten, scheuten.

Sie sangen bei allen Gelegenheiten – am Lagerfeuer, im Gefängnis, in den Versammlungssälen. Jährlich erschien ihr »Kleines rotes Liederbuch« mit neuen Liedern, die dem Motto auf der Titelseite entsprachen: »Die Flammen der Unzufriedenheit entfachen«. Aus diesem Liederbuch stammt das folgende Lied mit einem Text von Ralph Chaplin und der Melodie von »John Brown's Body«. Es gilt noch heute als Hymne der Gewerkschaftsbewegung in den USA.

SOLIDARITY FOREVER	ES LEBE DIE SOLIDARITÄT
When the union's inspiration through the workers' blood shall run,	Wenn der Kampfgeist der Gewerkschaft die Adern der Arbeiter durchpulst,
There can be no power greater anywhere beneath the sun;	Dann kann es nirgendwo unter der Sonne eine größere Macht geben;
Yet what force on earth is weaker than the feeble strength of one,	Doch welche Kraft auf Erden ist schwächer als die geringe Stärke des einzelnen.
For the union makes us strong.	Denn die Gewerkschaft macht uns stark.

Chorus:
Solidarity forever, *(3×)*
For the union makes us strong.

It is we who ploughed the prairies,
  built the cities where they trade,
Dug the mines and built the workshops,
  endless miles of railroad laid.
Now we stand, outcast and starving
  'mid the wonders we have made,
But the union makes us strong.
Chorus: …

They have taken untold millions that they
  never toiled to earn,
But without our brain and muscle not a
  single wheel can turn,
We can break their haughty power, gain our
  freedom when we learn
That the union makes us strong.
Chorus: …

Refrain:
Es lebe die Solidarität, *(3×)*
Denn die Gewerkschaft macht uns stark.

Wir sind es, die die Prärien umpflügten, die
  Städte bauten, in denen sie Handel treiben,
Die Schächte schufen, die Werke errichteten
  und endlose Meilen von Gleisen legten.
Nun stehen wir da, verachtet und hungrig,
  zwischen den Wundern, die wir schufen,
Doch die Gewerkschaft macht uns stark.
Refrain: …

Sie haben sich unzählige Millionen an-
  geeignet, wofür sie nie selbst schufteten,
Aber ohne unseren Geist und unsere Muskeln
  kann kein einziges Rad sich drehen.
Wir können ihre arrogante Macht brechen
  und die Freiheit erringen, wenn wir lernen,
Daß die Gewerkschaft uns stark macht.
Refrain: …

Als schwedischer Einwanderer ist 1902 der 23jährige Joel Hagglund ohne jeden Besitz in die USA gekommen. Er nannte sich zunächst Joseph Hillstrom. Bald reihte er sich in die Armee der Arbeitsuchenden ein und fuhr auf Güterwagen durch die Weststaaten. Er zog der Ernte nach, half beim Rohrelegen, schuftete im Kupferbergbau, an Schmelzöfen, im Hafen und als Seemann. 1910 trat er den IWW bei. Als die Eisenbahner der Southern-Pacific-Linie streikten, modelte er das damals gerade populäre Lied über ein Bahnunglück (siehe S. 72) zum »Casey Jones der Streikbrecher« um. Dem alten Lokführer Casey Jones tat das Lied gewiß unrecht: Es ließ ihn als Streikbrecher eine alte Lok zuschanden fahren, im Himmel half er, den Streik der Musikerengel zu brechen, und wurde dafür in die Hölle geschickt, um Schwefel zu schippen.

Joe Hill, wie sich Hillstrom nun abgekürzt nannte, verstand es, Texte mit Schärfe und Humor zu dichten – Lieder, die man sang. Wenn ein Streik schon lange andauerte und der Mißerfolg drohte, erfand Joe ein witziges Lied, um den Streikenden wieder Mut zu machen. Die meisten Texte waren für den Augenblick geschrieben, doch manche überdauerten auch die Zeiten, wie das folgende, das zur Musik eines Marschliedes aus dem Bürgerkrieg (siehe S. 48) gesungen wurde:

TRAMP, TRAMP, TRAMP

If you all will shut your trap
I will tell you 'bout a chap
Who was broke and up against it too for
  fair;
He was not the kind to shirk,
He was looking hard for work,
But he heard the same old story
  everywhere:

TRAMP, TRAMP, TRAMP

Wenn ihr alle euer Maul haltet,
Erzähle ich euch von einem Kerl,
Der pleite war und ganz echt in der Tinte
  saß;
Er war kein Drückebergertyp,
Er suchte krampfhaft nach Arbeit,
Doch überall hörte er dieselbe alte
  Geschichte:

»IWW Songs« –
»Das kleine rote Liederbuch« der Industrial Workers
of the World (IWW)

Chorus:
Tramp, tramp, tramp and keep on tramping,
Nothing doing here for you.
If I catch you 'round again,
You will wear the ball and chain,
Keep on tramping, that's the best thing
    you can do.

Refrain:
Marsch, marsch, marsch, marschiere weiter,
Für dich gibt's hier nichts zu tun.
Falls ich dich hier wiedertreffe,
Wirst du Eisenkugel und Ketten tragen,
Marschiere weiter, das ist das beste, was
    du tun kannst.

Down the street he met a cop
And the copper made him stop
And he asked him, »When did you blow
    into town?«
To the judge the poor boy went
But he didn't have a cent,
So the judge he said,
»You needn't come around.«
Chorus: ...

Auf der Straße traf er einen Bullen,
Und der Bulle hielt ihn an
Und fragte ihn: »Wann hat's dich denn in
    diese Stadt geweht?«
Da ging der arme Kerl zum Richter,
Er hatte aber keinen einzigen Cent,
Also sagte der Richter:
»Du brauchst gar nicht hierher zu kommen.«
Refrain: ...

Finally came the happy day
When his life did pass away,
He was sure he'd go to heaven when he
    died.
When he reached the Pearly Gate,
Old Saint Peter, mean old skate,
Slammed the gates of heaven in his face
    and cried:
Chorus: ...

Endlich kam der glückliche Tag,
Als sein Leben zu Ende ging.
Er war sicher, wenn er stirbt, kommt er
    in den Himmel.
Als er das Himmelstor erreichte,
Schlug ihm Petrus, der gemeine Kerl,
Das Tor vor der Nase zu und
    brüllte:
Refrain: ...

Der Himmel spielte häufig eine Rolle in Joe Hills Liedern. Den Predigern der Heilsarmee, die die Armen auf das Jenseits vertrösteten, war es erlaubt, überall aufzutreten, während die Redner der Wobblies oftmals verhaftet wurden. Da schrieb Joe Hill folgendes Lied auf die Melodie einer Heilsarmeehymne:

THE PREACHER AND THE SLAVE

Long-haired preachers come out every
    night
And they tell you what's wrong and what's
    right,
But when asked about something to eat,
They will answer in voices so sweet:
Chorus:
You will eat, by and by,
In that glorious land above the sky.
Work and pray, live on hay,
You'll get pie in the sky when you
    die.

Oh, the »starvation army« they play
And they sing and they clap and they
    pray,

DER PREDIGER UND DER SKLAVE

Langhaarige Prediger kommen jeden Abend
    heraus
Und sagen euch, was schlecht ist und was
    gut.
Doch bittet ihr sie um etwas zu essen,
So antworten sie mit süßer Stimme:
Refrain:
Einstmals werdet ihr essen
In dem himmlischen Land über den Wolken.
Arbeitet und betet, lebt von Heu,
Im Himmel werdet ihr Kuchen kriegen, wenn
    ihr gestorben seid.

Oh, die »Hungerarmee«, sie spielt
Und sie singt und sie klatscht und sie
    betet,

Till they get all your coin on the drum,	Bis sie euer ganzes Geld auf der Trommel hat,
Then they'll tell you when you're on the bum:	Und dann sagt sie zu euch, wenn ihr völlig blank seid:
Chorus: ...	*Refrain: ...*

Nachdem die Kupferbergleute gesiegt hatten, streikten 1913 im Bundesstaat Utah auch die Bauarbeiter einer neuen Bahnlinie. Die Konzerne und Spry, der Gouverneur von Utah, den man bezeichnenderweise »Stehaufmännchen der Kupferkönige« nannte, versuchten mit allen Mitteln, den Streik zu zerschlagen. Doch die in den IWW organisierten Eisenbahner weigerten sich, Streikbrecher in das Streikgebiet zu transportieren. Dadurch errangen die Arbeiter einen Sieg: Sie erhielten mehr Lohn und den Neunstundentag. Das veranlaßte die Mächtigen zu dem Schwur, bis Jahresende »jeden verdammten Wobbly aus Utah zu vertreiben«. Daraufhin organisierten die IWW einen Redekampf, wie sie in früheren Jahren üblich waren. Selbstverständlich war auch Joe Hill dabei.

Am Abend des 10. Januar 1914 wurde er von einer Kugel getroffen. Ausgerechnet an diesem Abend waren ein Lebensmittelhändler und sein Sohn von zwei Maskierten erschossen worden, nachdem es ihnen gelungen war, auf die Mörder noch eine Kugel abzufeuern. So groß war der Zufall nicht, denn in dieser Stadt des damals »wilden Westens« wurden am selben Abend noch weitere fünf Männer angeschossen. Mehrere Verdächtige wurden verhaftet, aber alle außer Joe sofort wieder freigelassen, als man feststellte, daß er ja ein Wobbly war – ein sehr bekannter noch dazu, dem man nur zu gerne einen Mord anhängen mochte. Joe beteuerte, die Schußwunde hätte er sich beim Streit um eine Frau zugezogen, deren Namen er nicht nennen wollte. Zeugen konnte oder wollte er ebenfalls nicht beibringen, denn er bestand darauf, daß der Staatsanwalt verpflichtet wäre, seine Schuld zu beweisen, und nicht umgekehrt er seine Unschuld. Obwohl immer deutlicher wurde, daß Joe Hill den Mord nicht begangen haben konnte, und ihn auch keiner der Zeugen eindeutig identifizieren konnte, wurde er schuldig gesprochen. Der Wobbly sollte sterben!

Es begann eine Kampagne um Joes Leben, die erst von einer kleinen Gruppe Wobblies und von einigen Schweden getragen wurde, dann aber immer mehr anwuchs. Arbeiter aus konservativen Gewerkschaften, Kirchenvertreter, Professoren – Zehntausende schrieben Briefe. 30 000 Arbeiter in Australien schworen, Waren aus den USA so lange zu boykottieren, bis Joe Hill befreit sei. Der schwedische Botschafter bat um Aufschub der Hinrichtung und um eine Untersuchung. Nun intervenierte selbst der amerikanische Präsident Woodrow Wilson – möglicherweise, weil die nächsten Wahlen bevorstanden und er auf die Stimmen der Arbeiter reflektierte. Seine Bitte erreichte einen Aufschub der Hinrichtung um zwei Wochen. In diesem Fall hatte nicht der Präsident der USA, sondern der Bundesstaat Utah die Macht. Auf ein zweites, zaghaftes Telegramm seinerseits erhielt er daher auch nur eine beleidigende Ablehnung.

Joe schrieb aus dem Gefängnis: »Mein Testament ist leicht zu machen, denn es gibt nichts zu verteilen ...« Sein letzter Wunsch war, daß seine Asche in den Wind gestreut würde, damit sie irgendeine »welkende Blume neu zur Blüte« bringen könne. An Elizabeth Gurley Flynn, eine mutige junge Frau von den IWW, die sich am aktivsten für ihn eingesetzt hatte, schrieb er: »Ich habe letzte Woche ein neues Lied geschrieben, mit Musik ... Und nun leb wohl, liebe Gurley. Ich lebte wie ein Rebell und werde wie ein Rebell sterben.« (22) An den Vorsitzenden der IWW, »Big Bill« Haywood, telegrafierte Joe Hill: »Vergeudet keine Zeit mit Trauern. Organisiert Euch!«

Am 19. November 1915 durchbohrten vier Kugeln sein Herz, nachdem er selbst das Kommando zum Feuern ausgerufen hatte. Joes Leiche wurde nach Chicago gebracht, und viele Tausende kamen zur Totenfeier. Eine Zeitung schrieb: »Es gab weder Gebete noch Hymnen, doch stimmte ein mächtiger Chor in die Lieder von Hillstrom ein.« (23)

Ein anderer Journalist drückte seine Verwunderung aus: »Was ist das für ein Mensch, dessen Tod mit Liedern des Aufstands besungen wird und an dessen Sarg mehr Trauernde stehen als bei irgendeinem Prinzen oder Potentaten?« (24) Und der irische Revolutionär Jim Larkin sagte: »Laßt uns jetzt seine Last aufnehmen und uns der Sache widmen, für die Joe Hill alles, selbst sein wertvolles Leben hingab ...« (25)

Entsprechend seinem letzten Willen wurde Joe Hills Asche in alle Winde zerstreut, auf allen Kontinenten und in jedem Bundesstaat, außer in Utah, wo er »nicht einmal begraben werden wollte«.

Im Nordwesten kämpften die Wobblies in jenen Jahren auch für die Waldarbeiter um menschliche Bedingungen. In Everett am Puget-Sund (Bundesstaat Washington), wo die Holzfäller den Zehnstundentag forderten, beschlossen die Holzfirmen, eisern gegen die Gewerkschaften vorzugehen. Der fast ständig betrunkene Sheriff McRae wurde zum Chef einer Bande von 500 Schlägern und Kriminellen schlimmster Sorte, seinen sogenannten Hilfssheriffs, ernannt. Jeder Wobbly, der auftauchte, wurde verhaftet, brutal geschlagen und abgeschoben.

Dennoch kamen am 5. November 1916 250 Wobblies mit dem Passagierdampfer aus der Großstadt Seattle nach Everett, um gegen die Zustände zu protestieren. Unterwegs sangen sie ein Lied aus der englischen und amerikanischen Arbeiterbewegung, das später als »Brüder, seht die rote Fahne« von Edwin Hoernle ins Deutsche übertragen wurde:

HOLD THE FORT	HALTET DIE FESTUNG
We meet today in freedom's cause	Wir treffen uns heute in Sachen der Freiheit
And raise our voices high;	Und erheben unsere Stimmen;
We'll join our hands in union strong	Wir reichen uns die Hände zu festem Bund,
To battle or to die.	Zu kämpfen oder zu sterben.
Chorus:	*Refrain:*
Hold the fort for we are coming,	Haltet die Festung, denn wir kommen,
Union men, be strong.	Gewerkschaftler, seid stark.
Side by side we battle onward	Seite an Seite kämpfen wir weiter,
Victory will come.	Denn der Sieg wird kommen.

In Memoriam

Joe Hill

Murdered by the Capitalist Class
November 19, 1915

My Last Will

My will is easy to decide,
For there is nothing to divide,
My kin don't need to fuss or moan—
"Moss does not cling to a rolling stone."

My body? Ah! If I could choose,
I would to ashes it reduce,
And let the merry breezes blow
My dust to where some flowers grow.

Perhaps some fading flower then,
Would come to life and bloom again.
This is my last and final will,
Good luck to all of you,
                              —JOE HILL.

"Don't waste any time in mourning—organize."

Das letzte Bild von Joe Hill, mit seinem »Testament«

Als sie sich dem Pier näherten, schien alles ruhig. Der junge Hugo Gerlot kletterte in den Mast, um zu winken. Plötzlich rief Sheriff McRae: »Wer ist euer Führer?« »Wir alle sind Führer«, antworteten die Wobblies. »Ihr dürft hier nicht landen!« – »Natürlich dürfen wir!«

Es folgten Hunderte von Schüssen. Viele Wobblies fielen, manche stürzten ins Wasser. Der junge Hugo Gerlot wurde vom Mast herabgeschossen. Gustav Johnson, der verwundet war, bat: »Haltet mich aufrecht, bis ich das Lied zu Ende gesungen habe.« Dann starb er. Auf Seiten der Wobblies gab es elf Tote und einunddreißig Verletzte. Die Schlägerbande hatte auch zwei Tote und einige Verwundete zu beklagen – aber durch das eigene Feuer, denn die Wobblies waren unbewaffnet. Dennoch wurden 74 Wobblies verhaftet, als das Schiff nach Seattle zurückgekehrt war. Den schießwütigen Hilfssheriffs dagegen passierte nichts.

Im April 1917 traten die USA in den ersten Weltkrieg ein. Nun nahm die Verfolgung der Wobblies, die dagegen protestierten, noch schärfere Formen an. Der mutige IWW-Organisator Frank Little, ein Halbindianer, reiste trotz eines Gipsbeins in einen Streikort. Hier wurde er in der Nacht vom 1. August von sechs Maskierten aus dem Bett gezerrt, mit einem Seil um den Hals von einem Wagen durch die Stadt geschleift und an einer Eisenbahnbrücke aufgehängt. Im selben Monat verfrachtete man in Arizona 1300 streikende Kupferbergleute der IWW in Viehwaggons und zwang sie, mitten in der Wüste auszusteigen – ohne Nahrung und ohne Wasser.

Von September bis Dezember 1917 verhaftete man massenweise führende Wobblies in vielen Teilen der USA. Prozesse fanden in Kalifornien, Kansas und Nebraska statt. Der größte aber war der in Chicago. Hier standen mehr als einhundert Wobblies unter Anklage, unter ihnen auch »Big Bill« Haywood. Erst nach sieben Monaten Gefängnis begann der Prozeß, der vier Monate dauern sollte. Der Staatsanwalt bezeichnete die IWW als verräterisch und deutschfreundlich. Der Richter verurteilte fünfzehn Männer – darunter Haywood – zu zwanzig Jahren, 33 Männer zu zehn Jahren und 35 Männer zu fünf Jahren Zuchthaus. Als der Verteidiger erklärte, Berufung einlegen zu wollen, ließ der Richter die Verurteilten zurückbringen und erlegte ihnen zusätzlich Geldstrafen zwischen $ 20 000 und $ 30 000 auf.

Durch die Verhaftung ihrer Führer, die ständigen Verfolgungen und Verleumdungen als Landesverräter und die hohen Verschuldungen ging es mit den Wobblies bergab. Viele Mitglieder der IWW wurden passiv, einige ließen sich korrumpieren, etliche gingen aber auch nach 1919 zur neuen KP über. So beispielsweise »Big Bill« Haywood, der nach schwerer Krankheit im Zuchthaus für kurze Zeit auf Kaution freigelassen wurde, dabei in die Sowjetunion flüchtete und dort bis zu seinem Tode im Jahre 1928 recht aktiv war.

Noch heute wird von einigen Unentwegten in Chicago ein kleines Büro der IWW aufrechterhalten, doch etwa seit 1925 sind sie ohne jeden Einfluß. Was lebendig geblieben ist, sind die Kampftraditionen und die fröhlichen, bissigen und entschlossenen Lieder.

FÜNFTES KAPITEL

TIN PAN ALLEY, JAZZ, BLUES UND HILLBILLIES 1917–1929

Tin Pan Alley und der Weltkrieg

Als die Geschworenen im Chicago-Prozeß ihr »schuldig« sprachen und die Wobblies damit in die Gefängnisse schickten, spielte im Foyer des Gerichtsgebäudes eine Band hämisch das patriotische Lied »Hail Columbia« (Columbia ist eine Bezeichnung für die USA). Die anwesende Menge jubelte und stimmte in das Lied ein. Es waren dieselben »wahren Amerikaner«, die Kaiser und »Hunnen« schlagen wollten, um den »Krieg, der alle Kriege beendet«, zu gewinnen und »der Welt die Demokratie zu sichern«. Auch dieses Unternehmen wurde von vielen Liedern begleitet. Ein sentimentaler Schlager, der vor dem Krieg entstanden war und in dem es hieß: »I Didn't Raise My Boy to Be a Soldier« (Ich zog meinen Jungen nicht dazu auf, Soldat zu sein), erhielt nun einen neuen Text: »I'm Glad My Boy Grew Up to Be a Soldier« (Ich bin froh, daß mein Sohn dazu aufwuchs, Soldat zu sein). Die Wiederwahl von Präsident Woodrow Wilson beruhte auf dem Wahlslogan: »Er hielt uns aus dem Krieg heraus.« Doch sofort nach seinem Wahlsieg gab er seine Kriegserklärung bekannt. Auch von den Musikern forderte er Unterstützung, die ihm schnell zuteil wurde. Nach wenigen Tagen erschien das Lied »Goodby Broadway, Hello France«, gefolgt von »America, Here's My Boy« (Amerika, hier hast du meinen Jungen), »We Are Coming in Yankee Doodle Style« (Wir kommen auf Yankee-Doodle-Art), »We're Going Over« (Wir ziehen hinüber), »You're a Grand Old Flag« (Du bist eine wunderbare Fahne) und »Over There« (Da drüben), in dem es heißt: »Oh, die Yankees kommen doch!« Die beiden letzten Lieder verfaßte der äußerst erfolgreiche Textautor und Komponist George M. Cohan. Wenn man bedenkt, daß ein Verlag bei einer Auflage von einer Million Notenblättern 100 000 Dollar verdiente und daß allein 1917 insgesamt zwei Milliarden Exemplare von Kriegsschlagern verkauft wurden, dann scheint es wohl kaum der Rede wert zu sein, daß in diesem Krieg auch 117 000 junge Amerikaner ihr Leben verloren haben und 200 000 verwundet wurden. Wenn allerdings die Begeisterung für diese Lieder 1918 merklich nachließ – vor allem bei Eltern und jungen Frauen –, so hatte sich doch die Musikindustrie in der relativ kurzen Zeit eine goldene Nase verdient.

Bereits 1900 erschien von Monroe Rosenfeld, der einst Komponist solcher zu Recht vergessener Schöpfungen wie »Take Back Your Gold« (siehe S. 69) und später

Titelblatt eines Liedes,
das vor der Kriegserklärung viel gesungen wurde ...

Journalist war, ein Artikel über die schnell wachsende New-Yorker Musikindustrie. Sie war damals in einem großen Bürohaus in der 28. Straße von Manhattan konzentriert. Bei einem Besuch in einem der Büros hörte Rosenfeld aus vielen Fenstern des Hauses lautes Geklimper, das von einem Musiker so kommentiert wurde: »Das sind meine Freunde und Konkurrenten ... Sie erinnern mich immer an das Geklapper von

... und dieses Lied
sang man nach der Kriegserklärung

Blechtöpfen in einer Küche ...« Daraufhin nannte Rosenfeld das Haus und die Gegend »Tin Pan Alley« (Blechpfannengasse). (26) Diesen Begriff bezog man auch auf die sich ausbreitende Schlagerindustrie, selbst dann noch, als die meisten Verlage in eine andere Straße zogen. Zu den Mitarbeitern der Verlage gehörten Komponisten, Dichter, Werbefachleute und die berühmten »Plugger«, die mit ihren Aktentaschen

Tin Pan Alley, das Zentrum der Schlagerindustrie,
hier in New Yorks 42. Straße

voller Noten überall dort auftauchten, wo Musik gemacht wurde. Sie pfiffen oder
sangen ihre Lieder so lange vor, bis Sänger, Bandleader oder Produzenten Interesse
daran bekamen und die Titel kauften, um sie in Music Halls, Vaudevilles, Revuen
oder Cafés einzusetzen. So wurden Hits gemacht, so entstanden Musikmoden. Die
Verleger der Tin Pan Alley suchten überall nach Verwendbarem, neben Neuschöp-
fungen übernahmen sie Lieder aus den fast im Aussterben begriffenen Minstrel
Shows, durchforsteten die europäischen Operetten und suchten bei den leichteren
klassischen Genres nach. In den ersten beiden Jahrzehnten des zwanzigsten Jahrhunderts schöpfte man beispielsweise reichlich aus einer Quelle, die bei schwarzen Musikern entsprungen war. Es handelte sich um den Ragtime oder, kurz gesagt, Rag,
der zur frühen Jazztradition zu rechnen ist.

Ragtime und Jazz

John Stark, ein weißer Geschäftsmann, ging auf ein paar Glas Bier in eine der verru-
fensten und verqualmtesten Bars in seinem Heimatort Sedalia (Missouri). Zu der Zeit
(1899) besaßen im Süden die meisten Etablissements dieser Niveaustufe »ihren«
schwarzen Klavierspieler. Doch der Musiker in der Bar von Sedalia war besonders

faszinierend. Stark kam mit ihm ins Gespräch, und am nächsten Tag schlossen sie einen Vertrag ab. Dadurch wurde Stark zum großen Musikverleger und Scott Joplin zum bekanntesten schwarzen Komponisten seiner Tage. Das Lied, mit dem sie den ersten Erfolg hatten, war der »Maple Leaf Rag« (Ahornblatt-Rag). Es wurden über 400 000 Exemplare davon verkauft.

Scott Joplin stammte aus Arkansas. Als Kind musizierte er autodidaktisch und erhielt später für einige Zeit Unterricht von einem enthusiastischen deutschen Klavierlehrer, der ihn in die europäische Klassik einführte. Obwohl er ein erstklassiger Pianist wurde, standen ihm als Schwarzem nur die Spielhöllen, Kneipen und Bordells zur Ausübung seiner Musik offen. – Bis er mit John Stark zusammentraf!

Die Wurzeln der Rags, die Scott Joplin schuf und spielte, lagen in einer meisterhaften Fusion von afroamerikanischen und euroamerikanischen Traditionen. Oft markierte die linke Hand eine marschartige Grundlage im 2/4-Takt, während die rechte ein rhythmisch entgegengesetztes, filigranartiges Thema aus Achtel- und Sechzehntelnoten spielte. In einer Art Synkopierung, die ansteckte und begeisterte, wurde – zunächst überraschend für ungeübte Ohren – jedes dritte Achtel betont.

Nicht zuletzt durch Scott Joplin verbreitete sich der Ragtime in vielen Variationen immer weiter über das Land. Als sich noch der »Cakewalk«-Tanz dazugesellte, der ursprünglich als Parodie der Sklaven auf ihre eingebildeten Plantagenherrschaften entstanden war und dann Bestandteil der Minstrel Shows wurde, entwickelte sich der Ragtime beinahe zur Manie. »Lernen Sie Ragtime spielen und Sie werden beliebt«, versprach beispielsweise eine Anzeige. Durch Aufnahmen, die Joplin und andere Künstler für die damals populären mechanischen Klaviere machten, wurde diese Musik noch bekannter und erreichte noch breitere Kreise.

Voller Optimismus übersiedelten Stark und Joplin ins Musikzentrum, nach New York. Dort erlebten sie jedoch, wie fest die Tin Pan Alley die Musikindustrie im Griff hatte. Für Neulinge aus der Provinz war da kein Platz. Stark kehrte enttäuscht nach Missouri zurück, und Joplin erkannte immer deutlicher, daß er als schwarzer Musiker keinerlei Chance hatte. Es gab zwar »Ragtime-Wettbewerbe« und einen »Ragtime-König« – doch als Sieger kamen immer nur Weiße in Frage. Irving Berlin, einer der bekanntesten Komponisten von Tin Pan Alley, schuf das Stück »Alexander's Ragtime Band«, das zwar einen riesigen Erfolg, aber mit dem echten Ragtime wenig zu tun hatte.

Joplin versuchte eigene Ragtime-Opern zu inszenieren, doch das blieben nur Träume. Daß ein Schwarzer ernste Musik schrieb, war undenkbar! Tin Pan Alley suchte ohnehin schon wieder nach neuen Musikmoden.

Scott Joplin starb 1917, fast vergessen, in einer Irrenanstalt. Selbst europäische Komponisten wie Claude Debussy hatte er mit seiner Musik beeinflußt. Doch erst fünfzig Jahre später – zum Teil durch den Film »Der Clou« inspiriert – sollte es zu einer bescheidenen Ragtime-Renaissance kommen.

Als der erste Weltkrieg vorüber war, standen die USA, von Zerstörungen unberührt, als führende Weltmacht da. Eine riesige Fabrik nach der anderen wurde errichtet, die Massenproduktion setzte sich durch. Alle, die Geld zum Investieren hat-

Scott Joplin, bekanntester Ragtime-Spieler und -Komponist

ten, kauften Aktien. Man sprach von den »Goldenen Zwanzigern« oder – wie der Schriftsteller F. Scott Fitzgerald – vom »Jazz-Zeitalter«. Doch der Jazz war bereits einige Jahre früher da.

New Orleans im Süden der USA war von Franzosen besiedelt worden. Und von Sklaven, die sich die Franzosen entweder direkt aus Afrika oder von den karibischen

Inseln geholt hatten. Die Bevölkerung der Stadt war katholisch und blieb es auch nach dem Erwerb des Gebietes durch die USA im Jahre 1805. Daher fehlten die kalvinistischen Tabus vieler englisch besiedelten Gebiete gegenüber dem Tanz und dem Musizieren. Im Gegenteil: Gerade Tanzen und Musizieren – besonders auf Blechblasinstrumenten – waren äußerst beliebt. Vor allem während des Karnevals oder Mardi gras, wie man ihn auf Französisch nennt – ein Fest, das in New Orleans, beinahe als einzigem Ort in den USA, noch heute gefeiert wird. Im Mittelpunkt stehen Umzüge mit Masken und Kostümen – und natürlich mit Musik!

Nach französischem Gesetz war es möglich, daß Kinder von schwarzen Müttern und weißen Vätern frei wurden und in der gesellschaftlichen Rangordnung manchmal eine etwas höhere Stufe einnahmen, die ihnen mitunter auch eine Schulbildung erlaubte. So lernten einige von ihnen auch europäische Musik und deren Instrumente kennen. Nach dem Bürgerkrieg und der Beendigung der daran anschließenden fortschrittlichen Rekonstruktionszeit (1877) wurden jedoch sämtliche Rechte wieder beseitigt. Auch New Orleans erlebte jetzt eine scharfe Rassentrennung. Die Afroamerikaner mit hellerer Haut und französischem Namen mußten nun ihre Arbeitsstellen an Weiße abgeben; auch diejenigen mit europäischer Musikbildung und Instrumentalkenntnissen waren gezwungen, in die rein schwarzen Stadtteile überzuwechseln, wo die Musik stärker der afrikanischen und Sklaventradition verbunden war. Die Vermischung der Musikstile in diesen schwarzen Ghettos wurde bedeutungsvoll für die Geschichte des Jazz.

Die letzten Erdklumpen waren auf den Sarg gefallen, die Verwandten und Freunde verließen tränenden Auges die Grabstätte, betroffene Musiker folgten ihnen – und kaum waren sie zwei Straßen weiter, verwandelte sich ihre Musik völlig. Plötzlich legten sie los mit »When the Saints Go Marching In« (siehe S. 51) oder »Ain't Gonna Study War No More« und »Oh, Didn't He Ramble?« (Ist er nicht mal fremdgegangen?). Das war zwar schöne Musik, doch Geld verdienen, nicht nur nebenbei auf einer Trauerfeier, sondern für den Lebensunterhalt, konnten schwarze Musiker nur in Storyville, dem »Roten-Laternen-Viertel« von New Orleans, in dem es Bordelle, Tanzlokale, Spelunken oder Honkytonks, also Etablissements mit schlechtem Ruf, aber oftmals guter Musik, gab. Doch 1917, als die USA in den ersten Weltkrieg eintraten und viele Matrosen nach New Orleans kamen, ließ die Regierung Storyville für immer »schließen« – weniger aus moralischen Gründen als deshalb, weil es hier, anders als in der Marine, keine Rassentrennung gab. Aber schon vorher waren manche der Musiker ausgewandert – nach St. Louis, nach Kansas City und vor allem nach Chicago.

Diese schwarzen Musiker, aber auch weiße, die ihre Musik bewundert und ihnen einiges abgelauscht hatten, entwickelten nun eine neue Musik, die unter dem Begriff »Jazz« bei immer mehr Menschen Verbreitung fand. Als legendäre Beispiele seien zwei Namen aus jener Zeit genannt: Louis Armstrong, der schwarze Kornettist und Trompeter, der 1922 aus New Orleans nach Chicago übersiedelte, und Bix Beiderbecke, der weiße Kornettist und Pianist, der ein Jahr vorher nach Chicago gekommen war.

Der Kornettist und Pianist Bix Beiderbecke

Das Wort »Jazz« besaß wohl ursprünglich eine erotische Bedeutung. Und auch die Musik war »rechtschaffenen« Amerikanern zunächst suspekt: Allein in Chicago hätten, so klagte man, »eintausend Mädchen wegen dem Jazz ihre Ehre verloren« (27); und eine Schulrätin schrieb: »Ständig diesem bösen Einfluß ausgesetzt zu sein kann unsere ganze soziale Ordnung ins Wanken bringen.« (28) In der Tat lag in dieser Musik viel Erotisches, was als höchst sündhaft und unmoralisch galt. Auch daß der Jazz häufig in »Speakeasies« (Flüsterkneipen) gespielt wurde, wo während der Prohibition illegal Alkohol ausgeschenkt wurde, trug nicht zur Verbesserung seines Rufes bei. Außerdem war für die meisten Amerikaner sowieso alles, was mit Schwarzen zu tun hatte, minderwertig, wenn nicht gar verdächtig.

Als am 12. Februar 1924 der berühmte weiße Bandleader Paul Whiteman in der ehrwürdigen Aeolian Hall in New York vor den Honoratioren der klassischen Musikszene ein Konzert mit der Musik gab, die er für Jazz hielt, glätteten sich die Wogen ein wenig. Jazz galt von nun ab als etwas salonfähiger. Im selben Konzert spielte übrigens George Gershwin zum ersten Mal seine »Rhapsody in Blue«.

Nicht weit von der Aeolian Hall entfernt, im Roseland Ballroom am Broadway, spielte zu dieser Zeit – und sicher auch am selben Abend – Louis Armstrong, der kürzlich aus Chicago nach New York gekommen war. Er war bereits so populär, daß alles, was er auf der Bühne trug, schon nach seinem ersten Auftritt von den Kollegen nachgeahmt wurde, obwohl er sich noch recht provinziell kleidete.

Im Roseland Ballroom spielten Armstrong und die schwarze Band von Fletcher Henderson vor einem weißen Publikum, und in der eleganten Aeolian Hall waren sogar alle Musiker weiß. Das eigentliche Jazz-Zentrum der Stadt aber befand sich weiter nördlich, im schwarzen Teil von Manhattan, in Harlem. Hierher kamen zur Zeit des ersten Weltkriegs unzählige Afroamerikaner, die vom Süden der USA in den Norden strömten. Dafür hatten sie vor allem drei Gründe: Zum einen hatte der Rüsselkäfer massenweise ihre Baumwollfelder und damit ihre Existenz vernichtet (eine bekannte, bitter-ironische »Ballad of the Boll-Weevil« erzählt davon); zum anderen gab es während des Krieges in den Fabriken erstmalig auch für Schwarze Arbeit; und zum dritten herrschte im Norden der Lynchterror nicht ganz so grausam wie im Süden. Auch in New York ging es den Schwarzen schlecht, aber nicht so schlecht wie in Georgia oder Mississippi.

In Harlem, New York, sammelten sich sehr viele der »Einwanderer«. Hier hatten sie ihr geistiges Zentrum. In diesem großen Viertel von Manhattan lebten hervorragende schwarze Dichter, Journalisten, Dramatiker, Schauspieler, Maler, Bildhauer und Wissenschaftler. Man sprach von einer »Harlem-Renaissance«, bei der es zu einer erstaunlichen Entwicklung von Talenten kam. Am bekanntesten waren wohl die Musiker. Paul Robeson, zunächst als Sportler und Schauspieler bekannt, begann 1925 mit seinen berühmten Spiritual-Konzerten, 1928 siedelte er allerdings für elf Jahre nach England über, denn dort spielte der Rassismus keine so große Rolle wie in den USA. Besonderer Beliebtheit erfreute sich in Harlem der Jazz – zum Beispiel bei den »rent parties«. An den Sonnabenden lieferte jeweils eine Familie Imbiß und Musik, und die Gäste bezahlten Eintritt und Getränke, wobei sich keiner um das Alkoholverbot, die Prohibition, scherte. Mit dem Erlös konnte noch für eine Weile die

Louis Armstrong

Miete (rent) bezahlt werden. Der afroamerikanische Dichter Langston Hughes schrieb darüber: »Man besuchte sich in kleinen Wohnungen, Gott allein wußte wohl, wer da wohnte, die Gäste jedenfalls höchst selten. Das Klavier wurde oft von einer Gitarre oder von irgendeinem Kornett unterstützt, oder es kam sogar jemand mit ein paar Trommeln von der Straße.« (29)

Paul Robeson in dem O'Neill-Stück »Kaiser Jones«

Ragtime, Boogie Woogie, Blues, Jazz oder jazzverwandte Stilrichtungen waren hier nie scharf zu trennen, sie vermischten sich und gediehen dabei. Weißen erschien das abenteuerlich und verlockend. Sie kamen aus den »Downtown«-Stadtteilen und besuchten Harlem, auf der Suche nach Musik, Exotik und Sex. Klubs wurden eröffnet, in denen man bis früh tanzen konnte. In einem solchen, im Cotton Club, begann

Der Cotton Club in Harlem,
ein Zentrum des Jazz

1927 der junge »Duke« Ellington mit seiner Band zu spielen, bei ihm wurde Improvisation, ein typisches Element des Jazz, großgeschrieben – im Gegensatz zu Fletcher Henderson, bei dem hauptsächlich die Zwischensoli improvisiert wurden. Jazz verbreitete sich schnell – in den Großstädten und in vielen Ländern. Schwarze und weiße Elemente vermischten sich, wobei die wesentlichen Impulse von den Schwarzen ausgingen, während die weißen Musiker meist von ihnen lernten und von schwarzen Arrangeuren profitierten.

Nicht nur im Ballsaal des Roseland tanzten Weiße unter sich, sogar im Cotton Club mitten in Harlem, zur Musik von »Duke« Ellington, bot sich dasselbe Bild. Besitzer des Cotton Clubs waren Weiße aus dem Gangstermilieu, die sich nur fürs Geld und wohl kaum für Rassengleichheit interessierten.

Im südlichen Manhattan wurde Hendersons Band durch die von Paul Whiteman verdrängt, denn der konnte für gute Arrangements besser bezahlen. Auch im Jazz spielte bei der Besetzung von Stellen und beim Festlegen der Gage die Hautfarbe eine wesentliche Rolle. Und als 1928 der erste kommerzielle Tonfilm die Zuschauer in Erstaunen versetzte, wurde die Titelrolle – »Der Jazzsänger« – nicht etwa von einem Schwarzen, sondern von dem schwarz geschminkten weißen Sänger Al Jolson gespielt. Was er in dem Film sang, hatte außerdem nicht allzuviel mit Jazz gemein.

Der Blues

Wer im Mai 1924 in die Nähe des Avenue Theaters kam, das sich im schwarzen Viertel auf der Südseite Chicagos befand, hätte leicht in eine wartende, aufgeregte, drängelnde und schiebende Menschenmenge geraten können. Hier wurden Karten für den Auftritt von Bessie Smith, der »Kaiserin des Blues«, verkauft, die zu den bedeutendsten Sängerinnen der USA gehörte.

Die Entstehung des Blues ist nicht eindeutig zu bestimmen. Manche vermuten seinen Ursprung schon im achtzehnten Jahrhundert. Andere vertreten die Auffassung, daß er nach dem Bürgerkrieg entstand, vielleicht aus den Rufen heraus, die zwischen den Arbeitenden auf den Feldern ausgetauscht wurden. Mit der Auflösung der Sklavenplantagen und dem Übergang zum Teilpächtersystem arbeiteten die Menschen auf dem Acker häufiger allein – das trug möglicherweise zur Entstehung des Sologesangs bei, der typisch für den ländlichen Blues ist. Es gab eine Verwandtschaft zum Spiritual, wobei dieses meist einen religiösen Text hat. Im Gegensatz dazu behandelt der Blues Alltagsprobleme und -ereignisse, oftmals erzählt er vom Kummer im Leben und in der Liebe. Auch die religiöse Gospel-Musik, die sich in den dreißiger Jahren bei den Afroamerikanern entwickelte, weist viele Beziehungen zum Blues auf. Der Liedersammler Alan Lomax meint dazu: »Der Blues hat sich als Gospelsong in die Kirchen eingeschlichen.« (30) Das Wort »blue« (blau) hat im Englischen nichts mit Alkohol zu tun, Blau ist vielmehr die Farbe der Traurigkeit, der Melancholie. Die typischen musikalischen Elemente des Blues sind (etwas vereinfacht) zum einen die »Blue Notes« (oder Blues-Töne) und zum anderen das häufig zwölftaktige Bluesschema, das den Blues in drei Teile zu je vier Takten einteilt. Der erste Teil wird wiederholt – manchmal auch mit leichten Abweichungen im Text, dann folgt eine neue Zeile, die die ersten beiden kommentiert oder in ihrer Bedeutung verändert. Die Spannung, die durch das Warten auf die dritte Zeile erzeugt wird, ermöglicht es dem Sänger, Humor, Ironie, Bitterkeit, Verzweiflung und jedes andere Gefühl in seinem Blues auszudrücken. Davon zeugt die Strophe, die dem Repertoire von Bessie Smith entstammt:

Woke up this morning, the blues all 'round my bed, *(2×)*	Wurde wach heute morgen, und Blues *(Kummer)* stand um mein Bett, *(2×)*
Went to eat my breakfast, and the Blues all in my bread.	Ich wollte frühstücken – und Blues war auch in meinem Brot.

Der folgende Blues wurde ebenfalls von Bessie Smith gesungen:

I ain't never loved but three men in my life, *(2×)*	Ich hab' in meinem Leben nur drei Männer geliebt, *(2×)*
My father, my brother, the man that wrecked my life.	Meinen Vater, meinen Bruder, und den Mann, der mein Leben zerstörte.
Trouble, trouble, I've had it all my days, *(2×)*	Kummer, Kummer hatte ich mein ganzes Leben lang, *(2×)*
It seems like trouble going to follow me to my grave.	Es scheint, als ob der Kummer mich bis zum Grab verfolgt.

101

Wurzeln des Blues: Am Ufer des Mississippi

Gertrude »Ma« Rainey, die »Mutter des Blues«, war eine großartige schwarze Sängerin. Sie reiste mit einer wandernden schwarzen Minstrel Show. Bei einem Auftritt in Chattanooga (Tennessee) hörte sie die Stimme eines zwölfjährigen Mädchens, von der sie so begeistert war, daß sie das Mädchen trotz seiner Jugend als »Lehrling« aufnahm. Eine bessere Lehrmeisterin gab es nicht. Bald wurde aus dem Mädchen

Gertrude »Ma« Rainey, »Mutter des Blues«

Bessie Smith eine wunderbare Künstlerin. Sie war eine große, stattliche Frau voller Temperament und hatte ständig Sorgen mit dem Alkohol und mit den Männern, die sie (und ihr Geld) ausnutzten. Ihre Platten wurden (und werden) von vielen weißen Sammlern gesucht – oft ihrer humorvollen und ziemlich gewagten Erotik wegen. Doch das ist nicht der Grund für ihre Beliebtheit bei ihrem riesigen schwarzen Publikum, sowohl im Süden als auch im Norden. Dieses verehrte sie wegen der enormen Skala an Gefühlen, die sie auszudrücken verstand. Ein Blues, den Bessie Smith sang, wurde im Handumdrehen fast zu einem Volkslied.

Dennoch wurde die »Kaiserin des Blues« immer öfter finanziell betrogen. Eine schwarze Künstlerin, auch eine große, hatte es sehr schwer. Sie mußte in immer kleineren Orten, in durchlöcherten Zelten und unter unwürdigen Bedingungen auftreten. Gerade als sich ihr noch einmal eine größere Chance in einem Theater bot, passierte auf dem Weg von Memphis (Tennessee) nach Alabama ein Autounfall. Bessie Smith wurde schwer verletzt, und das nächstliegende Krankenhaus nahm nur Weiße auf. Sie war erst dreiundvierzig Jahre alt.

Ihr Grab bekam erst dreiunddreißig Jahre nach ihrem Tod einen Gedenkstein, gestiftet u. a. von der weißen Sängerin Janis Joplin, mit der Aufschrift: »Die größte Blues-Sängerin der Welt wird nie aufhören zu singen.«

Unter den Großen des Blues gab es die, die dem »ländlichen« Blues treu blieben, aber auch viele, die in die Städte des Nordens zogen und sich stilistisch auf die neue Umgebung einstellten. Neben Bessie Smith und »Ma« Rainey zählen zu den großen Namen auch Musiker wie »Blind Lemon« Jefferson, »Big Bill« Broonzy, »Muddy Waters«, »Sonny« Terry und John Lee Hooker. Einer der ganz Großen war Huddie Led-

103

better – doch von ihm wird noch ausführlich berichtet. Auch unter den Jazz-Sängern und -Musikern gab es viele, die sich des Blues annahmen: u. a. Louis Armstrong, Billie Holiday, Ella Fitzgerald und »Fats« Waller als Klavierspieler. In den 20er und 30er Jahren war der Blues besonders beliebt. Auch weiße Interpreten singen den Blues, schon vor langer Zeit hat sich der sogenannte weiße Blues herausgebildet. Doch in erster Linie gehört er den Schwarzen. Der Musikforscher Russell Ames schrieb: »Der Blues hat natürlich unseren Jazz geprägt und durch ihn auch spätere Tanz- und Popmusik. Genaugenommen ist der Blues nur eine von vielen Quellen des Jazz, doch kann man ihn als seine ›Seele‹ bezeichnen ... Die großen Änderungen, die durch den Bürgerkrieg verursacht wurden – die Mechanisierung unseres Lebens, unsere Entwurzelung und Heimatlosigkeit, spiegeln sich in den Blues deutlich wider. Wie in den Spirituals drückte das Volk der Schwarzen auch in den Blues einprägsam die tiefsten Gefühle unser aller aus.« (31)

Musik und Technik

Thomas Edison, Genie und Geschäftsmann, erfand 1877 den Phonographen. Zehn Jahre später kam durch den nach Philadelphia eingewanderten Deutschen Emil Berliner die Schallplatte hinzu. Edisons Patent kaufte die Columbia Phonograph Company auf, und Berliner gründete nach erbitterten Rechtsstreitigkeiten die spätere Firma Victor, die durch das Hündchen vor dem Schalltrichter und den Slogan »His Master's Voice« berühmt wurde. In den folgenden Jahrzehnten entstanden in den USA sowie in England, Deutschland und Frankreich eine Reihe weiterer Firmen, die sich gegenseitig bekämpften und verschlangen. Den Markt beherrschten aber vom Anfang des Jahrhunderts an bis in die jüngste Zeit die beiden Riesen Victor (später RCA-Victor) und Columbia (CBS-Columbia).

Zunächst mußte der Plattenspieler einen Konkurrenzkampf gegen das allgemein beliebte mechanische Klavier mit seinen Zylinderwalzen bestehen. Durch die sich ständig verbessernde Tonqualität der Schallplatten siegte er schließlich, und die Plattenfirmen jagten sich nun gegenseitig die Verträge mit den Größen der Opern- und Operettenbühne, wie Enrico Caruso und Fjodor Schaljapin, mit religiösen Sängern, wie den »Fisk Jubilee Singers«, mit Militärkapellmeistern, wie John Philip Sousa, und mit allerlei populären Sängern und Musikern ab. Mit verbesserter Qualität konnte man auch an die Aufnahme großer sinfonischer Werke denken: 1913 wurde Beethovens Fünfte Sinfonie in Deutschland auf vier Platten herausgebracht. Auch der Jazz wurde nicht gänzlich übersehen: 1917 nahm Victor in New York zwei Titel der weißen »Original Dixieland Jass Band« auf.

Überall kauften sich die Leute Abspielgeräte – damals noch mit Trichter und Kurbel – und Platten, immer mehr Platten. Bis dahin hatten viele Menschen selbst Musik gemacht, teilweise mit dem Klavier, um das sich die Familie versammelte, oder mit verschiedenen Volksinstrumenten. Doch fehlten vor allem in den Großstädten zunehmend Zeit und Lust dazu, so daß man lieber Platten kaufte. Allein im Jahre 1921 wurden dafür schon 106 Millionen Dollar ausgegeben. Das Geschäft ging so gut, daß neben Victor und Columbia auch viele kleinere Firmen entstanden, es ent-

Bessie Smith, »Kaiserin des Blues«

stand sogar ein Plattenverlag für schwarze Amerikaner, die Black Swan Company, der von dem Blues-Verleger W. C. Handy und dem ebenfalls schwarzen Bandleader Fletcher Henderson gegründet worden war. Doch dafür war es viel zu früh, der »schwarze Schwan« konnte nicht lange leben.

Auch für viele andere kleine Firmen sah es schon 1922 ganz anders aus. Der Rundfunk war hinzugekommen, und zahlreiche Sender nahmen in vielen Städten – auch im bis dahin noch sehr isolierten Süden – ihren Betrieb auf. Das Radio hatte gegenüber der Schallplatte mehrere Vorteile: Die Platten waren damals sehr zerbrechlich und klangen, als ob ihr Ton unter einem Kissen hervorkam. Nach ein paar Minuten mußten sie gewechselt werden, während das Radio ständig dudeln konnte, ohne daß man für die Musik auch nur einen Cent bezahlen mußte. Wenn sie am Leben bleiben wollten, sahen sich die Plattenfirmen nunmehr gezwungen, neue Märkte zu gewinnen – auch die bis dahin verschmähten.

Schon 1920 hatte die Okeh Record Company ein von einem Schwarzen geschaffenes Lied aufgenommen. Interpretiert wurde es von der schwarzen Sängerin Mamie Smith, und zwar nur deshalb, weil die bekannte weiße Sängerin Sophie Tucker unerwartet verzichtet hatte. Bereits im ersten Monat nach dem Erscheinen der Platte kaufte man in den schwarzen Ghettos 10 000 Exemplare davon. Daher ließ man Mamie Smith auch noch den »Crazy Blues« desselben Komponisten singen. Diesmal konnte Okeh in den Ghettos 75 000 Platten verkaufen – wieder ohne jegliche Werbung.

Und doch zögerte man, weitere vergleichbare Aufnahmen zu machen: Der Blues sei eigentlich »unanständig«, sein Markt sei begrenzt. Die Musik der Schwarzen im allgemeinen galt bei den Verlegern als minderwertig. Während durch die Konkurrenz des Rundfunks überall der Plattenverkauf zurückging, stieg er jedoch in den Ghettos an, denn die Musikwünsche der Schwarzen wurden vom Rundfunk völlig ignoriert. Wenn Platten für sie produziert wurden, dann wurden sie auch verkauft. Schwarze, die aus den Südstaaten nach dem Norden gezogen waren, sehnten sich nach der ihnen eigenen Musik – auch nach dem Blues von Mamie Smith, »Ma« Rainey oder Bessie Smith. Möglichst schnell, meist auf Raten, kauften sie sich einen Plattenspieler für etwa 25 Dollar und Platten für je 75 Cent. Diese Platten, die die Verleger speziell für die Ghettos produzierten, wo sie auch ausschließlich verkauft wurden, nannten sie »race records« (Rassenplatten). Solche Produktion stellte zwar niemals das Gros ihrer Umsätze dar, doch mit einer Zahl von fünf bis sechs Millionen jährlich machte sie immerhin zehn Prozent des Gesamtverkaufs aus. Es heißt, daß die Platten der beliebtesten schwarzen Sängerinnen einige der kleineren Firmen vor dem Bankrott gerettet hätten.

Als die von Berufssängern aufgenommenen Blues die Nachfrage nicht mehr befriedigen konnten, holte man Wandermusiker aus dem Süden in die Plattenstudios des Nordens. Man schickte sogar spezielle Talentsucher in die Südstaaten, um weitere unbekannte Sänger auszukundschaften. Besonders erfolgreich waren sie im sogenannten Delta-Gebiet zwischen dem Mississippi und dem Yazoo, wo riesige Baumwollplantagen Tausende von schwarzen Landarbeitern – und mit ihnen auch etliche Wandermusiker – angelockt hatten. In primitiven Kneipen, aber auch in Holzfäller-

Thomas Alva Edison, der Erfinder des Phonographen

lagern usw. schufen und sangen sie ihre Lieder, geprägt vom harten Leben und von all dem, das sie und ihre Zuhörer erfahren hatten. Sie verfügten über die bildhafte Sprache derer, die aus der Natur und den menschlichen Beziehungen schöpfen, ohne Bildung – oder auch Verbildung? – durch Bücher, Zeitungen und viele Schuljahre. Meist spielten sie dazu Gitarre, die etwa seit 1900 bei den Schwarzen besonders beliebt wurde.

Die Plattenfirmen zahlten diesen Sängern zwischen zehn und dreißig Dollar für einen gekauften Titel. Leben konnte man davon nicht. Nicht einmal der große Blues-Sänger »Blind Lemon« Jefferson aus Texas, der einhundert Titel aufgenommen

Der Blues-Sänger »Blind Lemon« Jefferson

hatte, bevor er in Armut starb, fand sein Auskommen. Zu diesen Liedern gehört der folgende Blues, den er mit hoher und fast weinerlicher Stimme sang:

ONE DIME BLUES	DER EIN-GROSCHEN-BLUES
I'm broke and I ain't got a dime, *(3×)*	Ich bin blank und habe nicht mal einen Groschen, *(3×)*
Well, everybody gets a little hard luck some time ...	Nun, jeder hat ab und zu mal ein wenig Pech ...

Dieser Blues demonstriert, wieviel Kommentar und Emotion in wenigen Worten unterzubringen sind. Das gilt ebenso für den folgenden, der, angeregt durch den ersten Weltkrieg, eine Zeile enthält, die immer wieder in der Liedliteratur auftaucht:

WARTIME BLUES	KRIEGSZEIT-BLUES
What you gonna do when they send your man to war? *(3×)*	Was machst du, wenn sie deinen Mann in den Krieg schicken? *(3×)*
Gonna drink muddy water and sleep in a holler log.	Werde Schlammwasser trinken und in einem hohlen Baumstamm schlafen.

Hillbilly-Musik

Der Süden der USA war ländlich geblieben. Zwar gab es ein paar Großstädte wie New Orleans, Memphis, Birmingham und Atlanta – doch die eigentliche Schornsteinlandschaft befand sich im Norden. Auch die immensen Einwandererwellen aus Europa und Asien erreichten die Südstaaten kaum, und so blieb hier die ländliche Kultur – die der Weißen wie die der Schwarzen – relativ unberührt erhalten. In den isoliertesten Gegenden der Appalachen, deren Ketten sich vom Norden bis hinunter nach Alabama ziehen, sangen, fiedelten und tanzten die Weißen (falls das ihre Kirche erlaubte) noch im 20. Jahrhundert ähnlich wie vor zweihundert und mehr Jahren, als die ärmeren Farmer britischer Abstammung von den reichen Plantagenbesitzern aus dem Flachland in die Bergregionen verdrängt worden waren. Nur spielten sie jetzt neben der Fiedel auch oft das von den Sklaven übernommene Banjo, das man seit Mitte des 19. Jahrhunderts häufig mit einer fünften, kürzeren Bordunsaite oder »Dröhnsaite« bespannte, was einen leicht schottischen Klang erzeugte. Oder man spielte auf der Autoharp, einer Art Zither, die wahrscheinlich 1881 von dem deutschstämmigen Charles Zimmermann erfunden worden war. Sie wird auf dem Schoß oder vor dem Oberkörper gehalten; durch Tastendruck werden fertige Akkorde hervorgebracht. Manchmal wurde auch die Gitarre benutzt, die man seit 1900 nach Versandhauskatalogen bestellen konnte, die aber meistens noch den Schwarzen überlassen wurde.

Der Rundfunk rüttelte diese ländliche Kulturidylle gründlich auf. Bereits 1922, im ersten Jahr seines Bestehens, gründete man allein in den Südstaaten 89 Sender, und nun erreichten die Einflüsse der Pop-Musik von Tin Pan Alley auch die Täler und Hügel von Alabama, Georgia und Tennessee. Alle Sender der USA werden mit Buchstabengruppen gekennzeichnet – die im Osten beginnen mit W, die im Westen mit K. WLS in Chicago war einer der stärksten Sender; er gehörte dem riesigen Versand-

haus »Sears & Roebuck«, dessen Kataloge neben anderen Waren auch Gitarren anboten. (In vielen verschwiegenen Örtchen hingen die dicken Bände an einem Nagel,
wo sie – zunächst – als Lektüre dienten.) 1924 begann WLS mit einer regelmäßigen
Musiksendung, in der eine Mischung aus Pop, Jazz und der bis dahin im Norden
kaum bekannten oder aber geschmähten Hillbilly-Musik gespielt wurde. Letztere
hieß damals noch Old Time Music, und erst später wurde sie unter dem Namen
Country Music populär. 1925 entstand mit der Sendung »Grand Ole Opry« – etwa
»Großartige alte Oper«, obwohl sie mit der Oper gar nichts zu tun hatte – ein Kon-
kurrenzprogramm. Dies ist die älteste noch bestehende Sendung in den USA, sie
wird von WSM in Nashville, Tennessee, ausgestrahlt und hat ganzen Generationen
von Musikern – meist aus dem Süden – als Sprungbrett gedient.

Nun war auch das Interesse der Plattenfirmen an der Hillbilly-Musik erwacht.
Ralph Peer, derselbe Talentsucher von Okeh, der auch die schwarzen Blues-Sänger
ausfindig gemacht hatte, zog nun im Auftrag der Plattenfirma Victor auf der Suche
nach talentierten Weißen durch den Süden. Andere sollten bald folgen. Anfang August 1927 versammelten sich in Bristol (Tennessee) aufgrund einer Zeitungsanzeige,
die Peer aufgegeben hatte, eine Reihe von Hillbilly-Musikern. Unter ihnen waren
A. P. (Alvin Pleasant) Carter, seine Frau Sarah und seine Schwägerin Maybelle – die
Carter-Familie – mit Gitarren und Autoharp. Bald sangen und spielten sie sich in die
Herzen von Millionen Menschen des Südens, die ihre Platten kauften. Die Carters
suchten und fanden alte Appalachen-Balladen und Songs und retteten viele von ihnen vor dem Aussterben, allerdings hatten sie in dem Schwarzen Leslie Riddles, einem Bahnbrecher beim Gebrauch der Gitarre als Melodieinstrument und ausge-
zeichneten Kenner der südlichen Musik, eine große Hilfe. Die Platten der Carter-Familie waren auch im Rundfunk zu hören und beeinflußten in den folgenden Jahren
viele Musiker. Nach dem Tode von A. P. Carter sang und spielte Maybelle gemeinsam mit ihren drei Töchtern (eine wurde später die Frau von Johnny Cash) bis in die
sechziger Jahre. Der »Worried Man Blues« ist eines der beliebtesten Lieder der Carter-Familie.

WORRIED MAN BLUES

I went across the river, and I lay down
   to sleep, *(3×)*
When I woke up, I had shackles on
   my feet.
Chorus:
It takes a worried man to sing a worried
   song, *(3×)*
I'm worried now, but I won't be worried
   long.
Twenty-nine links of chain around my
   leg, *(3×)*
And on each link was a 'nitial of
   my name.
Chorus: ...

BLUES DES BESORGTEN MANNES

Ich ging über den Fluß, und ich legte
   mich zum Schlafen nieder, *(3×)*
Als ich erwachte, hatte ich Fesseln an
   den Füßen.
Refrain:
Es muß ein sorgenvoller Mann sein, der
   ein sorgenvolles Lied singt, *(3×)*
Jetzt bin ich in Sorge, doch das wird
   nicht mehr lange so sein.
Neunundzwanzig Kettenglieder um mein
   Bein, *(3×)*
Und auf jedem Glied stand ein Buchstabe
   meines Namens.
Refrain: ...

Die Carter-Familie
sang die alten Appalachen-Lieder

I asked that judge, what's gonna be my
   fine? *(3×)*
Twenty-one years on the
   Rocky Mountain Line.
Chorus: ...

Ich fragte den Richter, was meine Strafe
   sein würde. *(3×)*
Einundzwanzig Jahre Zwangsarbeit auf der
   Rocky-Mountain-Bahnlinie.
Refrain: ...

Jimmie Rodgers (links), »singender Bremser« und
»Vater der Country Music«, mit dem Humoristen Will Rogers

112

Außer mit der Carter-Familie machte Ralph Peer auch Probeaufnahmen mit einem dürren jungen Mann, der Jimmie Rodgers hieß. Er wurde in Mississippi geboren, verlor mit vier Jahren seine Mutter und arbeitete seit seinem vierzehnten Lebensjahr wie sein Vater als Bremser bei der Eisenbahn. Doch schon 1924 mußte er die Arbeit aufgeben; er hatte Tuberkulose.

Von seinen schwarzen Arbeitskollegen und aus anderen Quellen hatte er viele Lieder gelernt, und damit versuchte er nun, in Minstrel Shows, als Wandermusiker oder als Rundfunksänger seinen Lebensunterhalt zu verdienen. Doch die Musik brachte ihm nie genug ein. Gerade als er sich als Stadtdetektiv verdingt hatte, las er die bewußte Annonce, fuhr nach Bristol, überwarf sich mit der ihn begleitenden Band, sang als Solist vor – und wurde bald zum populärsten Sänger des Südens. Sein Repertoire bestand aus einer Mischung aus Pop und alten Liedern dieser Region, darunter befand sich auch der Blues der Schwarzen, den er gerade so weit abwandelte, daß er damit weiße Rassisten nicht verärgerte.

Seinen Liedern fügte er eine ganz eigene Spezialität hinzu: Am Ende vieler der zahlreichen Strophen gab es einige Jodeltakte. Rodgers trug Cowboy-Kleidung zu den entsprechenden Texten. Damit kreierte er in den östlichen Gebieten, in denen Cowboys nie zu finden waren, eine Mode, die zur späteren Bezeichnung »Country and Western« beitrug. Er wurde zum ersten Star dieses Genres und verdiente bald mehr als 100 000 Dollar im Jahr. Für die inzwischen riesige Firma Victor nahm Ralph Peer, der nicht nur ein Kenner der Musik des Südens, sondern auch ein cleverer Geschäftsmann war, 113 Lieder mit Jimmie Rodgers auf. Der »Vater der Country Music«, auch der »singende Bremser« genannt, war zweifellos eine Persönlichkeit, auch wenn sich seine einst so engen Beziehungen zu den »kleinen Leuten« des Südens, ob schwarz oder weiß, bei seinen ersten Erfolgen lockerten. Nach und nach reduzierte sich nämlich der Inhalt seiner Lieder auf rein subjektive, sentimentale Empfindungen. Sicher war daran auch die Krankheit schuld; die Tuberkulose brachte ihn nach nur sechs Erfolgsjahren ins Grab. Buchstäblich bis zu seiner letzten Stunde nahm er Lieder auf. Eins seiner berühmtesten, »T for Texas – Blue Yodel No. 1«, zeigt deutlich den Einfluß des schwarzen Blues. Nach dem üblichen Blues-Schema (A–A–B) singt er zuerst über Texas, Tennessee und Thelma, das Mädchen, das »aus ihm ein Wrack gemacht« hat.

Dann folgen bekannte und bewährte Strophen wie:

I'm going where the water tastes like cherry wine, *(2×)*	Ich geh' dorthin, wo das Wasser wie Kirschwein schmeckt, *(2×)*
'Cause the Georgia water tastes like turpentine.	Denn das Wasser in Georgia schmeckt wie Terpentin.
(Yodeling)	*(Jodeleinlage)*
Rather drink muddy water, Sleep in a hollow log, *(2×)*	Ich trinke lieber Schlammwasser Und schlafe in einem hohlen Stamm, *(2×)*
Than to be in Atlanta, Treated like a dirty dog.	Als in Atlanta zu bleiben Und wie ein schmutziger Hund behandelt zu werden.
(Yodeling)	*(Jodeleinlage)*

Begünstigt wurde Rodgers' Karriere durch die Fusion von Schallplattenverlagen und Rundfunk. Die Plattenfirma Victor wurde, gerade als er für sie zu singen begann, von der Rundfunkgesellschaft Radio Corporation of America (RCA) aufgekauft. RCA-Victor wurde nun von dem damals größten Bankensystem der USA, Chase National, beherrscht, das wiederum der führenden Erdölmacht der Welt – dem ungeheuer mächtigen Rockefeller-Imperium – gehörte. Für Jimmie Rodgers bedeutete dies, daß die vielen Rundfunksender, die zum RCA-Netz gehörten, seine Victor-Platten zu spielen hatten und ihn damit zum Star der Country Music avancierten.

Teil der RCA-Victor-Gruppe war auch Loew's Kinokette, die Filmtheater in fast allen Städten umfaßte, wodurch RCA auch in Hollywood ein gewichtiges Wort mitzureden hatte. Für künftige »Cowboy-Sänger« wie Gene Autry gab es also dank dieser Firmenverbindung nicht nur Platten und Rundfunksendungen, sondern auch unzählige Wildwestfilme, in denen der Held zwischen wilden Ritten und heißen Schießereien seinem treuen Pferd gefühlvolle Lieder vorsang.

Echtere Cowboylieder jedoch als solche, die in Hunderten billiger Spielfilme von der Leinwand heruntersäuselten, übten ihren magnetischen Reiz auf einen Mann aus, der noch eine große Rolle in der Musik der USA spielen sollte. Schon nach der Jahrhundertwende hatte John Lomax begonnen, überall im Lande, besonders in seiner Heimat Texas, nach Liedern zu suchen. Nicht immer stieß er bei den Leuten auf Verständnis. Während einer Tagung von Rinderzüchtern stand ein Rancher auf und sagte: »Hier ist ein Mann namens Lomax, der fragt, ob jemand alte Cowboylieder kennt. Natürlich kennen wir alle diese dummen Lieder, und es muß ein noch Dümmerer sein, der versucht, sie zu sammeln. Ich schlage vor, wir beenden die Sitzung und ziehen zur Bar.« (32)

John Lomax, der auf einer Farm aufgewachsen ist, hat später mit einigem Erfolg im Bankwesen und auch als Dozent an einer Hochschule gearbeitet. Trotz aller Schwierigkeiten gab er schon 1910 das Buch »Cowboy Songs« heraus. Bereits zweihundert Jahre zuvor hatte Bischof Thomas Percy englische und schottische Balladen gesammelt, mit denen er die Dichter der deutschen »Sturm-und-Drang«-Zeit – unter ihnen Herder und Goethe – stark beeinflußte. Professor Francis Child von der Harvard Universität setzte diese Arbeit in England fort, und der Engländer Cecil Sharpe zog zwischen 1903 und 1924 durch das Appalachengebirge und notierte mehr als 3000 Melodien, die ihren Ursprung in britischen Balladen hatten.

Auch Carl Sandburg sammelte Volkslieder. Er war Wanderarbeiter, Journalist und später Dichter und Romancier. Und er liebte es, durch ländliche und städtische Gebiete der USA zu ziehen und Lieder vom Volk zu lernen, um sie bei seinen Dichterlesungen mit tiefer, rauchiger, aber angenehmer Stimme vorzusingen. Eine Sammlung kam 1927 unter dem Titel »The American Songbag« in Buchform heraus. Sowohl Sandburg als auch Lomax wurden von den meisten Akademikern, die sich mit dem Gebiet der Folklore befaßten und sich als Experten fühlten, recht schief angesehen. Beispielsweise verstanden sie nicht, daß Sandburg sich volkstümlich, ja fast hobomäßig kleidete. Wozu Lomax spöttisch bemerkte: »Sollte der Liedersammler viel-

Der Dichter, Liedersammler und Sänger Carl Sandburg

leicht mit Robe und Doktorhut unter die Menschen gehen?« (33) Aber er selbst beging ja noch eine viel größere Sünde als Sandburg: Anstatt die Lieder fein säuberlich zu notieren, zu registrieren und vielleicht in einer Dissertation zu begraben, machte er sie populär. Dabei fügte er sogar manchmal Strophen von zwei oder mehr Liedern zusammen, um ein singbares daraus zu machen. Lomax und Sandburg vertraten die Meinung, Volkslieder dürften nicht zensiert werden, bevor man sie veröffentlichte, gerade die urwüchsigen, Gesetzen und Sitten trotzenden Texte machten sie für Menschen unserer Zeit so echt, witzig und singbar.

Die American Folklore Society rümpfte dazu ihre feine Nase. Doch andere wurden von Sandburg und Lomax angesteckt. Moses (»Moe«) Asch, der Sohn eines berühmten Autors jiddischer Romane, fand in Paris ein Exemplar von Lomax' »Cowboy Songs« und war begeistert. Jahre später gründete er in New York den Plattenverlag Folkways, der für Volkssänger und Volkslieder aus aller Welt unermeßlich wichtig wurde. Lawrence Gellert, ein ungarischer Einwanderer, zog wegen seiner Gesundheit in den Süden der USA, entdeckte hier die bislang völlig ignorierten Protestlieder der Schwarzen und veröffentlichte eine wichtige Sammlung. Margaret Larkin aus New Mexico lernte als Kind die Lieder der Cowboys, der Mexikaner und der Indianer des Südwestens kennen, die sie unter dem Einfluß Sandburgs in den zwanziger Jahren sammelte und auch sang – oft in linken politischen Kreisen New Yorks und einiger anderer Städte. Dies waren wohl die allerersten Saaten, die – wie wir später sehen werden – zu einem äußerst fruchtbaren Gewächs heranwachsen sollten. Hier entstand eine neue Verbindung zwischen den tief eingewurzelten Musiktraditionen des amerikanischen Volkes und den ebenso weit zurückliegenden Traditionen des Kampfes – eine Verbindung, die ihre Höhen und Tiefen erlebte und beachtliche Auswirkungen auf die Musik und Kultur des Landes hatte.

SECHSTES KAPITEL

KRISENZEITEN
1929–1933

Lieder auf leeren Magen

Eines Tages verlor John Lomax seinen Posten in der Bank und hatte von da an reichlich Zeit, seinem Hobby nachzugehen. Ähnlich ungewollte Freizeit erhielten nun Millionen von Menschen, die durch den Börsenkrach vom 29. Oktober 1929 in den USA, der die große »Depression« auslöste, ihre Arbeitsplätze verloren. Ernste Krisen hatte es im Lande schon sehr oft gegeben – 1837, 1857, 1873, 1884, 1893, 1907 und 1921 –, doch keine der bisherigen war dieser vergleichbar. 1929 waren 1,8 Millionen Amerikaner ohne Arbeit, ein Jahr später waren es bereits 4,7 Millionen, während 1932/33, auf dem Höhepunkt der Krise, fast 17 Millionen Arbeitslose gezählt wurden. Das bedeutete, daß 34 Millionen Menschen – das ist mehr als ein Viertel der Bevölkerung – ohne Einkommen waren. Unterstützungsgelder gab es nicht. In New York litt ein Fünftel aller Kinder an Unterernährung, in den Bergbaugebieten lag diese Zahl bei neunzig Prozent. Dem Bericht eines Reporters zufolge bekam eine Lehrerin, die ein hungriges Mädchen nach Hause schicken wollte, damit sie etwas essen könne, zur Antwort: »Nein, heute ist meine Schwester mit dem Essen dran.« (34) Die Lehrer konnten von den verarmten Stadtbehörden oft kein Gehalt mehr bekommen, so daß neben den Banken und Fabriken auch die Schulen geschlossen werden mußten. In den Arbeitervierteln New Yorks gab es kaum eine Straße ohne tägliche Exmittierungen. Millionen von Arbeitslosen zogen auf der Suche nach Arbeit oder Nahrung per Güterzug durchs Land. Sie schliefen in Parks oder auf öffentlichen Toiletten. Man verteilte Abfälle, die sonst für die Schweine bestimmt waren, und die Menschen rauften sich darum.

Präsident Herbert Hoover erklärte ständig, es würde bald wieder besser gehen, doch außer Steuererleichterungen für die Reichen änderte sich nichts. Deshalb nannte man die Wellpappe- und Blechsiedlungen an den Stadträndern »Hoovervilles« (Hooverstädtchen), ein vorn abgeschnittenes Autowrack, das von einem Maultier gezogen wurde und auf dem Lande häufig anzutreffen war, einen »Hoover-Wagen«, nach außen gestülpte leere Hosentaschen hießen »Hoover-Flaggen« und Zeitungsseiten wurden zu »Hoover-Bettlaken«.

Manche der bankrotten Geschäftsleute stürzten sich aus den Wolkenkratzern. Doch ein Teil der ganz Reichen nutzte die Situation aus, indem sie den verängstigten Arbeitern für übermäßig lange Arbeitszeiten nur wenige Cents bezahlten. Beispielsweise bedienten junge Textilarbeiterinnen von Sonnenaufgang bis Sonnenuntergang je dreißig breite Webstühle für zwanzig, zehn oder gar nur fünf Cents Stundenlohn. In Pennsylvania arbeiteten Kinder bis zu neunzig Stunden in der Woche; die hundert Dollar Strafe dafür bezahlten die Fabrikbesitzer lachend. Die USA schienen wirklich am Rande des Zusammenbruchs zu sein. Das traf auch auf die meisten anderen Industrieländer der Welt zu. Als die einzige Ausnahme, die Sowjetunion, bekanntgab, sie würde 6000 Facharbeiter aufnehmen, meldeten sich gleich einhunderttausend Amerikaner: Klempner, Maschinisten, Zimmerleute, Chemiker, Lehrer, Bibliothekare und Zahnärzte.

Doch auch für diese schweren Zeiten hatten die Amerikaner ihre Lieder – wie diesen Blues der Schwarzen:

THINGS ABOUT COMING MY WAY

Ain't got no money, can't buy no grub,
Backbone and navel doing the belly rub.
Now after all my hard travelin'
Things about comin' my way.

The rent was due, the light was out,
I said, »Mama, what's it all about?«
Now after all my hard travelin'
Things ... *(etc.)*

Sister was sick, the doctor couldn't
    come,
'Cause we couldn't pay him the proper
    sum.
Now after ... *(etc.)*

The pot was empty, the cupboard
    bare,
I said, »Mama, what's going on here?«
Now after ... *(etc.)*

BALD WIRD ES MIR BESSER GEHEN

Hab' kein Geld, kann kein Essen kaufen,
Rückgrat und Nabel reiben sich aneinander.
Nun, nach all dem schweren Wandern,
Wird es mir bald besser gehen.

Die Miete war fällig, der Strom abgestellt,
Ich sagte: »Mama, was ist denn nur los?«
Nun, nach all dem schweren Wandern,
Wird es ... *(usw.)*

Meine Schwester war krank, der Arzt konnte
    nicht kommen,
Denn wir konnten ihm nicht das nötige
    Geld zahlen.
Nun, nach ... *(usw.)*

Der Topf war leer, der Küchenschrank
    ausgeräumt,
Ich sagte: »Mama, was geht hier nur vor?«
Nun, nach ... *(usw.)*

Hungrige Farmer lehnten es ab, ihre Milch für zwei Cents abzugeben, die in der Stadt für acht Cents verkauft werden sollte, und blockierten die Zufahrtswege in die Städte. Dabei sangen sie:

Let's call a farmers' holiday,
A holiday let's hold;
We'll eat our wheat and ham and
    eggs
And let them eat their gold.

Laßt uns die Farmerferien ausrufen,
Machen wir doch Ferien;
Wir werden unseren Weizen und Schinken
    und Eier essen,
Und sie können ihr Gold essen.

Der fortschrittliche Rechtsanwalt Maurice Sugar aus Detroit schrieb 1931 zur Melodie von »My Bonnie Lies over the Ocean« den bissigen »Soup Song«:

SOUP SONG

I'm spending my nights at the flophouse,
I'm spending my days on the street,

SUPPENLIED

Ich verbring' meine Nächte im Asyl,
Ich verbring' meine Tage auf der Straße,

Ein Hungermarsch vor dem Capitol in Washington 1931

I'm looking for work and I find none.	Ich suche Arbeit und finde keine.
I wish I had something to eat.	Ich wünschte, ich hätte etwas zu essen.
Chorus:	*Refrain:*
Soo-oup, soo-oup,	Suuu-uppe, Suuu-uppe,
They give me a bowl of sou-u-up.	Sie geben mir eine Schüssel Suppe;
Soo-oup, soo-oup,	Suuu-uppe, Suuu-uppe,
They give me a bowl of soup.	Sie geben mir eine Schüssel Suppe.
I saved fifteen bucks with my banker,	Ich sparte mit meinem Bankier fünfzehn Dollar,

Streikende Plantagenarbeiter in Kalifornien 1933

To buy me a car and a
   yacht.
I went down to draw out my fortune,
And this is the answer I got.
Chorus: ...
	Um mir einen Wagen und eine Jacht
	   zu kaufen.
	Ich ging, mein Vermögen abzuheben,
	Und das ist die Antwort, die ich erhielt.
	Refrain: ...

I thought that my country would help me, I went out to bleed and to die, I fought in the war for my country, But this was my country's reply. *Chorus: ...*	Ich dachte, mein Land würde mir helfen, Ich zog aus, um zu bluten und zu sterben; Ich kämpfte im Krieg für meine Heimat, Doch das war die Antwort meiner Heimat: *Refrain: ...*

Solche Lieder hörte man nicht in Funk und Film und fast nie auf Schallplatte. Und was den Blues betraf, so hatte Paramount, der wichtigste Plattenverlag für »Race Music«, im Jahre 1932 Bankrott angemeldet. Columbia hatte ursprünglich jede neue Platte von ihren insgesamt 150 schwarzen Sängern in einer Auflage von 11 000 Stück gepreßt. 1932 hatte sie nur noch 35 schwarze Sänger unter Vertrag, und die Auflagen betrugen zwischen 350 und 400 Stück. Als auch diese sich nicht mehr verkaufen ließen, stellte Columbia die Reihe ganz ein.

Nur die beiden Riesen der Plattenbranche, RCA-Victor und ARC (später CBS-Columbia), überlebten die Krise; 1934 kam noch Decca aus England hinzu. Doch alle drei Firmen zeigten kein großes Interesse an wenig bekannten, eigenwilligen Interpreten aus abgelegenen Gegenden. Der Markt dafür war seit der Krise verschwunden. Das Interesse der Plattenfirmen zielte auf Großauflagen geeigneter weißer Stars, die mit »wohlklingenden«, sentimentalen Liedern dem weißen Mittelstandspublikum gefielen; das bedeutete: Verzicht auf alle moralischen und politischen Ecken und Kanten.

Zum Jazz bemerkte E. C. Mills, Chef des großen Rundfunknetzes NBC und Vorsitzender des Urheberschutzverbandes für Musik ASCAP: »Unsere neue Firma wird ihren ganzen Einfluß geltend machen, den Jazz in den Hintergrund der amerikanischen Musiklandschaft zu drängen. Wir haben schon zu viel Jazz gehabt. Es besteht kein Zweifel, daß Musik die Vorlieben und Gewohnheiten der Menschen beeinflußt. Deshalb scheint es an der Zeit, daß jemand die Führung in einem Trend übernimmt, der weg vom Jazz führt ...« (35)

Unter dem Einfluß der Musikindustrie glichen sich die verschiedenen Genres in den Krisenjahren immer mehr an: Schlager, Tanzmusik, Jazz, Musical oder Filmmusik wurden häufig von denselben Instrumenten gespielt, nur in anderem Tempo oder mit einem anderen Rhythmus.

Das traf auch für die Hillbilly oder Country Music zu; so wie Jimmie Rodgers die Beziehungen zur eigenen Vergangenheit verloren hatte, so spielte nun auch die Carter-Familie die Lieder, die sie entdeckt hatte, nicht mehr so rauh und volksverbunden. Ganz im Sinne des Produzenten Ralph Peer und des Verlegers von RCA-Victor wurden Klage und Protest abgeschwächt. Auch ihre religiösen Lieder wiesen nun nicht mehr das kämpferische Element auf, das sich für die Rechte der Menschen einsetzte, sondern sie vertrösteten immer mehr aufs Jenseits.

In der Schlagerindustrie ging es meist noch harmloser zu. Einer der beliebtesten Schlager der Zeit – »The Music Goes Round and Round« – teilte mit, daß die Musik im Blasinstrument »rund herum geht« und dann »hier wieder herauskommt«.

Selbst Präsident Hoover mischte sich in die Liedszene. In seinem zweiten Wahlkampf gab er dem Schnulzensänger Rudy Vallee den Auftrag: »Singen Sie ein Lied, das die Leute die Depression vergessen läßt, dann erhalten Sie einen Orden.« (36) Es existierten etliche Lieder, die nach solch einem Orden zu streben schienen. Einer der in dieser Hinsicht durchsichtigsten Titel wurde von Bing Crosby gesungen: »Wrap Your Troubles in Dreams and Dream Your Troubles Away« (Verpacke deine Sorgen in Träume und träume deine Sorgen hinweg).

Doch es gab auch ein paar ehrliche Ausnahmen. Der Textdichter E. Y. »Yip« Harburg ließ sich von den vielen Suppenküchen in New York zu einem Lied anregen, das trotz der Zurückhaltung des Rundfunks immer bekannter wurde; der Refrain gilt noch immer als Symbol für jene Zeit. Der Sänger berichtet davon, daß er für sein Land Äcker gepflügt, Eisenbahnen gebaut und gefahren und Waffen getragen hat. Und am Ende jeder Strophe steht die erschütternde Frage: »Bruder, hast du einen Groschen übrig?«

Die Krise nahm kein Ende; durch das unsägliche Elend wurde die Stimmung mancherorts beinahe revolutionär. In dieser Situation wurde sogar das Lied mit dem Text des schwarzen Dichters Langston Hughes gesungen, das er nach seiner Rückkehr von einer Reise in die Sowjetunion geschrieben hatte:

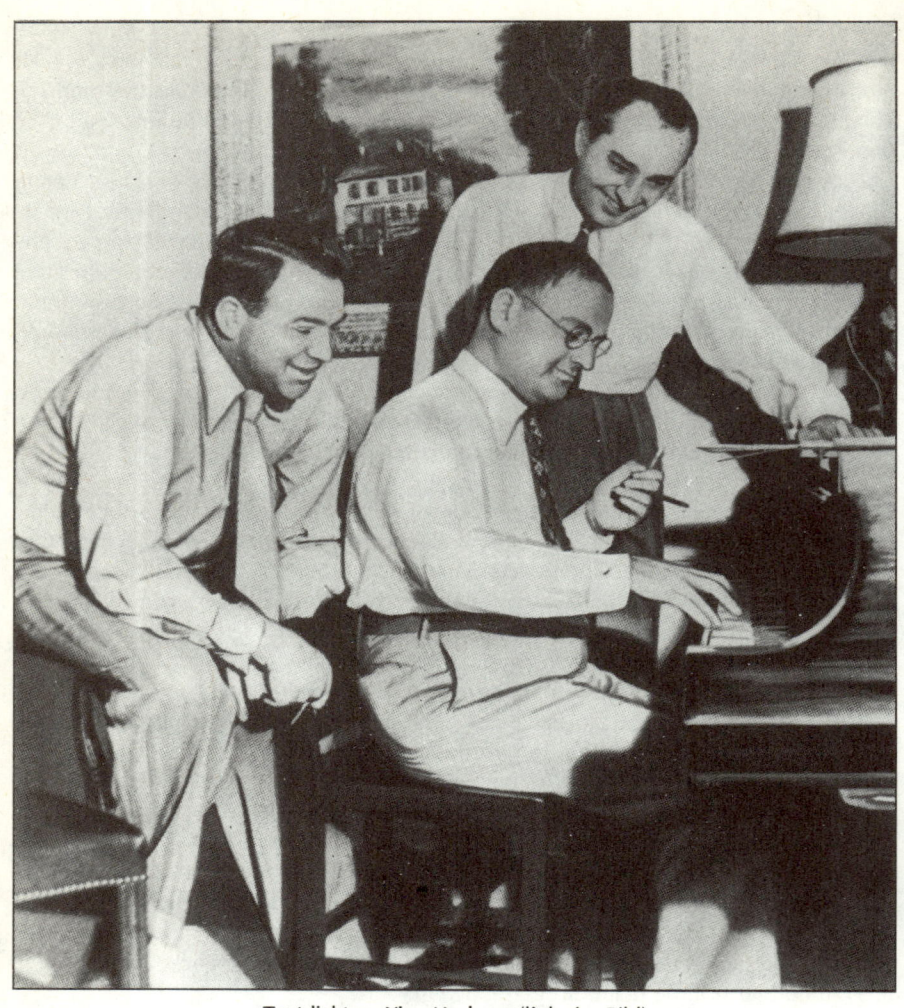

Textdichter »Yip« Harburg (links im Bild)
mit Ira Gershwin (am Klavier)

ONE MORE »S« IN THE U.S.A.

Put one more S in the U.S.A.
To make it Soviet.
One more S in the U.S.A.
Oh, we'll live to see it yet.
When the land belongs to the farmers
And the factories to the working men –
The U.S.A. when we take control
Will be the U.S.S.A. then.

EIN »S« MEHR FÜR DIE USA

Setzt ein S mehr in die USA ein,
Um sie sowjetisch zu machen.
Ein S mehr für die USA.
Oh, wir werden es noch erleben,
Daß das Land den Farmern gehört
Und die Fabriken den Arbeitern –
Die USA, wenn wir sie übernehmen,
Wird dann die USSA (UdSSA) sein.

In Städten wie New York, Chicago und Seattle hatte die Oktoberrevolution bei den meisten Wobblies und einem großen Teil der Mitglieder der Sozialistischen Partei riesige Begeisterung ausgelöst. Als trotzdem bei den Sozialisten eine rechtsgerichtete Minderheit die Führung an sich reißen konnte, gründete John Reed, Autor des berühmten Buches »Zehn Tage, die die Welt erschütterten«, den wir auch bereits vom Streik 1913 in Paterson her kennen, eine der beiden im Jahre 1919 in den USA entstehenden Kommunistischen Parteien. Tausende ihrer Mitglieder sperrte man jedoch während der Razzien von 1920 in die Gefängnisse ein oder verwies sie des Landes. Während der nächsten Jahre mußte die Partei, die zu einer vereinigt worden, aber dennoch sehr angeschlagen war, ums Überleben kämpfen. Außerdem wurde ihre Wirkung durch ausgedehnte Fraktionskämpfe behindert. Erst 1929 kam es zu einer wirklich einheitlichen, gefestigten Partei, die sich in die heißen Kämpfe der ersten Krisenjahre stürzte. Die Kommunisten rechneten nun überall – auch in den USA – mit einer baldigen Revolution. Lieder entstanden in dieser Zeit nur wenige; die Musik spielte eine untergeordnete Rolle. Wenn überhaupt gesungen wurde, erklangen internationale, meist sowjetische Kampflieder und einige Wobbly-Songs. Es existierten zwar einige recht gute Arbeiterchöre, doch diese sangen fast alle in den Sprachen der jeweiligen Einwanderergruppe – beispielsweise ukrainisch, finnisch oder jiddisch. Ihre Lieder waren meist sehr kämpferisch, doch so anspruchsvoll, daß sie Musikkenntnisse und Musizierpraxis voraussetzten, die für die meisten Amerikaner nicht zugänglich waren.

Der Einfluß der kleinen Kommunistischen Partei wuchs schnell. Sie führte Demonstrationen Hunderttausender für Arbeitslosenunterstützung und begrenzte Arbeitszeit an. Sie organisierte Gruppen, die die Möbel der Exmittierten trotz Gerichtsdiener und Polizei wieder in die Wohnungen zurücktrugen. Sie bekämpften unaufhörlich den Rassismus. Bei all diesen Aktionen wurden nun doch neue, singbare Lieder, die leicht zu erlernen waren, immer unentbehrlicher.

Ansätze waren der »Soup Song« von Maurice Sugar aus dem Jahre 1931 (siehe S. 118), ein »Rotes Liederbuch« in der Tradition von Joe Hill und den Wobblies – doch leider gab es darin zu wenig amerikanische Lieder – und sogar ein »Pioneer Song Book« von 1933 für Kinder, in dem vorwiegend linksgerichtete Parodien auf bekannte Kinderreime enthalten waren.

Im Juni 1931 wurde die der KP nahestehende Workers Music League gegründet – mit etwa zwanzig Sektionen in verschiedenen Städten, die oft mit den bereits erwähnten Arbeiterchören identisch waren. Die wichtigste Musiksektion – in New York – nannte sich nach dem gerade in Frankreich verstorbenen Komponisten der »Internationale« – »Pierre-Degeyter-Club«. In diesem Klub versuchte ein Kollektiv von Musikern Lieder für die Arbeiterbewegung zu schaffen. Ihm gehörten einige der besten Komponisten des Landes an: George Antheil, Aaron Copland, Elie Siegmeister, Marc Blitzstein, Earl Robinson und der Musikwissenschaftler Charles Seeger. In der Regel orientierten sie sich an den modernsten Tendenzen in der Musik – an Schönberg, Strawinsky oder Schostakowitsch – und schufen daher Werke, die nur geübte Chöre interpretieren konnten. Ihre Absicht war gut und ihr Talent groß, doch beides erfüllte nicht den erforderlichen Zweck, Lieder für den täglichen Kampf

John Reed, Journalist, Autor, Mitbegründer der KP-USA

John D. Rockefeller junior, Milliardenerbe

zu schreiben. Die Volksmusik des Landes, wie etwa der Blues der Schwarzen oder die Lieder der Appalachenbewohner, erweckten kaum ihr Interesse, sie hielten sie für melancholisch, unpolitisch oder gar reaktionär. Ausnahmen unter den neuen Kompositionen waren zwei kleine, humorvolle und äußerst politische Kanons von Charles Seeger. Der folgende entstand 1935:

JOY UPON THE EARTH

Joy upon the earth to live to see the day
When Rockefeller Junior will up to me and say,
Brother, can you spare a dime?

FREUDE AUF ERDEN

Eine Freude wär's auf Erden, den Tag zu erleben,
An dem Rockefeller junior zu mir käme und sagte:
Bruder, hast du einen Groschen übrig?

Besuch aus Berlin

Am 13. Februar 1935 ging in New York ein kleiner, untersetzter Mann von Bord des eleganten Überseedampfers »Berengaria«. Neun Tage später bereits dirigierte er das Konzert eines Massenchores von über eintausend Sängern. Wenige Wochen danach zog er durch das große Land auf Tournee, bei der seine Lieder von dem jungen Te-

Hanns Eisler brachte Musik und Ideen in die USA

nor Mordecai Bauman gesungen wurden, den er auf dem Klavier begleitete. Von März bis Mai besuchten sie etwa 35 Städte zwischen Boston und Hollywood, um Geld für die Kinder emigrierter deutscher Antifaschisten zu sammeln. Das war Hanns Eisler.

Ende September kam er wieder in die USA, nun als neugewählter Präsident des revolutionären Internationalen Musikbüros, und gab hier zwei Kurse: »Kompositionslehre« und »Die Krise der modernen Musik«. Für die fünfzehn Lektionen erhielt Eisler nur hundert Dollar, lediglich elf Besucher nahmen regelmäßig teil – doch gehörten einige der wichtigsten Musikschaffenden dazu. Eisler brachte etwas vom sengenden Hauch des verzweifelten Kampfes gegen den Faschismus aus seinem Land in die durch Ozeane davon getrennten USA mit. Er stellte seine Lieder vor, die er gemeinsam mit Bertolt Brecht geschrieben hatte: »Das Lied der Einheitsfront«, »Das Solidaritätslied« und Lieder aus der »Mutter«. Schließlich brachte er viele interessante und anregende Ideen mit:

»Der anarchische, bürgerliche Musikbetrieb erzeugt in uns eine Art Musik-Fetischismus, der zur Folge hat, daß breite Massen Musik nur in der dümmsten, gefährlichsten und vor allem bequemsten Rauschform aufnehmen können. Die Technisierung schließlich, Grammophon, Radio, organisiert diese Flucht aus der Wirklichkeit im Massenmaßstab.« (37)

Er rührte an Probleme, die noch heute aktuell sind: »Wir gehen jetzt daran, die merkwürdige Tatsache, daß die Arbeitersängerbewegung seit einem Jahrzehnt kein Kampflied in die Massen brachte ... und damit ihre Zuhörer in eine Konzerthaltung drängte, zu ändern. Dabei sind wir uns aber bewußt, daß es falsch wäre, ein Kampflied nur anzuhören, sondern daß der aktivierende Zweck eines Kampfliedes nur durch das Selbersingen erreicht werden kann.« (38)

Eisler machte seinen Hörern und Lesern klar, weshalb so viele wichtige deutsche Volkslieder verschwunden waren: »Die berühmteste (deutsche) Volksliedersammlung der letzten fünfzig Jahre ... enthält im Vorwort das Geständnis des Sammlers und Herausgebers, daß er aus der unübersehbaren Fülle nur den winzigen Prozentsatz derjenigen Lieder ausgewählt hat, die politisch und moralisch den Anschauungen der herrschenden Klassen unter Wilhelm II. genehm waren. Das hat zur Folge, daß alle Lieder politischen und revolutionären Inhalts und diejenigen, die in derber und realistischer Weise Arbeitsverhältnisse und Lebensweise der unteren Volksschichten besingen, ausgemerzt wurden ... Das ist der Grund, daß so viele von Arbeitern gesungene Volkslieder einen so weichlichen, süßlichen, sentimentalen Charakter haben.« (39)

Eisler verstand sich gut mit den fortschrittlichen jungen Komponisten und mit den Arbeiterchören, die in Europa eine so große Tradition besaßen. In den USA gab es jedoch nationale Probleme, die es zu lösen galt. Der kluge Gast konnte zwar Ideen vermitteln, Erfahrungen weitergeben und vieles lehren – den ganzen Weg konnte er aber nicht zeigen.

Einmal gab er zusammen mit Mordecai Bauman ein Konzert in einem Bergbaudorf in den Appalachen in der Nähe von Pittsburgh. Vor dem eiligst zusammengetrommelten Publikum sangen und spielten sie ihre Lieder – und sie stießen bei den

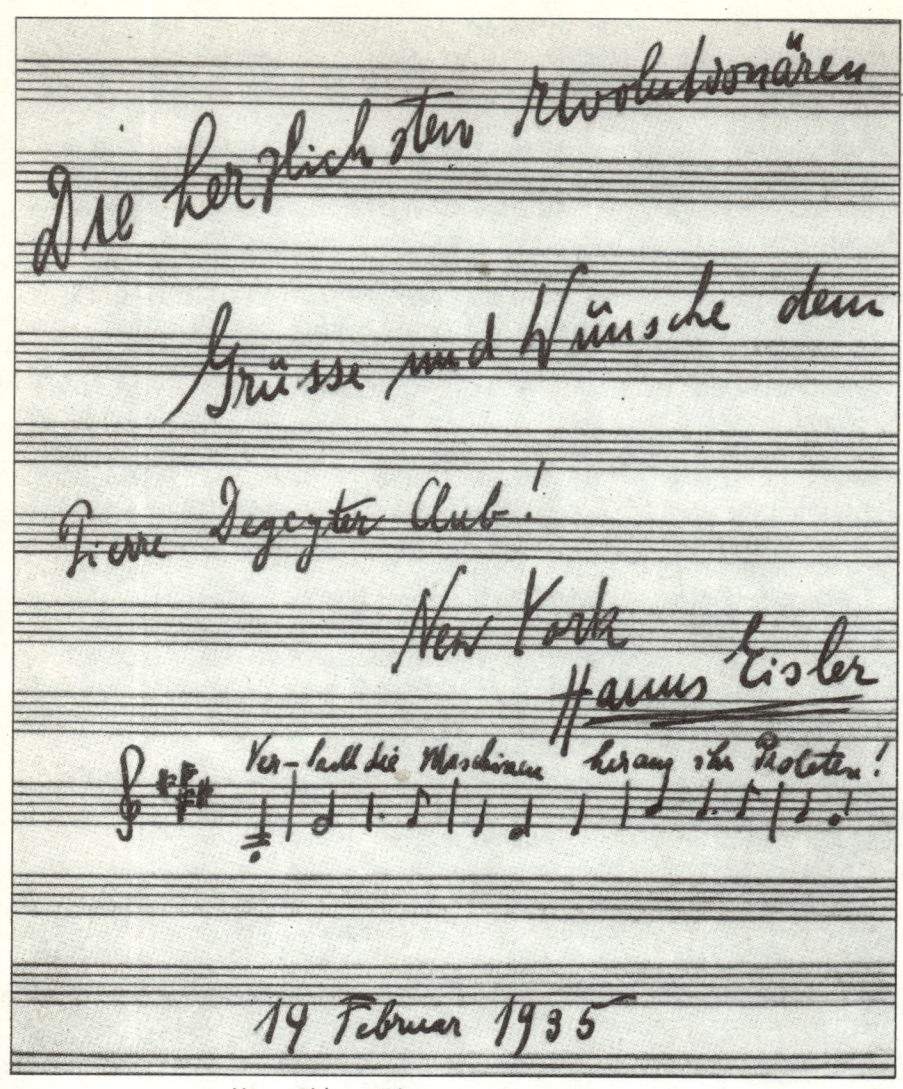

Hanns Eislers Widmung an den »Degeyter-Club«

Bergleuten auf völliges Unverständnis. Das war nicht die Musik, die sie kannten, und auch die Texte – obgleich auf Englisch – begriffen sie kaum. Wie war es möglich, auch diesen Teil der amerikanischen Bevölkerung zu erreichen, die wenig Gebildeten oder von billigen Schlagern Verbildeten? Konnte man vielleicht auch von diesen Menschen noch etwas lernen? Die kommenden Jahre sollten überzeugende Antworten darauf geben.

Kampflieder aus dem Süden: »Which Side Are You On?«

Ella May Wiggins war neunundzwanzig Jahre alt, als ihr Mann einen schweren Unfall erlitt. Sie hatte neun Kinder zu versorgen – das ist in den Appalachen keine ungewöhnliche Zahl. Sie bemühte sich, den Unterhalt für die Familie in einer Baumwollspinnerei zu verdienen. Immer mehr Textilfirmen zogen vom Norden in die Südstaaten, wo es mehr und billigere Arbeitskräfte gab. 1929 existierten in Gastonia (North Carolina) mehr als 570 Fabriken – und keine einzige Gewerkschaft. Die Arbeitszeit pro Woche betrug sechsundsechzig Stunden, und im Jahr zuvor hatte man zweimal die Löhne um zehn Prozent gekürzt. Als Spinnerin verdiente Ella May Wiggins neun Dollar in der Woche, was nicht einmal für Lebensmittel ausreichte. Dann erkrankten vier der Kinder an Keuchhusten. »Ich arbeitete nachts, und es gab niemand, der sie pflegen konnte, außer Myrtle. Sie ist elf und hilft viel. Ich bat den Meister, mich auf Tagesschicht zu setzen, damit ich meine Kinder pflegen könne, doch er lehnte ab. Ich weiß nicht, warum. Ich mußte also die Arbeitsstelle aufgeben, und dann hatte ich kein Geld für Arzneien, und die Kinder starben. Irgendwie konnte ich niemals etwas für sie tun, nicht einmal sie am Leben erhalten, scheint es. Deshalb bin ich für die Gewerkschaft, damit ich mehr für meine Kinder tun kann ...« (40)

Die konservative Gewerkschaft der AFL hatte sich nie um dieses Gebiet gekümmert. Es entstand ein neuer, von Kommunisten geführter Textilarbeiterverband, der versuchte, die Betriebe zu organisieren. Fünf Arbeiterinnen, die sich beteiligten, wurden gefeuert; daraufhin streikte die Belegschaft für fünf Monate. Ella May Wiggins lernte in dieser Zeit, Reden zu halten, zu organisieren und über den Streik gar Texte zu dichten, die, mit bekannten Melodien versehen, bald in der ganzen Gegend gesungen wurden. Streikbrecher und die Miliz provozierten mehrmals Schießereien; am 14. September 1929, als Ella May Wiggins gerade auf dem Weg zu einer Streikversammlung war, wurde sie von einem Streikbrecher erschossen. Auf der Begräbnisfeier sang man tief bewegt ihre Lieder, die später in der kommunistischen Zeitung »Daily Worker« von der Liedersammlerin Margaret Larkin veröffentlicht wurden. Mit Ella May Wiggins war eine Sängerin und Märtyrerin zu betrauern.

Von noch größerer Bedeutung als die Textilbranche ist der Bergbau in den Appalachen, wo unter den Hängen einige der reichsten Kohlenflöze der Welt lagern. Die Bergleute verfügen über eine alte Liedtradition; ihr Verband (UMW), der noch vor den IWW gegründet worden war, war die erste Gewerkschaftsorganisation der USA, die Lieder zu ihrer Organisierung einsetzte. Doch als die korrumpierte Verbandsführung die Mitglieder bei einem schweren Streik im Stich ließ, nutzten das die Bergwerksbesitzer äußerst brutal aus. Hunger und Elend wuchsen in den Appalachen zu einer Katastrophe an. Der Textilbranche in Gastonia vergleichbar entstand ein neuer, kleiner, der KP nahestehender Verband, die National Miners Union (NMU). Da ein Streik nicht mehr zu verhindern war, setzte man alles daran, ihn zu gewinnen. Im Sommer 1931 brach er aus; das Zentrum der Kämpfe, der Kreis Harlan im südöstlichen Kentucky, wurde unter dem Namen »Blutiges Harlan« zum Begriff. »Aunt (Tante) Molly« Jackson war, wie viele in diesen Bergen, teils englischer, teils cherokeser Abstammung. Sie war Hebamme in einer Gegend, wo sich kaum

Textilarbeiterstreik in Gastonia (North Carolina)

jemand leisten konnte, in einer Klinik zu entbinden. Sie mußte mit ansehen, wie viele Kinder, denen sie auf die Welt geholfen hatte, hungerten oder sogar verhungerten; daher organisierte sie eine Suppenküche. Während des Streiks war sie eine der Aktivsten, und da sie wie Ella May Wiggins singen und dichten konnte, ergänzte sie ihre feurigen Streikreden mit schlichten, aber dennoch leidenschaftlichen Liedern:

I AM A UNION WOMAN	ICH BIN EINE GEWERKSCHAFTSFRAU
I am a union woman, Just as brave as I can be, I do not like the bosses And the bosses don't like me.	Ich bin eine Gewerkschaftsfrau, So tapfer, wie es nur geht, Ich mag die Bosse nicht, Und die Bosse mögen mich nicht.

I was raised in old Kentucky,
In Kentucky borned and
   bred,
And when I joined the union,
They called me a Rooshian Red.
	Ich wuchs im alten Kentucky auf,
	In Kentucky wurde ich geboren und
	   großgezogen,
	Doch als ich der Gewerkschaft beitrat,
	Nannten sie mich eine ruuussische Rote.

When my husband asked the boss for a job,
This is the words he said:
»Bill Jackson, I can't work you,
   sir,
Your wife's a Rooshian Red.«
	Als mein Mann den Boß um Arbeit bat,
	Sprach er folgende Worte:
	»Bill Jackson, dich kann ich nicht
	   einstellen, mein Herr,
	Deine Frau ist eine ruuussische Rote.«

»Aunt Molly« Jackson, kämpferische Sängerin im Bergbaurevier Kentuckys

The bosses ride big fine
  horses,
While we walk in the mud,
Their banner is the dollar
  sign,
And ours is striped with blood.

Die Bosse reiten auf großen, schönen
  Pferden,
Während wir im Schlamm waten,
Sie haben das Dollarzeichen auf ihre
  Fahne gesetzt,
Und unsere ist vom Blut gestreift.

Sarah Ogun Gunning, die Halbschwester von »Aunt Molly« Jackson, sang auch – und sie hatte ebenfalls Gründe zu kämpfen. Durch Silikose, Tuberkulose und Armut verlor sie Vater, Ehemann und ein Kind. Als sie durch die Streikorganisatoren zum erstenmal mit politischen Theorien konfrontiert wurde, schrieb sie Strophen wie die folgenden. Die Schärfe der ersten Zeile – »Ich hasse das kapitalistische System« – änderte sie später in »Ich hasse die Konzernbosse« ab. Ihre Verse sind wegen ihrer Plakativität und Naivität oft belächelt worden – von Leuten, die das Schicksal von Sarah Gunning und die Geschichte von Harlan in ihrer offenen Brutalität nie begriffen haben.

I HATE THE COMPANY BOSSES	ICH HASSE DIE KONZERNBOSSE
I hate the company bosses,	Ich hasse die Konzernbosse,
I'll tell you the reason why,	Ich will euch sagen, weshalb.
They caused me so much suffering	Sie brachten mir derart viel Leid
And my dearest friends to die.	Und ließen meine liebsten Freunde sterben.
Oh, what can you do about it,	Oh, was kann man dagegen tun,
To these men of power and might?	Gegen diese starken Männer der Macht?
I tell you, Mr. Capitalist,	Ich sage dir, Mr. Kapitalist,
I'm going to fight, fight, fight!	Ich werde kämpfen, kämpfen, kämpfen!

Mitunter übten solche Lieder eine direkte Wirkung aus. So berichtet der Liedermacher Woody Guthrie: »Einmal drängten sich bezahlte Schläger, Hilfssheriffs und Streikbrecher entlang der Gleise heran, doch als sie die Arbeiter singen hörten, drehte sich die ganze Meute um und haute im Streifenarschzebra-Galopp ab.« (41)

Die Gleise waren im Kreis Harlan fast der einzige Verkehrsweg. Ihn benützte auch Harry Simms, ein neunzehnjähriger jüdischer Organisator aus dem Norden – also einer jener verhaßten Kommunisten. Er hatte nur einen Freund bei sich, so daß es die Totschläger wagten, ihm aufzulauern und ihn anzugreifen, sie schossen ihm in den Bauch. Das nächstgelegene Krankenhaus nahm ihn ohne eine Garantie für die Bezahlung nicht auf, so daß er nach einigen Stunden vor den Toren des Krankenhauses verstarb. Über diesen Vorfall schrieben »Aunt Molly« Jackson und ihr Bruder Jim Garland, der ebenfalls ein begabter Liedermacher war, das folgende Lied:

THE MURDER OF HARRY SIMMS	DER MORD AN HARRY SIMMS
Harry Simms was killed on Brush Creek	Harry Simms wurde am Brush Creek getötet
In nineteen thirty-two.	Im Jahre neunzehnhundertzweiunddreißig.
He organized the YCL, also the	Er organisierte die Jungkommunistenliga
NMU.	und auch den Bergmannsverband.
He gave his life in struggle,	Er gab im Kampf sein Leben,
That was all that he could do.	Mehr konnte er nicht tun.
He died to save the union,	Er starb, um die Gewerkschaft zu retten,
Also for me and you.	Und auch für mich und dich.

Ein weiteres Lied aus dem »blutigen Harlan« verdient Erwähnung. Es machte nicht nur seine Autorin, sondern auch den Grubenbesitzer und Sheriff von Harlan, J. H. Blair, über Jahrzehnte hinaus bekannt. Als die von den Gruben angeheuerten, meist

Sarah Ogun Gunning sang und dichtete im Kreis Harlan (Kentucky)

kriminellen Typen überall ihre Menschenjagd betrieben, drängten sie sich auch in die kleine Hütte der Familie Reece. Dem Mann, einem aktiven Gewerkschaftler, war kurz vorher die Flucht gelungen. Die Männer stocherten mit ihren Flinten in den Betten herum, kippten Möbel um und »trösteten« eine der weinenden Töchter mit den Worten: »Was heulst du rum? Dir tun wir nichts! Wir suchen deinen Alten!« (42)

Als sie endlich verschwunden waren, nahm Florence Reece voller Wut einen Kalender von der Wand und schrieb auf die Rückseite den Text zu einem Lied, das sie auf eine bekannte Kirchenmelodie entweder allein oder zusammen mit den Mädchen auf vielen Streikversammlungen sang. Es wurde zu einem Lied, das bis heute eine ungeheure Wirkung erzielt:

WHICH SIDE ARE YOU ON?	AUF WELCHER SEITE STEHST DU?
Come all of you good workers,	Kommt her, ihr guten Arbeiter,
Good news to you I'll tell,	Gute Neuigkeiten will ich euch mitteilen,
Of how the good old union	Wie die gute, alte Gewerkschaft
Has come in here to dwell.	Hierher zu uns gekommen ist.
Chorus:	*Refrain:*
Which side are you on,	Auf welcher Seite stehst du,
which side are you on? *(2×)*	auf welcher Seite stehst du? *(2×)*
Don't scab for the bosses,	Seid keine Streikbrecher für die Bosse,
Don't listen to their lies.	Hört nicht auf ihre Lügen.
Us poor folks haven't got a chance	Wir Armen haben keine Chance,
Unless we organize.	Es sei denn, wir organisieren uns.
Chorus: ...	*Refrain: ...*
They say in Harlan County,	Man sagt, im Kreise Harlan,
There are no neutrals there.	Da gibt es keine Neutralen,
You'll either be a union man	Du bist entweder ein Gewerkschaftsmann
Or a thug for J. H. Blair.	Oder Schläger für J. H. Blair.
Chorus: ...	*Refrain: ...*
Oh, workers, can you stand it?	Oh Arbeiter, könnt ihr das ertragen?
Oh, tell me how you can.	Oh, sagt mir, wie ihr's könnt.
Will you be a lousy scab	Willst du ein lausiger Streikbrecher sein
Or will you be a man?	Oder willst du ein Mann sein?
Chorus: ...	*Refrain: ...*
My daddy was a miner,	Mein Vater war ein Bergmann,
And I'm a miner's son,	Und ich bin eines Bergmanns Sohn,
And I'll stick with the union	Und ich bleibe bei der Gewerkschaft,
Till every battle's won.	Bis die letzte Schlacht gewonnen ist.
Chorus: ...	*Refrain: ...*

Dieses schlichte Lied mit den eindringlichen Fragen, das ein wenig an Brechts »Lied vom Klassenfeind« erinnert, war zunächst nicht sehr verbreitet. Auch andere Lieder aus Harlan, wo der Streik am Ende blutig niedergeschlagen wurde, waren anfangs nur in den Appalachen bekannt. Als »Aunt Molly« Jackson nach New York kam, um solidarische Hilfe für die Bergleute zu organisieren, sang sie ihre Lieder in einem kalten Raum, in dem sich die engagierten Komponisten des »Degeyter-Klubs« trafen (siehe S. 123).

Doch ihre alten Melodien, die einfachen Worte und ihre unausgebildete Stimme trafen bei den anwesenden Musikern kaum auf Verständnis, so wie sie deren komplizierte Musik nicht verstehen konnte. Obwohl sie ähnliche Ziele verfolgten, konnten die »Königskinder« aus Stadt und Land noch nicht zueinander finden. Doch zumin-

Florence Reece schrieb »Which Side Are You On?«

dest einer suchte nach einer Lösung dieser Widersprüche. Der Journalist und Kritiker Mike Gold, der durch sein meisterhaftes Buch »Juden ohne Geld« bekannt geworden war, klagte 1931 in der Kulturzeitschrift der KP »New Masses«:

»... Es gibt viele Singgemeinschaften; der Freiheitschor hat 300 Mitglieder und singt die kompliziertesten Choräle. Und doch werden in diesem Lande keine neuen

Arbeiterlieder oder Arbeitermusiken geschrieben.« (43) Und noch 1933 fragte er: »Warum singen amerikanische Arbeiter nicht? Die Wobblies konnten es; doch wir haben immer noch keinen kommunistischen Joe Hill.« (44)

Doch bereits ein Jahr später konnte er schreiben: »... Was Joe Hills Volksballaden am nächsten kommt, stammt von Kommunisten aus den südlichen Bergen – wie von ›Aunt Molly‹ Jackson und der ermordeten Textilweberin Ella May Wiggins ...« (45) »Eine neue Art von Balladen entsteht vor unseren Augen, eigentlich die einzige authentische Volksmusik unserer Zeit.« (46)

Auf die Kritik eines Vertreters des Komponistenkollektivs an den Liedern eines neuentdeckten Sängerehepaars aus dem Süden antwortete Mike Gold: »Es ist sektiererisch und utopisch, Arnold Schönberg oder Strawinsky als Maßstab für eine Beurteilung der Musik der Arbeiterklasse anzulegen. Welche Lieder singen die Massen in Amerika heute? Sie singen ›Old Black Joe‹ und das Pseudo-Jazz-Zeug, das von Tin Pan Alley gebraut wird. Im Süden singt man die alten Balladen. Das ist die Wirklichkeit. Der Sprung zu Schönberg scheint mir ein Desertieren von den Massen zu sein. Nicht zu erkennen, welch ein Schritt nach vorn es ist, zwei urwüchsige Musiker aus dem amerikanischen Volk gefunden zu haben, die sich revolutionären Themen zuwenden und die Tradition für die Ziele der Arbeiterklasse einsetzen, bedeutet, dem Fortschritt gegenüber blind zu sein.« (47)

1934 schlug das Mitglied des Komponistenkollektivs Lan Adomian vor, das Repertoire der Arbeiterchöre mit »Negerprotestliedern, Arbeitsliedern, Eisenbahnliedern sowie Cowboy- und Bergmannsliedern« zu erweitern. (48) Weitere große Änderungen bahnten sich an.

SIEBENTES KAPITEL

DIE GLORREICHEN DREISSIGER JAHRE
1933–1940

Eine neue Strategie, ein neuer Präsident

Das Problem der Anerkennung von Volksliedern war nicht nur ein amerikanisches, es beschäftigte nicht nur Mike Gold und Hanns Eisler. Auf dem ersten Unionskongreß sowjetischer Schriftsteller im Sommer 1934 sprach Maxim Gorki über einen Volksdichter aus Zentralasien und ermahnte die Delegierten: »Schätzt die Menschen, die solche Perlen der Poesie schaffen ... Der Anfang der Wortkunst liegt in der Folklore. Sammelt eure Folklore, studiert sie, bearbeitet sie. Sie wird euch eine große Menge an Material bieten.« (49)

Ein Jahr später tagte der VII. Kongreß der Kommunistischen Internationale. Ihr Generalsekretär Georgi Dimitroff, der gerade als Sieger aus dem Reichstagsbrandprozeß hervorgegangen und den Klauen der Nazis entkommen war, betonte, daß nicht allein die »klassenbewußte, revolutionäre Avantgarde der Arbeiter« anzusprechen sei, sondern daß alle, unabhängig von ihrem politischen Niveau, in einer Volksfront aus verschiedenen Klassen und Schichten vereint werden müßten, um den Faschismus zu stoppen. Das bedeutete eine Loslösung von ultraradikalen Positionen und ein Besinnen auf historische und patriotische Werte, für die die breiten Volksmassen begeistert werden konnten. In den USA gab es eine neue Losung, die diese Entwicklung widerspiegelte: »Kommunismus ist der Amerikanismus des 20. Jahrhunderts.« In linken Kreisen nahm das Interesse an historischen und kulturellen Traditionen – und damit auch an der Folklore – zu.

Im März 1933 wurde Franklin Delano Roosevelt als Präsident der USA vereidigt – und er blieb es für mehr als zwölf Jahre. Im Gegensatz zu Hoover war er fähig, aktiv und unternehmungslustig. Und an Aufgaben für ihn fehlte es nicht in dem ruinierten, hungernden Land, wo sich revolutionäre Gedanken und Taten ständig mehrten. Roosevelt und seine Partei schritten energisch zur Lösung der ernstesten Probleme und gingen gegen die schlimmste Not vor. Es kann sein, daß sie damit das kapitalistische System vor dem Zusammenbruch retteten. Mit feinem Gespür für die Wünsche der Bevölkerung nahm Roosevelt zahlreiche Reformen in Angriff. Ein während seiner Amtszeit erlassenes Gesetz von weitreichender Bedeutung legalisierte die Organisierung der Arbeiter und schuf damit einen Mechanismus für die Gründung von Gewerkschaftsgruppen. Im gesamten Land begann nun ein leidenschaftliches Rin-

Franklin D. Roosevelt wurde 1933 Präsident und
eröffnete eine neue Ära

gen um die Organisierung. Bisher war die Situation so, daß der konservativen Amerikanischen Föderation der Arbeit (AFL) mit ihren vielen exklusiven Fachverbänden
lediglich eine geringe Zahl ständig verfolgter, kleiner Verbände von Kommunisten –
wie beispielsweise in Gastonia und in Harlan – gegenüberstanden. 1935 bildete sich
nun ein zweiter großer Dachverband, der Kongreß der Industrieorganisationen
(CIO), mit nur einem Verband für jeweils einen Industriezweig.

Unter maßgeblicher Beteiligung erfahrener Kommunisten bildeten sich rasch große Gewerkschaften des CIO in den Auto-, Stahl- und Elektrogerätewerken, unter Seeleuten und Dockern und bei vielen anderen. Eine Welle von Kampflust und Begeisterung fegte durch das Land. In dieser Situation wurden Lieder gebraucht. Einige hat der Journalist Mike Quin 1934 für den Generalstreik in San Francisco geschaffen. Maurice Sugar, der Textdichter des »Suppenlieds« (siehe S. 118), schrieb neue Lieder für den mächtigen Sitzstreik gegen General Motors in Flint (Michigan), dessen Sieg 1937 den Weg für unzählige andere Streikaktionen bahnte. Ständig entstanden Lieder auch rasch während einzelner Streiks, gingen aber danach genauso schnell wieder verloren.

Der Gewerkschaftsverband der Damenbekleidungsarbeiter, einst ganz links, nun aber doch in der alten AFL geblieben, inszenierte 1938 dennoch eine interessante Bühnenschau, eine Art Kabarett, wo die Probleme der Welt und vor allem der USA glossiert wurden. Und Probleme gab es in dieser Zeit genügend! Harold Rome war der Komponist dieser Show, die »Pins and Needles« (Stecknadeln und Nähnadeln) hieß und Abend für Abend insgesamt mehr als 1100 Vorstellungen erlebte. Die Lieder waren so humorvoll und ansteckend, daß sie in New York Tausende nachsangen – allerdings nur in New York. Jahrzehnte später nahm Barbra Streisand die beliebtesten Titel daraus in ihr Repertoire auf.

Neben den neuen Arbeiterverbänden entstanden auch große linksgerichtete Organisationen der Studenten, der Jugend und der Intellektuellen aller Art, die noch schwer unter den Auswirkungen der Krise zu leiden hatten, nun aber wieder Hoffnung schöpften. Als die Regierung ihr großes staatliches Arbeitsprogramm startete – Arbeitslose bauten Straßen, Schulen, Krankenhäuser, Postämter, pflanzten Wälder und bekämpften die Bodenerosion, bekamen auch arbeitslose Künstler »Regierungsstellen«. Für wenig Honorar – jedoch besser als gar nichts – malten sie Wandbilder an neue Gebäude, führten im Rahmen des sogenannten Bundestheaterprojekts Theaterstücke vor einem Massenpublikum auf und sammelten in allen Bundesstaaten Folklore. Das wurde zu einer Art Neugeburt der Volkskultur – und mancher der später berühmtesten amerikanischen Künstler fand hier den Start.

Singende Schulen in den Bergen

Das Holzgebäude mit der von rankendem Wein bewachsenen Veranda, hoch oben in den Bergen von Tennessee bei Chattanooga, sah eigentlich gar nicht wie eine Schule aus. Die Schüler – jeweils zwanzig bis dreißig Erwachsene aus vielen Teilen des Landes – lernten hier nicht nur, sondern sie hackten auch Holz, kochten und reparierten. Einer der Gründer dieser »Highlander Folk School« war Myles Horton, einst Prediger der Presbyterianischen Kirche. Der zweite war der Volksdichter Don West, auch ein ehemaliger Pfarrer. Beide stammten aus den Appalachen und kannten ihre Heimat gut. (Viele Jahre später sang Wests Tochter Hedy Lieder aus den Bergen und Lieder der Arbeiter und trat in zahlreichen Ländern auf.) In einem Punkt jedoch trotzten sie nicht nur den Traditionen, sondern auch den Gesetzen der Gegend: Sie waren stets bemüht, schwarze und weiße Schüler gemeinsam zu unterrichten. Das hatte ständige Angriffe von der Orts- und der Tennessee-Regierung zur Folge, auf die sie auf geeignete Art reagieren mußten. Am gefährlichsten aber waren die Angriffe vom Ku-Klux-Klan. Myles Horton lernte Gefängniszellen und drohende Gewehrläufe kennen. Doch er überlebte und bildete weiterhin aktive Gewerkschaftsleute heran oder – wie er selbst sagte – lehrte sie, selbständig zu denken und zu handeln. Horton heiratete Zilphia, eine »Schülerin« aus Arkansas, die musikalisch gebildet war. Sie wurde selbst Lehrerin und verstand es, jeden neuen Lehrgang zum Singen zu begeistern. Die Schüler lernten von ihr Lieder, die sie mit nach Hause nahmen und dort weiter verbreiteten. Zilphia Horton lernte aber auch von ihren Schülern und sammelte auf diese Art mehr als 1300 Volks- und Gewerkschafts- und andere, aus aktuellen Anlässen entstandene Lieder. So brachten ihr 1946 zwei Tabakarbeiter einen Song mit, den sie bei einem Streik in Charleston gesungen hatten – »I Will Overcome«, wie er damals noch hieß. Es handelte sich um ein altes religiöses Lied. Von seiner Geschichte wird noch zu sprechen sein.

Siebenhundert Kilometer westwärts, in einer abgelegenen Gegend der Ouachita-Berge in Zilphias Heimatstaat Arkansas, existierte eine ähnliche Schule, das Commonwealth Labor College. Sie war zugleich eine Farm, auf der Studenten und Lehrer täglich vier Stunden arbeiteten. Die Lehrer erhielten Essen und Unterkunft, aber kein Gehalt. Das Unternehmen war eine Art Genossenschaft. In den ersten Jahren bestand wenig Kontakt zu den Farmern in der Umgebung, die sich nur schwer an das Miteinander von Schwarz und Weiß an der Schule gewöhnen konnten. (Nach dem Gesetz war das damals auch in Arkansas verboten.) Als Claude Williams – auch wieder ein presbyterianischer Pfarrer, der den Spitznamen »der rote Pfaffe« trug – nach 1937 Direktor wurde, verbesserten sich die Beziehungen. Williams kannte unzählige Hymnen und religiöse Lieder des Südens und wußte sie wirkungsvoll einzusetzen.

Im Commonwealth Labor College wuchsen einige junge Talente heran. Eines von ihnen war Lee Hays, ein massiger junger Mann mit tiefer Baßstimme. Er war Sohn eines konservativen Pfarrers, der ihn einmal verprügelt hatte, weil er ein atheistisches Buch gelesen hatte.

Wie so viele während der Krisenjahre wanderte Lee Hays durch das Land und nahm seine Umwelt mit scharfen Sinnen und viel Humor auf. Beispielsweise erzählte er von der Begegnung mit einem jungen Tramper, dessen Köfferchen ein Schild trug mit der Aufschrift: »Nehmen Sie mich mit, sonst stimme ich für Hoover.«

Hays besuchte zunächst die Highlander School in Tennessee, dann wurde er Sekretär der Sozialistischen Partei in seinem Heimatstaat Arkansas. Die Erfahrungen jener Jahre veranlaßten ihn, eine scharfe Linkswendung zu machen. Und nun war er der richtige Mann, um am Commonwealth Labor College zu unterrichten, wo er Dramatik und andere Fächer lehrte. Er selbst lernte dabei aber auch viel – zum Beispiel eine Menge Lieder von Claude Williams und von der schwarzen und weißen Bevölkerung der Umgebung. Mit leichten Änderungen paßten sie wunderbar in die damalige politische Landschaft der USA, wie das folgende großartige Lied, das er von dem schwarzen Teilpächter John Handcox übernommen hatte:

Lee Hays, singender Predigersohn aus Arkansas (Foto von 1959)

ROLL THE UNION ON

If the boss is in the way
We're gonna roll right over him. *(3×)*
If the boss is in the way
We're gonna roll right over him,
We're gonna roll the union on.

ROLLT DIE GEWERKSCHAFT VORAN

Wenn der Boß im Wege steht,
Werden wir ihn überrollen. *(3×)*
Wenn der Boß im Wege steht,
Werden wir ihn überrollen,
Wir werden die Gewerkschaft voranrollen.

We're gonna roll, we're gonna roll, we're
  gonna roll, we're gonna roll, we're
  gonna roll the union on. *(2×)*

When the scabs get in the way
We're gonna roll right over them ... *(etc.)*
Chorus: ...

When Jim Crow is in the way ... *(etc.)*
Chorus: ...

Refrain:

Wir werden rollen, wir werden rollen, wir
  werden rollen, wir werden rollen, wir
  rollen die Gewerkschaft voran. *(2×)*

Wenn Streikbrecher im Wege stehen,
Werden wir sie überrollen ... *(usw.)*
Refrain: ...

Wenn Jim Crow im Wege steht, ... *(usw.)*
Refrain: ...

Aus den mitunter recht blutigen Kämpfen der bettelarmen Teilpächter gegen die Mächtigen in Arkansas ging ein Lied hervor, das durch das Commonwealth Labor College – und besonders durch Lee Hays – Tausenden und später Millionen von Amerikanern bekannt wurde. Aus einem biblischen Bild und den Worten »Jesus is my captain, I shall not be moved« ist ein dynamisches Kampflied entstanden. Es erreichte auch zahlreiche andere Länder – von Chile bis Japan.

WE SHALL NOT BE MOVED

We're fighting for our freedom,
We shall not be moved, *(2×)*
Just like a tree that's standing by
  the water,
We shall not be moved.

Black and white together,
We ...*(etc.)*

Our union is behind us,
We ...*(etc.)*

Foster is our leader,
We ... *(etc.)*

WIR LASSEN UNS NICHT ZURÜCKHALTEN

Wir kämpfen für unsere Freiheit,
Wir lassen uns nicht zurückhalten, *(2×)*
So wie ein Baum, der am Wasser
  steht,
Lassen wir uns nicht zurückhalten.

Schwarz und Weiß gemeinsam,
Wir ... *(usw.)*

Unsere Gewerkschaft steht hinter uns,
Wir ... *(usw.)*

Foster führt uns vorwärts,
Wir ... *(usw.)*

Bereits zwanzig Jahre zuvor hatten die Wobblies bekannte Schlager oder Heilsarmeehymnen mit neuen Texten versehen. Nun mußten diesen Zweck alte Volksballaden, Spirituals oder andere, häufig religiöse Lieder erfüllen, deren Melodien ebenso wirkungsvoll waren. Die meisten »Eigentümer« der Originale nahmen das keineswegs übel; sie sangen beide Versionen nach- oder nebeneinander. Zu ihrem Leben gehörte beides: der Kampf für ein besseres Diesseits und die Hoffnung auf das Jenseits.

Ganz neue Klänge

In diesen Jahren erreichten auch neue Lieder aus dem Ausland die USA, vom italienischen »Avanti Populo« bis zum chinesischen »Chee Lai«. Viele waren im spanischen Bürgerkrieg entstanden bzw. gesungen worden. Als Hanns Eisler 1938 zu seinem dritten und längsten USA-Aufenthalt eintraf, brachte er einige mit. Man lernte die Schallplatten von Ernst Busch kennen, die während eines Bombenangriffs in Barcelona aufgenommen worden waren (die Einschläge sind leise zu hören). Auch die

Der Komponist Earl Robinson (links) zusammen mit Paul Robeson

amerikanischen Freiwilligen hatten ihre Lieder. Nur die Hälfte der fast 4000 freiwilligen Kämpfer hatten den Bürgerkrieg überlebt, sie stießen im eigenen Land auf Unverständnis und wurden während des zweiten Weltkrieges sogar als »verfrühte Antifaschisten« diskriminiert, doch sie kämpften und sangen ihre Lieder begeistert weiter – solange sie lebten.

Diese neuen Lieder erreichten allerdings nur sehr kleine Kreise. Vor allem in New York und in einigen anderen Großstädten wurden sie gesungen. Die meisten Amerikaner hörten weiterhin kommerzielle Musik. Doch einige erste Durchbrüche bahnten sich an.

Um sich der Volksfrontatmosphäre anzupassen, wurde 1936 die »Arbeitermusikliga« in »Amerikanische Musikliga« umbenannt. Zu ihren begabten Komponisten gehörte Marc Blitzstein, der 1937 das kampflustige Musical »The Cradle Will Rock« (Die Wiege wird schaukeln) für das staatliche Bundestheaterprojekt komponiert hatte, in dem von einem Streik in »Stahlstadt, USA« berichtet wird.

Doch den konservativen Geldgebern des USA-Kongresses war das von Orson Welles produzierte Stück viel zu links, und sie untersagten unmittelbar vor der Premiere die Nutzung des vorgesehenen New-Yorker Theaters. Also zogen die Schauspieler – darunter Will Geer und Howard DaSilva –, die Zuschauer und ein Klavier in ein kurzfristig gemietetes Theater, das zwanzig Straßen entfernt lag. Hier erlebte

Marc Blitzstein, Komponist progressiver Musicals

das Stück in einer Aufführung ohne Kostüme und Kulissen und Orchester, nur mit Klavierbegleitung durch den Komponisten, einen riesigen Erfolg.

Ein weiteres Mitglied der Amerikanischen Musikliga, der aus dem Bundesstaat Washington im fernen Westen stammende junge Earl Robinson, war von großem musikalischem und politischem Tatendrang erfüllt. Als er den Sommer 1936 gemeinsam mit dem Dichter Alfred Hayes als Kulturverantwortlicher im »Camp Unity«, dem Ferienlager der KP, verbrachte, wollten die beiden einen Joe-Hill-Abend gestalten. Robinson vertonte zu diesem Zweck ein Gedicht, das Hayes bereits vor zehn Jahren geschrieben hatte. Das Lied wurde durch die Interpretation von Paul Robeson in vielen Ländern bekannt und beliebt, und Joan Baez sang es Jahre später beim Woodstock Festival.

JOE HILL

I dreamed I saw Joe Hill last night,
Alive as you and me.
Says I, »But Joe, you're ten years
    dead.«
»I never died,« says he. *(2×)*

»In Salt Lake, Joe, by God,« says I,
Him standing by my bed,
»They framed you on a murder
    charge,«
Says Joe, »But I ain't dead.« *(2×)*

»The copper bosses killed you, Joe,
They shot you, Joe,« says I.
»Takes more than guns to kill a
    man,«
Says Joe, »I didn't die.« *(2×)*

And standing there as big as life,
And smiling with his eyes,
Joe says, »What they forgot to
    kill
Went on to organize.« *(2×)*

»Joe Hill ain't dead,« he says to me,
»Joe Hill ain't never died,
Where workingmen are out on strike
Joe Hill is at their side.« *(2×)*

»From San Diego up to Maine
In every mine and mill,
Where workers strike and organize,«
Says he, »You'll find Joe Hill.« *(2×)*

(Repeat first verse)

JOE HILL

Ich träumte, ich sah Joe Hill heut' Nacht,
So lebendig wie du und ich.
Ich sagte: »Aber Joe, du bist doch seit
    zehn Jahren tot.«
»Ich bin nie gestorben«, sagte er. *(2×)*

»In Salt Lake, Joe, bei Gott«, sagte ich,
Als er an meinem Bett stand,
»Sie verurteilten dich fälschlich wegen
    Mordes.«
Joe sagte: »Doch ich bin nicht tot.« *(2×)*

»Die Kupferbosse töteten dich, Joe,
Sie erschossen dich, Joe«, sagte ich.
»Man braucht mehr als Gewehre, um einen
    Mann zu töten,
Ich bin nicht gestorben«, sagt Joe. *(2×)*

Und da steht er in voller Lebensgröße
Und lächelt mit den Augen.
Joe sagt: »Was sie vergessen haben zu
    töten,
Fuhr fort zu organisieren.« *(2×)*

»Joe Hill ist nicht tot«, sagte er zu mir,
»Joe Hill ist nie gestorben.
Wo Arbeiter auf Streikposten stehen,
Da ist Joe Hill an ihrer Seite.« *(2×)*

»Von San Diego bis nach Maine,
In jedem Bergwerk, jeder Fabrik,
Wo Arbeiter streiken und sich organisieren«,
Sagt er, »dort findest du Joe Hill.« *(2×)*

(Erste Strophe wiederholen)

Im Besinnen auf die progressiven Traditionen des Landes schrieb Earl Robinson die Melodie zu einem Lied, dem Worte von Abraham Lincoln zugrunde lagen. Für die Reaktionäre der dreißiger Jahre des zwanzigsten Jahrhunderts hatten die revolutionären Gedanken des ersten republikanischen Präsidenten der USA geradezu eine Schockwirkung: »Dieses Land mit seinen Institutionen gehört den Menschen, die es bewohnen. Wenn sie irgendwann die amtierende Regierung satt haben, können sie von ihrem verfassungsmäßigen Recht Gebrauch machen, sie zu verändern, oder von ihrem revolutionären Recht, sie zu stürzen.« (50) Diese Worte, die Lincoln 1848 als Abgeordneter vor dem Kongreß sprach, werden sonst nur selten zitiert.

Später schrieb Earl Robinson zu einem Text von John LaTouche die Kantate »Ballade für Amerikaner«, deren Aufführung ursprünglich für das Bundestheaterprojekt geplant war.

Hier geht es um eine Erinnerung an die Kämpfe um Unabhängigkeit und gegen die Sklaverei und um einen Aufruf zum Fortsetzen progressiver Traditionen: »... Unser Land ist stark, unser Land ist jung, und die schönsten Lieder sind noch zu singen. Aus den Ebenen und aus den Bergen sind wir gekommen, um dem Geist derjenigen, die vor uns gingen, treu zu bleiben ... Trotz allen Geschreis und Grölens, trotz aller Morde und trotz Lynchens, trotz leerer Schwätzer und falscher Patrioten, trotz der Unsicherheit und des Zweifelns – unser Marschlied wird auferstehen, stark wie die Menschen, die es erdacht haben ...« (51) Das war ein Besinnen auf das Volk, auf die einfachen, arbeitenden Amerikaner.

Am 5. November 1939 wurde diese Kantate vom Sender CBS in das ganze Land ausgestrahlt. Die Solopartie sang Paul Robeson, der nach Jahren, die er in England verbracht hatte, und einer Tournee in das Spanien des Bürgerkrieges in die Heimat zurückgekehrt war. Die demokratische Botschaft, die eingehende Musik, vor allem die einmalig schöne, tiefe Stimme Paul Robesons begeisterten Millionen. Die Kantate wurde überall gespielt, als Album verlangt, gesungen oder gesummt; es war vielleicht das erste Mal seit dem amerikanischen Bürgerkrieg, daß ein so engagiertes Musikstück ein derart breites Publikum erreichte. Der große Sänger und Schauspieler wurde nicht nur zum Vorbild für unzählige Schwarze, sondern auch zum gefeierten Helden für das ganze Land.

Musik der Schwarzen

Inzwischen hatte der Jazz, das wohl bedeutungsvollste musikalische Genre der schwarzen Amerikaner, große Veränderungen erlebt. Die Big Bands hatten sich den Swing, eine Neuentwicklung des Jazz, zu eigen gemacht, der sich mit riesigem Erfolg durchsetzte. Zu diesen gehörten die Bands von Benny Goodman, Harry James, Glenn Miller, Tommy Dorsey und Artie Shaw.

Es war bittere Ironie, daß fast alle Big Bands aus weißen Musikern bestanden und nicht einmal schwarze Künstler aufnahmen. Es gab zwar einige wenige „schwarze‟ Big Bands – wie die von »Duke« Ellington und »Count« Basie, doch auch diese spielten, selbst mitten in Harlem, vorwiegend vor weißem Publikum. Über die Qualität mancher der »weißen« Gruppen ist man sich bis heute nicht einig; vieles unterlag dem banalen, süßlich-glatten Einfluß der Kommerzialisierung, doch andererseits erwuchsen dem Jazz durch sie manche neue Stilbereiche. So meinen wenigstens einige der Kritiker.

1935 wurde die siebzehnjährige Jazz-Sängerin Ella Fitzgerald von einer Band in Harlem engagiert, die von dem kleinen, verwachsenen schwarzen Meisterdrummer »Chick« Webb dirigiert wurde. Nach dessen Tod übernahm sie Webbs Band und machte noch auf viele andere Arten Musikgeschichte.

146

Ella Fitzgerald mit dem »Chick«-Webb-Orchestra

Die »Duke«-Ellington-Band 1935

In der großen Carnegie Hall, wo in der Regel die prominentesten Sinfonieorchester und Solisten vor einem reichen, diamantengeschmückten Publikum spielten, erklangen kurz vor Weihnachten 1938 ungewöhnliche Töne. Hier fand eines der ersten und größten Konzerte in der Geschichte der Musik schwarzer Amerikaner statt. Es trug die Überschrift »Von Spirituals bis Swing«, und die Liste der Mitwirkenden machte mit dem Glanz vieler Namen den funkelnden Brillanten des Publikums sinfonischer Abende Konkurrenz: Es musizierten die junge Gospel-Sängerin »Sister« Rosetta Tharpe, der erstaunliche, blinde Mundharmonikaspieler »Sonny« Terry, Blues-Sänger wie »Big Joe« Turner, »Big Bill« Broonzy, Jimmy Rushing und Helen Humes, Jazz-Musiker aus New Orleans wie Sidney Bechet, der bedeutende James P. Johnson am Klavier und die Band von »Count« Basie.

Der weiße John Hammond, der dieses Konzert organisierte, hatte schon früh sein Herz für den Jazz entdeckt. Er war der Sohn des berühmten Orgelfabrikanten Albert Hammond. Als Musikkritiker lernte er auch schwarze Musiker kennen und arbeitete als Produzent (später für Columbia). Er war es, der »Count« Basie und seinem Orchester zu Ruhm verhalf. Seinen Schwager, den erfolgreichen Swing-Bandleader Benny Goodman, überzeugte er, den schwarzen Pianisten Teddy Wilson in sein Trio aufzunehmen. Das gilt als das erste Mal, daß ein schwarzer Musiker in einer »weißen« Swing-Band öffentlich mitspielte. Für die Finanzierung und Organisierung von John Hammonds großem Konzert in der Carnegie Hall, das in die Musikgeschichte ein-

John Hammond, Jazz-Kenner, organisierte das Konzert in der Carnegie Hall

ging, war die kommunistische Kulturzeitschrift »New Masses« verantwortlich, für die Hammond Musikkritiken schrieb. Diese Unterstützung war ein Symbol für die engen Beziehungen der kommunistischen Bewegung zu den schwarzen Amerikanern in den dreißiger Jahren, die sich auch in vielen Kämpfen gegen den Rassismus manifestierten.

Ebenfalls in New York, in Manhattans bohèmehaftem Vergnügungsviertel Greenwich Village, gab es das »Café Society«, einen Nachtklub. Das Außergewöhnliche daran war nicht, daß hier schwarze Musiker auftraten, sondern daß hier auch schwarze Gäste essen, trinken, tanzen und Musik hören konnten. Das war damals für weiße Viertel einmalig. Des Rätsels Lösung: Das »Café Society« gehörte zum großen Teil der KP der USA.

Eine Sängerin war im »Café Society« besonders beliebt. Wieder war es John Hammond, der die Siebzehnjährige entdeckt hatte. Vielen jungen schwarzen Frauen in den USA vergleichbar, hatte sie bereits harte Jahre erlebt und Elend, Prostitution, Gefängnis und Rauschgift kennengelernt. Trotzdem hatte sich Billie Holiday einen erstaunlichen Stolz und eine große Würde bewahrt. Die Erfahrungen ihres eigenen kurzen Lebens und das Leiden anderer schwarzer Amerikaner war aus ihren Liedern zu hören. Ein besonders erschütterndes Beispiel dafür ist »Strange Fruit«, das Lewis Allen für sie gedichtet und komponiert hatte. Es ist ein hartes, bitteres Lied, das die

The New Masses Presents

AN EVENING OF AMERICAN NEGRO MUSIC
"From Spirituals to Swing"
FRIDAY EVENING, DECEMBER 23, 1938
Carnegie Hall

Conceived and Produced by John Hammond; Directed by Charles Friedman

---

Note: The following program is not in chronological order

Introduction

AFRICAN TRIBAL MUSIC: From scientific recordings made by the H. E. Tracy Expedition to the West Coast of Africa.
THEME: Count Basie and His Orchestra.

I. Spirituals and Holy Roller Hymns

MITCHELL'S CHRISTIAN SINGERS, *North Carolina*. William Brown, Julius Davis, Louis David, Sam Bryant.
SISTER THARPE, *Florida*. (Courtesy Cotton Club) with guitar accompaniment.

II. Soft Swing

THE KANSAS CITY SIX, *New York City*. Eddie Durham (electric guitar), Freddie Green (guitar), Buck Clayton (trumpet), Lester Young (clarinet and tenor saxophone), Jo Jones (drums), Walter Page (bass).

III. Harmonica Playing

SANFORD TERRY, *Durham, North Carolina*. Washboard playing by artists to be announced at the concert.

IV. Blues

RUBY SMITH, *Norfolk, Virginia*. Accompanied on the piano by JAMES P. JOHNSON, *New York City*.
JOE TURNER, *Kansas City, Missouri*. Accompanied by PETE JOHNSON, *New York City*.
BIG BILL, *Chicago, Illinois*. Accompanied by himself on the guitar.
JAMES RUSHING, *Kansas City, Missouri*. Accompanied by the KANSAS CITY FIVE. Freddie Green (guitar), Buck Clayton (trumpet), Lester Young (clarinet and tenor saxophone), Jo Jones (drums), Walter Page (bass).
HELEN HUMES, *Louisville, Kentucky*. Accompanied by the KANSAS CITY FIVE.

V. Boogie-Woogie Piano Playing

ALBERT AMMONS, *Chicago*. MEADE "LUX" LEWIS, *Chicago*. PETE JOHNSON, *Kansas City*. "A Cutting Session."

INTERMISSION

VI. Early New Orleans Jazz

SIDNEY BECHET and his NEW ORLEANS FEET WARMERS. Sidney Bechet (clarinet and soprano saxophone), Tommy Ladnier (trumpet), James P. Johnson (piano), Dan Minor (trombone), Jo Jones (drums).

VII. Swing

COUNT BASIE AND HIS ORCHESTRA. Count Basie (piano), Walter Page (bass), Freddie Green (guitar), Jo Jones (drums), Ed Lewis (first trumpet), Buck Clayton (second trumpet), Shad Collins (third trumpet), Harry Edison (fourth trumpet), Benny Morton (first trombone), Dickie Wells (second trombone), Dan Minor (third trombone), Earl Warren (first alto saxophone), Jack Washington (second alto sax and baritone), Lester Young (third tenor sax and clarinet), James Rushing and Helen Humes (vocalists). Arrangers: Eddie Durham, Count Basie, Albert Gibeon, Buck Clayton, etc.
BASIE'S BLUE FIVE. Count Basie, Shad Collins, Walter Page, Jo Jones, Herschel Evans.
THE KANSAS CITY SIX. Eddie Durham, Freddie Green, Buck Clayton, Lester Young, Jo Jones, Walter Page.

Historisches Konzert 1938 in der Carnegie Hall,
bei dem zum erstenmal »schwarze« Musik
für konzertwürdig befunden wurde

»Café Society« mit Mildred Bailey

verlogenen Symbole des feudalen Südens mit der schockierenden Wirklichkeit konfrontiert. Die »seltsame Frucht«, die die südlichen Bäume ziert, ist der schwarze Körper eines gelynchten Mannes.

Billie Holiday sang dieses Lied erst im »Café Society«. Wenn sie in anderen »weißen« Klubs auftrat, wurde »Lady Day« oder einfach »Lady«, wie Billie Holiday liebevoll von den Schwarzen genannt wurde, wieder mit der harten Realität konfrontiert. Zwischen den Auftritten durfte sie weder an einem Tisch im Klub sitzen noch essen. Man behandelte schwarze Künstler als Bedienstete oder Spaßmacher und bezahlte sie dementsprechend. Wie viele ihrer Rasse ging Billie Holiday schließlich als ein Opfer dieser empörenden Verhältnisse zugrunde. Sie griff zum Rauschgift. Statt ihr zu helfen oder sie zu behandeln, wurde sie verfolgt und 1959 selbst noch auf dem Sterbebett verhaftet.

Lieder der Sträflinge und Lomax, Vater und Sohn

Besonders in den Südstaaten mußten Zehntausende von schwarzen Menschen dafür büßen, daß sie nicht bereit waren, gegenüber den weißen Herren den Rücken zu krümmen und den Mund zu halten. Sie kamen ins Gefängnis, in Straflager, wurden

Die Sängerin Billie Holiday

hingerichtet oder ihr Leben endete an einem Baum, gelyncht vom Mob, wie es das Lied »Strange Fruit« berichtet. Wenn es sich um Delikte zwischen Schwarzen handelte, urteilten die Richter relativ milder: Freiheitsstrafen zwischen zwanzig und dreißig Jahren, selten die Todesstrafe. Wenn allerdings unbezahlte Arbeitskräfte benötigt wurden – beispielsweise für den Straßenbau –, fand man immer ausreichend Gründe, einige Schwarze mehr einzusperren.

Die Gefangenen in den Sträflingslagern waren von der übrigen Welt erbarmungslos isoliert. Doch gerade deshalb überlebten fast ausschließlich dort Lieder, die den alten Arbeitsgesängen der Sklaven entsprangen und sogar noch Spuren afrikanischer Herkunft verrieten. Viele waren, den Shanties vergleichbar, aus dem Rhythmus der Arbeit hervorgegangen. Sie halfen den Gefesselten, ihre Hammerschläge zu koordinieren. Dagegen hatten die Aufseher nichts einzuwenden. Über die verschlüsselten Klagen und Fluchtgedanken – wenn sie sie überhaupt verstanden – amüsierten sie sich, solange die Arbeit getan wurde.

John Lomax, der ehemalige Sammler von Cowboy-Liedern, entdeckte die Schönheit und Tragik vieler solcher Lieder. Er zog durch den Süden, führte einen Kampf mit den Bürokraten um Besuchsgenehmigungen und zeichnete mit einem Aufnahmegerät die Musik der Häftlinge und anderer Außenseiter der Gesellschaft auf. John Lomax' Sohn Alan lernte vom Vater die Liebe zur Literatur, vor allem zu Shakespeare. Er besuchte die Harvard-Universität – doch nur so lange, bis er durch die Teilnahme an der aktiven Studentenpolitik jener Zeit ein Interesse an den Kämpfen im Lande bekommen hatte. Er stellte fest, wie bedeutsam die Arbeit seines Vaters war. Daher verließ er die Hochschule, um gemeinsam mit ihm durch den Süden zu ziehen. Dabei fiel ihm als dem Jüngeren und Stärkeren die Hauptlast beim Schleppen des 350 Pfund schweren Aufnahmegeräts zu. Zu den »praktischen Erfahrungen im Felde« des Vaters und dessen »Instinkt für das, was echt ist und was nicht«, brachte Alan, wie er es selbst einschätzte, die Fähigkeit mit, »Beziehungen zwischen den Ideen in den Liedern und ihrer sozialen Bedeutung zu erkennen«. (52) Er stellte fest, daß die Unterprivilegierten der Gesellschaft ihre Klagen in Volksliedern äußerten, »soweit sie es wagten«. Er spürte, daß diese ländlichen Lieder auch von den Menschen in den Städten geschätzt werden und sogar zu sozialen Veränderungen beitragen können. Alan Lomax sammelte viele Lieder mit dem Vater gemeinsam, er setzte diese Arbeit während seiner Hochzeitsreise auf der Insel Haiti fort. Nach einem Studium in Texas gab er mit dem Vater mehrere Liedersammlungen heraus. 1937, mit zweiundzwanzig Jahren, wurde er zum Direktor des neuen Archivs amerikanischer Volkslieder in der staatlichen Library of Congress (Bibliothek des Kongresses). Das war zwar eine äußerst schlecht bezahlte, scheinbar unbedeutende Stelle, doch eröffnete sie dem energischen jungen Mann erstaunliche Möglichkeiten. Bald bekam er einen neuen Verbündeten: Charles Seeger, einst aktives Mitglied im »Pierre-Degeyter-Klub«, Musikwissenschaftler mit umfassenden Kenntnissen von Geschichte und Theorie der Musik. Er arbeitete in der Leitung des staatlichen Kulturprogramms für arbeitslose Künstler. Alan Lomax war überzeugt davon, daß es wichtig war, dem amerikanischen Volk seine eigenen Lieder wiederzugeben – anstelle jener kommerziellen, meist verlogenen Schlager, die die Menschen sonst zu hören bekamen. Er

Der Sänger Josh White

dehnte seine Liedersuche auch auf die Karibik aus. Auf den Bahamas, einer damals zu England gehörenden Inselkolonie, fand er ein hübsches Lied mit nur einer einzigen Strophe und einem mitreißenden Refrain. Später sollten Hunderte, wenn nicht gar Tausende ·Strophen hinzukommen. Lied und Refrain heißen: »Hey Li Lee Li Lee Lo« (sprich: He lai-li lai-li loh).

Alan Lomax ermutigte etliche Volkssänger, die zumeist aus den Südstaaten stammten, ihren Lebensunterhalt mit dem Singen zu verdienen. Er führte lange Gespräche mit ihnen, die er genau wie ihre Lieder aufzeichnete. Außerdem brachte er ihnen neue Lieder bei. Bei all dem wuchs seine Sammlung an, und er förderte eine zunehmende Zahl von wichtigen Sängern, die ihr Publikum unter linken Intellektuellen im Norden fanden. Josh White, ein schwarzer Gitarrist und Sänger aus North Carolina, war von Alan Lomax ermuntert worden, in Nachtlokalen und Studentenklubs im Norden aufzutreten. Ähnliches traf für den weißen Volkssänger Burl Ives zu, einen Farmerjungen aus Illinois, der über eine weiche, angenehme, ein wenig belegt klingende Stimme verfügte. Auch das »Golden Gate Quartet«, das eine Art Gospel-Musik sang, bekam von Lomax Unterstützung. Neben vielen anderen nahm er die erzählte Geschichte und die Lieder von »Jelly Roll« Morton auf, der sich selbst als »Erfinder des Jazz« bezeichnete, und die von dem Blues-Sänger »Big Bill« Broonzy. Lomax nutzte die widerspruchsvolle, von linken, aber auch von rechten Strömungen bewegte Atmosphäre der Roosevelt-Ära, um sein Anliegen zielbewußt weiterzuführen. In zwei Jahren konnte er zwei Rundfunkserien produzieren, in denen er seine Lieder vorstellte und versuchte, die Schulen dazu zu bringen, daß sie echte Volkslieder sangen und nicht nur die süßlichen, verfälschten, die bisher gelehrt wurden.

Huddie Ledbetter, genannt »Leadbelly«

Huddie Ledbetter verließ etwa 1900 seine Heimat in Louisiana, unweit von Texas, mit sechzehn Jahren. Für schwarze Menschen war das ein schreckliches Gebiet und eine schlimme Zeit. Ledbetter übernahm alle Arbeiten, die ein Schwarzer machen durfte – also Baumwolle ernten, pflügen, Forstarbeiten, Gräben ziehen, Maultiere treiben, Pferde zähmen; er wurde zu einem regelrechten Muskelpaket.

Dabei lernte er auch Musizieren – auf der Gitarre, der Mandoline, dem Baß, der Mundharmonika und auf dem Klavier. Zunächst spielte und sang er nur zu Tanzveranstaltungen am Wochenende. Eines Tages lieh ihm einer eine Zwölfsaitengitarre mit der Bemerkung: »Kannst du auch das spielen?« Seine Finger, die an sechs oder acht Saiten gewöhnt waren, beherrschten das große, schwere Instrument nicht sofort. Doch er übte die ganze Nacht hindurch, und sobald er konnte, kaufte er sich in Dallas ein eigenes Instrument. Nach und nach wurde er so geschickt, daß er sich unumstritten »König der Zwölfsaitengitarre« nennen konnte. Er wagte den Versuch, von der Musik zu leben. Mit seinem Freund »Blind Lemon« Jefferson (siehe S. 107) spielte er in den Zügen zwischen Dallas und Waco in Texas oder in den umliegenden Tanzlokalen, die eigentlich eher Bordelle waren. Sie bekamen für ihre Auftritte nie viel Geld, doch sie lebten eben, so gut es ging. Wichtig war ihnen, daß sie möglichst weit weg von der bedrohlichen Welt der Weißen waren.

1918 geriet »Leadbelly« (zu Deutsch »Bleibauch«, was auf ein Wortspiel mit seinem Namen zurückzuführen ist) in einen Streit, bei dem ein Mann ums Leben kam. Er wurde zu dreißig Jahren Haft auf einer Gefängnisfarm verurteilt. Hier mußte er Sklavenarbeit verrichten. Doch er war bärenstark, er schuftete am Tage, machte abends Musik und lernte etliche Häftlings- und Arbeiterlieder afroamerikanischer Herkunft kennen.

1923 besuchte der Gouverneur von Texas die Gefängnisfarm. »Leadbelly« nutzte eine sich plötzlich ergebende Gelegenheit, mit ihm zu sprechen und zu fragen, ob er

Huddie Ledbetter, genannt »Leadbelly«

ihm ein Lied vortragen dürfe. Der Gouverneur, eine erstaunliche Ausnahme, gehörte zu den wenigen Weißen, denen der Wert dieser Lieder bewußt war; daher hörte er zu. »Leadbelly« bat mit seinem Lied, wenn schon nicht um Begnadigung, so doch um Bewährung. Wären ihre Rollen mal umgekehrt, meinte er, so würde er den Gouverneur gewiß noch vor Sonnenaufgang freilassen.

Der Gouverneur antwortete: »Noch nicht! Ich behalte dich hier, damit du für mich spielst, wenn ich euch besuche. Doch wenn ich mein Amt beende, dann werde ich dich freilassen.« (53) Überraschenderweise hielt er sein Wort – im Januar 1925.

1930 wurde »Leadbelly« wieder verhaftet. Verhältnisse und Milieu förderten Gewalttätigkeit, so daß es häufig zu harten Auseinandersetzungen kam. Wegen »Tötungsabsicht« wurde er zu zehn Jahren Haft im »Angola« in seinem Heimatstaat Louisiana, das noch heute eines der berüchtigtsten Zuchthäuser der USA ist, verurteilt. Die Häftlinge schufteten von Sonnenaufgang bis Sonnenuntergang auf den brennendheißen Feldern. Der kleinste Versuch, als Mensch zu gelten, wurde brutal bestraft: »Leadbelly« bekam 1931 zehn Peitschenschläge »wegen Faulheit« und 1932 fünfzehn Schläge »wegen Frechheit«.

1932, bei seiner Suche nach Sängern und Liedern, kam John Lomax in das Zuchthaus. Nie zuvor hatte er eine so große musikalische Begabung und einen so reichen Schatz an Liedern wie bei diesem Häftling gefunden. Er versuchte es noch einmal mit »Leadbellys« Trick von 1924 und übergab dem Gouverneur von Louisiana eine Schallplatte mit einer neuen Version des damals erfolgbringenden Liedes. Doch hier stieß er auf einen weitaus typischeren Südstaaten-Gouverneur, der bei seinem Amtsantritt geschworen hatte, niemals einen Häftling zu begnadigen. »Leadbelly« mußte bis 1934 warten, wo er wegen guter Führung auf Bewährung freigelassen wurde.

Nun reiste er zum ersten Mal nach dem Norden. Zunächst gab es hier viel Aufsehen um diesen Meister der Field Hollers, Work Songs, Spirituals, Blues, Balladen, Gefängnislieder, Cowboylieder und »Cajun«-Musik aus Louisiana. Der »König der Zwölfsaitengitarre« war in der Wochenschau zu sehen, einige Zeitungsartikel erschienen über ihn, ein Buch mit seinen Liedern wurde gedruckt, und John Lomax fuhr mit ihm von einer Universitätsveranstaltung zur anderen. Doch etwas stimmte in ihren Beziehungen nicht. John Lomax blieb bei aller Wertschätzung für »Leadbellys« Musik der konservative Texaner, der den ehemaligen Häftling nie als vollwertigen Menschen akzeptierte. Er stellte den Künstler als Chauffeur an und ließ ihn in Gefängniskleidung – als eine Art exotischer »Onkel Tom« – auftreten. Erst als der Blues-Sänger »Big Bill« Broonzy eines Tages den etwa fünfzigjährigen »Leadbelly« aufklärte, daß er nicht zu diesen Diensten verpflichtet sei, ließ er sich nicht mehr als Chauffeur anstellen. (John Lomax meinte: »Der Junge ist undankbar.«) Er heiratete, zog in eine kleine Wohnung auf der Lower East Side in Manhattan und versuchte, sich mit seiner Musik durchzuschlagen. Da er wenig Zugang zu den Ghettobewohnern der nördlichen Städte fand, die gänzlich andere musikalische Gewohnheiten hatten, und auch vom linksgerichteten Publikum noch kaum verstanden wurde, war das für ihn sehr schwer.

Viel später erst begriffen viele, wie großartig die Lieder waren, die er wunderbar verarbeitete oder selber schuf. Das Eisenbahnlied »Rock Island Line«, »Bring Me a Little Water, Silvy«, »Old Cotton Fields at Home« und »Take This Hammer« sind nur einige von denen, die heute zum »klassischen« Volksrepertoire gehören. »Midnight Special«, ein Häftlingslied, erzählt von einem »Mitternachtssonderzug«, der, wenn er mit seinem Scheinwerfer einen Insassen in seiner Zelle anstrahlt, diesem nach der Zuchthauslegende die Freiheit bringt.

»Big Bill« Broonzy, Sänger des harten Blues

»Leadbelly« mit Josh White

MIDNIGHT SPECIAL

Well, you wake up in the morning,
Hear the ding-dong ring,
You go a-marching to the table,
See the same damn thing.
Well, it's on a-one table,
Knife, a fork and a pan,
And if you say anything about it,
You're in trouble with the man.
Chorus:
Let the Midnight Special
Shine her light on me;
Let the Midnight Special
Shine her ever-loving light on me.

If you go to Houston,
You better walk right,
You better not stagger,
You better not fight;
Sheriff Benson will arrest you,
He'll carry you down,
And if the jury finds you guilty,
Penitentiary bound.
Chorus: ...

MITTERNACHTSSONDERZUG

Nun, man wacht morgens auf,
Hört das Ding-Dong läuten,
Man marschiert zu Tisch,
Sieht dasselbe verdammte Zeug.
Nun, auf dem Tisch liegen
Messer, Gabel und eine Schüssel.
Sagt man etwas dazu,
Bekommt man Ärger mit »dem Mann«.
Refrain:
Laß den Mitternachtssonderzug
Sein Licht auf mich leuchten;
Laß den Mitternachtssonderzug
Sein liebevolles Licht auf mich leuchten.

Gehst du nach Houston,
Lauf lieber richtig,
Torkel lieber nicht,
Komm in keine Schlägerei.
Sheriff Benson wird dich verhaften,
Er bringt dich vor Gericht,
Finden die Geschworenen dich schuldig,
Bist du auf dem Wege zum Zuchthaus.
Refrain: ...

In seinen Konzerten schickte er den Liedern gereimte Einleitungen in seinem nicht so leicht verständlichen Louisiana-Dialekt voraus und verband sie mit kleinen Tanzschritten. Am Ende erklang immer das folgende Lied, das den Zuhörern besonders zu Herzen ging:

IRENE GOODNIGHT	GUTE NACHT, IRENE
Sometimes I live in the country,	Manchmal lebe ich auf dem Lande,
Sometimes I live in town.	Manchmal lebe ich in der Stadt.
Sometimes I take a great notion	Manchmal habe ich den großen Wunsch,
To jump in the river and drown.	In den Fluß zu springen und zu ertrinken.
Chorus:	*Refrain:*
Irene goodnight, Irene goodnight.	Irene, gute Nacht, Irene, gute Nacht.
Goodnight Irene, goodnight Irene,	Gute Nacht, Irene, gute Nacht, Irene,
I'll see you in my dreams.	Ich werde dich in meinen Träumen sehen.

ACHTES KAPITEL

WOODY UND PETE
1912–1940

Woody Guthrie: Sänger des Dust Bowl

In der kleinen Ortschaft Okemah in der hügeligen Landschaft des östlichen Oklahoma, das als »Indianerterritorium« lange Zeit für Siedler gesperrt war, wurde 1912 ein Baby geboren, das den Namen des Präsidentschaftskandidaten erhielt: Woodrow Wilson Guthrie. Bald nannten ihn alle – außer der Mutter – »Woody«. Er wuchs mit Musik auf; sein Vater, Landspekulant und konservativer Kleinstadtpolitiker, liebte die Lieder seiner Cowboy-Familie, die Mutter sang gern mit der richtigen nasalen Tonfärbung die Balladen ihrer Vorfahren aus den Appalachen, die aus England oder Schottland stammten.

1920 wurde in der Nähe von Okemah Erdöl gefunden, Zehntausende strömten in das Gebiet. Es kamen nicht nur Arbeiter, sondern auch Gauner, Spekulanten, Wanderprediger, Hausierer, Prostituierte und Bettler. Unter den Zugereisten waren auch ländliche Fiedler, schwarze Blues-Harmonikaspieler, Gospel-Sänger und Indianer mit ihren Liedern. Okemah, so schrieb Woody später in seiner eigenartigen Prosa, wurde »eine der singendsten, tanzendsten, trinkendsten, brüllendsten, weinendsten, schießendsten, faustkämpfendsten, blutendsten, glücksspielendsten, pistolen-, knüppel- und rasiermessertragendsten aller Ranch- und Farmstädte ...« (54)

Die Guthries wurden dabei nicht reich. Immer wieder hatten sie harte Schicksalsschläge zu bestehen. Ihr großes neues Haus war kaum versichert, als es 1909 in Flammen aufging. 1919 starb Woodys geliebte Schwester Clara, als ihr Kleid bei Hausarbeiten Feuer fing. Die Mutter litt an einer Krankheit, die sie körperlich und geistig zerrüttete, und nachdem Woodys Vater 1927 im Schlaf vom Feuer überrascht worden war und schlimme Verbrennungen erlitten hatte, mußte man die Mutter in einer Anstalt unterbringen. Die Familie fiel nun völlig auseinander. Woody wuchs wild auf, das kleine, scheue, ungepflegte Wesen wurde als »Gassenratte« bezeichnet. Mit siebzehn Jahren zog er nach Pampa in Texas, wo sein Vater in einer Art Absteigequartier Arbeit als Pförtner gefunden hatte. Woody besaß weder Ehrgeiz noch Fleiß, doch Talent zeigte er beim Schildermalen und beim Musizieren. Er las alles, was er finden konnte – von Büchern über Religion bis zur Psychologie. Er liebte die Platten des jodelnden, Blues singenden Jimmie Rodgers und der Carter-Familie, von der er Maybelles Art ablauschte, auf der Gitarre Melodien zu spielen. Mit einundzwanzig Jahren heiratete er die erst sechzehnjährige Mary und zog gemeinsam mit ihr für kurze Zeit mit einem kleinen Wanderzirkus umher. Auf einem Fleck konnte er nie lange bleiben.

Am 14. Mai 1935 zeigte sich am Horizont von Pampa eine riesige Staubmauer, die mit einer Geschwindigkeit von 70 bis 110 Stundenkilometern durch das Land raste. Vögel flüchteten, kleine Tiere starben. Als die Staubmauer Pampa erreicht hatte, herrschte Finsternis, die Glühbirnen in den Häusern erschienen wie glimmende Zigaretten. Am folgenden Tag mußten die Menschen ihre Häuser mit Spaten freischaufeln. Nach vier Jahren Dürre führte die falsche Kultivierung der Prärie zur Katastrophe. Der Sturm hatte die oberen Bodenschichten abgetragen und alles unter einer Staubschicht begraben. Die Farmer, die durch Hypotheken sowieso schon am Rande des Bankrotts waren, mußten aufgeben. Die Grundbesitzer – nunmehr die Banken – ließen mit Bulldozern die kleinen Häuser einebnen. Betroffene aus Oklahoma, Texas, Arkansas und anderen Teilen des »Dust Bowl« (Staubbeckens) pilgerten scharenweise mit ihren uralten, vollbepackten Vehikeln nach Kalifornien, in das Land der Hoffnung. Von hier hatten sie Handzettel erhalten, die den Menschen angenehme Arbeit in den Obstgärten versprachen. In dieser Zeit entstand eins von Woodys ersten und bekanntesten Liedern:

SO LONG, IT'S BEEN GOOD
TO KNOW YOU

Well, the dust storm came, it came like
    thunder,
It dusted us over, it covered us
    under,
It blocked out the traffic, it blocked
    out the sun.
And straight for home all the people did
    run, singing:
Chorus:
So long, it's been good to know you, *(3×)*
This dusty old dust is a-getting my
    home,
And I've got to be drifting along.

Well, the sweethearts they sat in the dark
    and they sparked,
They hugged and they kissed in that dusty
    old dark;
They sighed, they cried, they hugged
    and they kissed,
But instead of marriage, they were
    talking like this, honey:
Chorus: ...(2×)

Well, the churches were jammed, the
    churches were packed,
That dusty old dust-storm it blew so
    black,

ADE, ES WAR SCHÖN, DICH ZU
KENNEN

Der Staubsturm kam, er kam wie der
    Donner,
Er überzog uns mit Staub, er deckte uns
    zu,
Er blockierte den Verkehr, er verdeckte
    die Sonne.
Und alle Leute rannten schnurstracks
    nach Hause und sangen:
Refrain:
Ade, es war schön, dich zu kennen, *(3×)*
Dieser staubige Staub nimmt mir jetzt
    das Heim,
Und ich muß nun weiterziehen.

Die Pärchen saßen im Dunkeln und knutschten,
Sie umarmten und küßten sich in der
    staubigen Finsternis;
Sie seufzten, sie weinten, sie umarmten
    und küßten sich,
Doch anstatt vom Heiraten redeten sie so,
    Liebling:
Refrain: ...(2×)

Die Kirchen waren voll, die Kirchen waren
    überfüllt,
Der schmutzige Staubsturm, er wehte so
    schwarz,

162

Woody Guthrie (links) als Mitglied einer Band in Pampa (Texas) 1936

The preacher could not read a word of his text,	Daß der Pfarrer von seinem Text kein Wort lesen konnte,
He folded his specs – took up collection, said:	Also legte er die Brille weg, ließ Geld sammeln und sagte:
Chorus: ... (2×)	*Refrain: ...(2×)*

1937 trampte Woody nach Kalifornien, er ließ, wie so oft, seine Familie allein. In Los Angeles traf er seinen Cousin Jack, der von der großen Cowboy-Mode angesteckt war. Seit dem Filmerfolg des »singenden Cowboys« Gene Autry liefen in Hollywood Hunderte mit großen Hüten, hohen Stiefeln und bunter »Wildwest«-Kleidung umher. Mit dem Reiten hatte sich Woody nie anfreunden können; als die beiden Cousins gegen ein paar Dollar Bezahlung an einem Werbeumzug teilnahmen, ging Woodys Pferd durch und raste in einen »Stamm« von Hollywood-Indianern. Wie Woody sagte, mußte er »noch tagelang Federn aus dem Fell herauspikken«.

Doch bald erhielten die beiden eine weniger aufregende Arbeit – als Sänger an einem regionalen Rundfunksender. Bezahlt wurden sie dafür nicht, doch Woody hatte sich niemals viel aus Geld gemacht. Wenn er mal fürs Singen in einer Kneipe Geld bekam, gab er es schnell wieder aus oder verschenkte es. Als der Cousin aufgab, fand Woody eine Partnerin, deren schöne Altstimme seinen Tenor hervorragend ergänzte. Er nannte sie »Lefty Lou from Old Mizzoo« (Missouri) und scherzte: »Sie kann mit einem Milcheimer in jeder Hand über einen Farmzaun springen, ohne daß sich die Oberfläche in den Eimern kräuselt.« (55)

Er hat überhaupt mit ihr in den Sendungen viel herumgeulkt, gescherzt, geplaudert, philosophiert – und natürlich gesungen. Alles ging live über den Sender, Aufzeichnungen gab es damals noch nicht, und jede Sendung wurde improvisiert.

Die »Okies« aus Oklahoma und die »Arkies« aus Arkansas freuten sich über die Lieder aus ihrer Heimat, und die Hörerpost zählte nach Tausenden. Daher bekamen die beiden eine zweite und später eine dritte tägliche Halbstundensendung. Schließlich erhielten sie sogar einen Vertrag über zwanzig Dollar pro Woche. Das versetzte Woody endlich in die Lage, seine junge Frau Mary und die beiden Töchter – ein Junge kam bald hinzu – nach Los Angeles zu holen.

Doch bald zog Woody wieder ohne seine Familie per Anhalter und auf Güterwagen durch den riesigen Bundesstaat Kalifornien. Was er sah, erschreckte ihn. Zehntausende der Zugewanderten hungerten und hausten in elenden Zelten und Wellblechhütten ohne jede Hygiene. Es gab keine Schulen und vor allem – keine Arbeit. Durch die Handzettel angelockt, kam es zu einem riesigen Überangebot an Arbeitskräften. Das versetzte die reichen Farmer in die Lage, die Löhne auf ein Minimum herunterzudrücken – für ein paar Dollar mußte die gesamte Familie die ganze Woche lang hart schuften. Wer sich auflehnte, durfte verschwinden und weiter hungern, wer versuchte, sich zu organisieren, mußte mit Schlägen oder Verhaftung rechnen. Die Ortspolizei, die Polizei des Bundesstaates und die Schlägerbanden, die von den Großfarmern bezahlt wurden, ergänzten sich hervorragend.

Als Woody zurückgekehrt war und wieder bei seinem alten Sender zu singen begann, allerdings ohne Lefty Lou, war sein Ton verändert. Zwar war er noch immer witzig und liebte Späße, doch mitunter hatten sie jetzt scharfe Spitzen. Er entdeckte die alten Wobbly-Gesänge, die Lieder von Joe Hill und den »Talking Blues«, eine alte Liedform, die aus vier gereimten Zeilen besteht, gesprochen zu rhythmischer Gitarrenbegleitung und ergänzt durch Bemerkungen in Prosa ohne Instrumentalbegleitung, wie die folgende von Woody Guthrie vorgetragene Strophe:

TALKING DUST BOWL	»TALKING DUST BOWL«
We got out to the West Coast broke,	Wir kamen schon blank an die Westküste,
So dad gum hungry I thought I'd croak,	So verflixt hungrig, daß ich dachte, ich würde sterben,
And I bummed up a spud or two	Und ich schnorrte ein, zwei Knollen,
And my wife fixed up a 'tater stew.	Und meine Frau kochte einen Kartoffelgulasch davon.
Spoken:	*Gesprochen:*
Mighty thin stew, though, you could read a magazine right through it!	Einen verdammt dünnen Gulasch allerdings, man konnte eine Zeitschrift durch ihn lesen!

Noch immer erzählte er seine Glossen über das Staubbecken, wo die Luft so voller Erde sei, daß »die Farmer ihre Pflüge nach oben drehen«, oder wo seine Freundin

Woody Guthrie

beim ersten Regen in Ohnmacht fiel, und damit sie wieder zu sich kam, warf er ihr eine Handvoll Erde ins Gesicht.

Doch er erfand nun auch viele eigene Lieder wie das folgende »Do Re Mi« (Slang für »Geld«):

DO RE MI

Lots of folks back east, they say,
   leavin' home ev'ry day,
Beatin' the hot old dusty way to the
   California line.
'Cross the desert sands they roll,
   getting out of that old dust bowl,
They think they're getting to a sugar bowl,
   but here is what they find:
Now the police at the port of entry say:
»You're number fourteen thousand
   for today.«

Chorus:

Oh, if you ain't got the do re mi, folks,
   if you ain't got the do re mi,
Why you better go back to beautiful Texas,
   Oklahoma, Kansas, Georgia,
   Tennessee,
California is a Garden of Eden,
A paradise to live in or
   see.
But, believe it or not, you won't find
   it so hot,
   if you ain't got the do re mi.

DO RE MI

Viele Leute im Osten, heißt es, verlassen
   jeden Tag ihr Heim,
Schlagen sich den heißen, staubigen Weg
   durch bis zur kalifornischen Grenze.
Über den Wüstensand rollen sie beim
   Verlassen des alten Staubbeckens,
Sie glauben, sie kommen in ein Zucker-
   becken, doch was sie finden, ist das:
Nun, die Polizei am Grenzeingang sagt:
»Sie sind Nummer Vierzehntausend für
   heute.«

Refrain:

Oh, habt ihr nicht das Do Re Mi, Leute,
   habt ihr nicht das Do Re Mi,
Dann kehrt lieber zurück in das schöne
   Texas, Oklahoma, Kansas, Georgia,
   Tennessee,
Kalifornien ist ein Garten Eden,
Ein Paradies zum Wohnen oder zum
   Betrachten,
Doch glaubt es oder nicht, ihr werdet
   es nicht schön finden,
   wenn ihr das Do Re Mi nicht habt.

Woody besang den schönen, steckbrieflich gesuchten Banditen »Pretty Boy« Floyd aus Oklahoma, der wie Robin Hood den Armen half. Das Lied schloß mit einem Seitenhieb auf die Banken: »Manche berauben dich mit einer Pistole, andere mit einem Füllfederhalter«, doch keiner habe je erlebt, daß ein Bandit »eine Familie aus ihrem Haus vertrieben hat«. Von Jimmie Rodgers übernahm er ein Lied über Kalifornien, wo das Wasser wie Wein schmecken soll, und gab ihm einen sarkastischen Text. Und als die Carter-Familie, sein musikalisches Vorbild, sang: »Diese Welt ist nicht mein Heim … meine Hoffnungen liegen alle dort oben …«, machte Woody Guthrie eine Parodie darauf: »I Ain't Got No Home in This World Anymore« (Ich habe in dieser Welt kein Heim mehr), die unmißverständlich zum Ausdruck brachte, wer ihm das Heim weggenommen hatte.

Tom Mooney, aktiver Verbandsführer der Straßenbahner in San Francisco, war 1916 nach einer Bombenexplosion unschuldig verhaftet worden. Erst 23 Jahre später gelang es, ihn freizukämpfen – und Woody schrieb ein Lied darüber. Der Journalist und Kommunist Edward Robbin hörte dieses Lied mit Erstaunen und fragte Woody Guthrie, den er nicht zuletzt wegen seines schäbigen Aussehens für »irgendeinen Hillbilly-Sänger« gehalten hatte, ob er noch mehr von dieser Art geschrieben

Tom Mooney, über dessen Haftentlassung Guthrie ein Lied schrieb

habe. Frech wie immer antwortete Woody: »Ich habe ein ganzes Buch voll. Eigentlich hatte ich mal zwei, doch eins hab' ich auf der Landstraße verloren.« (56) Robbin bat ihn, das Lied auf einer großen Feier für Tom Mooney vorzutragen. Während der langen Reden schlief Woody ein. Als er nach 23 Uhr endlich auch an die Reihe kam, war das ermattete Publikum derart begeistert, daß es immer weitere Zugaben forderte. Besonders gefiel ihnen die Zeile: »Nach Tom Mooney gilt es nun, das restliche Kalifornien zu befreien.«

Bald darauf zog Woody Guthrie mit Robbin und dem Schauspieler Will Geer durch den Bundesstaat. Sie sangen, rezitierten und spielten in Okie-Lagern, vor Streikenden und für kommunistische Gruppen, die versuchten, die Obstpflücker zu organisieren. Dabei traf Woody auch auf den Autor John Steinbeck, der durch seinen meisterhaften Roman »Früchte des Zorns« die Notlage der Okies in den gesamten USA bekannt machte. Woody betrachtete sich von dieser Zeit an als Kommunist. Für die KP-Zeitung »People's World« schrieb er eine Kolumne, die zugleich humorvoll und politisch war und sich durch eine eigenwillige Orthographie auszeichnete. Doch niemals konnte Guthrie lange an einem Ort bleiben. Als Will Geer nach New York zog, um die Hauptrolle in dem Stück »Tabakstraße« zu übernehmen, brachte Woody die verzweifelte Mary mit den Kindern nach Texas zurück und trampte Anfang 1940, aufgrund einer recht vagen Einladung von Will Geer, nach New York.

Unterwegs hörte er aus fast jeder der neuen, sich rasch verbreitenden Music-Boxen den neuen »patriotischen« Schlager von Irving Berlin, »God Bless America« (Gott segne Amerika). Er ärgerte sich über diese Schnulze und schrieb einen Gegentext zu einer Melodie, die bereits die Carter-Familie von einer alten Hymne entlehnt hatte. Es entstand ein echtes patriotisches Lied, das von der Schönheit des Landes und der Hoffnung auf einen gerechten Anteil daran für alle Amerikaner erzählt. Der Refrain lautet:

THIS LAND IS YOUR LAND	DIESES LAND IST DEIN LAND
This land is your land, this land is my land,	Dieses Land ist dein Land, dieses Land ist mein Land,
From California to the New York island,	Von Kalifornien bis zur Insel New York,
From the redwood forest to the Gulf Stream waters;	Vom Mammutbaumwald bis zu den Wassern des Golfstroms;
This land was made for you and me.	Dieses Land wurde für dich und mich gemacht.

Dann schrieb er seine »Woody Sez« (»Woody sagt«)-Artikel für die KP-Zeitung in New York, darin fanden sich witzige Bemerkungen über die Wolkenkratzer und die Wall Street, über den Zoo und die für ihn neue U-Bahn. (Er schlug vor, die Menschen im Berufsverkehr horizontal in die Züge zu legen, damit man mehr hineinbekäme, und behauptete, daß er bereits zweimal, als er aus vollen Zügen ausgestiegen war, verschiedene Schuhe angehabt hätte.)

Ein historisches Konzert –
Beginn der Volkslied-Renaissance

Am 3. März 1940 organisierte der Schauspieler Will Geer ein großes Konzert im Forrest-Theater von New York; der Erlös war für die notleidenden Okies und andere vom Staubsturm Betroffene vorgesehen. Das Programm war von wahrhaft historischer Bedeutung.

Neben Will Geer traten auf: »Aunt Molly« Jackson, die kämpferische Sängerin aus dem »blutigen Harlan«, Alan Lomax und seine singende Schwester Bess, »Leadbelly« aus Texas und Louisiana, der schwarze Gitarrist und Blues-Sänger Josh White, Burl Ives, der Volkssänger mit der weichen Stimme aus Illinois, das »Golden Gate Quartet« mit seinen Spirituals und Gospel-Liedern. Auch Woody Guthrie aus Oklahoma war dabei. Wie immer ging er auf die Bühne, als ob er von seinem Auftritt selbst überrascht wäre, kratzte sich am Kopf, schaute in die Runde und begann zu erzählen, zu witzeln – und endlich zu singen. Er sang mit flacher Stimme, setzte die Pausen unregelmäßig, sein Vortrag war schlicht, mit trockenem Humor und voller poetischer Bildhaftigkeit und bewies zurückhaltendes, aber dennoch eindringliches Gefühl für menschliche Schicksale.

Charles Seeger, Musikwissenschaftler und Vater Pete Seegers

Er hatte das zahlreiche Publikum sofort in seinem Bann. Alan Lomax erkannte mit Erstaunen, daß dies der kämpferische, volksverbundene Dichter und Sänger war, von dem er jahrelang geträumt hatte. In diesem Konzert stießen viele unterschiedliche Ströme einer neuen (und auch alten), schönen und verantwortungsbewußten Musik aufeinander.

An jenem Abend trat außerdem ein langer, junger Mann auf, der schlecht und nervös auf dem Banjo spielte, sich im Text verhaspelte, eine Strophe vergaß und nur spärlichen Beifall bekam. In den knappgehaltenen Zeitungskritiken wurde er auch gar nicht erst erwähnt. Das war der erste große, völlig mißlungene Auftritt für Pete Seeger.

Die Ahnenreihe der Seegers läßt sich bis zum Kreuzfahrer Gebhard von Seeg zurückverfolgen. Karl Ludwig Seeger, der zu gleicher Zeit mit Friedrich Schiller die harte Karlsschule in Stuttgart besucht hatte, wanderte 1787 nach Amerika aus, wo er später Reden für Thomas Jefferson schrieb. Eine andere Linie führt zu frühen Siedlern, die 1620 mit der »Mayflower« in Plymouth (Massachusetts) gelandet waren. Manche der Ahnen waren Aristokraten, viele jedoch auch Rebellen – Kämpfer in der Revolution gegen England und Abolitionisten zu einer Zeit, als Mut vonnöten war, gegen die Sklaverei aufzutreten.

Petes Vater, Charles Seeger, studierte Musik zunächst an der Harvard-Universität, später in Deutschland, wo er in Köln sogar an der Oper dirigierte. Er wurde, kaum dreiundzwanzigjährig, der jüngste Professor in der Geschichte der Universität von Berkeley in Kalifornien. Kurz zuvor hatte er die schüchterne, aristokratisch erzogene Geigerin Constance geheiratet.

Als Charles 1914 in seiner mitunter poltrigen Art bei einem Meinungsstreit gegen den Sozialismus polemisierte, widersprach ihm ein junger Ökonom. Der führte ihn zwei Wochen später durch ländliche Gegenden mit Hopfenfeldern, zeigte ihm dort die unsäglich miserablen Wohn- und Arbeitsbedingungen und stellte ihm Arbeiter vor, die über ihre kargen Löhne berichteten. Charles sah einen kaum sechsjährigen Jungen – seinem eigenen Sohn vergleichbar –, der wie die Erwachsenen schuften mußte. Diese Erlebnisse waren so erschütternd, daß sie sein Leben veränderten. Nun traf er in San Francisco mit IWW-Leuten zusammen; der Professor hielt für sie Reden und lernte dabei auch selbst eine ganze Menge.

Als die USA 1917 in den ersten Weltkrieg eintraten, wogegen Charles Seeger aktiv opponiert hatte, wurde er gezwungen, seine Professorenstelle aufzugeben. Er ging nach New York, wo er aber keine Arbeit fand. Zu dieser Zeit war Constance zum dritten Mal schwanger. Am 3. Mai 1919 kam Pete Seeger zur Welt.

Das Musikerehepaar baute sich 1920 einen Wohnwagen und zog mit den Kindern nach North Carolina, hier gaben sie für die Provinzler klassische Konzerte. Die Bergbewohner waren erstaunt, daß eine Fiedel derartige Töne von sich geben konnte, doch einen nachhaltigen Einfluß hinterließen die Seegers nicht, so wie auch die hier übliche Hillbilly-Musik den kleinen Pete kaum beeinflußte.

Die Ehe hatte keinen Bestand, Charles und Constance trennten sich. Pete wurde in Internatsschulen erzogen und besuchte in den Ferien die Mutter oder den Vater. Er fühlte sich jedoch eher zum Vater hingezogen, der sich immer weiter von den klassischen Idealen der Mutter entfernte und sich – unter dem Einfluß des Komponistenkollektivs im »Pierre-Degeyter-Klub« – mehr den modernen Komponisten zuwandte: Arnold Schönberg, Anton Webern und Dmitri Schostakowitsch. Pete nahm er in den Klub mit, noch bevor er vierzehn Jahre alt war. Der Junge, der vor allem der Natur verbunden war, verstand nicht viel von der gelehrten Sprache, doch das

Gefühl, daß diese Menschen mit ihrer Musik zur Veränderung der Welt beitragen wollten, wurde ihm vermittelt. Und sie glaubten an ihre Erfolge!

In den USA der dreißiger Jahre orientierten sich viele Menschen – auch Pete – nach links. Sein Vater führte ihn durch die Elendsviertel der Lower East Side in New York, wo er die frappierenden Kontraste zu seinem Luxusleben an den Privatschulen erkannte. Pete las die kommunistische Kulturzeitschrift »New Masses«, begeisterte sich für den Journalisten Mike Gold, erfuhr von den Kämpfen in Gastonia und im Kreis Harlan, vom Ringen um das Leben der neun schwarzen Jugendlichen in Scottsboro und marschierte mit dem Vater im Demonstrationszug am 1. Mai.

In der Schule gab er eine Zeitung heraus und spielte im »Hot-Jazz-Club« das Viersaitenbanjo und die Hawaii-Ukulele. Er kannte alle Pop-Klassiker jener Zeit, von Cole Porters »Night and Day« bis zu »I Got Rhythm« von George und Ira Gershwin.

1935 wurde Charles Seeger Stellvertreter Direktor des Musikprogramms innerhalb des Notprojekts der liberalen Roosevelt-Regierung. Als Pete seinen Vater und seine neue Stiefmutter Ruth – eine Musikwissenschaftlerin – in Washington besuchte, lernte er Alan Lomax kennen, der – damals erst 22jährig – das Volksmusikarchiv in der Bibliothek des Kongresses, der größten des Landes, leitete. Pete ließ sich Titel aus dieser enormen Sammlung vorspielen, vor allem Banjo-Musik, die er versuchte nachzuspielen – allerdings völlig vergebens. Etwas stimmte mit seinem Banjo nicht.

Petes Vater machte mit ihm eine Reise, gemeinsam besuchten sie das Lied- und Tanzfestival in Asheville (North Carolina), ein im Norden völlig unbekanntes Ereignis, wo Pete große Country-Musiker wie Bascom Lunceford traf. Dieser brachte ihn auch auf des Rätsels Lösung. Man spielte hier nicht das Viersaitenbanjo der Jazz-Gruppen, sondern benutzte ein Instrument mit einer kurzen fünften Bordunsaite, die einen zusätzlichen Dröhnton und damit einen anderen Sound hervorbrachte. Das ergab eine interessante amerikanische Mischung des Afrikanischen – Banjo spielte man bereits im alten Ägypten – und des Schottischen. Um die Technik dieses Instruments zu erlernen, nutzte Pete etliche Platten ab, als er sie mit dem Finger verlangsamte.

Wie sein Vater und sein Großvater ließ er sich an der Harvard-Universität immatrikulieren. Doch sein Ziel war die Journalistik, und die lehrte man dort nicht. Er wurde in dieser Zeit politisch sehr aktiv. Doch mit dem, was er in den Vorlesungen hörte, war er unzufrieden. Daher verließ er nach knapp zwei Jahren die Hochschule. (Einer seiner Kommilitonen war John F. Kennedy, der im Studium von einem persönlichen Sekretär unterstützt wurde.)

Pete reiste nun per Fahrrad durch den Bundesstaat New York, malte – ohne Auftrag – Bilder von Farmhäusern und Scheunen, wofür er Erstaunen erntete, oft aber auch Unterkunft und Essen. Anstellungen in Zeitungsredaktionen fand der lang aufgeschossene, schüchterne Junge nicht, kein Wunder bei den herrschenden Krisenzeiten. Er nahm Unterricht in bildender Kunst. Eines Tages fragte ihn sein Lehrer, was er sonst noch tue. Petes Auskunft, daß er etwas Banjo spiele, beantwortete er mit der Bemerkung: »Ich habe Sie zwar noch nicht spielen gehört, trotzdem empfehle ich Ihnen, bleiben Sie beim Banjo!« (57)

»Leadbelly« mit Kinderpublikum

Durch Alan Lomax lernte Pete zu dieser Zeit »Aunt Molly« Jackson und auch »Leadbelly« kennen, der ein wichtiger Lehrer für ihn werden sollte. In einer Volkstanzgruppe traf er mit Toshi Ohta zusammen – ihre Mutter stammte aus einer »führenden« Virginia-Familie, ihr Vater war ein aristokratischer, aber dennoch revolutionärer Japaner. Pete und Toshi verstanden sich gut, sie waren beide aktiv an der Unterstützung der Spanienkämpfer beteiligt.

1939 nahm Pete die Einladung von Alan Lomax an und zog nach Washington, um ihm für fünfzehn Dollar pro Woche im Archiv der Kongreßbibliothek zu helfen. Weil Pete mit seinen Banjo-Übungen alle verrückt machte, entschied man, auch er sollte am 3. März 1940 im Forrest-Theater für die Sache der Okies auftreten.

An diesem Abend spielte Pete nicht gut, doch er lernte den Okie Woody Guthrie kennen, der so viel für die Menschen in Kalifornien gedichtet und gesungen hatte.

Später schrieb Alan Lomax über diese Begegnung: »Man kann die Renaissance der amerikanischen Volkslieder von jenem Abend an datieren. Pete wußte, daß das seine Art von Musik ist, und er begann, dafür zu arbeiten, daß sie jedermanns Musik werden sollte ...« (58)

Noch einmal Woody – und Pete

Alan Lomax lud Woody Guthrie nach Washington ein, um mit ihm ein Interview für das Archiv aufzunehmen – wie er es bereits mit »Jelly Roll« Morton und »Big Bill« Broonzy getan hatte. Woody blieb und lebte bei der Familie Lomax, die er ständig (vielleicht mit Absicht?) in Erstaunen setzte: Er lehnte es ab, am Tisch zu sitzen, und blieb beim Essen stehen; er schlief auf einer Couch oder auf dem Fußboden und

172

Alan Lomax (rechts), hier beim Musizieren mit Woody Guthrie und Lilly Mae Ledford

deckte sich mit seiner Jacke zu. »Als reisender Mensch will ich nicht verweichlichen«, meinte er. Ein Freund der Familie schwor, daß Woody zwei Wochen lang die Stiefel nicht ausgezogen hatte. Und er hörte tagein, tagaus immer wieder die Platten der Carter-Familie. Der alte John Lomax liebte weder Woodys Politik noch seine Manieren – aber seine Musik, und die Seegers – Charles, seine Frau und Pete – bewunderten Guthrie. Beim Trinken veranstalteten sie mal einen Singewettbewerb: Man wählte ein beliebiges Thema – Hunde, Stürme, die Untreue, braune Augen, und jeder mußte so viele Lieder dazu singen, wie er kannte, bis der letzte aufgab. Zwischen Alan und Woody war das Ergebnis oft unentschieden. Die Interviews, die Ende März 1940 aufgenommen wurden, sind wohl auch nicht ganz trocken vom Stapel gelaufen. Woody spielte Gitarre und Mundharmonika und plauderte mit Alan Lomax über sein Leben. Er berichtete faszinierende Wahrheiten und noch faszinierendere Unwahrheiten, wie z. B.: »Ich bin schon über die Schwellen sämtlicher Eisenbahnlinien des Landes gelatscht – bis auf drei, und die schaffe ich im nächsten Sommer.« Oder: »Ich habe schon unter jeder *wichtigen* Brücke geschlafen.« (59)

Woodys Worte und Woodys Lieder enthielten immer eine Mischung von Witz und Tiefe, von Liebe zu den Menschen und Haß gegenüber jenen, die für ihr Elend verantwortlich waren. Alles, was er sagte oder sang, war volkstümlich und poetisch. Die Interviews kosteten Alan Lomax Kraft, beim dritten Gespräch mußte ihn seine Frau vertreten. (Erst fünfundzwanzig Jahre später konnte man in den USA die drei LPs kaufen.)

Woody wurde langsam bekannt: Für die nationale Sendung des CBS-Netzes sang er »Do Re Mi« (übrigens in der gleichen Sendereihe, in der ein Jahr zuvor die »Ballade für Amerikaner« mit Paul Robeson ausgestrahlt worden war), er schrieb auch

173

weiterhin seine witzigen, pointierten Beiträge für die KP-Zeitung »Worker«, er sang für die Schulfunkreihe von Alan Lomax, die ebenfalls von dem großen CBS-Netz produziert wurde, und nach Alan Lomax' Schätzung schlief er außerdem mit reichlich der Hälfte aller Sekretärinnen im großen CBS-Gebäude. Und das waren wohl nicht seine einzigen Frauen, denn vielen erschien er wie der »Duft der weiten Prärie«.

Für RCA-Victor nahm er die »Staubbecken-Balladen« auf ein Dutzend 78er Platten auf, von denen jedoch nur jeweils 500 bis 1000 Kopien gepreßt wurden. Eines dieser Lieder war »Tom Joad«, wofür die Handlung des Romans »Früchte des Zorns« von John Steinbeck Pate stand. Woody hatte es sich ausgedacht, als er gemeinsam mit Pete Seeger einen von dessen Freunden besuchte. Während alle anderen schon schliefen, tippte er weiter am Text und probierte die Melodie dazu auf der Gitarre aus. Morgens fand man ihn fest eingeschlummert auf dem Fußboden neben einer großen, leeren Weinflasche. Doch in der Schreibmaschine steckte ein Blatt mit siebzehn wunderbaren Strophen. Die letzte lautete schlicht:

TOM JOAD

Wherever little children are hungry
    and cry,
Wherever people ain't free,
Wherever men are fightin' for their
    rights,
That's where I'm gonna be …

TOM JOAD

Wo immer kleine Kinder hungern und
    weinen,
Wo immer die Menschen unfrei sind,
Wo immer Menschen um ihre Rechte
    kämpfen,
Dort werde ich sein …

Woody, Alan und Pete arbeiteten an einem Buch – »Hard-Hitting Songs for Hard-Hit People« (Hart treffende Lieder für hart getroffene Menschen) –, das etwa 200 kämpferische Lieder von Joe Hill, Maurice Sugar, »Aunt Molly« Jackson, Ella Mae Wiggins, »Leadbelly« und Guthrie enthalten sollte. Pete schrieb die Noten der Lieder auf, und von Woody erhielten sie einen witzigen und eigenwilligen Kommentar. Das Manuskript verschwand, wurde erst sechsundzwanzig Jahre später wiederentdeckt und konnte endlich erscheinen.

Woody forderte seinen jungen Freund Pete auf, sich mit ihm gemeinsam ein wenig in dem großen Land umzusehen und nicht nur in den paar Großstädten im Nordosten, die er kannte, zu bleiben. So machten sich der lange, dürre Banjospieler von einundzwanzig Jahren (Lomax meinte, Pete sehe selbst wie ein Banjo aus) und der kleine, drahtige, meist ungekämmte und unrasierte achtundzwanzigjährige Woody auf den Weg und fuhren mit Woodys neuem Plymouth (dessen Anzahlung er mit dem Honorar von den Plattenaufnahmen bestreiten konnte) in Richtung Südwesten. Sie besuchten kurz die Highlander School in Tennessee, nahmen unterwegs Anhalter mit, ersangen sich mit ihren Liedern das Essen, das Benzin und einmal sogar Petes Friseurkosten.

In Oklahoma City trafen sie mit den kommunistischen Parteiorganisatoren Bob und Ina Wood zusammen und wurden sogleich zu einer Streikversammlung der Erdölarbeiter mitgenommen. Etliche Frauen hatten ihre kleinen Kinder mitgebracht. In der hintersten Reihe standen aggressiv aussehende Schlägertypen. Bob flüsterte

Pete und Woody zu: »Wir glauben, sie wollen die Versammlung sprengen. Ihr solltet versuchen, die Menschen zum Singen zu bringen ...« (60)

Hier mußte Pete zum erstenmal einen Beweis seiner Fähigkeit, die Leute mitzureißen, erbringen. Es gelang ihm. Die Fremden wagten aufgrund der entstandenen kämpferischen Atmosphäre unter den Streikenden ihre Störaktionen nicht. In der darauffolgenden Nacht schrieb Woody zur Melodie eines alten »liederlichen« Liedes einen neuen Text, witzig und leicht ironisch, zu dem er wohl von Ina Wood und den anderen Frauen inspiriert worden war. Noch heute wird es häufig und gern gesungen und mit neuen Strophen ergänzt:

UNION MAID

There once was a union maid,
She never was afraid
Of goons and ginks and company
    finks,
And the deputy sheriffs who made the
    raids;
She went to the meeting hall
When a meeting it was called,
And when the comp'ny boys came round,
She always stood her ground.
Chorus:
Oh, you can't scare me,
I'm sticking to the union, *(3×)*
Oh, you can't scare me,
I'm sticking to the union
Till the day I die.

GEWERKSCHAFTSMÄDCHEN

Es war einst ein Gewerkschaftsmädchen,
Sie hatte niemals Angst
Vor Streikbrechern, Schlägern und
    Firmengangstern
Und den Hilfssheriffs, die die Angriffe
    durchführten;
Sie ging stets zum Versammlungsort,
Wenn ein Meeting angesagt war,
Und wenn die Firmenburschen sich näherten,
War sie stets standhaft.
Refrain:
Oh, mich erschreckt ihr nicht,
Ich bleib' bei der Gewerkschaft, *(3×)*
Oh, mich erschreckt ihr nicht,
Ich bleib' bei der Gewerkschaft
Bis zum Tag, an dem ich sterbe.

Als Woody und Pete schließlich Pampa (Texas) erreichten, den tristen Ort, in dem sich Woodys miese Behausung befand, gab es verständlicherweise Ärger mit seiner Frau Mary, und Pete zog allein weiter. Woody gab ihm noch ein paar Tips für die Reise: »Fang in einer Kneipe nicht gleich zu singen an. Behalte dein Banjo noch auf dem Rücken. Nippe an deinem Fünfcentbier, solange du kannst. Einmal sagt bestimmt wer: ›He, Junge, kannst du das Ding auch spielen?‹ Dann hab es nicht so eilig, sag ›Na ja, nicht viel‹, und trinke weiter. Dann werden die Leute sagen: ›Ich gebe dir fünfundzwanzig Cent, wenn du mir ein Lied vorspielst.‹ *Jetzt* kannst du anfangen!« (61)

Bei der nächsten Reise, die Pete diesmal allein machte, hatte er gleich Pech. Er stürzte, als er zum ersten Mal aus einem Güterwagen sprang, und zerbrach dabei den langen Hals des Banjos, seiner einzigen Geldquelle. Arbeit fand er nicht. In South Dakota war er völlig blank und mußte seine Sechzehn-Dollar-Kamera für fünf Dollar versetzen, um sich eine billige Gitarre kaufen zu können. In der ersten Kneipe sang er einen Hit von Gene Autry. Die Bardame gab ihm einen Silberdollar dafür und bat ihn, das Lied noch einmal zu singen. Nach fünfmaligem Singen ergab das fünf Silberdollar, schwer wie Taler, und nun konnte er sich seine Kamera wieder zurückkaufen.

Auf seinen Reisen lernte Pete viele neue Lieder, viele neue Menschen und viele Gegenden des großen Landes kennen. Und er lernte auch, wie man die Lieder singen muß, um mit ihnen »anzukommen«.

Ein Mann mit Prinzipien?

Woody war nur eine Woche bei Mary und den Kindern geblieben. Bald tauchte er wieder in New York auf und setzte seine allmähliche Erfolgsserie fort. Er sang für verschiedene kleine Ortssender – oftmals zusammen mit den Sängern aus dem Kreis Harlan und, wenn er es durchsetzen konnte, auch mit dem schwarzen »Leadbelly«. Gemeinsam mit Burl Ives und dem »Golden Gate Quartet« begann er, eine halbstündige Sendereihe für CBS zu produzieren. Es fand sich allerdings kein Sponsor. (Das ist eine Firma, die die Sendungen für Werbezwecke finanziert; in den USA ist das die übliche Praxis für fast alle Funk- und späteren Fernsehsendungen.) Doch da CBS hoffte, einen Sponsor zu gewinnen, ließen sie die Sendungen zunächst probeweise laufen. Außerdem sang Woody in allerlei anderen, einzelnen Sendungen und in Nachtklubs, so daß er an Alan Lomax schreiben konnte: »Sie geben mir hier so viel Geld, daß ich mich beim Schlafen damit zudecken kann.« (62)

Allerdings war er ziemlich anspruchslos; am liebsten zog er mit seinem alten Freund aus Kalifornien, »Cisco« Houston, durch die Kneipen. »Cisco« sang ebenfalls zur Gitarre und hatte durch die Vermittlung von Will Geer eine Stelle als blau-gold-livrierter Türöffner in einem Striptease-Varieté bekommen.

Je besser es Woody materiell ging, um so mehr Gedanken machte er sich um seine Musik: »Ich bekomme meine Texte und Melodien von hungrigen Leuten, und ihnen habe ich das, was ich niederkritzele, zu verdanken ... Ich beabsichtige nicht, mich jemals zu verkaufen oder aufzuhören oder anders als jetzt zu reden und zu singen. Selbst wenn ich das Drugstore-Brausezeug je singen sollte, ich würde meinen Mund aufmachen – und nichts käme heraus ... Ich glaube, echte Volkskunst erschreckt die meisten Politiker in Washington. Ein Volkslied sagt, was schlecht ist und wie man es bessern kann, wer Hunger hat und wo Essen ist, wer arbeitslos ist und wo eine Stelle ist, oder wer eine Waffe trägt und wo der Frieden ist – das ist Folklore ...« (63)

Schließlich kam die große Prüfung für Woodys Prinzipien: Die Firma Model Tobacco, der führende Pfeifentabakkonzern der USA, bot ihm (ungeachtet der anderen Sendereihe) eine eigene Wochensendung, die in den gesamten USA ausgestrahlt werden sollte. Er würde pro Sendung 200 Dollar erhalten – eine Summe, die damals kaum zu überbieten war.

Woody sagte zu und holte endlich seine Familie nach New York. Er mietete eine Wohnung, ging mit den Kindern in den Zoo, führte Mary aus und gab viele Parties. Besucher kamen und gingen zu jeder Tages- und Nachtzeit. Die Kinder kratzten ständig »Lutscheis« aus dem ihnen bisher unbekannten Kühlschrank und staunten über die Spültoilette, die sie stundenlang in Betrieb setzten. Woody zahlte einen neuen Pontiac an, da er seinen Plymouth der KP-Organisation in Oklahoma geschenkt hatte. Sein Erfolg schien gesichert.

Doch dafür hatte er auch Opfer zu bringen. Ein Zeitungsartikel wies denunzierend darauf hin, daß dieser neue Hillbilly-Sänger ein »Roter« sei; im Oktober 1940 hörte Woody ohne Erklärung auf, für die KP-Zeitung zu schreiben. Als im November die Sendung erstmals ausgestrahlt wurde, sang er vor Studiopublikum mit einem Orchester von Musikern in roten Jacken sein »So Long, It's Been Good to Know You« aus dem Dust Bowl. Allerdings erhielt das Lied nun einen neuen Refrain: »Fülle deine Pfeife und mach's dir bequem, mit Model-Tabak erleuchte dir den Weg, wir freuen uns, bei dir zu sein.«

Die in ihren Manuskripten festgelegten Sendungen nutzten zwar die Wirkung von Woodys breitem Oklahoma-Dialekt, seinem schnoddrigen Ton und seiner Musik, aber von den doppeldeutigen, ironischen, aus dem Hinterhalt abgeschossenen Bemerkungen, die er so liebte und in denen seine Stärke lag, ließen sie keine zu – und erst recht keine Politik.

Die arme Mary bekam seine Unzufriedenheit zuerst zu spüren: Am Weihnachtsabend verschwand er für einige Tage mit »Cisco« Houston auf eine Kneipentour. In den ersten Tagen des Jahres 1941 schmiß er beide Sendereihen, lud die verdutzte Familie in den neuen Pontiac ein und fuhr los. Nach kurzem Zwischenaufenthalt in Oklahoma und Texas, wo er sich mit alten Freunden und Verwandten wegen ihres Rassismus und seiner Politik zerstritt, ging es weiter nach Kalifornien. Statt der erhofften Sendemöglichkeiten fand er dort aber außer Zeit zum Überlegen nichts vor. Sicher war Mary der Meinung, daß er die größte Dummheit seines Lebens begangen hatte, denn in New York war es ihr zum ersten Mal in ihrer Ehe für einen Monat gut gegangen.

Woody las viel, tippte unentwegt an einer Autobiographie und erfand Singspiele für die Kinder. Sein alter Sender wollte ihn nicht, weil sein Besitzer mit der damaligen Politik der KP USA, die zu dieser Zeit noch gegen das Eingreifen in den zweiten Weltkrieg auftrat, nicht einverstanden war. Für Woody sah die Lage recht mies aus, bis er beschloß, nach Portland im nördlichen Oregon zu fahren. Dort sollte ein Dokumentarfilm gedreht werden – vielleicht mit ihm als Sänger. Es ging um den Bau zweier riesiger Staudämme am Columbia-Fluß, den Bonneville- und den Grand-Coulee-Damm, der damals der größte der Welt war. Als Folge der Politik Roosevelts wurden sie nicht von privater, sondern von staatlicher Seite gebaut und kamen teilweise den Menschen dieser Gegend zugute, die Strom für ihre Heime und Fabriken und Wasser für ihre Felder brauchten.

Nach einer beschwerlichen Reise von 1500 Kilometern kam Woody an – »... in einem zerbeulten neuen Wagen mit kaputten Fenstern, befleckten Sitzen, einer blonden Frau, drei blonden Kindern und einer Gitarre ... Er hatte einen zwei Wochen alten Bart im Gesicht, kaute einen Apfel, und Leute mit empfindlichen Nasen bemerkten, daß er ein Bad sehr nötig hatte.« (64) Der einzige Mensch, den er dort kannte, gab ihm die Möglichkeit, sich ein wenig in Ordnung zu bringen, und schickte ihn dann mit der Gitarre zum großen Chef. Nach einer Stunde kam Woody mit einem Vertrag zurück. Doch nicht etwa als Sänger – eine solche Planstelle gab es nicht und den Film übrigens auch nicht, sondern als »Landvermesser«. Er erhielt ein winziges Kellerzimmer zum Schreiben und freien Zugang zum Bau.

Woody Guthrie

Woody reiste umher, redete mit den Okies und anderen, die beim Bau arbeiteten, machte sich Notizen, prüfte Melodien auf der Gitarre – und nach dreißig Tagen hatte er die Texte für sechsundzwanzig Lieder geschrieben, darunter einige seiner schönsten. Die Melodie von »Roll On, Columbia« hatte er unbewußt von »Leadbellys« »Irene, Goodnight« übernommen. Eine der vielen Strophen und der Refrain lauten:

178

ROLL ON, COLUMBIA

Green Douglas firs where the waters run
   through,
Down her wild mountains and canyons she
   flew,
Canadian Northwest to the ocean so
   blue,
Roll on, Columbia, roll on.
Chorus:
Roll on, Columbia,
   roll on, *(2×)*
Your power is turning our darkness to
   dawn,
So roll on, Columbia, roll on.

ROLL WEITER, COLUMBIA

Von den grünen Douglastannen, durch die
   das Wasser braust,
Sauste er die wilden Berge und Cañons
   hinunter,
Vom kanadischen Nordwesten bis zum
   blauen Ozean,
Roll weiter, Columbia, roll weiter.
Refrain:
Roll weiter, Columbia,
   roll weiter, *(2×)*
Deine Kraft verwandelt unsere Dunkelheit
   in Morgenlicht,
Also roll weiter, Columbia, roll weiter.

Unter den sechsundzwanzig Liedern war auch dieses, eins seiner großartigsten und beliebtesten:

PASTURES OF PLENTY

It's a mighty hard row that my poor hands
   have hoed,
My poor feet have traveled a hot, dusty
   road,
Out of your dust bowl and westward
   we roll,
And your desert was hot and your mountain
   was cold.

I've worked in your orchards of peaches
   and prunes,
Slept on the ground in the light of
   the moon,
On the edge of your city you've seen
   us and then,
We come with the dust and we go with
   the wind.

California and Arizona, I make all your
   crops,
And it's north up to Oregon to gather
   your hops,
Dig the beets from your ground, cut
   the grapes from your vines,
To set on your tables your light sparkling
   wine.

Green pastures of plenty from dry desert
   ground,
From that Grand Coulee Dam where the
   water runs down,

WEIDEN DES ÜBERFLUSSES

Es war eine ziemlich harte Reihe, die meine
   armen Hände hacken mußten,
Meine armen Füße wanderten eine heiße,
   staubige Straße entlang,
Hinaus aus eurem Staubbecken und westwärts rollen wir,
Und eure Wüste war heiß und eure Berge
   waren kalt.

Ich habe in euren Gärten voller Pfirsiche
   und Pflaumen gearbeitet,
Auf der Erde geschlafen im Lichte
   des Mondes,
Am Rande eurer Städte habt ihr uns gesehen,
   und dann –
Wir kommen mit dem Staub und wir gehen
   mit dem Wind.

Kalifornien und Arizona, ich schaffe alle
   eure Ernten
Und ziehe nordwärts nach Oregon, um
   euren Hopfen zu pflücken,
Ich grabe die Rüben aus eurer Erde, schneide
   die Trauben von euren Weinstöcken,
Um auf eure Tafeln den hellfunkelnden
   Wein zu stellen.

Grüne Weiden des Überflusses aus
   trockenem Wüstenboden,
Von jenem Grand-Coulee-Staudamm, wo das
   Wasser hinabfließt,

Every state in this union us migrants
  have been,
We work in your fight, and we'll fight
  till we win.

Well, it's always we ramble, that river
  and I,
All along your green valley I'll work
  till I die,
My land I'll defend with my life, if
  it be,
'Cause my pastures of plenty must
  always be free.

In jedem Staat dieses Bundes sind wir
  Wanderer gewesen,
Wir arbeiten in eurem Kampf, und wir
  kämpfen, bis wir siegen.

Immer weiter wandern wir, jener Fluß
  und ich,
In eurem grünen Tal werde ich arbeiten,
  bis ich sterbe,
Mein Land werde ich mit meinem Leben
  verteidigen, wenn es sein muß,
Weil meine Weiden des Überflusses immer
  frei sein müssen.

Nach dreißig Tagen war die Filmidee endgültig gestorben, der unbezahlte Pontiac konfisziert und Woodys Frau zur Scheidung entschlossen. Woody blieb nur eins: Er fuhr in einem zwar leeren, aber dennoch nicht gerade duftenden Viehwagen die 5000 Kilometer vom Nordwesten nach New York zurück – ohne Familie. Eine der ersten Fragen Pete Seegers war: »Woody, wir machen eine Tournee in die Weststaaten. Machst du mit?«

NEUNTES KAPITEL

DIE ALMANAC SINGERS UND DER KRIEG
1940–1945

Die Almanac Singers

Pete Seeger hatte in New York mehrere singende Freunde gefunden. Da war Lee Hays, der korpulente Pfarrerssohn mit der schönen Baßstimme. Er hatte im Commonwealth Labor College in Arkansas den Gebrauch alter, zündender Kirchenmelodien zu neuen Texten gelernt. Dazu kam sein Zimmerkamerad Millard Lampell. Seine Eltern waren jüdische Konfektionsarbeiter. Er hatte ein »Football-Stipendium« für die Hochschule bekommen, zeichnete sich als Student jedoch besonders durch mutige Enthüllungen über örtliche Faschistengruppen aus. Er war ein schneller Denker, gesellig, ein Frauenheld und kleidete sich recht elegant, während Lee Hays eher träge und ein unverbesserlicher Hypochonder war. Die drei sangen zusammen, und ab und zu kamen Peter Hawes aus Massachusetts und Alan Lomax' Schwester Bess hinzu. Es klang gar nicht schlecht.

Lange suchten sie nach einem Gruppennamen. Schließlich sagte Lee Hays: »Ländliche Familien besitzen zumeist zwei Bücher: die Bibel, damit sie einstmals im Himmel zurechtkommen, und einen Almanach für hier unten.« (65) Daraufhin nannten sie sich Almanac Singers.

In mehreren Liedern traten sie gegen die Politik von Präsident Roosevelt auf, die, wie sie meinten, zur Teilnahme am Krieg auf der Seite Englands führen konnte. Dazu kamen viele Gewerkschaftslieder, alte und neue – darunter »Union Maid«, »We're Gonna Roll«, »We Shall Not Be Moved« und »Which Side Are You On?«. Sie produzierten ein Plattenalbum mit diesen Liedern und gastierten in und um New York bei KP-freundlich gesinnten Gruppen, die ihre Positionen teilten. Einmal sangen sie vor 20 000 streikenden U-Bahn- und Busangestellten im Madison Square Garden. Da die Streiklieder so gut ankamen, erhielt Millard Lampell, als ihr vorläufiger Manager, den Auftrag, für den großen CIO-Gewerkschaftsdachverband eine Gruppentournee durchs Land zu unternehmen, unter der einen Bedingung: keine Roosevelt-feindlichen Antikriegslieder zu singen. Gerade als sie losziehen wollten, am 22. Juni 1941, griff die Nazi-Armee die Sowjetunion an. Die Almanacs mußten ihre Positionen völlig neu durchdenken.

Woody, der just zu dieser Zeit aus seinem Viehwaggon aufgetaucht war, bemerkte spitz, daß sie nun einen Großteil ihrer Lieder vergessen könnten. Dennoch war er sofort bereit, sich an der Tournee zu beteiligen.

Gewerkschaftler organisieren den Kampf bei Ford 1941

Die Almanac Singers nahmen rasch ein Dutzend unverfänglicher Shanties und Siedlerlieder auf Schallplatte auf und bekamen dafür 250 Dollar. Davon kauften sie sich einen riesigen alten Buick und fuhren damit gutgelaunt los: Pete, Woody, Lee Hays und Millard Lampell (Peter Hawes war erkrankt und mußte daher aufgeben). Überall, wo ein Gewerkschaftsverband tagte oder ein Streik im Gange war, hielten sie an: in Pittsburgh, Cleveland, Chicago, Milwaukee und Minneapolis. Hier gerieten sie in einen Tränengasangriff der Nationalgarde gegen streikende Landmaschinenbauer. Dadurch gewannen sie eine viel klarere Vorstellung von den breiten, begeisterten Kämpfen jener Jahre gegen die mächtigsten Konzerne der Welt. Sie erlebten erfreut, wie gut ihre Lieder ankamen und wie diese helfen konnten. Woody notierte damals folgende Gedanken: »Das Schlimmste, was dir passieren kann, ist, daß du dich vom Volke absonderst. Und das Beste ist, dich gewissermaßen in den großen Blutkreislauf des Volkes einzuimpfen und so zu spüren, daß du sowohl die besten als auch die schlechtesten Seiten der Menschen kennst, denen du überall begegnest. Dadurch fühlst du dich niemals und nirgends schwach, verloren oder auch nur einsam. Nur eins kann dich vom Volke trennen, das ist jede Art und Sorte von Gier. Es gibt nur einen Weg, dich davor zu retten, und das ist, dich mit den anderen zusammenzuschließen und gemeinsam für alle zu arbeiten und zu kämpfen.« (66)

In San Francisco traten die Almanacs beim Kongreß der Hafenarbeiter (ILWU) auf. Als die recht ungepflegt aussehende Gruppe nach vorn ging, fragten einige der tausend Arbeiter: »Was, zum Teufel, suchen die Hillbilly-Sänger hier? Wir haben viel zu tun!« Doch nachdem die Almanacs »Union Maid«, »Talking Union«, »Which Side Are You On?« und ein Lied über ihren eigenen Verband und seinen Vorsitzenden Harry Bridges – den die Regierung seit Jahren deportieren wollte, weil er ihr zu kämpferisch war und aus Australien stammte – gesungen hatten, wurden sie wie Helden gefeiert; stämmige Docker klopften dem kleinen Woody so kräftig auf den Rücken, daß er beinahe umfiel.

Pete und Woody fuhren allein nach Portland und Seattle weiter, dann durch Montana, wo sie in einen Schneesturm gerieten, der den Buick fast zu ihrem Sarg machte. In Minnesota besuchten sie ein Holzfällerlager. Hier trafen sie vorwiegend auf recht ruhige Finnen und Schweden, denen sie ihre Lieder vorsangen. Nach zwei, drei Liedern kein Beifall, kein Lachen, keine Reaktion. Da wollten sie enttäuscht einpacken, als einer der Männer leise fragte: »Wollt ihr denn nicht mehr singen, Jungs?« Also sangen sie noch ein paar Lieder, aber es blieb wieder alles still, und ein wenig traurig gingen sie schlafen.

Am anderen Morgen sagte einer zu ihnen: »He, das war aber eine wunderbare Musik. Ihr hättet nur noch viel mehr singen sollen, wir hätten euch alle gern die ganze Nacht zugehört!« (67)

Hootenanny im »Almanac House«

Bis Oktober wohnten die Almanacs gemeinsam in einer großen Wohnung unterm Dach, dann zogen sie in ein eigenes kleines Dreietagenhaus, eng und billig – das »Almanac House«. Später nannte man solche Wohngemeinschaften Kommunen, damals sprachen sie von einer Kooperative.

Gemeinsam planten sie die Auftritte, gemeinsam kochten sie (meist taten das aber Pete oder die Frauen), gemeinsam machten sie – wenn auch selten – Ordnung. Das gemeinsam verdiente Geld kam in die Hauskasse, die für alle Ausgaben bestimmt war. Problematisch wurde das jedoch dadurch, daß Lee und Woody gern rauchten und tranken, Pete aber nicht, und daß Millard (wie auch Woody) gern mit verschiedenen Frauen ausging, während Pete und Lee schüchtern waren. Durch eine Taschengeldverteilung – jeder erhielt einen Dollar täglich – wurde das Problem nur ungenügend gelöst.

Es fanden viele Diskussionen über diese und andere Fragen, auch über politische Probleme, statt. Schulungen wurden durchgeführt, denn die Gruppe stand der Kommunistischen Partei sehr nahe und einige waren Mitglieder. Die Almanacs setzten sich ständig zusammen, um neue Lieder zu schreiben. Über eine längere Zeit lehnten sie es ab, einzelne Namen als Urheber mit den Liedern zu verbinden. Im Kollektiv entstand auch ihr erfolgreichstes Lied aus jener Zeit, »Reuben James«, in dem von dem ersten durch die Nazis torpedierten Schiff der USA die Rede ist. Die Melodie stammte zum Teil von einem alten Lied, das die Carter-Familie gesungen hatte, sie wurde aber verändert und Neues hinzugefügt. Ursprünglich wollte Woody die Namen aller 86 Umgekommenen im Text aufzählen, doch davon rieten ihm die anderen ab. Statt dessen heißt es im Refrain:

Die »Almanac Singers« (von links nach rechts: Guthrie, Lampell,
Bess Lomax Hawes, Seeger, Arthur Stern, »Sis« Cunningham)

REUBEN JAMES

Tell me, what were their names,
Tell me, what were their names?
Did you have a friend on the good
   »Reuben James«?

REUBEN JAMES

Sagt mir, wie waren ihre Namen,
Sagt mir, wie waren ihre Namen?
Hattest du einen Freund auf der guten
   »Reuben James«?

Das »Almanac House« wurde ein Zentrum für viele Menschen, die der KP, während sie in den schweren Jahren 1939–1941 ziemlich isoliert war, treu oder freundlich gesinnt geblieben waren. Zu ihnen gehörten der Journalist und Publizist Mike Gold, der Dichter Walter Lowenfels, der Künstler Rockwell Kent, der Kriminalschriftsteller Dashiell Hammett, die Komponisten Marc Blitzstein und Earl Robinson. Die führende Kommunistin Elizabeth Gurley Flynn, die schon während ihrer Jugendzeit in den IWW wegen ihres engagierten Einsatzes für die Befreiung von Inhaftierten bekannt war, brachte den Almanacs Material, das sie von Joe Hill kurz vor dessen Hinrichtung bekommen hatte. Und es kamen Musiker wie »Leadbelly«, »Aunt Molly« Jackson, »Sonny« Terry, »Brownie« McGhee. Im Keller, dem größten Raum des Gebäudes, fand sonntags »offenes Haus« statt, wo so viele kommen durften, wie hineingingen. Jeder war willkommen. Nicht-Musiker bezahlten 35 Cent Eintritt. Die Almanacs sangen ihre Lieder, und mitunter durfte ein Neuling zeigen, was er konnte. Es ging ungezwungen und humorvoll zu, die Lieder waren keinesfalls alle politisch, doch immer herrschte eine engagierte Atmosphäre. Und meist sangen alle Anwesenden mit. Das nannte man »Hootenanny« – diesen Begriff hatten Pete und Woody bei ihrem Besuch in Seattle kennengelernt.

Natürlich war das enge Zusammenleben solcher Künstlerpersönlichkeiten im »Almanac House« nicht immer problemlos. Woody war oft schwierig, Lee Hays häufig krank – oder er glaubte es zu sein – und nicht ganz zuverlässig. So konnte man nicht immer mit ihm rechnen, wenn es bei Auftritten darauf ankam (daher wurde er sogar einmal für einige Zeit ausgeschlossen). Die Säule, auf der alles ruhte, war Pete Seeger; er mußte managen, schlichten, abwaschen, Ordnung in das Durcheinander bringen und Ruhe bewahren – wobei letzteres nicht immer möglich war.

Zu alledem änderte sich die Gruppe ständig, Neulinge kamen und bisherige Mitglieder gingen. Oft mußte sich die Gruppe für mehrere Auftritte in der Stadt teilen, und die Veranstalter bekamen nicht immer diejenigen, die sie erwartet hatten. In einem Konzert, bei dem die Hauptattraktion Pete Seeger sein sollte, traten statt seiner der großartige Mundharmonikaspieler »Sonny« Terry mit seinem Freund, dem Gitarristen »Brownie« McGhee, und Sis Cunningham, eine Akkordeonspielerin aus Oklahoma, auf. Die verärgerte Frage des Veranstalters, wer denn eigentlich die Almanacs seien und wie viele es von ihnen gebe, beantwortete »Brownie« trocken: »Ich weiß es nicht, wir haben sie gerade nicht gezählt.« (68) Bei einer anderen Gelegenheit bemerkte Woody: »Die Almanacs sind wohl die einzige Gruppe, die ihre Proben noch auf der Bühne vor dem Publikum macht.« (69)

Sie sangen vor Gewerkschaftsgruppen, bei Feiern fortschrittlicher Verbände und Vereinigungen, oft drei- bis viermal an einem Abend an Wochenenden. Mehrere Sänger ahmten Woody nach und gaben sich »proletarisch« – mit Jeans, Arbeitshemd, Stiefeln und Bartstoppeln. Andererseits traten echte Proletarier wie »Leadbelly« recht elegant auf – mit weißem Hemd, gebügelter Hose und Jacke und sogar mit einer Fliege. Manchmal nahm das Publikum die Arbeitskleidung sogar übel. Bei einem Festbankett der Fleischergewerkschaft beispielsweise wurden Untertassen und andere Gegenstände auf die Bühne geworfen, noch bevor die Almanacs singen konnten; sie mußten vor den empörten Arbeitern flüchten. Erst Jahrzehnte später wurde diese Art der Kleidung zur Auftrittsmode.

Die Almanacs ziehen in den Krieg

Während einer Sonntags-Hootenanny erreichte sie und ganz Amerika plötzlich die Nachricht, daß japanische Flugzeuge Bomben über Pearl Harbor auf Hawaii abgeworfen hatten. Die USA waren im Krieg – das war ein Schock ohnegleichen für das ganze Land!

Nun mußten die Almanacs schnellstens neue Lieder schreiben, um zum Krieg gegen den Faschismus aufzurufen. Wie es bereits sechs Monate vorher ihren Antikriegsliedern ergangen war, so waren nun auch ihre Streiklieder unbrauchbar geworden, denn fast alle Verbände verzichteten jetzt freiwillig auf Streiks. Nur »Reuben James« und die Spanienlieder blieben aktuell. So wie alle Kommunisten und andere Linke traten auch die Almanacs aus ihrer Isolation heraus, um mit allen gemeinsam für die gleiche Sache zu kämpfen. Bald waren ihre neuen Lieder gefragt; die großen Rundfunksender wollten sie haben, Decca beabsichtigte, ein Album mit ihren Anti-Hitler-Liedern herauszubringen, eine der wichtigsten Künstleragenturen sprach wegen eines Vertrages vor. Auch die für Propaganda im Ausland zuständige Regierungsstelle erwarb ihre Aufnahmen. Schließlich wurden sie sogar von den Managern des Rainbow-Rooms, das war einer von New Yorks exklusivsten Nachtklubs in Rockefellers »Radio City« (mehr als sechzig Etagen hoch), eingeladen. Sobald man ihnen jedoch im Rainbow-Room vorschlug, als Unterhaltungskünstler in komischen Hillbilly-Kostümen aufzutreten, reagierten sie beleidigt. Trotz Petes Beschwichtigungsversuchen improvisierten Woody und Millard Lampell neue Strophen zu dem Lied »She'll Be Comin' Round the Mountain«, die immer angriffslustiger wurden und sich gegen den Rainbow-Room, die Rockefellers und alles, was ihnen sonst noch einfiel, richteten. Die Manager lachten aber nur.

Als sie am 14. Februar 1942 in einer Rundfunksendung, die an einem Samstagabend über alle vier Sendernetze für das gesamte Land ausgestrahlt wurde und etwa dreißig Millionen Zuhörer erreichte, ihre Lieder sangen, war das für die Almanacs ein gewisser Höhepunkt ihrer Laufbahn, auch wenn sie nicht namentlich erwähnt wurden.

Drei Tage später war es mit allem vorbei. Zwei große New-Yorker Zeitungen bezeichneten die Almanacs als kommunistisch und zitierten ihre Friedenslieder gegen die Regierung aus dem Jahr zuvor. »Friedenschor wechselt Melodie«, hieß es bei der »Post«, und im »World-Telegram« konnte man die Schlagzeile lesen: »Sänger in Kriegsmoral-Sendung zwitscherten auch für Kommunisten.« Das reichte bereits aus, daß die Sender sofort ihr Interesse verloren, Decca die geplante Schallplatte nicht produzierte und die große Agentur keinen Vertrag unterschrieb. Die Regierungsstelle für Propaganda schloß die Aufnahmen mit den Almanacs fest ein, und das Klima im Rainbow-Room wurde eisig …

Es kamen harte Zeiten. Ein Teil der Gruppe zog nach Detroit, um vor den Arbeitern der Autowerke zu singen, die jetzt Jeeps, Panzer und andere Fahrzeuge für den Krieg gegen den Faschismus bauten. Ende 1942 lösten sich die Almanacs in New York auf, und im März 1943 war es auch mit der Gruppe in Detroit zu Ende. Die Hauptursache war sicherlich der Krieg: Pete war schon im Juli 1942 in die Armee eingezogen worden, und andere folgten. Kurz vorher hatte sich Seeger ein neues Banjo bauen lassen – mit einem um drei Bünde verlängerten Hals, was Jahre später allgemein beliebt werden sollte. Dieses gefiel ihm so gut, daß er bei einem seiner letzten Konzerte, als ihm eine Saite riß, dem erschrockenen Publikum lachend zurief: »Macht nichts. Dieses Banjo kann ich auch ohne Saiten spielen.« (70)

Kurz nach seinem Eintritt in die Armee heiratete er Toshi Ohta – natürlich ohne Rücksicht auf den im Lande weitverbreiteten antijapanischen Rassismus.

Woody spielte und sang etwas weniger, dafür schrieb er intensiv an seiner eigenwilligen Autobiographie »Bound for Glory« weiter, die ihn in einigen Kreisen der schnellebigen und schnellvergeßlichen Riesenstadt New York bekannt machte. Auf beiderseitigen Wunsch ließ er sich von Mary scheiden. Leidenschaftlich liebte er nun die Ausdruckstänzerin Marjorie Mazo.

Gemeinsam mit seinem Freund »Cisco« Houston entschied er sich für den gefährlichsten Beruf im Kriege – die Handelsmarine. Er arbeitete in der Schiffsküche; die Gitarre, eine Mandoline, eine Fiedel, drei oder vier Mundharmonikas, eine Maultrommel und die Schreibmaschine waren auch dabei. Er hatte Glück, daß sein erstes Schiff noch den Hafen erreichen konnte, als es von einem Torpedo getroffen wor-

Guthrie bei einem Wahlprogramm für Roosevelt 1944
(rechts hinten; 2. von links, unten: »Cisco« Houston)

den war. Bei der nächsten Reise fuhr sein Schiff auf eine Mine – doch wieder hatte
er Glück. Nach einer dritten Reise, die ruhig verlaufen war, wollte er sein Schicksal
nicht weiter herausfordern. Außerdem galt er als Kommunist und wäre nach neu in
Kraft getretenen Bestimmungen sowieso nicht mehr auf ein Schiff gelassen worden.
Die Armee dagegen war nicht so wählerisch, und ausgerechnet am 7. Mai 1945
wurde er eingezogen. In den nächsten Monaten fiel er vor allem durch seine interes-
santen Wandzeitungen auf – und dadurch, daß ihm seine Uniform nicht paßte.

Für Woody, Pete, Lee, Bess Lomax Hawes, Sis Cunningham, Millard Lampell und
die anderen war das Kapitel der Almanac Singers zu Ende. Sie hatten eine Menge
Lieder entdeckt, adaptiert oder neugeschrieben, etliche davon gingen in den großen
Schatz der amerikanischen Folklore ein und wurden auch international verbreitet.
Die Almanacs hatten die Tradition der Hootenannies begründet. Nur sehr selten erreichten sie größere Menschenmengen, meist sangen sie vor kleinen Gruppen in den
Großstädten, im politisch aktiven New York waren die Zuhörer ein wenig zahlrei-
cher. Jedesmal, wenn sie nahe daran waren, ein Massenpublikum zu erreichen,
scheiterte das entweder an äußeren Umständen oder an ihren eigenen Prinzipien.
Pete sagte, die Almanacs seien mit Liedern gereist, »die aus dem Volk stammten und
nicht vom Broadway oder aus Hollywood, und die für das Volk gesungen wurden
und nicht zum Nutzen des Broadway oder Hollywoods ... Diejenigen, die uns immer
fragten: ›Wollt ihr denn kein Geld verdienen? Wollt ihr keinen Hit landen? Ihr
braucht doch eure Songs nur ein bißchen überarbeiten ...‹, begriffen nicht, daß es

Der erfolgreiche ASCAP-Liedkomponist Irving Berlin

Zehntausende von Musikern wie uns gab, die auch weiterhin solche Musik machen wollten, wie wir sie uns vorstellten, ob die Musikindustrie und die Medien damit einverstanden waren oder nicht.« (71)

Die Medien während der Kriegszeit

Während des Krieges rangen auch die Medien mit vielerlei Problemen. Die 1914 gegründete ASCAP war der Schutzverband der Komponisten und Textdichter der Unterhaltungsindustrie. Sie garantierte, daß die Autoren bezahlt wurden, wenn man irgendwo ihre Musik spielte. Früher wurden sie häufig von Verlagen und Produzenten ausgenommen. Allerdings wurde die ASCAP immer mehr ein Werkzeug der dominierenden Verlage, was sich mit der Geburt des Tonfilms und der raschen Verbreitung der darin enthaltenen Lieder noch verstärkte, da nun die großen Verlage mit den Filmkonzernen verschmolzen. Die ASCAP war ein recht exklusiver Verein mit einer begrenzten Mitgliedschaft, die aus erfolgreichen und angepaßten Künstlern bestand. 1930 setzte sie durch, daß der Rundfunk für den Einsatz von geschützter Musik jährlich fünf Prozent der gesamten Werbeeinnahmen an den Schutzverband zahlen mußte. Nach Beendigung der Vertragsdauer – am 1. Januar 1942 – forderte die ASCAP sogar die Verdoppelung dieses Satzes auf zehn Prozent.

Den Sendeanstalten des Rundfunks – das waren große Konzerne, die nach immer größerer Selbständigkeit strebten – erschien diese Forderung als Unverschämtheit. Daher bauten sie vorsorglich schon seit 1939 einen Konkurrenzschutzverband auf – die Broadcasting Music Incorporated (BMI) – und erneuerten den Vertrag mit ASCAP nicht. Ab Januar 1942 kam es also zum »Musikkrieg«. Der Rundfunk durfte keine Lieder mehr spielen, die bei der ASCAP geschützt waren. Komponisten wie Irving Berlin, Cole Porter und fast alle Tin-Pan-Alley-Autoren waren damit tabu. Der neugegründete Schutzverband BMI konnte noch nicht über ausreichende Musikvorräte für die Sendeanstalten verfügen, so daß den Hörern viele alte, ungeschützte Lieder und häufige Wiederholungen angeboten werden mußten. Die Schlacht der Hyänen brachte manchen »kleinen« Musikern aber auch Vorteile, vor allem denen, die nicht von der ASCAP geschützt wurden. Das galt für viele Country- und etliche schwarze Blues-Sänger, die nun die Chancen bekamen, die sie nie zuvor hatten. (Für etwa sechs Wochen – bis sie im Februar 1942 denunziert wurden – profitierten auch die Almanacs davon.) Doch im Oktober 1942 einigten sich die beiden großen Verbände und beschlossen, die Beute unter sich zu teilen – was sie bis heute tun.

Inzwischen hatte der wirkliche Krieg neue Schwierigkeiten gebracht. Schellack, der Rohstoff, aus dem die 78er Schallplatten hergestellt wurden, mußte aus Indien eingeführt werden, und die Japaner beherrschten die Seewege im Stillen Ozean. Man mußte mit Material sparen, und es kam mancherorts so weit, daß ein Kunde, der eine neue Platte erwerben wollte, eine alte zum Einschmelzen abliefern mußte. Die Plattenfirmen durchlebten eine Krise.

Dazu kam noch ein dritter Schlag. Die Musikergewerkschaft (AFM) stellte fest, daß der steigende Einsatz von Platten im Rundfunk und in den weitverbreiteten Music-Boxen zur Arbeitslosigkeit von Musikern führte. Trotz des Krieges lag die Zahl bereits bei sechzig Prozent. Um eine finanzielle Unterstützung zu ermöglichen, forderte daher die Gewerkschaft von den Plattenfirmen die Gründung eines Hilfsfonds. Die Firmen lehnten ab, es kam zu einem Musikerstreik. Außer Titeln von Solosängern (Sänger gehörten nicht der Gewerkschaft an) und Sonderplatten für die Soldaten wurden im ganzen Land keine neuen Aufnahmen gemacht. Eine Hetzkampagne gegen die Gewerkschaft und ihren Vorsitzenden brach an und übertönte in den Medien beinahe die Kriegsberichte. Abgesehen von einigen kleineren Plattenfirmen, die bereits früher wieder Verträge unterschrieben, dauerte der Streik von August 1942 bis September 1944, und Victor und Columbia, die beiden größten Firmen, blieben bis November 1944 stur.

Zu dieser Zeit veränderte sich vieles im Musikleben. Hunderttausende weißer Soldaten aus dem Norden wurden in den Südstaaten ausgebildet und hörten dort Hillbilly-Musik, die bald unter dem Begriff »Country Music« bekannt wurde. Und Hunderttausende weißer Soldaten aus dem Süden kamen in die Nordstaaten und spielten die alten Hillbilly-Lieder immer und immer wieder in den Music-Boxen, auch wenn das gelegentlich zu harten Auseinandersetzungen mit den pop-liebenden Kameraden aus dem Norden führte. Das trug zur Vermischung der Musikstile bei.

Von weitaus größerer Bedeutung für die Musik aber war es, daß eine immense Anzahl schwarzer Teilpächter vor der schlimmsten Armut und Unterdrückung im Süden nach dem Norden flüchteten, wo die Fabriken nun schwarze Arbeiter einstellen mußten. Rüstungsbetriebe im Norden und Westen öffneten sich nun auch für schwarze Männer und schwarze und weiße Frauen. Von 1940 bis 1950 zogen 1,6 Millionen Schwarze nach Norden, und sie brachten ihren Blues mit, der sich in verschiedenen Variationen mit den Musikstilen der nördlichen Ghettos mischte. Neue Stilrichtungen entstanden, die später unter dem Begriff »Rhythm and Blues« bekannt wurden.

Auch in den Ghettos, aber besonders unter den musikalisch gebildeten schwarzen Musikern, denen keine Möglichkeiten in der ernsten Musik offenstanden, wurde gegen Ende des Krieges eine neue Stilrichtung des Jazz geboren, die man Bebop nannte. Die meisten Big Bands hatten sich während des Krieges aufgelöst. Diese begabten Künstler wollten die seichte Welle nicht mitmachen, die sich zunehmend im Film und in Tin Pan Alley ausbreitete und – statt wie bisher auf Bands – stärker auf Solosänger orientierte. (Bei dem populärsten Gesangsstar Frank Sinatra gab es nachgerade Orgien von geschickt organisierten Begeisterungsstürmen kreischender Schulmädchen, die man damals Bobbysoxer nannte.) Bebop dagegen war recht intellektueller Jazz, der nur von Meistern gespielt werden konnte. Viel langsamer als andere Stile wurde er kommerziell akzeptiert, dann aber doch von weißen Musikern nachgeahmt und schließlich, wie viele seiner Vorgänger, verflacht. Die Bebop-Erfinder, die noch zu Lebzeiten legendär wurden, hießen u. a. »Dizzy« Gillespie, Charlie Parker, Thelonious Monk und Max Roach.

Für junge weiße Intellektuelle, besonders Studenten, denen der Bebop nur schwer zugänglich war, entstand eine Welle des wiederentdeckten alten New-Orleans-Jazz.

Gleichzeitig hatte Tin Pan Alley die Musik von Film, Broadway und Hollywood fest im Griff und preßte jeden möglichen Dollar heraus. Das ging fast immer auf Kosten der Individualität, Originalität, Emotionalität und Aussage.

ZEHNTES KAPITEL

DER KALTE KRIEG
1945—1956

People's Songs

In einem Kellerraum im New-Yorker Greenwich Village, der Pete Seeger gehörte, versammelten sich am letzten Tag des Jahres 1945 etwa dreißig Menschen. Der Krieg war vorbei und mit ihm die Verpflichtung der Gewerkschaften, nicht zu streiken. Die versöhnlerische Linie des KP-Generalsekretärs Earl Browder – 1944 wurde aus der Partei ein zahmer »Kommunistischer politischer Verband« gemacht – wurde nun beendet. Kämpfe standen auf der Tagesordnung. Die dreißig Leute um Pete Seeger beschlossen, eine Organisation mit dem Ziel »einer singenden Arbeiterbewegung« zu bilden. Jede Versammlung sollte mit einem Lied begonnen und beendet werden. Dafür spendeten sie die Summe von 135 Dollar und gründeten »People's Songs« (etwa »Lieder des Volkes«). Woody Guthrie formulierte auf seine eigenwillige Art das Ziel dieser Vereinigung so: »Die Bosse und die Monopolchefs besitzen ihre mit Leder ausgeschlagenen Büros, ihre besoldeten Schreiberlinge, Experten, Detektive, Schlägertypen und die besoldeten Künstler, die ihre selbstzufriedene Scheiße aufführen, sowie ihre besoldeten Unterdrücker, die versuchen, unsere Musik niederzuhalten; der einzige Weg, diesem ganzen Druck zu trotzen, ist, uns in einem großen Verein für Liedermacher und Liedersänger zu sammeln, und wir werden uns ›People's Songs‹ nennen. Wenn wir alle zusammenhalten, können uns weder die Hölle noch Tränengas stoppen, auch Atome können uns nicht zurückhalten.« (72)

Zur Nationalen Leitung von People's Songs gehörten Pete Seeger, Woody Guthrie, Lee Hays, Millard Lampell, Alan Lomax, seine Schwester Bess Hawes, der Komponist Earl Robinson und außerdem der Folksänger Tom Glazer, der Jazz-Experte und Produzent John Hammond, Yip Harburg, Dichter von »Brother, Can You Spare a Dime?« und vieler Musical-Libretti, Irwin Silber, Leiter des »Folksay-Clubs«, einer linken Jugendgruppe, die sich auf Square Dances, Volks- und politische Lieder spezialisiert hatte, und – wohl der Prominenteste von allen – Paul Robeson.

Sie mieteten einen winzigen Büroraum für Pete und Lee und alle zeitweiligen, freiwilligen Helfer und begannen ihre Arbeit – wohl mehr als Liederschöpfer und Publizisten denn als Sänger. Sie bauten eine Musikbibliothek und ein Archiv mit 20 000 Liedern (einschließlich Noten) auf und führten Kurse durch für das Singen von Volksliedern, das Instrumentalspiel, das Organisieren von Hootenannies und für die Kunst, »wie man ein Publikum zum Singen bringt«. In ihrem Bulletin druckten sie alte und neue Lieder und berichteten über heiße Diskussionen, wie z. B. über die Frage: Soll man Lieder vortragen, deren Inhalt politisch richtig ist, die aber künstlerische Schwächen haben? Seeger und Lomax waren gegen künstlerische Zugeständnisse, andere waren toleranter. Oder: Soll man sich auf den Stil der alten Balladen und Volkslieder beschränken? Lomax und Guthrie neigten zu dieser Haltung, Seeger und andere meinten, daß Jazz, Country und sogar Pop brauchbar wären, wenn sie nur wirksame Melodien und gute, neue Texte hätten. Eine weitere Streitfrage war, ob man Lieder aus anderen Ländern in der Originalsprache singen oder besser übersetzen sollte – oder vielleicht beides.

Die Mitglieder von People's Songs spielten und sangen bei Streiks, bei Kämpfen gegen Preiserhöhungen und für den Wohnungsbau. Sehr wichtig waren ihre Hootenannies. Zur ersten, die nach dem Krieg in einer Privatwohnung stattfand, kamen 80 Besucher, zur zweiten 112, zur dritten schon 300. Man mußte in Säle umziehen. Die Beliebtheit nahm immer mehr zu.

In weniger als einem Jahr hatten People's Songs 1500 Mitglieder in 32 Bundesstaaten (und sechs Ländern), Filialen waren in Los Angeles, Chicago und einem Dutzend weiterer Städte entstanden. Ein Liederbuch mit mehr als hundert Volks-, Gewerkschafts-, Freiheits- und politischen Liedern – eigentlich nannte man sie alle Volkslieder – wurde herausgegeben. Man schien gut voranzukommen. Doch das Bild täuschte. Zum einen mußten sie einen verzweifelten Kampf um das nötige Geld führen. Und zum anderen änderte sich die Lage im Land rapide. Der Hauptdirektor von General Electric, C. E. Wilson, benannte 1946 aus seiner Sicht die zwei Probleme, die die USA hatten. »Im Ausland die Russen, im Inland die Arbeiter!« (73) In den Medien wurde auf hysterische Weise eine Spionage-Affäre nach der anderen hochgespielt, man warnte ständig vor Bedrohungen durch die Sowjetunion. Schließlich gelang es, durch derartige Einschüchterung und Bestechung, Kommunisten und andere Linke in den Gewerkschaften zu isolieren, teilweise sogar hinauszuwerfen und schließlich die letzten fortschrittlichen Verbände aus dem ehemals links-, nun aber rechtsgerichteten Dachverband CIO auszusperren. Überall nahmen Angst und Unsicherheit zu. Wo sollten die Sänger nun auftreten?

1947 wurden die »Hollywood Zehn«, Filmautoren und -regisseure, vor dem »Ausschuß für unamerikanische Tätigkeit« des Kongresses angeklagt. Da sie die Aussage darüber, ob sie Kommunisten seien oder nicht, verweigerten, mußten fast alle für ein Jahr ins Zuchthaus. Man hetzte gegen den Volkshelden Paul Robeson. Bertolt Brecht, Hanns Eisler und auch Charlie Chaplin mußten das Land verlassen. Die Zeitungen in New York und in anderen Städten druckten Rufmordartikel gegen People's Songs wie seinerzeit gegen die Almanac Singers – das machte es noch schwieriger, Auftrittsmöglichkeiten zu bekommen. In Montreal wurden viele Exemplare des »People's Songbook« konfisziert, angeblich wegen Earl Robinsons Lied »Joe Hill«. Eine Studentenfiliale von People's Songs, die an einer New-Yorker Hochschule existierte, wurde verboten.

1948 faßten diejenigen Amerikaner, die den kalten Krieg stoppen wollten, neue Hoffnung. Die Progressive Partei wurde gegründet – mit Henry Wallace als Präsidentschaftskandidaten. Der einstige Vizepräsident, Landwirtschafts- und Handelsmi-

Das Bulletin von »People's Songs«
(Sonderausgabe zum ersten Jahrestag)

nister war ein wirklicher Friedenskandidat, der für die Arbeiter und gegen den Rassismus auftrat.

People's Songs traf mit der neuen Partei die folgende Vereinbarung: Sie würden die Wahlkampagne unterstützen mit Liedern, die sie dafür schrieben – nach jeder Rede sollte mindestens ein Lied gesungen werden, ein spezielles Wahlliederbuch sollte herausgegeben werden, und Pete Seeger (vielfach auch Paul Robeson) würde Henry Wallace auf seinen Wahltourneen begleiten. Tatsächlich wurde daraus eine singende Wahlkampagne wie nie zuvor in der Geschichte der USA. Zwei der neuen Lieder wurden besonders populär. In dem einen gab es eine Anspielung darauf, daß der Elefant das Symbol der Republikanischen und der Esel das Symbol der Demokratischen Partei war. Die Scheinkämpfe der beiden Parteien wurden mit einem Jahrmarktskarussell verglichen.

THE SAME MERRY-GO-ROUND	DAS IMMER GLEICHE KARUSSELL
The donkey is tired and thin,	Der Esel ist müde und dünn,
The elephant thinks he'll move in.	Der Elefant glaubt, er gewinnt.
They yell and they fuss,	Sie lärmen, sie machen Radau,
But they ain't foolin' us,	Aber sie können uns nicht zum Narren halten,
'Cause they're brothers right under the skin.	Denn unter der Haut sind sie Brüder.
Chorus:	*Refrain:*
It's the same, same merry-go-round,	Es ist immer das gleiche Karussell,
Which one will you ride this year?	Auf welchem reitest du in diesem Jahr?
The donkey and elephant bob up and down	Der Esel und der Elefant steigen und sinken
On the same merry-go-round.	Auf dem immer gleichen Karussell.

Das zweite Lied stand nicht direkt mit den Wahlen im Zusammenhang. Zu einer Appalachen-Melodie schrieb der Student Dick Blakeslee einen Text über die Kürze des Lebens. Die erste Strophe erzählt von Adam, die zweite von Jesus. Hier sind die dritte und die vierte Strophe:

PASSING THROUGH	AUF DER DURCHREISE
I shivered next to Washington one night at Valley Forge.	Ich bibberte neben Washington eine Nacht in Valley Forge.
»Why do the soldiers freeze here like they do?«	»Warum bleiben die Soldaten hier, obwohl sie frieren?«
He said, »Men will suffer, fight, even die for what is right,	Er sagte: »Die Menschen leiden, kämpfen und sterben sogar für die Gerechtigkeit,
Even though they know they're only passing through.«	Obwohl sie wissen, daß sie nur auf der Durchreise sind.«
Chorus:	*Refrain:*
Passing through, passing through,	Auf der Durchreise, auf der Durchreise,
Sometimes happy, sometimes blue,	Manchmal glücklich, manchmal traurig,
Glad that I ran into you.	Bin froh, daß ich dir begegnet bin.
Tell the people that you saw me passing through.	Sag den Leuten, daß du mich auf der Durchreise getroffen hast.

Pete Seeger und Henry Wallace während der Wahlkampagne

I was at Franklin Roosevelt's side just
  a while before he died,
He said, »One world must come out of
  World War Two.
Yankee, Russian, white or tan,
Lord, a man is just a man,
We're all brothers and we're only passing
  through.«
Chorus: ...

Ich war an Franklin Roosevelts Seite,
  kurz bevor er starb,
Er sagte: »Aus dem zweiten Weltkrieg
  muß eine einzige Welt hervorgehen.
Amerikaner, Russe, Weißer oder Brauner,
Gott, ein Mensch ist eben ein Mensch,
Wir alle sind Brüder, und wir sind nur
  auf der Durchreise.«
Refrain: ...

Es gab schöne Lieder, doch die Zeiten waren schlecht. Die Ereignisse von 1948 in der Tschechoslowakei, der Vormarsch der Kommunisten in China, die sogenannte Luftbrücke nach Westberlin – das alles wurde zur antikommunistischen Stimmungsmache ausgeschlachtet, hinzu kam noch der Rassismus. Bei Wahlauftritten von Henry Wallace und Pete Seeger in den Südstaaten gab es organisierte Angriffe mit faulen Tomaten und Eiern, und es drohte noch Schlimmeres.

Als im November die Wahlen stattfanden, bekam die Progressive Partei statt der erhofften sechs Millionen Stimmen nur knapp über eine Million. Das war ein Rückschlag für alle fortschrittlichen Kräfte, der schwerwiegende Folgen im In- und Ausland nach sich zog und dem viele bittere Jahre folgten. Eines der unmittelbaren Resultate war das Ende von People's Songs. Obwohl es viele Mitglieder und Abonnenten des Bulletins gab, war die Schuldenlast auf über 9000 Dollar gestiegen, und neue Kreise konnte man nun nicht mehr erreichen. Eine ihrer letzten Hootenannies

195

in der Carnegie Hall hatte 2000 Besucher. Doch auch dies konnte das Ende nicht aufhalten; am 11. März 1949 gab People's Songs auf. Am Schluß gab man folgende Erklärung ab: »Wir glauben, ... das amerikanische Volk braucht Lieder des Volkes (People's Songs) mehr denn je, die kämpferischen Arbeiterlieder und alle guten Songs, die die Geschichte der Menschen erzählen; die Liebeslieder, den einsamen Blues, die Square-Dance-Rufe und die Hymnen der Brüderlichkeit.« (74)

People's Artists

Der Autor war dabei, als am 4. September 1949 das große Konzert im Freien bei Peekskill, etwa 50 Kilometer von New York entfernt, stattfand. Die Ankommenden mußten ein Spalier haßerfüllter Gesichter passieren, die antisemitische, rassistische und antikommunistische Schimpfwörter brüllten. Obwohl diese Schreihälse offensichtlich von der Polizei unterstützt wurden, fühlten wir uns schon erheblich sicherer, als wir das große Konzertgelände erreicht hatten, denn etwa 20 000 Menschen standen an unserer Seite, und ein engmaschiger Ring von Arbeitern schloß sich mehrere Kilometer um das ganze Tal; etliche hatten zu ihrer Verteidigung einen Baseballschläger neben sich ins Gras gelegt. Die nicht gerade mutigen Gegner blieben aber lieber fern. Reden gab es keine, nur Lieder. Unter den Sängern waren Pete Seeger, vor allem aber Paul Robeson, dem unsere Liebe und Begeisterung und der Haß unserer Gegner besonders galten. Eine Woche zuvor hatten Elemente vom Ku-Klux-Klan sein Konzert mit Gewalt verhindert. Das war nun unsere Antwort darauf. Robesons kämpferische Version von »Ol' Man River« hatte nie zuvor so viele Menschen bewegt.

Doch nach dem Konzert folgte die Rache, die von der Polizei des Bundesstaates New York organisiert worden war. Sie leitete sämtliche Busse und PKWs langsam durch eine Waldstraße, wo Hunderte junger Rassisten die Scheiben der Fahrzeuge mit Steinen demolierten. Es gab viele Verletzte. Peekskill blieb für viele Jahre die letzte größere Aktion fortschrittlicher Amerikaner.

Organisator dieser Veranstaltung war »People's Artists« (Künstler des Volkes), eine Nachfolgeorganisation von People's Songs, die knapp zwei Monate zuvor gegründet worden war. Ihre Hauptaufgabe war, als eine Art Konzertagentur fortschrittliche Sänger und Musiker zu vermitteln, jedoch auch Lieder zu verbreiten. Zu diesen gehörte das folgende über Peekskill:

HOLD THE LINE	HALTET DIE LINIE
Hold the line! Hold the line!	Haltet die Linie! Haltet die Linie!
As we held the line at Peekskill we will	So, wie wir die Linie in Peekskill hielten,
hold it everywhere;	werden wir sie überall halten;
Hold the line! Hold the line!	Haltet die Linie! Haltet die Linie!
We will hold the line forever	Wir werden die Linie für immer halten,
Till there's freedom everywhere.	Bis es überall Freiheit gibt.

Kurz zuvor war auch ein ganz neues Lied von Pete Seeger und Lee Hays entstanden, das ihren Trotz und ihre Zuversicht ausstrahlte:

Paul Robesons Auftritt beim Peekskill-Konzert 1949

IF I HAD A HAMMER	HÄTTE ICH EINEN HAMMER

IF I HAD A HAMMER
If I had a hammer
I'd hammer in the morning,
I'd hammer in the evening,
All over this land.
I'd hammer out danger,
I'd hammer out a warning,
I'd hammer out love between my brothers
   and my sisters
All over this land.

If I had a bell
I'd ring it in the morning ...
(like the first verse)

If I had a song
I'd sing it in the morning ...

Now I have a hammer
And I have a bell
And I have a song to sing
All over this land.

It's the hammer of justice,
It's the bell of freedom,
It's a song about love between my
   brothers and my sisters
All over this land.

HÄTTE ICH EINEN HAMMER
Hätte ich einen Hammer,
Ich würde am Morgen hämmern,
Ich würde am Abend hämmern
Im ganzen Land.
Ich würde die Gefahr hinaushämmern,
Ich würde eine Warnung hinaushämmern,
Ich würde die Liebe zwischen meinen
   Brüdern und Schwestern hinaushämmern
Im ganzen Land.

Hätte ich eine Glocke,
Ich würde sie am Morgen läuten ...
(wie in der ersten Strophe)

Hätte ich ein Lied,
Ich würde es am Morgen singen ...

Nun habe ich einen Hammer,
Und ich habe eine Glocke,
Und ich habe ein Lied zu singen
Im ganzen Land.

Es ist der Hammer der Gerechtigkeit,
Es ist die Glocke der Freiheit,
Es ist ein Lied über die Liebe zwischen
   meinen Brüdern und meinen Schwestern
Im ganzen Land.

The Weavers: Pete Seeger, Ronnie Gilbert, Lee Hays, Fred Hellerman

Leiter von People's Artists war der junge Irwin Silber vom Folksay-Club für Volkslieder und Square Dancing. Pete Seeger, der über das Mißlingen seiner bisherigen Pläne enttäuscht und der Großstadt überdrüssig war, suchte eine Arbeit. So schlug er dem Volksmusikarchiv der Kongreßbibliothek (das Alan Lomax einst geleitet hatte) vor, Filme über das Spielen des Banjos zu produzieren. Doch sein Angebot wurde abgelehnt. Seeger wußte nicht, daß der neue Archivleiter mit dem FBI zusammenarbeitete.

Einmal sollte er in einer kleinen Fernsehsendung für Kinder singen. Während er im Vorraum auf seinen Auftritt wartete, ging ein Mann vorüber, der ihn mißbilligend musterte. Bald darauf kam der Regisseur und teilte ihm mit, daß die Programmpläne leider geändert seien. Später erfuhr er: Der Mann mit dem sauren Gesicht war der Besitzer des Senders, der Pete Seeger erkannt hatte. »Das ist doch der

Scheißkerl, der für Henry Wallace gesungen hat«, sagte er zu seinem Regisseur, »schmeiß ihn raus!« (75)

In dieser schwierigen Zeit kauften sich Pete und Toshi für wenig Geld ein Stück Land am Hudson-Fluß – nicht weit von Peekskill entfernt. Gemeinsam rodeten sie einen Teil und begannen sich ein Blockhaus mit drei Zimmern und eine Scheune mit Dunkelkammer und Arbeitsräumen zu bauen. Das ist das Heim der Seegers bis heute geblieben. Eingemauert im Kamin ist einer der Steine, die man bei Peekskill in Petes Jeep geworfen hatte.

The Weavers

Eines Tages, kurz nach der Wahlniederlage der Fortschrittspartei Ende 1948, kam Pete mit Lee Hays ins Singen und – wie früher bei den Almanacs – ins Nachdenken. Sie stellten fest, daß es Lieder gibt, die man nicht allein singen kann, für die man eine Gruppe benötigt. »Wie kann man ›When the Saints Go Marching In‹ allein singen? Das ist verdammt schwer. Man muß eine zweite Stimme haben, die der ersten antwortet.« (76) Zu Lee und Pete kamen Fred Hellerman, 22jährig, und die etwa gleichaltrige Ronnie Gilbert hinzu. Sie war mollig und attraktiv und hatte eine hohe, kräftige, reine Stimme. Nachdem sie Gesangsunterricht erhalten hatte, entdeckte Ronnie die Volksmusik für sich und lernte Fred in einem Kinderferienlager der Linken kennen. Beide hatten freiwillig im Büro von People's Songs mitgearbeitet. Fred Hellerman hatte sich das Gitarrespiel bei der Armee angeeignet.

Die neu gegründete Gruppe nannte sich »The Weavers« – »Die Weber« – nach dem Theaterstück von Gerhart Hauptmann. Die beiden Instrumente und die vier Stimmen klangen sehr gut zusammen, und – anders als bei den Almanacs – übten sie diesmal nicht erst auf der Bühne. Ronnie Gilbert erzählte später: »Wir sangen in dieser schlimmen Zeit nach dem zweiten Weltkrieg, als die ganze Welt im kalten Krieg verstrickt war, Lieder der Hoffnung. Wir hatten noch das Gefühl, daß wir etwas ausrichten könnten, wenn wir nur laut genug, stark genug und hoffnungsvoll genug singen würden.« (77)

Ein Jahr lang schien es so, als ob kaum jemand zuhören wollte – außer kleinen, verängstigten Grüppchen Linker. Beinahe hatten die Weavers schon beschlossen aufzugeben, als Pete sagte: »Ab und zu bekomme ich einen 14-Tages-Vertrag für 200 Dollar pro Woche im Village Vanguard« – das war ein kleiner, ziemlich fortschrittlicher Nachtklub in Greenwich Village. »Vielleicht können wir dort alle gemeinsam auftreten.«

Sie konnten – allerdings für die gleiche Summe von 200 Dollar, die nun durch vier geteilt werden mußte, und so viele Buletten auf Brötchen (also Hamburger), wie sie essen konnten. Als der Chef des Nachtklubs eines Tages die Größe von Petes Hamburgern bemerkte, die aus je einem halben Pfund Fleisch bestanden und von denen er an jedem Abend drei oder vier aß, schlug er einen neuen Vertrag vor: 250 Dollar pro Woche, dafür aber keine Hamburger mehr. (78)

Zu Weihnachten 1949 begannen sie mit ihren Auftritten. Immer mehr Leute kamen, um sie zu hören. Der berühmte Dichter Carl Sandburg, der Jahrzehnte zuvor

Volkslieder gesammelt und gesungen hatte, hörte sie ebenfalls und schrieb: »Die Weavers entstammen den Wurzeln Amerikas. Ich begrüße sie … Wenn ich Amerika singen höre, dann sind die Weavers dabei.« (79) Aus den vertraglich vereinbarten zwei Wochen im Village Vanguard wurde ein Monat, wurden zwei, vier und sechs Monate. Selbst die Zeitungen lobten sie und ihre Programme, die Volkslieder – auch internationale – enthielten, in harmonischem Satzgesang vorgetragen, abgelöst von witzigen Dialogen, die die vier Mitglieder locker und plaudernd zum besten gaben.

Zu dieser Zeit trafen sie auf Harold Leventhal, der ihr Manager und Freund wurde und blieb – nicht nur für Pete und Lee und Woody, sondern auch für viele andere Volkssänger. Eines Abends besuchte sie Gordon Jenkins, ein bekannter Bandleader, der für die Plattenfirma Decca arbeitete. Er war von ihnen begeistert und setzte gegen die Skepsis des Firmenchefs durch, daß sie im Studio einige Lieder aufnahmen. Im Mai 1950 erschien die erste Single der Weavers – und im Nu war die Gruppe im ganzen Lande berühmt. Decca konnte nun die Nachfrage nicht befriedigen, und als beide Titel der Platte zu Hits wurden, ärgerte sich die Firma darüber, daß sie nicht zwei Singles mit je einem Hit daraus gemacht hatte. »Tzena, Tzena« war ein lustiges, flottes Lied, das aus dem neuen Staat Israel stammte, von dem viele damals glaubten, er würde eine fortschrittliche Richtung einschlagen. Das zweite Lied war »Goodnight Irene«, das zum Welthit wurde (selbst Frank Sinatra benutzte es später, um nach längerer Pause sein Comeback zu sichern).

»Irene« war jenes Lied, mit dem »Leadbelly« jeden Auftritt beendet hatte. Es lag bittere Ironie darin, daß der »König der Zwölfsaitengitarre«, der alle Tiefen des Lebens durchschritten hatte und Hunderte schöne Lieder kannte und viele selbst geschaffen hatte, im Dezember 1949 arm und beinahe vergessen verstorben war. Um Medikamente kaufen zu können, mußte »Leadbellys« Frau Martha für Fremde Wäsche waschen – und das nur sechs Monate, bevor das Lied ihres Mannes zum Welterfolg wurde.

Nun folgte ein Weavers-Hit auf den anderen: »Wimoweh«, ein Zulu-Kampflied über den »schlafenden Löwen« (das später von anderen Interpreten verkitscht wurde), das Liebeslied »Kisses Sweeter than Wine«, Woodys großartiges, altes »So Long, It's Been Good to Know You«, »Darling Corey« und andere, die den ersten Platz in den Hit-Charts einnahmen. Insgesamt wurden von den Singles vier Millionen Exemplare verkauft. Dazu kamen mehrere der gerade erfundenen Langspielplatten. Zu gleicher Zeit unternahmen die Weavers eine Tournee durch die bekanntesten und elegantesten Nachtklubs des Landes, und sie sollten sogar eine regelmäßige Fernsehserie bekommen …

Diesmal meldete sich die Kritik zunächst von links. Einige Leute beanstandeten die Kompromisse, die die Weavers machten, um beliebt und berühmt zu bleiben. Besonders Irwin Silber von People's Artists warf ihnen in der Zeitschrift »Sing Out!« vor, daß ihre Programme Gags und Lieder enthielten, in denen sie gegen die Gleichberechtigung verstießen, indem sie Frauen lächerlich machten. Dieser Kritik lagen Maßstäbe zugrunde, die damals nur für die Linken galten, erst fünfzehn bis zwanzig Jahre später drangen sie bei Millionen durch.

The Weavers um 1950

Außerdem merkte Irwin Silber an, daß die Weavers auch Lieder der schwarzen Amerikaner sangen, und er warf die Frage auf, ob das für eine aus Weißen bestehende Gruppe richtig sei. Hierüber gab es lange Debatten.

Es traf zu, daß die Weavers in ihrer politischen Aussage zurückhaltender geworden waren, auch den Rassismus betreffend. Sie traten kaum mehr zu fortschrittlichen Anlässen auf, wie etwa bei den Hootenannies in New York. Die Plattenfirma war dagegen und begründete ihre Haltung damit, daß sich die Gruppe erst wirklich etablieren müsse. Mit diesem Argument rechtfertigten sich häufig ehemals linke und

The Weavers bei einem ihrer festlichen Auftritte 1950

später abtrünnige Erfolgskünstler. Waren nun die Weavers auch zu ihnen zu rechnen?

Schließlich wurde ihnen Kommerzialisierung und Verkitschung einiger Lieder vorgeworfen. In der Tat ermutigte sie Decca nicht nur zur Glättung der Ecken und Kanten, die die Volkslieder gerade so großartig und interessant machten, aber für verbildete Ohren zunächst ungewöhnlich klingen konnten, sondern sie ließen in den Arrangements einiger Lieder sogar Streicher und Frauenchor auf schmerzhaft süße Art dudeln und greinen. Selbst in ihrer Bühnenkleidung gingen die Weavers Kompromisse ein und traten mitunter im Smoking auf. Um seinem schwachen Protest Ausdruck zu verleihen, zog Pete eine blaue und eine rote Socke an. Seeger litt besonders unter dieser Entwicklung und kämpfte dagegen an, sich vom Geld oder Erfolg korrumpieren zu lassen. Immerhin sangen sie sehr viele schöne Lieder ...

Dann lösten sich die Probleme von selbst ... Die Atmosphäre im Land hatte sich zunehmend verschlechtert. Seit Juni 1950 befanden sich die USA mit Korea in einem blutigen Krieg, die führenden Mitglieder der KP der USA kamen vor Gericht und wurden für fünf beziehungsweise acht Jahre ins Zuchthaus gebracht, die zweite Führungsebene der Partei war ebenfalls bereits verhaftet worden, Ethel und Julius Rosenberg begannen ihren hoffnungslosen Kampf gegen das erschreckende Todesurteil. In dem Bulletin »Counterattack« (Konterangriff), das von drei ehemaligen FBI-Agenten – mit offensichtlich ungetrübten Beziehungen zu ihrer einstigen Dienststelle – an Sender und Plattenfirmen herausgegeben wurde, griffen sie namentlich jeden

Künstler an, der vielleicht einmal eine linke Zeitschrift abonniert oder eine Solidaritätspetition unterschrieben hatte. Die so Denunzierten wurden nicht mehr engagiert und hatten weder in Film, Funk und Fernsehen noch in den Nachtklubs Auftrittsmöglichkeiten. Auf diese Weise wurden die Karrieren von Tausenden zerstört, während die drei FBI-Leute jährlich an die einhunderttausend Dollar einsteckten. Im Juni 1950 gaben dieselben »Autoren« das Buch »Red Channels« (Rote Kanäle) heraus, das 150 bekannte Autoren, Musiker und Kulturschaffende als »Rote« anprangerte. Unter ihnen war auch Pete Seeger, daher wurde ein Fernsehvertrag mit den Weavers sofort storniert. Obgleich ihre Platten noch sehr begehrt waren, wurde der Druck des Boykotts derart stark, daß sie fast nirgends mehr auftreten konnten. Wenn es ein Klubbesitzer dennoch wagte, bewirkten Polizeirazzien am Abend bei der Kundschaft meist Wunder!

Zwar waren die Weihnachtskonzerte der Weavers in Town Hall, einem großen Saal in New York, ausverkauft, doch als der Spitzel Harvey Matusow vor dem Ausschuß für unamerikanische Tätigkeit vor den Fernsehkameras aussagte, daß drei der Weavers Mitglieder der KP wären und der vierte eines gewesen sei und ihnen vieles mehr vorwarf, da gaben sie schließlich auf, nachdem ihr Vertrag mit Decca abgelaufen war. Später gestand Matusow, daß etliche Aussagen gegen die Weavers und zahllose andere Personen erfunden waren. Doch die Haftstrafe, die er wegen Meineids erhielt, nutzte den Weavers auch nichts mehr. Trotzdem hatte diese »meist-imitierte Gruppe der USA« die Volksmusik allgemein ins Gespräch gebracht. Für Millionen Amerikaner und einige Verlage war das eine völlig neue Entdeckung, die nicht mehr vergessen wurde. Trotz einiger Kompromisse hatten die Weavers in eisiger Zeit manchen Menschen Hoffnung gebracht.

People's Artists und »Sing Out!«

Doch People's Artists lebte noch. Im Juli 1949 von etwa 150 Interessierten gegründet, waren sie durch die Organisation des Peekskill-Konzertes an die Öffentlichkeit getreten. Sie vermittelten Musiker, wie und wo sie nur konnten – das war damals keine leichte Aufgabe. Ab und zu produzierten sie auch eigene Hootenannies, um für sich und ihre Mitglieder eine Verdienstmöglichkeit zu schaffen. Mitunter gab es auch »Sonderaktionen«: Als die einstige IWW-Verteidigerin von Joe Hill und vielen anderen, Elizabeth Gurley Flynn, als führende Kommunistin selbst eingesperrt worden war, zog eine Gruppe von People's Artists vor ihr Fenster im New-Yorker Untersuchungsgefängnis für Frauen und brachte ihr ein Weihnachtsständchen.

Als sich im Juni 1953 Tausende von Trauernden am Union Square in New York versammelt hatten und schweigend der Nachricht von der Hinrichtung Ethel und Julius Rosenbergs entgegensahen, hielten People's Artists, nachdem die erschütternde Meldung erfolgt war, am Platz eine würdige Gedenkfeier für die Ermordeten ab. Dies sollte den verstörten Menschen ein wenig Mut und Kampfeswille geben. (Als letzte Musik hatten sich die beiden Huddie Ledbetters »Irene Goodnight«, gesungen von den Weavers, gewünscht.)

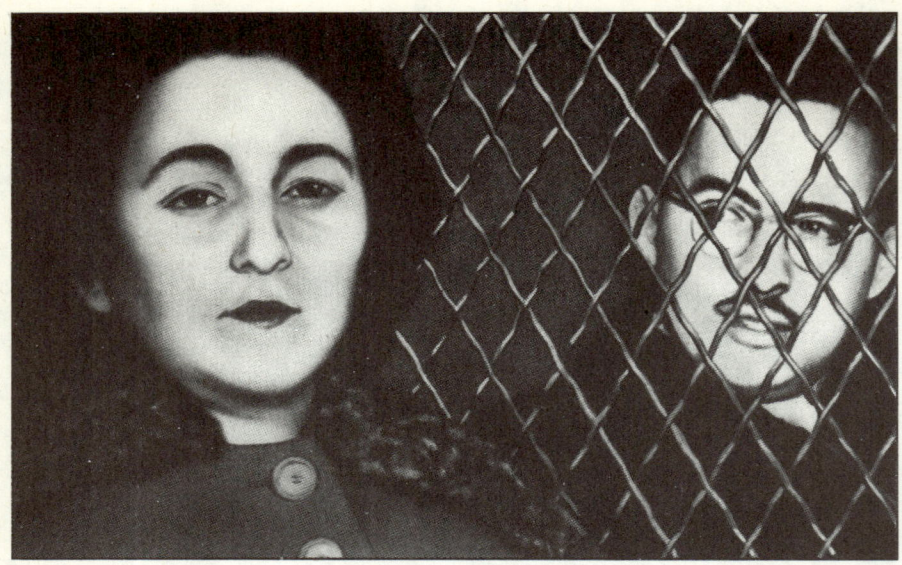
Ethel und Julius Rosenberg bei einer ihrer letzten Begegnungen

Ab Mai 1950 gaben People's Artists eine Zeitschrift mit Liedern, Artikeln, Überblicksdarstellungen zu Aspekten der Musikgeschichte und vielen Stellungnahmen zu Tagesereignissen heraus. Auf der ersten Seite der ersten Nummer war das Lied von Seeger und Hays »If I Had a Hammer« abgedruckt, der Titel der Zeitschrift war »Sing Out!« – ein Zitat aus diesem Lied (siehe S. 197).

Wenn der Stil dieser Zeitschrift auch ein wenig von dem Jargon geprägt war, der zu dieser Zeit in den linken Medien häufig anzutreffen war, so enthielt sie doch wunderbare Lieder und setzte sich entschieden für die Rosenbergs, Willy McGhee und andere Opfer des Antikommunismus ein und trat entschlossen gegen den Rassismus und die drohende Kriegsgefahr auf. Zu einer Zeit, als Autoren von Tin Pan Alley in einem Lied verkündeten: »Hinterm Eisernen Vorhang haben sie Gott ausgeschlossen«, erschien in »Sing Out!« der begeisterte Bericht der schwarzen Sängerin Hope Foye über ihre Teilnahme an den Weltfestspielen der Jugend und Studenten in Berlin.

In der ersten Nummer von »Sing Out!« hieß es über die Volksmusik: »Keine Form – Volkslied, Konzertlied, Tanzmusik, sinfonische Musik, Jazz – ist ihr fremd. Wir werden sie vor allem an einem einzigen Kriterium messen: ›Wie gut dient sie der allgemeinen Sache der Menschheit?‹« (80)

Diese Ansicht zeugt davon, daß nach einer Breitenwirkung gesucht wurde, die zu dieser Zeit jedoch schwer realisierbar war. Nach einem Jahr hatte »Sing Out!« erst 500 Abonnenten, 1954, nach über drei Jahren ihres Erscheinens, waren es nur 1000. Daher mußte sich die kleine Monatszeitschrift vorläufig auf eine vierteljährliche Ausgabe beschränken.

Ausschüsse und »Unamerikaner«

Im Februar 1952 wurden Irwin Silber und Betty Sanders von People's Artists und »Sing Out!« zu Hearings vor den Ausschuß zur Untersuchung unamerikanischer Tätigkeit geladen. Dieses Gremium im Repräsentantenhaus und der Sicherheitsausschuß des Senats (mit Senator McCarthy) maßten es sich an, Fortschrittliche aus verschiedenen Berufsgruppen, vorwiegend aber Künstler und Prominente, vor die Fernsehkameras zu zwingen, wo sie nicht einmal über den Schutz eines normalen Prozesses verfügten. Ihre Hauptfrage lautete: »Sind Sie jetzt oder waren Sie jemals Mitglied der Kommunistischen Partei?« Wer ja sagte oder die Antwort verweigerte – viele waren in den dreißiger und vierziger Jahren Mitglieder, andere lehnten eine Antwort aus Prinzip oder Solidarität ab –, dessen Karriere war sofort beendet. Wer aber, um seine Karriere zu retten, kleinlaut sagte: »Ja, ich war es, das war ein Jugendfehler, jetzt bin ich dagegen!«, der hatte die neue »Position« gleich unter Beweis zu stellen, indem er ehemalige Genossen denunzierte und damit beruflich ruinierte. Man mußte sich also entscheiden, entweder die eigene Laufbahn einzubüßen oder zu kriechen und alte Freunde und Genossen zu verraten. Auch die Familien waren betroffen, Frauen verloren wegen ihrer Männer die Arbeit, Kinder wurden in der Schule angegriffen...

Viele hielten dem Druck nicht stand: Oscar Brand, der lange Zeit aktiv und engagiert war und eine gute Volksmusiksendereihe im Funk leitete, sprach plötzlich vom »schädigenden Einfluß der linken Kräfte auf die amerikanische Volksmusik« und meinte: »Die Darbietung von traditionellem Material ist unmöglich, wo Kommunisten ihre einflußreiche Zensur ausüben.« (81) Und das, obwohl er genau wußte, daß die Kommunisten das Material mitentdeckt und am eifrigsten verbreitet hatten. Josh White, der schwarze Gitarrist, der seine Karriere mit Hilfe von Alan Lomax und Paul Robeson beginnen konnte, ging eines Tages, nachdem er Robeson telefonisch gestanden hatte: »Paul, morgen mache ich aus mir einen Schweinehund«, »freiwillig« vor den Ausschuß, distanzierte sich von allem, wofür er bisher gesungen und gelebt hatte, und gab an, er habe sich »in seinem Unwissen« ausnutzen lassen. (82)

Am traurigsten war das Auftreten von Burl Ives, dem Sänger mit der weichen Stimme. Auch er hatte sich zunächst auf linken Veranstaltungen einen Namen gemacht, bis er am Theater eine große Rolle bekam. Vor dem Sicherheitsausschuß des Senats trat er nicht nur als »freundlicher Zeuge« auf und »bereute« seine Vergangenheit, sondern er denunzierte viele seiner alten Sängerkollegen und prahlte damit, daß er vor zwei jahren freiwillig zum FBI gegangen sei, um zu erklären, daß er nicht subversiv oder gegen sein Land sei. »Sing Out!« schrieb dazu: »Die Zukunft von Burl Ives wird sicherlich interessant sein. Wir haben bisher noch nie jemanden erleben können, der gleichzeitig singt und auf dem Bauche kriecht.« (83)

Tom Glazer, der Folk-Protestlieder geschrieben und gesungen hatte, dichtete plötzlich sarkastische Lieder gegen Pete Seeger und sang Lobeshymnen auf General MacArthur, der im Koreakrieg Atombomben einsetzen wollte.

Doch nicht alle fielen um. Paul Robeson rief mit seiner tiefen, unüberhörbaren Stimme in die Gesichter der Mitglieder des Ausschusses für unamerikanische Tätigkeit: »Sie sind die wirklichen Unamerikaner!« Jahrelang verhängte die Regierung gegen ihn wegen seines Mutes Auftrittssperre und Reiseverbot.

Alan Lomax gelang es, noch ein Gedenkkonzert für »Leadbelly« zu organisieren und kurz danach nach England zu emigrieren. Irwin Silber und Lee Hays und auch der junge Harry Belafonte, der bei seinen Auftritten schon manchen großen Erfolg gefeiert hatte, wurden nicht zu Denunzianten. Es waren dennoch für alle bittere Zeiten.

August 1955. Pete Seeger arbeitete mit seiner Familie und seinen Freunden am Bau der Scheune. Da fuhr ein glänzender schwarzer Wagen vor, und ein Beamter überreichte ihm die gefürchtete Vorladung.

Pete beschloß, sich auf den ersten Zusatzartikel zur Verfassung – die Garantie der Redefreiheit – zu berufen und dem Ausschuß das Recht abzusprechen, ihn über seine Gesinnung zu befragen. Doch dafür hatten bereits die »Hollywood Zehn« ein Jahr Gefängnis bekommen.

Sein Vater Charles Seeger, der noch für die Regierung arbeitete und hoffte, in zwei Jahren seine Pension zu erhalten, bat den Sohn, seinetwegen nicht allzu trotzig aufzutreten. Der alte Musikforscher besaß kaum Geld, und seine Frau war sehr krank. Sein Auslandspaß, der 1950 noch ein diplomatischer war, wurde 1951 herabgestuft, 1952 eingeschränkt und 1953 ganz eingezogen, obwohl Charles Seeger der UNESCO-Konferenz für Weltmusik angehörte. Kurze Zeit später – ausgerechnet an dem Tag, als er erfuhr, daß seine Frau unheilbar krebskrank war – besuchte das FBI auch ihn, um ihn einzuschüchtern.

Petes Anwalt riet ihm ebenfalls zur Ruhe und Höflichkeit; jede »Mißachtung« des Ausschusses könne ein zusätzliches Jahr Gefängnis einbringen. Also benutzte Pete am 14. August 1955, als er vor dem Ausschuß erschienen war, die höfliche Anrede »Sir«, im Grunde sagte er den Abgeordneten aber doch, daß sie bei ihm nichts zu suchen hätten. Er habe für die KP genauso gesungen wie für Schulen und Kirchen, das sei sein gutes Recht, und er glaube ganz entschieden, ein patriotischer Amerikaner zu sein. Schließlich bot er an, eins seiner umstrittenen Lieder vorzusingen – was aber energisch abgelehnt wurde.

Im Juni 1956 stimmte das Repräsentantenhaus schließlich (mit nur neun Gegenstimmen) für eine Anklage gegen Seeger. Der Prozeß ließ allerdings lange auf sich warten.

Während dieser Monate wurde Pete ein Konzert nach dem anderen gestrichen, und manchmal führte das zu komplizierten Rechtskämpfen. Er verdiente wenig, während das FBI ihm und People's Artists weiterhin nachspionierte – ihren Telefonaten, ihrer Post, ja sogar ihrem Müll – und ihnen ständig Spitzel ins Haus und ins Büro schickte.

Zu dieser Zeit schrieb Pete ein neues Lied, zu dessen Text er Jahre zuvor durch Scholochows Roman »Der stille Don« angeregt worden war, wo er ihm als Teil eines Volksliedes ohne Musik begegnet war. Seeger adaptierte (unbewußt) eine alte amerikanische Melodie, fügte seine eigenen Worte hinzu, und es entstand das folgende Lied:

Paul Robeson bei einer Kundgebung für Menschenrechte
in Washington

WHERE HAVE ALL THE FLOWERS GONE?	WO SIND ALL DIE BLUMEN HIN?
Where have all the flowers gone?	Wo sind all die Blumen hin?
Long time passing.	Viel Zeit ist vergangen.
Where have all the flowers gone?	Wo sind all die Blumen hin?
Long time ago.	Lang ist es her.
Where have all the flowers gone?	Wo sind all die Blumen hin?
The girls have picked them ev'ry one.	Die Mädchen pflückten sie alle.
Oh, when will you ever learn? *(2×)*	Oh, wann werdet ihr je lernen? *(2×)*
Where have all the young girls gone?	Wo sind all die jungen Mädchen hin?
(as above)	*(wie oben)*
They've taken husbands, every one ...	Sie haben jede einen Mann genommen ...
Where have all the young men gone?	Wo sind all die jungen Burschen hin?
They're all in uniform ...	Sie tragen alle Uniform ...

Diese drei Strophen nahm Pete Seeger auf Platte auf, wie er überhaupt diese Zeit zur Plattenproduktion nutzte. Es entstanden sechs bis acht LPs pro Jahr, alle beim Verlag seines alten Freundes Moe Asch.

Asch balancierte schon seit Jahren am Rande des Ruins, und einmal wäre er auch beinahe abgestürzt. Doch er erholte sich wieder, gründete 1950 den Folkways-Verlag und nahm von neuem Platte für Platte auf. Er konzentrierte sich auf Volksmusik – aus den USA und aus aller Welt, von Afghanistan bis Zypern. Wenn er auch von jeder Schallplatte nur wenige Exemplare im Jahr verkaufen konnte, so behielt er sie dennoch alle in seinem erstaunlichen Angebot – es war ein einmaliges Unternehmen. Moe Asch hatte bereits mit »Leadbelly« produziert, dann mit »Sonny« Terry, und eines Tages machte er Aufnahmen mit einem verwildert aussehenden Mann, der unangemeldet zu ihm gekommen war, sich auf den Fußboden setzte und sagte: »Ich bin Woody Guthrie. Ich singe Lieder.« Moe ließ ihn dann in seinem primitiven, kleinen Studio Dutzende, ja ein paar hundert Lieder aufnehmen – das wurde ein Schatz für die Nachwelt.

Noch einmal Woody

Das lag nun schon viele Jahre zurück. In der qualvollen Nachkriegszeit lebte Woody Guthrie mit seiner neuen Frau Marjorie zusammen und versuchte, ein zweites Buch zu schreiben. Er war ganz vernarrt in die kleine Tochter Cathy, für die er ein Kinderlied nach dem anderen dichtete – wie »Put Your Finger in the Air« (Steck deinen Finger in die Luft), »Car, Car« (Auto, Auto) und »Mail Myself to You« (Ich schicke mich an dich). Dann kam es im Februar 1947, als Cathy gerade vier Jahre alt geworden war, aufgrund eines schlecht verdrahteten Radios zu einem Brand, bei dem Cathys Kleid Feuer fing. Diesen tragischen Unglücksfall, der so sehr an den Tod seiner Schwester erinnerte, konnte Woody nicht verwinden. Er wanderte oft verloren durch die Stadt und durch das Land. Manchmal kam er für einige Tage zu sich, doch bald zog er wieder los. Woody und Marjorie bekamen wieder Kinder, Woody sang weiter, und in einer seiner besseren Stunden schrieb er seinen letzten Liedtext, wohl

Moe Asch, Eigentümer von Folkways und Förderer
progressiver Musik (Foto von 1980)

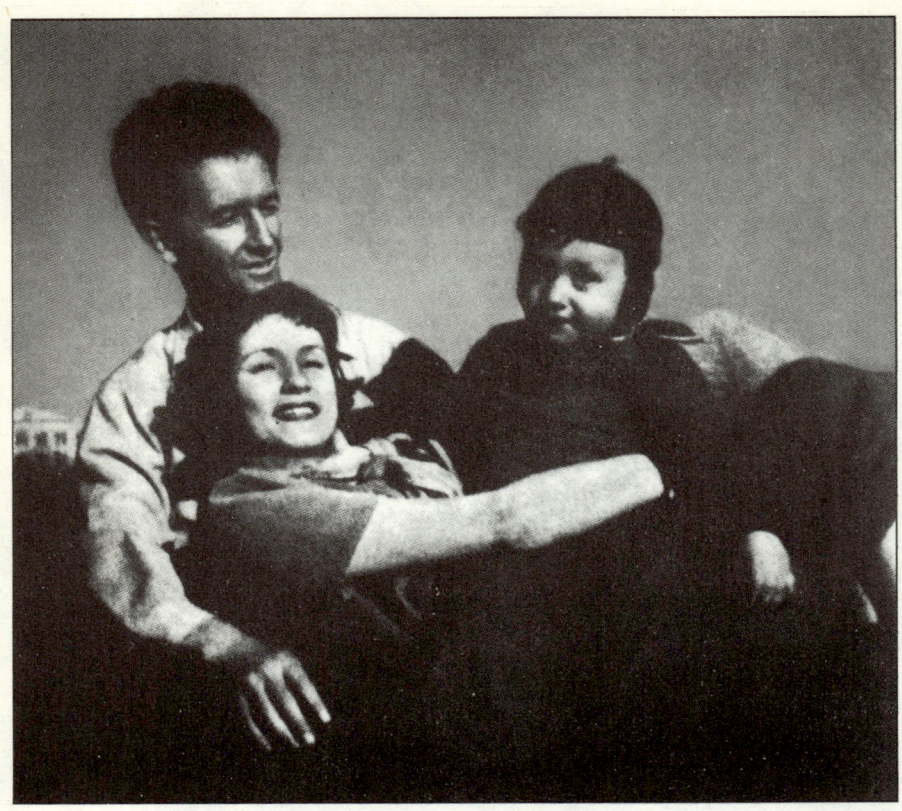

Woody Guthrie mit Marjorie und ihrem Sohn Arlo

einen seiner bedeutungsvollsten. Er war durch die Nachricht angeregt worden, daß »Gastarbeiter« aus Mexiko beim erzwungenen Rückflug aus Kalifornien in die Heimat durch einen Flugzeugabsturz ums Leben gekommen waren.

DEPORTEES	DEPORTIERTE
The crops are all in and the peaches are rotting,	Die Ernten sind eingebracht, und die Pfirsiche verfaulen,
The oranges piled in their creosote dumps;	Die Orangenberge sind mit Kreosot übergossen;
You're flying 'em back to the Mexican border,	Man fliegt sie zurück zur mexikanischen Grenze,
To pay all their money to wade back again.	Wo sie all ihr Geld dafür bezahlen werden, den Grenzfluß wieder zu durchwaten.
Chorus:	Refrain:
Goodby to my Juan, goodby Rosalita,	Ade mein Juan, ade Rosalita,
Adios, mis amigos, Jesus y Maria;	Adios mis amigos, Jesus y Maria;

You won't have your names when you ride the big airplane,	Ihr habt keine Namen, wenn ihr mit dem großen Flugzeug fliegt,
All they will call you will be deportees.	Sie nennen euch nicht anders als Deportierte.
Some of us are illegal and some are not wanted,	Manche von uns sind illegal und manche unerwünscht,
Our work contract's out and we have to move on;	Unser Arbeitsvertrag ist abgelaufen, und wir müssen weiterziehen;
Six hundred miles to that Mexican border,	Sechshundert Meilen bis zur mexikanischen Grenze,
They chase us like outlaws, like rustlers, like thieves.	Sie jagen uns wie Aussätzige, wie Verbrecher, wie Diebe.
Chorus: ...	*Refrain:* ...

Woody wanderte nach Florida, besuchte dort Stetson Kennedy, den mutigen Autor des Buches »Ich ritt mit dem Ku-Klux-Klan«, und stritt sich wieder einmal mit seinen Verwandten in Texas. Mit Decca unterschrieb er einen Vertrag für seine Lieder, wofür sich allmählich ein breiteres Publikum interessierte. Doch als sich der abtrünnige Tom Glazer erfreut darüber äußerte, daß von Guthrie keine Lieder mehr in »Sing Out!« zu finden wären, antwortete ihm Woody wütend: »... Ich tue, was ich kann, um gegen den Krieg zu kämpfen, und ›Sing Out!‹ tut das ebenfalls. Ich dichte Balladen ... und zeige damit, wie ... Rassenhaß und Ku-Klux-Klan dem guten Teil meines Landes in jeder Minute schaden, und ›Sing Out!‹ veröffentlicht Lieder, die die gleichen Dinge lehren, zeigen und beweisen ... Schweigt nun davon, daß ich meinen Decca-Vertrag dazu ausnutzen werde, mich in meinen eigenen Bauchnabel zu verlieben und alle die Peekskills zu vergessen, die ich mit Pete Seeger, Lee Hays, Earl Robinson und vielen anderen durchlebt habe ...« (84)

1952 besuchte er Kalifornien; Pete erinnert sich, wie sie eines Abends zusammensaßen und zu dem alten Lied »Acres of Clams« (siehe S. 35) neue Strophen erfanden, als Woody, der gerade vom Schnüffelbesuch einiger FBI-Agenten erzählt hatte, die folgende Strophe sang: (85)

He asked, »Will you carry a gun for your country?«	Er fragte: »Wirst du ein Gewehr für dein Land tragen?«
I answered the FBI, »Yay!«	Ich antwortete dem FBI: »Ja!«
»I will point a gun for my country,	»Ich werde mit dem Gewehr für mein Land zielen,
But I won't guarantee you which way!«	Doch garantiere ich nicht, in welche Richtung!«

Schließlich merkte Woody, und mit ihm alle anderen, daß er krank wurde. Er suchte einen Arzt auf, doch der konnte nicht so recht feststellen, woran Woody litt. Also wanderte er weiter – per Anhalter und auf Güterwagen. Er wurde immer hilfloser und landete öfters in Haftanstalten – meist nur für eine Nacht. Einmal bemerkte er: »Ich kann mit Gewißheit sagen, Amerikaner lassen einen sehr hungrig werden, aber nie ganz verhungern.« (86)

Schließlich mußte man feststellen, daß Woody die entsetzliche Huntingtonsche Krankheit von seiner Mutter geerbt hatte, die ihre Opfer geistig zerrüttet, ihnen die Kontrolle über die eigenen Muskeln entzieht, oder beides. Im Einvernehmen mit seiner Frau Marjorie ließ sich Woody in ein Krankenhaus bringen, wo er von fast allen Menschen, außer seinen nächsten Freunden und Angehörigen, vergessen wurde.

ELFTES KAPITEL

FOLKLORE-EXPLOSION
1955–1963

Hoffnungsstrahlen

Nach jahrelanger Finsternis und Angst im Lande gab es nun endlich wieder Hoffnungsstrahlen. Der Koreakrieg endete im Juli 1953 mit einem Waffenstillstand. Ein Jahr später wurde auf einem großen Treffen in Genf der Kolonialkrieg Frankreichs in Vietnam beendet – dabei schien keiner bemerkt zu haben, daß die USA die Vereinbarung nicht unterschrieben hatten. Im April 1955 sprachen sich neundundzwanzig Länder Asiens und Afrikas – die meisten waren ehemalige Kolonien – eindeutig gegen den Imperialismus aus, und einen Monat später einigten sich die vier Siegermächte des zweiten Weltkriegs, Österreich in die ungeteilte Souveränität zu entlassen. Obwohl sich die USA auch weiterhin in Ländern wie Guatemala, Iran und Libanon einmischten und die atomare Aufrüstung fortsetzten, so hatte sich die Atmosphäre durch die genannten Ereignisse doch merklich verbessert.

Nachdem Senator Joseph McCarthy gar die US-Armee als »kommunistenfreundlich« beschimpft und sich im Fernsehen gründlich blamiert hatte, wurde er im Senat offiziell getadelt. Kurze Zeit darauf trank er sich in den Tod.

Die »neun alten Männer« des Obersten Gerichtshofes versetzten im Mai 1954 das Land in Erstaunen, indem sie festlegten, daß die Rassentrennung in den Schulen, die bislang in den Südstaaten Gesetz war, gegen die Verfassung verstoße. Das löste heiße, blutige Kämpfe aus, die noch heute, mehr als dreißig Jahre später, andauern. Ende 1955 lehnte es die schwarze Näherin Rosa Parks in Montgomery (Alabama) ab, für einen Weißen im Bus aufzustehen und sich nach hinten zu stellen. Sie wurde verhaftet, und damit begann ein zwölfmonatiger Busboykott der Schwarzen der Stadt, der nicht nur siegreich ausging, sondern auch unzählige weitere Kämpfe anregte. Ein Führer des Busboykotts war Martin Luther King, der dadurch weltbekannt wurde. Die eisige Landschaft der USA begann allmählich aufzutauen.

Selbst in den schwierigsten Zeiten hatten People's Artists ihre Hootenannies in New York nie ganz aufgegeben. Sie hatten immer wieder den Mut, Folk, Jazz, Calypso, Chormusik, aber auch Klassik und sogar Gedichte in lockerer Folge erklingen zu lassen. Nun, Ende 1955, riskierte Harold Leventhal, der ehemalige Manager der aufgelösten Weavers, einen gewagten Schritt: Er mietete die große Carnegie Hall für ein Comeback-Konzert dieses Quartetts. Es gab wieder einmal die Gelegenheit zu hören, wie sich Ronnie Gilberts Stimme klar über Lee Hays' Methodistenprediger-

Nach drei Jahren beginnen die Weavers ihr Comeback
in der Carnegie Hall

baß emporhob und sich beide mit den Stimmen und Instrumenten von Pete Seeger und Fred Hellerman mischten. Die binnen einer Stunde ausverkauften Karten und der unaufhörliche Beifall bewiesen, wie sehr sich die Menschen noch immer über diese Lieder freuten: die von Woody und »Leadbelly« und Pete, die aus Afrika, Spanien und Indonesien, über »Hey la-lee li-lee lo«, die alten Spirituals und Merle Travis' ironisches Bergmannslied »Sixteen Tons« – und über die neue Hoffnung, die die Weavers verkörperten. Nun gingen sie wieder auf Tournee durchs Land.

Drei Monate später strömten mehr als tausend Menschen einem anderen New-Yorker Saal zu, um an einer Ehrung für den kranken Woody Guthrie teilzunehmen. Er war also doch nicht ganz vergessen! Der ehemalige Almanac-Sänger Millard Lampell schrieb ein Programm, das mehr als fünfundzwanzig der schönsten Guthrie-Lieder enthielt, etwa zehn der besten Sänger wirkten mit, eine Kindertanzgruppe begleitete Woodys Kinderlieder pantomimisch, und Lee Hays sprach mit warmer, tiefer Stimme Prosatexte Woodys über dessen Leben, Philosophie und Prinzipien. Ehemalige Almanac-Sänger, Mitglieder von People's Songs und People's Artists kamen wieder zusammen, und das Publikum sang bei vielen Liedern aus vollem Halse mit. Am Schluß des Konzerts, während des Liedes »This Land Is Your Land«, wurde plötzlich ein Scheinwerfer auf den Rang gerichtet – und dort erhob sich langsam der ergraute Woody persönlich, für das Konzert hatte man ihn extra aus dem Krankenhaus geholt. Auf der Bühne sagte Earl Robinson zu Pete: »Schnell, noch einen Refrain!« und alle, auch die Jüngeren, die ihn noch nie zuvor gesehen hatten, ehrten Woody mit seinem Lied, voller Achtung und Zuversicht.

Doch wieder einmal änderte sich die Lage. Auf dem XX. Parteitag der KPdSU im Februar 1956 prangerte der damalige Erste Sekretär des Zentralkomitees, Nikita Chrustschow, die Verletzungen der Gesetzlichkeit während der Regierungszeit Stalins an. Diese Rede war vertraulich, doch Agenten der amerikanischen Regierung bekamen den Bericht in die Hände und veröffentlichten ihn. Das löste einen Schock in den Reihen der kommunistischen Parteien westlicher Länder aus. Verstärkt wurde diese Unruhe noch durch die Revolte gegen den Sozialismus in Ungarn, die weitgehend vom CIA-Sender Radio Freies Europa gefördert und erst nach vielen Opfern und dem Einsatz sowjetischer Truppen gestoppt wurde. Führende amerikanische Kommunisten, die soeben aus den Gefängnissen entlassen und voller optimistischer Pläne waren, mußten nun darum kämpfen, die Partei zu retten. Sie verloren sehr viele Mitglieder, ihr Presseorgan überlebte nur noch als eine Wochenzeitung, und die KP-USA wurde auf Jahre hinaus so gelähmt und isoliert wie in den härtesten Zeiten der McCarthy-Ära. Dennoch gelang es ihren Führern, ein Abgleiten in politisch seichtes Fahrwasser zu verhindern.

Diese Entwicklung brachte auch Folgen für die Volksmusikbewegung mit sich. People's Artists konnten sich nicht mehr am Leben halten. Obwohl das alles zu einem Zeitpunkt passierte, als es zu einer Erneuerung des Interesses an der Volksmusik gekommen war. In letzter Minute gelang es gerade noch, »Sing Out!« zu retten. Moe Asch, der Eigentümer von Folkways, hatte so viel an seinen Platten verdient, daß er der Zeitschrift aus der finanziellen Not helfen konnte. Dennoch änderte sich die linke musikalische Landschaft im Zusammenhang mit der politischen gründlich.

»Muddy Waters«, einflußreicher Blues-Sänger

Bebop, R&B und R'n'R

Nach dem Krieg waren etliche neue Plattenverlage entstanden, die meisten waren aber nur klein und kurzlebig. Darunter waren nun auch einige von Schwarzen geführte. Manche, so lästerte man, machten ihre Aufnahmen in der Garage, ihre Büroarbeit im Wagenfond. Nur in Ausnahmefällen hatten solche Firmen Erfolg, doch sie bewirkten eine gewisse Breite der Szene.

Im Jazz setzte sich als neue Stilrichtung der komplizierte Bebop durch. Er wurde nach längerem Zögern von vielen schwarzen und weißen Musikern mit- und nachgemacht, was – wie so oft – zu einer Verflachung und Kommerzialisierung führte. Daher suchte die Avantgarde bereits wieder nach neuen Formen.

In den überfüllten Ghettos der nördlichen Städte, in die so viele Schwarze aus dem Süden eingewandert waren, etablierte sich eine neue Mischung aus ländlichem und städtischem Blues mit Jazz-Elementen; sie wurde als »Rhythm & Blues« bezeichnet und diente als Tanzmusik. »Muddy Waters«, »Howlin' Wolf« und Joe Turner traten in den Kneipen von Chicago oder Los Angeles ohne Lautsprecher auf, daher sangen sie sehr laut und mit rauher Stimme. Das klang anders, als man es von der »süßen« Pop-Musik von Tin Pan Alley gewöhnt war. »Muddy Waters« begann schließlich, sich mit einer elektrischen Gitarre Gehör zu verschaffen. 1950 sang er

Bill Haley versetzte sein Publikum mit dem Rock'n'Roll in Begeisterung

seinen wirkungsvollen Titel »Rolling Stones«. Rhythm & Blues und seine verschiedenen Variationen wurden immer einflußreicher, allmählich auch bei manchen Weißen, und sogar in den Südstaaten.

Eine Reihe jüngerer schwarzer Sänger wurde bekannt, wie »Fats« Domino, in dem viele den Begründer des neuen, zunächst noch unbenannten und später als Rock 'n' Roll bezeichneten Musikstils sahen, »Little Richard« Penniman, Chuck Berry und einige andere. Doch für die maßgeblichen Leute des Show-Geschäfts galten ihre Texte als unmoralisch, ihre Rhythmen als unanständig – alles nicht geeignet für süße, tugendhafte blonde Oberschülerinnen! Und außerdem waren sie ja schließlich Schwarze!

Einige vorausschauende weiße Firmen – wie Atlantic und Chess Records – verlegten diese Musik trotzdem. Doch das Gros der Unterhaltungsindustrie ließ die besten dieser Lieder höchstens in geglätteter und gereinigter Form nachsingen. Dafür brauchten sie weiße Sänger, die eine den schwarzen vergleichbare Dynamik mitbrachten und im Rhythmus und Elan wie diese singen konnten.

Das erste Ergebnis dieser Suche war Bill Haley, der mit seinen »Comets« auftrat. In dem Film »Blackboard Jungle« (Saat der Gewalt) sang er 1955 »Rock Around the Clock«, das ursprünglich von dem Schwarzen Joe Turner stammte und dessen ansteckender Sound bald unzählige Jugendliche in Ekstase versetzte. Der Discjockey

217

Alan Freed war so kühn, im Rundfunk für junge Leute die neuesten Rhythm-&-Blues-Platten schwarzer Künstler zu spielen. Er stellte aber auch neue Aufnahmen weißer Sänger vor. Damit die Lieder – trotz ihrer schwarzen Herkunft – auch von rassistischen Weißen akzeptiert werden konnten, gab er ihnen einen neuen Namen und nannte sie Rock 'n' Roll. Und der Rock 'n' Roll wurde akzeptiert! (Daneben gab es noch eine Mischung aus Rhythm & Blues und Country, die man Rockabilly nannte.)

Bald hatte man ein Idol gefunden, das fast alle Wünsche erfüllen konnte. Elvis Presley war weiß, sah attraktiv aus und sang eine Mischung aus Country (er stammte aus Mississippi), Gospel, Rhythm & Blues, den er von schwarzen Musikern gehört hatte, und Pop. Seine unverwechselbare Stimme und seine erotischen Bewegungen machten ihn zum Star, und der Rock 'n' Roll – auch von anderen Sängern wie Buddy Holly interpretiert – wurde zum absoluten Favoriten der Jugend – und stieß auf den Protest der Eltern.

Doch wie alle Moden befriedigte auch diese nicht restlos und nicht für immer. Elvis ging zur Armee, Buddy Holly starb sehr jung bei einem Flugzeugunglück. Gemeinsam mit einigen anderen geriet der Discjockey Alan Freed in einen Skandal um Bestechungsgelder für das Spielen bestimmter Platten im Funk (»Payola«). Gegen Jerry Lee Lewis, der seine dreizehnjährige Cousine geheiratet hatte, wurden moralische Bedenken angemeldet.

Dazu kam, daß die Intellektuelleren unter den Jugendlichen, Oberschüler und Studenten, den Rock 'n' Roll bald als billig und pubertär abstempelten. Sie suchten nach anderem.

Nun zeichnete sich am Horizont eine neue, recht umstrittene Mode ab, die nicht unmittelbar mit Musik zusammenhing. Ihre Anhänger lehnten alle Werte der »amerikanischen Lebensweise« ab: die Werbung, das Streben nach schönen Vorortvillen, nach großen Wagen und luxuriösen Haushaltsgeräten. Sie provozierten die »braven« Bürger, indem sie Bärte und Sandalen trugen und verpönte Begriffe verwendeten. Die Frauen verschmähten Lippenstift, schminkten aber ihre Augen derart, daß man sie »Waschbären« nannte. Ihr Wallfahrtsort war eine Buchhandlung in San Francisco, wo sie Gedichtbände von Lawrence Ferlinghetti (dem Ladenbesitzer) und Allen Ginsberg und Romane von Jack Kerouac, wie »On the Road« (Unterwegs), erstanden. Ihre Wanderungen zwischen Autobahn, Zen-Buddhismus und wechselnden Betten waren gewiß interessanter als artiges Fernsehen oder irgendeine Büroarbeit. Diese Dichter und ihre Anhänger nannten sich die »geschlagene« oder »Beat«-Generation, und als 1957 der Sputnik die Welt in Erstaunen setzte, borgte man sich von ihm die Nachsilbe und nannte sich »Beatniks«.

Sie wurden zum Bürgerschreck für alle biederen Leute: In Connecticut versuchte man sogar, einen Mann zu überfahren, nur weil er einen Bart trug und wie ein Beatnik aussah. Dabei war der Widerstand der Beatniks gegen das System ein passiver und sanfter; am klarsten bezogen sie Stellung gegen den Rassismus. Manche äußerten auch ihre Sorge über die fortgesetzten Versuche mit der Wasserstoffbombe im Pazifik. Das waren immerhin mehr Gedanken, als sich die meisten Amerikaner in den fünfziger Jahren machten.

Die Folklore

Aus manchen »Beatniks« wurden »Folkniks«. Gegen Ende der fünfziger Jahre wurde die Volksmusik immer mehr zu dem, was die studentische Jugend suchte. Erfolge hatte es ja schon gegeben: etwa die Weavers-Platten der Jahre 1950 bis 1952 und 1956 oder Harry Belafontes Lieder. Der gutaussehende schwarze Sänger, ursprünglich ein Schauspieler, hatte festgestellt, daß Volkslieder, mit etwas Sinn für »Showmanship« und seiner angenehmen, etwas belegt klingenden Stimme vorgetragen, sehr gut beim Publikum ankamen. Er hatte als Kind in Jamaika gelebt und kannte die Schönheit der Lieder von den englischsprachigen Inseln der Karibik – vor allem den Reiz des Calypso. Diese Rhythmen adaptierte er, glättete sie für kommerzielle Bedürfnisse – und machte sie weltberühmt mit Liedern wie »Day-O«, »Matilda« oder »Jamaica Farewell«. So wurde eine Art Folklore beliebt – wenn auch ihre »Echtheit« umstritten ist.

Was aber niemals umstritten war: Belafonte blieb immer seinen fortschrittlichen Prinzipien treu, die er besonders seinen beiden großen Vorbildern Paul Robeson und dem schwarzen Gelehrten und Kämpfer W. E. B. DuBois zu verdanken hatte. Er engagierte sich kräftig in der wachsenden Bewegung der schwarzen Amerikaner, später im Kampf um den Frieden und gegen Apartheid. Er unterstützte die Südafrikanerin Miriam Makeba in den USA, gemeinsam besangen sie eine Platte mit Freiheitsliedern aus ihrer Heimat, und so bekam die Folklore-Welle stärkere internationale Aspekte.

Belafonte hatte, wie auch die Weavers, erste Erfolge in kleinen Nachtklubs in New Yorks Bohèmeviertel Greenwich Village. Nun gab es eine neue Institution. Das erste einer großen Anzahl von Coffeehouses für Volksliedinteressenten wurde schon 1955 in Philadelphia eröffnet. Nach dem Muster der Weavers entstanden viele Gruppen wie die »Tarriers« oder die »Limelighters«. Am erfolgreichsten war das »Kingston Trio«, das 1958 die Appalachen-Ballade »Tom Dooley« – sehr geglättet – auf Platte sang, die mit 2,6 Millionen Exemplaren verkauft wurde. Dieses Resultat regte auch die Gründung von »The Brothers Four«, des »Chad Mitchell Trios« und etlicher anderer Gruppen an.

Manche Folk-Freunde lehnten diese Gruppen als kommerziell ab, doch auch sie trugen wohl zur weiteren Verbreitung des Folklore-Interesses bei. Ein Teil der jungen Generation kannte dank der Sendungen von Leuten wie Alan Lomax, der wieder in die USA zurückgekehrt war, echte Volkslieder aus der Schule, wo sie sie gehört und auch gesungen hatten. Die ernsthaft Interessierten entdeckten nun für sich den ländlichen Blues und die Country Music aus den Appalachen, vielleicht auch den Blue-Grass-Stil mit Gitarre, Mandoline, Banjo, Fiedel und Baß, der nach dem Krieg entstanden war. (Kentucky, wo der hauptsächliche »Begründer« dieses Stils, Bill Monroe, herstammte, ist für sein bläuliches Gras berühmt, woraus sich der Name erklärt.)

1959 bildeten sich die »New Lost City Ramblers«, ein Trio mit Pete Seegers Halbbruder Mike Seeger, das alte Appalachen-Lieder für ein junges, städtisches Publikum stilecht interpretierte. Stadt und Land näherten sich musikalisch an.

Als Tausende junger Menschen in England begannen, jährlich zu Ostern gegen die Atombombe zu marschieren und dabei nach anfänglichem Zögern 1958 und 1959 mehr und mehr Lieder sangen – mit neuen, bissigen Texten, aber auch voller Humor und oft zu amerikanischen Melodien, da machten es ihnen junge Amerikaner nach.

Im Juli 1959 wurde der einst so elegante und exklusive Seebadeort Newport im nordöstlichen Bundesstaat Rhode Island wieder einmal in Unruhe versetzt, nachdem er sich schon an das jährliche Jazz-Festival gewöhnen mußte.

Etwa 15 000 junge Leute strömten mit ihren Musikinstrumenten – Gitarren und Banjos – und Schlafsäcken zum ersten Folk-Festival. Ein Wochenende lang gab es Dutzende Konzerte, große und kleine, und allerlei Workshops über Methoden des Spielens und Singens von Folklore.

Unter vierzig Sängern und Musikern hörten die Herbeigeströmten das Folk-Blues-Duo »Brownie« McGhee (Gitarre) und »Sonny« Terry (Mundharmonika), beide ehemalige Almanac Singers, die »New Lost City Ramblers« mit Mike Seeger auf der Autoharp, Jean Ritchie mit ihrer dreisaitigen Dulcimer, auch die schwarze Sängerin Odetta mit ihrer tiefen, ausdrucksvollen Stimme, die weiße Blues-Sängerin Barbara Dane und das sensationell erfolgreiche Trio Peter, Paul and Mary – Peter Yarrow, Paul Stookey und Mary Travers. Am meisten geehrt wurde wohl der »Altmeister« Pete Seeger.

In der ersten Nacht hörte man lange nach Schluß der offiziellen Veranstaltungen noch eine Gruppe singen, und dabei fiel die Stimme einer Sängerin auf, die hoch über dem Gelände zu schweben schien. Man fragte nach ihrem Namen, aber keiner kannte sie. Beim Konzert des letzten Abends erfuhren ihn alle, als sie – damals noch im Duett – in zwei Liedern mit ihrem unvergeßlichen Vibrato brillierte. Sie hieß Joan Baez. Bald wußten es Millionen, daß ihr spanischer Name wie Bah-jes auszusprechen war ...

Zum nächsten Festival, das vom 24. bis 26. Juni 1960 stattfand, kamen noch mehr Sänger, Musiker und Zuhörer nach Newport. Woody Guthries alter Freund »Cisco« Houston sang und spielte und unter anderen auch Ed McCurdy, der Schöpfer des bewegenden Antikriegslieds »Strangest Dream« (Seltsamer Traum); der alte schwarze Gitarrist und Sänger John Lee Hooker bot seinen »Hobo Blues«; Lester Flatt, Earl Scruggs und die »Foggy Mountain Boys« spielten Blue-Grass-Musik, mit der Dreifingermethode auf der Gitarre, direkt aus den Appalachen. Weitere Sänger kamen aus Kanada, aus Irland und aus England – unter ihnen Petes Halbschwester Peggy mit ihrem Mann Ewan MacColl, der Sänger, Liedersammler, Rundfunkdokumentarist, Regisseur und Volksliedenthusiast ist.

Mancher alte Traum hatte sich also verwirklicht. Endlich wurde Volksmusik, mit einer humanistischen Aussage verbunden, von Tausenden meist jungen Leuten gesungen und gespielt. Eine neue Ära war angebrochen. Es geschah sogar immer häufiger, daß amerikanische Volkslieder auch in Europa und in anderen Kontinenten zu hören waren – wo sie ja zum Teil ursprünglich herstammten. Wenn sie hier auch gelegentlich als »neueste Schlager aus den USA« verkannt wurden.

Die schwarze Sängerin Odetta

We Shall Overcome

Auch im Leben der schwarzen Amerikaner war eine Wende eingetreten. Begonnen hatte es vor einigen Jahren mit dem Busboykott in Montgomery, der sich so oft wiederholt hatte, bis in allen städtischen Bussen des Südens die Rassentrennung aufhören mußte.

221

Joan Baez, die mit ihrer Stimme das Publikum
in Newport überraschte

Harte Maßnahmen gegen junge Schwarze in Alabama

Die meisten amerikanischen Warenhäuser haben im Erdgeschoß Kantinen mit langen Theken und Hockern, wo man Sandwiches, Kuchen, Eisgetränke und Kaffee bekommt – das galt aber nicht überall für alle. In den Südstaaten durften schwarze Kunden zwar einkaufen, doch es war ihnen verboten, in den Stadtzentren zu essen oder zu trinken. 1960 beschloß eine Gruppe schwarzer Studenten in North Carolina, sitzen zu bleiben, bis sie bedient – oder aber verhaftet würden. Sie und viele andere, die es ihnen nachmachten, wurden von Rassisten angegriffen und beleidigt, mit Zukker oder Ketchup überschüttet, geschlagen und zu Hunderten verhaftet. Doch es wurden immer mehr, die ihre Plätze einnahmen.

Bei diesen »sit-in«-Aktionen – und auch später im Gefängnis – wurde viel gesungen; vielfach die alten Spirituals, die während der Sklavenzeit verschlüsselten Texte waren nunmehr völlig eindeutig. Hinzu kamen jüngere Gospel-Lieder, vor allem solche, die kämpferisch ausgelegt werden konnten. Und immer wieder ertönte »We Shall Overcome«.

Zilphia Horton von der Highlander Folk School hatte dieses Lied, das seinen Ursprung in einer alten, schwarzen Hymne hat, von zwei Arbeitern gelernt, die es während eines Streiks gegen die American Tobacco Company in Charleston (South Carolina) mitgesungen hatten. In einem Bericht über diesen Streik heißt es:

»Es war ein harter Streik, 5 1/2 Monate bei einem strengen, regnerischen und kalten Winter. Er wurde von 5000 bis 6000 Menschen begonnen, meist Schwarzen, die täglich von 7.30 Uhr bis 18.30 Uhr in der Streikpostenkette liefen. Schließlich ermüdeten die Menschen, und ihre Moral sank. Viele begannen wieder zu arbeiten ...

Die Übriggebliebenen verbrachten manche Tage singend, um die Moral zu heben. Wir sangen: ›Wir werden unsere Rechte erkämpfen ... Wir werden diesen Kampf gewinnen ... Wir werden uns organisieren ... Wir werden überwinden‹ (We will overcome). Wir begleiteten dieses Lied mit Klatschen und einem kleinen Schrei, bis uns manchmal die Polizei zur Ruhe mahnte.« (87) Zilphia Horton veränderte das Lied etwas und gab ihm ein langsameres Tempo. Sie sang es in Gewerkschaftssälen und Gemeindezentren. Es wurde bald zum beliebtesten Lied der Highlander School. Bei einem Werkstatttreffen hörte es Pete Seeger, der es bei seinen Auftritten im Norden sang (dabei änderte er »We will« in »We shall overcome«, weil das schöner klang). Neue Strophen kamen hinzu. Die Lehrgänge der Highlander School wurden zu dieser Zeit besonders für Bürgerrechtskämpfer durchgeführt. Unter den »Schülern« waren auch Rosa Parks, die den Busboykott in Montgomery auslöste, und Martin Luther King, der zu seinen Führern gehörte. Wie es in dieser Schule üblich war, nahmen Schwarze und Weiße gemeinsam an den Kursen teil, weshalb die Schule 1959 von der Polizei Tennessees angegriffen wurde. Noch während dieser Razzia entstand die neue Strophe »We are not afraid« (Wir haben keine Angst). Unter den Verhafteten dieser Polizeiaktion war auch Guy Carawan, ein Sänger und Lehrer an der Schule. Er brachte das Lied 1960 zu den Teilnehmern der »sit-in«-Bewegung. Danach wurde es im ganzen Land bekannt.

Der schwarze Kämpfer Wyatt Tee Walker schrieb 1963: »Ich hörte es ein halbes Dutzend Menschen leise hinter den Gittern eines Gefängnisses in Mississippi singen. Ich hörte, wie es alte Frauen sangen, die in Albany, Georgia, zur Arbeit zogen. Ich hörte es von Studenten gesungen, die ins Gefängnis geschleppt wurden. Das Lied hat eine Kraft, die unbeschreiblich ist.« (88) Schließlich erklang es in allen Teilen der Welt.

In jenen Jahren folgte eine Schlacht auf die andere – gegen die Rassentrennung in den Schulen, auf Busbahnhöfen und in Wartesälen, in Schwimmbädern und Kinos, für das uneingeschränkte Wahlrecht, gegen Schikane und Terror. Ein neuer Stolz war unter den Afroamerikanern erwacht. Dazu hatten auch die Träume von Paul Robeson beigetragen, der nun, nach neun Jahren, wieder auftreten und auch Einladungen aus dem Ausland annehmen durfte. Und auch der alte Kämpfer Professor DuBois, der in Ghana an einem großen Afrika-Lexikon arbeitete, hatte daran mitgewirkt, daß sich schwarze Amerikaner endlich nicht mehr ihrer Abstammung schämten. Allein 1960 erlangten sechzehn afrikanische Staaten ihre Unabhängigkeit, und ihre Staatsmänner und Diplomaten reisten zur UNO nach New York oder nach Washington. In den Ghettos entstand ein neues Interesse an der Geschichte Afrikas, seinen Sprachen, Religionen und Kulturen und an seiner Kleidung – auch das ein Ausdruck des gestiegenen Selbstbewußtseins. Lieder wurden innerhalb dieser Bewegung wiederentdeckt oder neu geschaffen – Hymnen, Gospels, Gewerkschaftslieder, und sie übten eine starke Wirkung auf die weißen »Folkniks« im Norden aus.

Nicht immer waren die Kämpfe der Schwarzen erfolgreich. Monatelang dauerten die Auseinandersetzungen um das Wahlrecht in Albany (Georgia) an. Eine Kirche ging in Flammen auf, Tausende – darunter Martin Luther King – wurden verhaftet, riesige Ku-Klux-Klan-Kreuze brannten bedrohlich.

Guy Carawan half mit, »We Shall Overcome« zu verbreiten (Foto von 1958)

Pete Seeger kam einer Einladung zu einer Versammung der Schwarzen in Albany nach. Er hörte ihrem Gesang zu, und jedes Lied bekam eine besondere Bedeutung, wenn man wußte, daß man von Schlägerbanden und feindlichen Polizeieinheiten umgeben war. So sangen sie »Oh, Freiheit« (... und bevor ich Sklave sein werde, lass' ich mich ins Grab legen ...) oder zu einer alten Hymne einen neuen Text, in dem es heißt: »Wir wurden verschmäht, wir wurden belogen ... doch werden wir

225

nie umkehren.« Pete sah sich – was bei ihm sicher sehr selten vorkam – außer-
stande, sogleich singend in diese leidenschaftliche, leidende und opferbereite Atmosphäre einzutreten. Diesmal war er vor allem Zuhörer. Doch am Ende der Versammlung sangen alle gemeinsam »We Shall Overcome«.

Auf dieser Reise in den Süden war Seeger auch zu Besuch bei Pfarrer Andrew
Young, dem späteren UNO-Vertreter der USA und Oberbürgermeister von Atlanta.
Hier lernte er Bernice Reagon, eine junge schwarze Frau, kennen, die über eine erstaunliche Stimme, musikalische Begabung und Willensstärke verfügt. Pete be-
sprach mit ihr die Möglichkeit, eine Gruppe von schwarzen Sängern zu bilden, die
den Almanacs oder den Weavers vergleichbar sei. Energisch, wie sie war, gründete
sie fast schon am nächsten Tag die »Freedom Singers«, eine Gruppe von vier (zeit-
weilig von sechs) Mitgliedern, alle jung, und alle mit der Erfahrung aus südlichen
Haftanstalten.

Toshi Seeger organisierte für die Gruppe eine Tournee im Norden. Sie waren bald
so gefragt, daß Toshi ihnen riet: »Geht lieber gleich noch mal auf Toilette, denn der
Auftrittsplan für den nächsten Monat ist so angefüllt, daß ihr wohl kaum wieder
Zeit dazu bekommen werdet!« (89)

Auseinandersetzungen von Birmingham
bis zur Schweinebucht

In der Großstadt Birmingham (Alabama) durften die schwarzen Bürger nicht einmal
die Bibliotheken benutzen oder die Oper besuchen; die meisten Parks, der Rummel-
platz oder der Zoo waren ihnen verboten; und sie bekamen im Zentrum kaum Arbeit. Bei einer großen Aktion gegen diese Verhältnisse, im Frühling 1963 unter der
Leitung Dr. Kings, ging die Stadtführung mit Wasserwerfern und bissigen Hunden
gegen die Demonstranten vor und ließ an einem einzigen Tag dieser wochenlangen
Kämpfe 969 friedlich demonstrierende Kinder zwischen sechs und sechzehn Jahren
verhaften. Dennoch ließen sich die Kämpfer nicht einschüchtern – sie demonstrierten und sangen weiter. Wenn auch die Märsche nach dem Gesetz ruhig verlaufen
mußten, wozu Dr. Martin Luther King immer wieder mahnte, so konnten doch die
Teilnehmer, falls sie verhaftet wurden, sofort laut singen: »I ain't scared o' your jail
'cause I want my freedom …« (Ich fürchte nicht eure Haft, denn ich will meine Freiheit …).

Im nördlich gelegenen New York gab es noch nicht die gleiche Leidenschaft und
Entschlossenheit wie im Süden. Doch wieder war es Pete Seeger, der am 8. Juni
1963 in der Carnegie Hall die Kämpfe dem Publikum so nahe brachte wie nur möglich. Das Konzert – eines seiner dramatischsten – wurde auf der Platte »We Shall
Overcome« in all seiner Begeisterung festgehalten. Tausende wurden an diesem
Abend mobilisiert, was als Symbol für eine Phase der schwarz-weißen Einheit gelten
kann, die breite Teile der Bevölkerung erfassen sollte.

Überall auf der Welt waren die frühen sechziger Jahre aufregende Zeiten. In
Afrika, wo sich so viele Länder vom Kolonialismus befreit hatten, wurde im Kongo
unter Mitwirkung der CIA der Premier Patrice Lumumba ermordet, um die Befrei-

226

Martin Luther King nach einer Haftentlassung

ungsbewegung zu stoppen. Eine geplante Gipfelkonferenz scheiterte noch vor dem Anfang, als der amerikanische Pilot Gary Power bei einem geheimen Spionageflug über der Sowjetunion erwischt wurde. Das Wettrennen im Weltall wurde dramatisch, als Gagarin, dann Titow und etwa sechs Monate nach diesem John Glenn die Reise antraten. 1961, kurz nach der Vereidigung des jungen Präsidenten John F. Kennedy, versuchten die USA – allerdings vergeblich –, die Revolution in Kuba durch eine Invasion rückgängig zu machen. Es gab 1961 höchst dramatische Ereignisse in Berlin und Vietnam. 1962 kam es zur zweiten Kuba-Krise, die die Welt am Rande eines Atomkrieges erzittern ließ, ehe es zu einer Vereinbarung kam, die die Beziehungen zwischen den USA und der Sowjetunion verbesserte.

Da immer mehr junge Leute zur Gitarre und zum Stift griffen, entstanden viele Lieder, die diese Ereignisse widerspiegelten. Man sang auch wieder die alten Lieder. Als der Ausschuß für unamerikanische Tätigkeit 1960 San Francisco heimsuchte, protestierten Studenten tagelang. Die Polizei zerrte viele von ihnen die Marmorstufen des Gerichtsgebäudes, auf denen sie sich niedergelassen hatten, herab, doch immer wieder erklang trotzig ihr: »We Shall Not Be Moved«. Dasselbe Lied wurde fast zur gleichen Zeit von den bedrängten schwarzen Kämpfern im Süden gesungen. Manche Lieder fanden eine erstaunliche Verbreitung. »If I Had a Hammer«, das fünfzehn Jahre lang kaum beachtet worden war, gelangte in der Version des beliebten

Das Folk-Trio Peter, Paul and Mary

Trios Peter, Paul and Mary auf den ersten Platz der Hit-Parade. Viele Gruppen sangen es nach, meist in modischen Arrangements. Doch Seeger schrieb dazu: »Nehme ich die Änderungen übel? Ich habe die Lieder von so vielen anderen verändert, daß ich kaum das Recht habe zu verlangen, daß andere mein Lied nicht ändern. Aber ich habe noch etwas Interessantes entdeckt: Man kann die Melodie so, wie ich sie geschrieben habe, mit der Rock-'n'-Roll-Version zusammen singen. Sie harmonieren miteinander. Ist das nicht eine schöne Moral für die Welt?« (90) Mary Travers, die Sängerin des Trios, hatte einst Musikunterricht von Pete erhalten.

Auch »Where Have All the Flowers Gone?« feierte einen Doppelerfolg: Zunächst sang es das »Kingston Trio« – das es sogar als sein eigenes Lied ausgab, bis Harold Leventhal daran erinnerte, woher es wirklich stammte –, und dann gab es eine Aufnahme von Peter, Paul and Mary, die noch viel populärer wurde. Bald sangen es Sänger der verschiedensten Genres – ob Pop, Folk oder noch anderer –, und sogar Marlene Dietrich nahm eine deutsche Fassung in ihre Show auf.

Während Seegers Lieder erstaunliche Erfolge hatten, fielen nun von anderer Seite Schatten auf sein Leben. Nachdem das Urteil des Ausschusses für unamerikanische Tätigkeit jahrelang verschoben worden war, sprachen ihn Ende März 1961 zwölf Geschworene der »Mißachtung des Kongresses« schuldig, und der Richter, der während der Verhandlung öfters in einer dicken Mappe des FBI geblättert hatte, verurteilte ihn zu einem Jahr Gefängnis.

Mehr als fünfhundert seiner Freunde hielten erschrocken den Atem an, als er in Handschellen abgeführt wurde, und ein Journalist schrieb: »Irgendein Gefängnis wird jetzt zu einem fröhlicheren Ort, und draußen wird es grimmiger werden.« (91) In der Tat lernte Pete von seinen Mithäftlingen ein neues Gefängnislied, nachdem

Pete Seeger

diese festgestellt hatten, daß der »gefährliche Kommunist« ein ganz freundlicher Kerl war. Doch bereits nach einigen Stunden fieberhafter Bemühungen seiner Freunde ließ man ihn gegen Kaution frei, um den Fall vor die nächst höhere Instanz zu bringen. Ein Jahr später wurde das Urteil getilgt, er war nun auch juristisch frei. Die Zeiten hatten sich inzwischen verändert.

Pete Seeger 1971 bei einem Besuch in Kuba. Er wird von Joseito Fernández,
dem Sänger von »Guantanamera«, begrüßt

Zu dieser Zeit kam es in New York zu einem Beschluß, der es den Jugendlichen
verbot, sonntags im Washington Park in Greenwich-Village zu musizieren, was sie
seit langem ungestört tun durften. Sie mißachteten das Verbot und sangen weiter,
wobei sie von vielen moralische Unterstützung erhielten. Die übereifrigen Beamten
wichen daraufhin zurück: Singen durften sie nun, aber keine Instrumente benutzen.
Als sich die jungen Leute in einem großen, trockengelegten Springbrunnen versammelten und sangen – und spielten – »We Shall Not Be Moved«, wurden sie mit
Knüppeln vertrieben. Worauf ein Rundfunkkommentator witzelte:

»Ein Polizist hielt im Park einen Fußgänger an und fragte: ›He, was machen Sie hier?‹ – ›Ich suche jemanden, den ich ausrauben kann.‹ – ›Ach so, dann entschuldigen Sie! Ich dachte schon, Sie wären einer der Volkssänger!‹« (92) Die Angelegenheit wurde schließlich so lächerlich, daß man stillschweigend darüber hinwegging.

Ein weiteres Lied wurde zu dieser Zeit weltberühmt. Der kubanische Volkssänger Joseíto Fernández sang es schon seit Jahren. Es war ein Spottlied auf die Frauen, die zu den Amerikanern auf dem Stützpunkt Guantanamo gingen. Bei jedem Vortrag fügte er dem Lied neue, aktuelle Strophen hinzu. Etwa 1949 stellte der Komponist Julian Orban fest, daß die Melodie auch auf ein Gedicht des großen kubanischen Freiheitskämpfers José Marti paßte, und er schrieb die Noten so genau wie möglich auf. 1961 sang es einer seiner Schüler, Héctor Angulo, in den USA, Pete Seeger lernte es von ihm kennen, übernahm es und machte es weltbekannt. »Mit den armen Menschen dieser Welt will ich zusammengehen, will mein Schicksal mit ihnen teilen ...«, hatte Marti geschrieben, und Millionen sangen nun »Guantanamera«.

Volkslieder – politische und unpolitische – schienen in den Mittelpunkt des allgemeinen Interesses gerückt zu sein. 1962 gründeten die ehemalige Almanac-Sängerin Sis Cunningham und ihr Mann Gordon Friesen in New York das Bulletin »Broadsides«, das neue, politische Lieder bekanntmachen sollte. Schon 1962/63 wurden mehr als hundert solcher Lieder veröffentlicht. Auch »Sing Out!« konnte nun endlich die Auflage auf mehrere tausend Exemplare erhöhen. Und selbst das führende, konservative Nachrichtenmagazin »Time« (mit einer Auflage von 2,8 Millionen) nahm von dieser »Folklore-Welle« Notiz und druckte gegen Ende 1962 ein Bild von Joan Baez auf der Titelseite.

Für Pete Seeger hatte die »Time« allerdings nur hämische Seitenhiebe parat wie diesen: »Seeger gebietet so viel Achtung unter Volkssängern, daß die einzige Kritik gegen ihn die ist, daß er die Töne einer Melodie immer falsch trifft. Doch gibt ihm das ein Siegel der Echtheit. Seine Stimme klingt, als ob eine Maisschale in seiner Kehle steckengeblieben wäre.« (93) Doch wen kümmerten solche Bosheiten?

Noch einmal Newport

Nach zweijähriger Pause fand vom 26. bis 28. Juni 1963 erneut das Newport Festival statt, zu dem 37 000 Fans und mehr als siebzig Künstler kamen. Bei früheren Festivals war kritisiert worden, daß die berühmten Berufskünstler auf Kosten der älteren, weniger bekannten, aber echten Volksmusiker aus ländlichen Gebieten begünstigt wurden und auch mehr Geld bekamen. Auf Pete Seegers Initiative hin beschloß diesmal eine ehrenamtliche Kollektivleitung des Festivals, daß alle Auftretenden dasselbe Honorar – nämlich den gewerkschaftlich festgelegten Mindesttarif plus Spesen – bekommen sollten. Dadurch erhielt das Newport Festival nun einen ganz neuen, nichtkommerziellen Status. Die Gewinne sollten der Unterstützung bedürfiger Sänger, Liedersammler oder verschiedener Projekte dienen, etwa zum Kauf von Instrumenten und Aufnahmegeräten oder für die örtlichen Festivals, die sich speziellen Genres der Volksmusik widmeten. So erhielten beispielsweise die Cajun-Musiker in Louisiana eine Finanzhilfe. Sie waren Menschen französischer Herkunft, die eine

Buffy Sainte-Marie, Cree-Indianerin,
Schöpferin des umstrittenen Antikriegsliedes »Universal Soldier«
und vieler anderer Lieder

eigene Musik spielten, meist mit Fiedel, Akkordeon und Triangel. Für sie stellte das auch eine moralische Unterstützung dar, die ihnen aus einem Minderwertigkeitsgefühl heraus und zu neuem Stolz und einem eigenen Festival verholfen hat. Jahre später fand ihre Musik weite Verbreitung.

Zu den Teilnehmern von Newport gehörte der alte Jim Garland aus Harlan (Kentucky), Schöpfer von »The Murder of Harry Simms« (siehe S. 132) und von einem Lieblingslied der Almanac Singers, »I Don't Want Your Millions, Mister« (Ich will nicht deine Millionen, Mister). Außerdem war Ed McCurdy (»Strangest Dream«) wieder dabei, mehrere ausgezeichnete Blues-Sänger und eine ganze Reihe von jungen Künstlern, die noch lange im Gespräch bleiben sollten.

Da war zum Beispiel Peter LaFarge, ein Pima-Indianer, sein Adoptivvater war der Indianer-Experte und Schriftsteller Oliver LaFarge. Peter hatte sich als Boxer, Rodeo-Arbeiter und Kunstmaler versucht, bevor er als Liedermacher begann. Vorwiegend trat er in Folk-Klubs auf, die damals überall – meist aber in der Nähe von Hochschulen – entstanden.

Peter LaFarges Lieder enthielten scharfe Anklagen über das Los der Indianer. »White Girl« erzählt die ergreifende Geschichte einer jungen weißen Frau, die ihren Indianerfreund herumzeigt, ihn an den Konsum von Whisky gewöhnt und verführt – um ihm schließlich zu sagen, daß sie niemals einen Indianer heiraten könne. 1963 in Newport sang er ein Lied vom Kojoten, dem kleinen Präriewolf der westlichen USA, der in der Sprache der Indianer »kleiner Bruder« hieß und dessen Verfolgung mit Gift fast bis zur Ausrottung geführt hatte. Das Lied enthält nicht nur eine Klage, sondern ist gleichzeitig eine Mahnung an die Menschenrasse. Am Ende jedes Refrains ahmte LaFarge den Ruf des Kojoten nach.

Der Manager eines Folk-Nachtklubs in Chicago sagte einmal zu diesem sensiblen Sänger und Dichter: »Ich kann Sie nicht gebrauchen. Wenn Sie singen, müssen die Leute doch zuhören.« (94)

»Mein wandernder Freund, mag dir dein stetes Wandern Freude bereiten«, sang ein junger Mann – melancholisch, ein wenig sentimental, die Zuhörer ergreifend. Er sang von einem Freund, der in schwierigen Zeiten ohne einen Cent mit ihm umhertrampte. Als beiden nur eine Arbeitsstelle angeboten wurde, sagte der Freund: »Wandern wir lieber zusammen weiter!«

Tom Paxton, der dieses Lied als Sechsundzwanzigjähriger in Newport sang, stammte wie sein Vorbild Woody Guthrie aus Oklahoma. Er hatte eine Weile studiert und in der Armee gedient, ehe er mit dem Wandern, Dichten und Singen begann. In einem zweiten Lied, das er in Newport vortrug, einem bissig-ironischen, war von den Methoden der US-Armee die Rede, den Soldaten Freude am Töten anzuerziehen, und von der eigenen, »naiven« Unfähigkeit, dies zu erlernen. Paxtons Lieder waren ironisch und scharf und besaßen ausgefeilte Texte, er benutzte weder Phrasen noch Klischees. Er sang von den Polizeihunden in Birmingham (Alabama) und den Hundesöhnen, die sie einsetzten, er schrieb und sang das weithin bekannte »What Did You Learn in School Today?« (Was hast du heute in der Schule gelernt?) und viele andere.

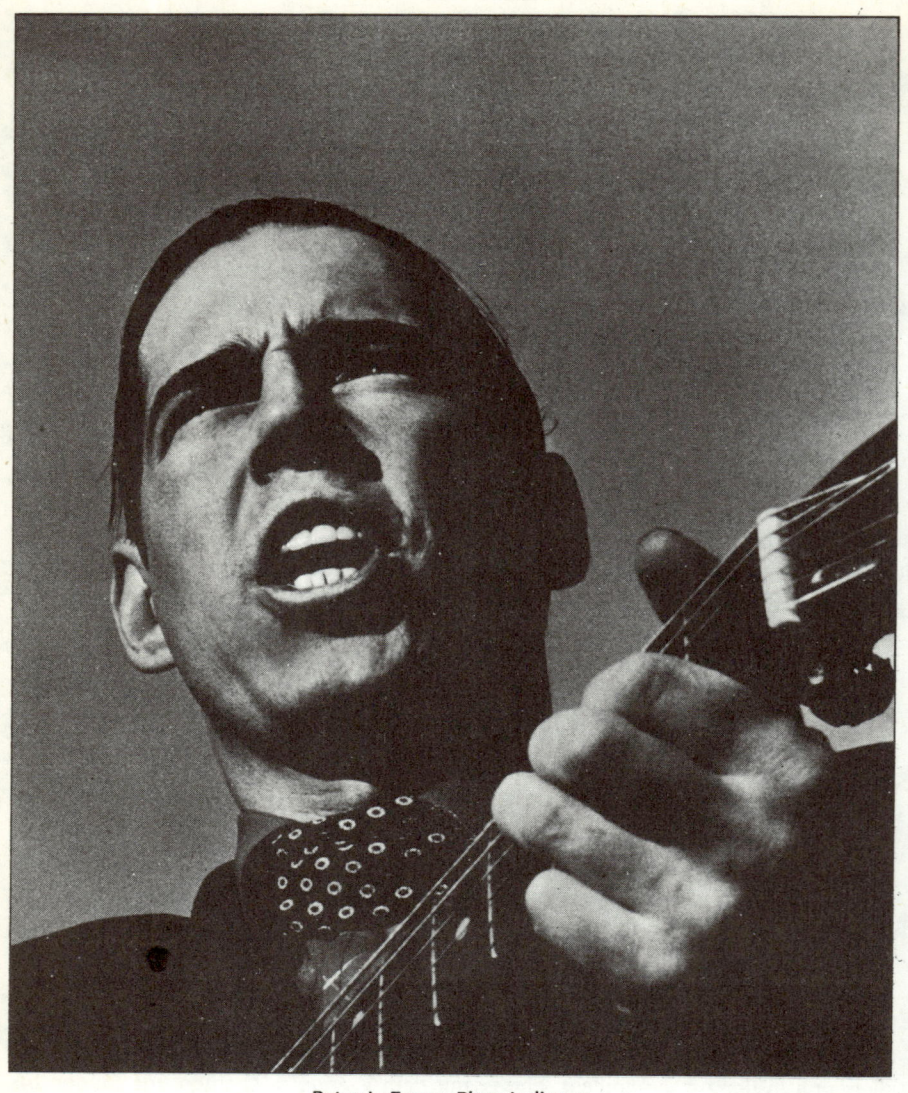

Peter LaFarge, Pima-Indianer,
schrieb »Ballad of Ira Hayes« und »Coyote«

Der drei Jahre jüngere Phil Ochs (Ohks gesprochen), der in El Paso (Texas) geboren war, studierte zunächst ohne bestimmtes Ziel, entdeckte jedoch an der Hochschule sein Interesse an der Politik und gewann 1960 eine Wette, daß John F. Kennedy die Präsidentschaftswahlen gewinnen würde. Der Preis war eine alte Gitarre,
die er recht gut zu spielen lernte. Nebenbei übte er sich im Liederschreiben. Ochs

Tom Paxton

beschäftigte sich viel mit der Frage, was Volkslieder eigentlich sind. Im englischen Sprachgebrauch schloß der Begriff auch politische Lieder ein, die manchmal als »Protestlieder« bezeichnet werden, wofür Ochs aber lieber den Begriff »topical songs« (aktuelle Lieder) gebrauchte. Er suchte Antwort auf folgende Fragen: »Ist das, was ich mit meinen Liedern versuche, nicht eher Journalismus? Hat das einen Sinn, haben Lieder irgendeine Wirkung?«

Ochs gab sich häufig selbstquälerischen Gedanken hin, insbesondere deshalb, weil er sich mit einem Sänger in Konkurrenz zu befinden glaubte, den er gleichzeitig ganz besonders verehrte – Bob Dylan. Wie bei jedem Liedermacher waren auch die Lieder von Phil Ochs unterschiedlich in ihrer Qualität, doch etliche waren durch ihre bissige Ironie und ihren trockenen Humor, durch schöne Melodien und geschliffene Texte ohne Zweifel hervorragend. Er machte sich das Schreiben niemals leicht, sondern reiste in die von Streiks zerrissenen Bergbaugebiete Kentuckys oder in die gefährlichen Zentren der Bürgerrechtskämpfe. Ochs griff die konservativen und mitunter korrupten Gewerkschaftsführer an, die die Prinzipien vergangener Kämpfe so oft verrieten, und er widmete eine Sammlung seiner Lieder »Joe Hill, dem Wobbly-Liederschreiber, der seine Tantiemen in Form von Kugeln eines Hinrichtungskommandos erhielt«. (95) Ochs war auch der Schöpfer des damals sehr beliebten »Draft Dodger Rag« (Rag eines Wehrpflichtverweigerers), in dem alle Ausreden aufgezählt werden, die sich ein junger Mann nur ausdenken konnte, um nicht in die Armee eingezogen zu werden – von Allergien und Drogensucht über Studium, Arbeit in einer Munitionsfabrik, eine abhängige Familie und Milzbruch bis hin zur Homosexualität – und alles zugleich!

In seinem Lied »There but for Fortune« (Hätte es das Schicksal anders gewollt) wird zu einer schönen Melodie von den Schicksalsschlägen erzählt, die einen Häftling, einen Trinker und ein ganzes Land ins Verderben gestürzt haben, und der Zuhörer wird aufgefordert, bevor er urteilt, die Ursachen zu bedenken. Das brillante Lied »Here's to the State of Mississippi« (Es lebe Mississippi) schildert den Haß, die Rückständigkeit und Borniertheit der Rassisten dieses Bundesstaates.

In »That's What I Want to Hear« (Das möchte ich hören) riet Phil Ochs den Arbeitslosen des Landes, nicht über ihr Mißgeschick zu jammern, sondern sich zusammenzuschließen und gemeinsam gegen die Zustände zu kämpfen. Er machte seinen Zuhörern immer wieder klar, daß er – wie fast alle Volkssänger in dieser Zeit – politisch eindeutig links stand, doch andererseits »selbständig« sei und nicht zu den Marxisten gehöre. Auch diese Haltung war für die Zeit typisch; die damals sehr isolierte KP wurde von vielen geradezu brüskiert, von diesen sogenannten alten Linken wollte man nichts wissen, sondern wählte sich lieber aus einer der zahlreichen »neuen«, quasi-linken Gruppen und Tendenzen eine aus, darunter waren Maoisten, Trotzkisten, Anarchisten und – wie Ochs – Individualisten aller Art zu finden. Links war die unbestrittene Marschrichtung, aber ob der jeweils gewählte Weg kürzer oder besser war oder ob er in den Sumpf führte, war heftig umstritten.

Dieses Schwanken in der Wahl des politischen Weges traf gewissermaßen auch für Joan Baez zu, deren Name seit dem ersten Folkfestival, 1959 in Newport, sehr schnell in vielen Ländern bekannt wurde. Joans Mutter stammte aus Schottland, der Vater war Mexikaner, wuchs aber in New York auf und wurde hier Physiker. Er arbeitete mehrere Jahre für die UNESCO, hatte dann eine hochbezahlte Stelle in der Militärforschung inne, die er später, als er zum Quäker und Pazifisten geworden war, aus Gewissensgründen aufgab, um zu einer weitaus schlechter bezahlten akademischen Arbeit zurückzukehren.

Gerade zu der Zeit, als die Volksmusik so beliebt wurde, studierte Joan in Boston. Sie lernte Gitarrespielen und Singen. Man erzählte, daß sie lange vor dem Spiegel stand und mit dem Finger am Kehlkopf das Vibrato übte, mit dem sie später so bekannt wurde. 1958, mit siebzehn Jahren, begann sie, in Volksmusik- und Studentenklubs zu singen – und 1959 trat sie, wie wir wissen, bereits in Newport auf.

Ihre Spezialität in jenen Jahren waren die alten melancholischen Balladen aus England, Schottland oder aus den Appalachen. Dazu kamen einige Lieder der Schwarzen, einige aus Lateinamerika – auf Spanisch oder Portugiesisch gesungen – und ab und zu mal ein aktuelleres Lied ihrer Zeitgenossen, wie zum Beispiel »There but for Fortune« von Phil Ochs oder das wehmütige Friedenslied »Portland Town« von dem Dichter-Sänger Derroll Adams, der von der Country Music herkam und von Guthrie und dessen Freund Jack Elliott beeinflußt war. Joan Baez sang auch das bewegende kleine Lied »What Have They Done to the Rain?« (Was haben sie dem Regen angetan?) von Malvina Reynolds aus Kalifornien, die erst spät zur Musik ge-

Phil Ochs

funden hatte, nun aber bereits seit siebzehn Jahren fast an jedem Tag vor dem Früh-
stück ein Lied geschrieben hatte, darunter auch das sehr berühmte »Little Boxes«.
Das von der Baez nachgesungene handelt von der Verseuchung der Luft durch
Atomwaffenversuche und die Auswirkungen auf den Regen, das Gras und einen
kleinen Jungen.

Beim Newport Festival 1963 sang Joan Baez gemeinsam mit einem jungen Liedermacher, der zum ersten Mal vor einem solch großen Publikum auftrat, dessen ungewöhnliches Lied »With God on Our Side« (Mit Gott auf unserer Seite) – er hieß Bob
Dylan. In neun Strophen erzählen die Sänger ironisch, daß in der Schule gelehrt
wird, die Soldaten des Landes hätten »Gott immer auf ihrer Seite« – ganz gleich, ob
sie gegen die Indianer, im Spanisch-Amerikanischen Krieg oder in den beiden Welt-

kriegen kämpften. Auch in Zukunft, wenn ungeahnte Vernichtungswaffen eingesetzt würden, solle man nicht daran zweifeln, daß auch dann noch Gott auf ihrer
Seite stehe. Und doch sei diese Parole nicht mehr zu glauben, wenn Gott wirklich
»auf unserer Seite« steht – so schließt das Lied –, dann wird er einen nächsten Krieg
nicht geschehen lassen.

Der kluge Text, zu dem eine schöne alte Melodie gesungen wurde, und der har-
monische Zusammenklang der beiden Stimmen, die ein bißchen das nasale Timbre
der Appalachen annahmen, führte zu einem riesigen Erfolg.

Genau zwei Monate nach diesem Festival, am 28. August 1963, fand der berühmte Marsch auf Washington statt, von dem schon am Anfang unseres Buches die
Rede war. Hier wurde vor dem Lincoln-Denkmal die legendäre Rede Martin Luther
Kings »Ich hatte einen Traum« gehalten, die in die Geschichte der Bürgerrechtsbewegung eingegangen ist. Und natürlich spielte auch die Musik eine große Rolle. Es kam
zu einem friedlichen Nebeneinander der verschiedensten Liedarten, gesungen von
den schwarzen Sängerinnen Odetta und Marian Anderson, von der Baez, Bob Dylan
und Peter, Paul and Mary. Daß auch einige Gewerkschaften vertreten waren, er-
weckte gar die Hoffnung auf zukünftig wieder größere Beteiligung organisierter Arbeiter nach so vielen Jahren ihres Abseitsstehens.

ZWÖLFTES KAPITEL

DER WEITERE VERLAUF DER SECHZIGER JAHRE
1963–1968

Bob Dylan

Im Mai 1941 wurde in Duluth (Minnesota), einem Eisenerzhafen hoch oben an der kanadischen Grenze, Robert Zimmerman geboren. Schon mit zehn Jahren übte er auf einer billigen Gitarre, einer Mundharmonika mit Schulterstützen und auf dem Klavier. Für den Sohn einer kleinbürgerlichen jüdischen Familie – sein Vater besaß ein Geschäft für Eisenwaren – in einer abgelegenen Kleinstadt hatte Bobby recht ungewöhnliche Vorbilder:

Dazu zählte der Country-Sänger Hank Williams, der mit neunundzwanzig Jahren auf dem Rücksitz eines seiner teuren Cadillacs verstorben war, sowie schwarze Rhythm-&-Blues-Sänger wie »Muddy Waters«, »Howlin' Wolf« und B. B. King. Hinzu kamen 1955 Bill Haley und die »Comets« mit »Rock Around the Clock« und der in sehr jungen Jahren mit einem Rennwagen tödlich verunglückte Schauspieler James Dean. Ein besonders prägendes Vorbild war für den Jungen in der 11. und 12. Klasse, als er schon einige Bands organisierte, der schwarze Sänger »Little Richard«.

1959 begann Bob Dylan ein Studium an der Universität in Minneapolis, verlor jedoch recht bald das Interesse daran. Die erste Rock-'n'-Roll-Welle war am Abklingen, und Bobby entdeckte für sich die Volksmusik und Woody Guthrie. Er las mit Leidenschaft Woodys Buch »Bound for Glory«, sang alle seine Lieder, die er auffinden konnte, und wurde schon wegen seiner Schwärmerei von den Freunden gehänselt. (Einmal riefen sie auf einer Party: »Woody ist da!«, und Bobby stürzte hinaus in die Schneenacht.)

In dieser Zeit änderte er seinen Namen in Bob Dylan und erzählte merkwürdige Geschichten über seine Herkunft und sein »Wanderleben«, da er von seiner mittelständischen Familie nicht allzuviel hielt. Über seinen Auftritt auf einer Party in Madison (Wisconsin) berichtete später eine der Anwesenden:

»›Ich bin Bob Dylan, ich trampe so durch die Gegend. Soll ich euch was vorsingen?‹ ... Er hatte eine krächzende Stimme und spielte beschissen Gitarre ... Die Party löste sich langsam auf, doch dieser Junge wollte einfach nicht aufhören ... Wir wollten alle schlafen ... und er machte einfach weiter, mit einem Song nach dem anderen. Er hatte keinen Schimmer vom Gitarrespiel, er hangelte sich einfach von Akkord zu Akkord. Er kannte mehr Guthrie-Songs als Guthrie selber ...« (96)

Ende Januar 1961 kam Dylan mit Rucksack und Gitarre bei siebzehn Grad minus und dreißig Zentimetern Schnee in New York an. Einer seiner ersten Wege führte ihn ins Krankenhaus. »Ich kenne Woody und habe ihn getroffen und gesehen und für ihn gespielt«, schrieb er an einen Freund. Zu dieser Zeit verbrachte Guthrie die Wochenenden bei einer Familie Gleason, die in der Nähe des Krankenhauses wohnte und wo ihn Seeger, Leventhal, »Cisco« Houston, Jack Elliott und einige jüngere Freunde besuchten. Auch Dylan ging nun regelmäßig dorthin, und die beiden verstanden sich gut – soweit der sich stetig verschlechternde Gesundheitszustand von Guthrie eine Kommunikation erlaubte.

Bobby ging in den Volksmusik-Klubs Greenwich-Villages aus und ein, die die Zentren dieses Genres in den USA waren und wo junge Künstler relativ leicht zu kleineren Auftritten kamen. Jack Elliott, der »Cowboy aus New York«, der in seinen Interpretationen Guthrie nachahmte, unterstützte Bobby, der nun seinerseits wie Elliott sang. Man nannte ihn daher »Woodys Enkel«. Doch Dylan übte unverdrossen weiter. Im April bekam er für zwei Wochen ein Engagement im »Gerde's Folk City«-Club. Darüber erschien in der »New York Times« eine begeisterte vierspaltige Rezension. Das war schon ungewöhnlich für einen knapp Zwanzigjährigen!

Für den nächsten Erfolg sorgte der Jazz-Experte John Hammond (er hatte im Jahre 1938 das berühmte Carnegie-Hall-Konzert produziert). Seit einem Jahr arbeitete er für die große Plattengesellschaft Columbia und hatte für diese schon Pete Seeger und Aretha Franklin engagiert. Nun gewann er Bob Dylan, von dem er tief beeindruckt war, mit einem Vertrag, der diesem den für einen Anfänger ungewöhnlich hohen Tantiemensatz von vier Prozent gewährte.

Zu dieser Zeit lernte Dylan die hübsche Suze Rotolo kennen, die ihn anregte, bemutterte und liebte. Sie veranlaßte ihn zu lesen – besonders die Werke von Rimbaud, Villon, Jewtuschenko und vor allem Bertolt Brecht.

Da Suze für die führende Bürgerrechtsorganisation CORE arbeitete, konnte sie Bobby die neuesten Tatsachen über die Kämpfe im Süden mitteilen, die dann in seinen Liedern wiederzufinden waren. Viele seiner Songs ließ er in dem neuen Bulletin »Broadsides« abdrucken. Er erklärte: »Ich brauche den Leuten keine Bullenscheiße vorzusetzen wie die Typen da oben am Broadway, die ständig Sachen schreiben wie ›I'm hot for you and you're hot for me – oppa-docka-dicka-dih‹. Es gibt außer Liebe und Sex noch andere Sachen auf dieser Welt, die wichtig sind. Die Menschen sollten vor diesen Dingen nicht die Augen verschließen, bloß weil sie nicht schön anzusehen sind. Wie soll die Welt jemals besser werden, wenn wir Angst haben, den Dingen ins Auge zu sehen?« (97)

Im April 1962 entstand das Lied »Blowin' in the Wind«. Die Idee dazu kam ihm in einer der Volkssängerkneipen bei einem Glas Bier. Er kritzelte einige Worte aufs Papier und eilte damit nach Hause, um seine Gedanken auszuarbeiten. Ende Mai wurde es in »Broadsides« veröffentlicht und war bald im ganzen Land bekannt, besonders dort wurde es gesungen, wo man um Gleichheit kämpfte, denn davon – und vom Frieden – handelt das Lied. Es wurde praktisch zu einer zweiten Hymne der Bewegung. Die das Lied hörten, waren überwältigt von dieser Anklage gegen das Schweigen und das Dulden, gegen die, »die sich weigern, den Tatsachen ins

Bob Dylan auf dem Cover einer seiner Platten

Auge zu sehen, und die anderen, die in der U-Bahn die ›Times‹ lesen, aber nichts verstehen. Sie wissen nichts. Sie scheren sich nicht einmal darum, das ist das Schlimmste daran«, so sah es Dylan selbst. (98) Danach schrieb er »Masters of War«, eine noch schärfere Anklage gegen diejenigen, die Kriege zur Erhöhung ihrer Profite führen, auch »With God on Our Side« und »The Times They Are A-Changin'«, worin es heißt:

THE TIMES THEY ARE A-CHANGIN'	DIE ZEITEN ÄNDERN SICH
Come senators, congressmen,	Kommt, Senatoren, Abgeordnete,
Please heed the call	Hört den Ruf!
Don't stand in the doorway	Steht nicht auf der Schwelle,
Don't block up the hall	Versperrt nicht den Gang,
For he that gets hurt	Denn der, der verletzt wird,
Will be he who has stalled	Wird der sein, der steckenbleibt.

There's a battle outside	Draußen ist eine Schlacht,
And it is ragin'.	Und die tobt weiter.
It'll soon shake your windows	Sie wird bald eure Fenster klirren lassen
And rattle your walls	Und an euren Wänden rütteln.
For the times they are a-changin'.	Denn die Zeiten, sie ändern sich.
Come mothers and fathers	Kommt, Mütter und Väter,
Throughout the land	Im ganzen Land
And don't criticize	Und kritisiert nicht,
What you can't understand	Was ihr nicht verstehen könnt!
Your sons and your daughters	Eure Söhne und eure Töchter
Are beyond your command	Sind euren Befehlen entwachsen,
Your old road is	Eure alte Straße wird
Rapidly agin'.	Schnell veralten.
Please get out of the new one	Geht aus der neuen heraus,
If you can't lend your hand	Wenn ihr nicht mitmachen könnt.
For the times they are a-changin'.	Denn die Zeiten, sie ändern sich.

Suze trennte sich von ihm, da sie sich selbständig und unabhängig von Dylans rapide wachsender Popularität entwickeln wollte. Als sie ihn verlassen hatte, schrieb er einige traurige Liebeslieder, die mit zu den schönsten seiner frühen Werke gehören: »Don't Think Twice, It's Alright«, »Bob Dylan's Dream«, »Honey, Just Allow Me One More Chance« und – seiner ersten Schulfreundin gewidmet – »Girl from the North Country«. Daneben verfaßte er aber auch weitere politische Lieder wie »Oxford Town«, das über den Kampf des schwarzen Studenten Meredith um seine Immatrikulation an der Universität von Mississippi berichtet, oder das poetische »A Hard Rain Is Gonna Fall«, seine Reaktion auf die Vorgänge um Kuba im Herbst 1962, die die Welt an den Rand eines Atomkrieges brachten.

»Das schrieb ich, als ich glaubte, nicht mehr genug Zeit zum Leben zu haben, als ich nicht wußte, wie viele Lieder ich noch schreiben konnte ... Der ›schwere Regen‹, der herunterkommen wird, ist in der letzten Strophe erklärt ... Damit meine ich all die Lügen, die ich als Gift ansehe.« (99)

In der Zeit vor den Beatles und den Rolling Stones galt Rock 'n' Roll vor allem unter Studenten als »sanfte Berieselung für angehende Teenager«. Dylan dagegen wurde in diesen Kreisen immer beliebter, denn er drückte die Ideen, Sorgen und Ängste der intellektuellen Jugendlichen aus, und seine Lieder wurden nachgesungen und auf unzähligen Gitarren nachgespielt. »Das Entscheidende sind die Texte, Mann«, sagte Dylan, »und nicht die Melodien. Die Melodien sind mir so egal wie nur was.« (100) Doch er schrieb eben nicht nur poetische Texte, sondern ebenso ansprechende Melodien.

In der New-Yorker Town Hall feierte er unter anderem mit »Who Killed Davy Moore?«, einem Lied über einen drei Wochen zuvor totgeschlagenen Boxer, einen riesigen Erfolg. Peter, Paul and Mary produzierten sein »Blowin' in the Wind«, und innerhalb von zwei Wochen verkaufte sich die Single 300 000mal, was für den Warner-Brothers-Musikverlag einen Rekord bedeutete. In Mississippi trat Bob Dylan auf einem Kampfmeeting gemeinsam mit Pete Seeger auf. Hand in Hand mit Seeger,

Joan Baez und Bob Dylan

Baez, den Freedom Singers und Peter, Paul and Mary sang er in Newport »We Shall
Overcome«, und dann erklang sein Lied über Medgar Evers beim Marsch auf Washington.

Nun kam eine Zeit zunehmender Gewalt: Im September 1963 wurden vier
schwarze Mädchen in einer Kirche in Birmingham durch eine Sprengbombe getötet.
Und Ende November desselben Jahres wurde in Dallas (Texas) Präsident John F. Kennedy erschossen (kurz darauf, mitten in einer Fernsehberichterstattung, auch sein
angeblicher Mörder). Das Land – und mit ihm die ganze Welt – war in Schrecken
versetzt.

Diese Gewalttaten schlugen sich in aus der Situation heraus schnell geschriebenen Liedern – vor allem der Schwarzen und der Folksänger – nieder.

Eine bekannte Bürgerrechtsorganisation verlieh Bob Dylan zu dieser Zeit den »Thomas-Paine-Preis« – besonders für Lieder wie »Blowin' in the Wind«. Doch irgendwie – er hatte wohl zu viel getrunken – ging Bobbys Dankrede völlig daneben. Er schimpfte auf »ältere Menschen«, er lobte, unbeholfen, doch unmißverständlich, den Karrierismus und äußerte sogar Verständnis für den Mörder John F. Kennedys. Unter Buh-Rufen mußte er schließlich die Bühne verlassen.

Zweifellos ging mit Dylan in diesen Monaten eine Veränderung vor. Manche vertraten die Meinung, er sei schon immer auf Karriere erpicht gewesen und hätte die Protestsongs nur deshalb gesungen, weil es gerade Mode war. Später soll er einmal selbst zu Joan Baez gesagt haben: »Ernst ist es mir damit nie gewesen.« (101)

Ähnliche Äußerungen wurden von ihm mehrfach bekannt. Viele zweifelten wohl dennoch daran oder hielten es höchstens für einen Teil der Wahrheit. Sie meinten, er habe sicher daran geglaubt, was er schrieb.

Dann gab es noch diejenigen, die eine ganz andere Erklärung zur Person Bob Dylans parat hatten. Seit den ersten Erfolgen hatte er mit dem Manager Albert Grossman (nicht mit dem Autor verwandt) zusammengearbeitet. Grossman hatte mit »Big Bill« Broonzy, Odetta und vor allem Peter, Paul and Mary bereits viel erreicht, und mit ihrer Hilfe baute er auch Bob Dylan auf, indem er sie überall seine Lieder singen ließ. Albert Grossman glaubte mehr an Erfolg und Geld als an Ideale und Prinzipien. Bestimmt war sein Einfluß nicht ohne Wirkung. Dylan schloß sich in dieser Zeit sehr eng an Grossman und dessen Clique, die Leibwächter, Freunde und Schmarotzer in einem waren, an. In diesem Kreis kam er zunehmend mit Pillen, Drogen und Marijuana in Berührung.

Mit einigen dieser »Freunde« reiste er in seinem neuen Ford-Kombi übers Land – »wie Guthrie«, und doch nicht wie Guthrie. Er besuchte den berühmten alten Dichter und Liedersammler Carl Sandburg, schenkte ihm eine von seinen Platten und sagte: »Sie sind Carl Sandburg. Ich bin Bob Dylan. Ich bin auch ein Dichter« – und war beleidigt, daß der Sechsundachtzigjährige ihn nicht kannte und sich auch nicht sonderlich für ihn interessierte. Er brachte eine Spende getragener Kleidungsstücke zu streikenden Bergleuten nach Kentucky und war wiederum betroffen, daß diese nicht alles stehen und liegen ließen, um ihn zu feiern.

Als er auf der Fahrt durch Colorado war, hörte er aus seinem Autoradio mit Erstaunen, daß hier, in den abgelegenen Rocky Mountains, die englischen Beatles, die in den USA noch gar nicht so lange bekannt waren, bereits acht von den ersten zehn Plätzen in der örtlichen Hit-Parade einnahmen. Als er später England besuchte und die Beatles persönlich kennenlernte, erfuhr er mehr von der Rockmusik und wie sie sein konnte, wenn sie sich zu ihren Wurzeln in der afroamerikanischen Musik bekannte. Das erinnerte ihn auch an seine eigenen Vorbilder unter den Rhythm-&-Blues- und Rock-'n'-Roll-Musikern.

Diese Wurzeln erkannte er wieder in Eric Burdons Aufnahme von »House of the Rising Sun«, einem Lied, das er auch selber interpretierte. Diese Entdeckungen – oder besser Wiederentdeckungen – hinterließen bereits Spuren in seiner eigenen

Musik. Beim vierten Newport Festival im Juli 1964 trat er vorwiegend mit seinen sarkastischen Liebesliedern auf und hatte damit auch Erfolg. Doch schon sein nächstes – das fünfte – Album, »Bringing It All Back Home«, das im März 1965 erschien, machte seine Wendung zum Rock deutlich. Auf der einen Plattenseite verwendete er erstmals elektrisch verstärkte Instrumente. Die LP war ein Verkaufserfolg und brachte in kurzer Zeit eine Million Dollar ein.

Dylan war bisher immer ein Held für die engagierte Jugend gewesen, für die »Folkniks«, die gegen die Rassisten in Mississippi und die »Masters of War« in Washington waren und die die gesamte Konsumgesellschaft ablehnten. Ausdruck dieser Ablehnung war die ungewöhnliche Kleidung und bis dahin unbekannte lange Haare und Bärte bei männlichen Jugendlichen. Nun wurde auch der Begriff »Hippies« populär. Zum Zeichen ihres »Flower-Power«-Glaubens trugen viele Hippies Margeriten an der Kleidung. Der Gebrauch von Marijuana – »Pot« oder »Grass« genannt –, LSD (»acid«) und anderen Drogen galt ebenfalls als Abkehr von der Gesellschaft und Ablehnung des »Systems«.

Doch nach seiner neuen Wende erreichte Dylan zunehmend auch solche Jugendliche, die lediglich an Musik interessiert waren und nicht so viel Wert auf die – von Dylan einst als so wichtig empfundenen – Texte legten. Auf alle Fälle sprach er mit seiner neuen Musik unermeßlich mehr Leute an als die Zeitschrift »Sing Out!«, die voll »Jammer und Enttäuschung« über Bob Dylan schrieb: »... denn wenn es die Welt jemals nötig hatte, klar und kompromißlos den Zorn und die Liebe des Dichters zu hören, dann heute.« (102)

Es lag nur wenige Jahre zurück, daß Bob Dylan Kritik an Joan Baez geübt hatte, weil diese statt Protestliedern so viele alte englische Balladen gesungen hatte; jetzt dagegen warf er ihr »naives Engagement« vor. Für viele galten die beiden zu dieser Zeit noch als ein Liebespaar. Doch auf einer gemeinsamen Tournee in England, die Joan Baez für sie beide organisiert hatte, kam es zur offenen Kriegserklärung. Dylan sollte den ersten Teil des Konzerts bestreiten und Joan danach auf die Bühne rufen – was er nicht tat. Vielleicht war diese Boshaftigkeit damit zu erklären, daß Bob gerade eine neue Freundin gefunden hatte – Sarah Lowndes, die er durch Grossman kennengelernt hatte, ein Fotomodell, das sich für Mystik und orientalische Religionen interessierte. In dem Film »Don't Look Back« über diese Englandtournee ist etwas von der an Bob Dylan ungewohnten Härte – und noch mehr von der seines Managers Grossman – zu spüren.

1965, beim fünften Newport Festival, kam es zum großen Krach. Dylan trat diesmal nicht in den gewohnten alten Stiefeln, Jeans und Arbeitshemd auf, sondern trug eine schwarze Lederjacke, schwarze Hosen und ein Frackhemd. Er spielte auf der Elektrogitarre und ließ sich von der harten, elektrisch verstärkten Paul Butterfield Blues Band begleiten. Die Elektrifizierung in der Musik galt in jener Zeit für viele als typisch für die Welt der Pop-Schnulzen für Teenager, die Elvis und die Beatles bekreischten und dann in Ohnmacht fielen.

Zuerst sang Dylan »Maggie's Farm« und »Like a Rolling Stone«. Doch die Band spielte sich derart laut in den Vordergrund, daß man ihn kaum hören konnte. Protestierten die Leute deshalb oder wegen seiner Wandlung? Das war schwer festzustel-

Irwin Silber und Barbara Dane beim Newport Festival 1965

len, es gab gewiß viele Gegner, aber auch viele Fans, und bei dem Krach waren sie schwer zu unterscheiden. Der Streit war äußerst verbittert, es kam sogar zu einem kurzen Schlagabtausch zwischen Alan Lomax und Albert Grossman. Als Abschiedslied spielte Dylan »It's All Over Now, Baby Blue« (Nun ist alles vorbei, Baby Blue), doch auf Wunsch des Publikums packte er am Schluß noch seine akustische Gitarre aus und spielte »Tambourine Man«.

Seeger und viele andere hatten Dylans Lieder überall verbreitet, ihn gelobt und gefördert in dem Glauben, daß hier einer sei, der Woodys Tradition weiterführen würde – populär, poetisch und ohne sich korrumpieren zu lassen. Doch durch Dylans Abkehr von der Welt der Folk-Sänger und der Newport Festivals entstand ein schroffer Bruch. Viele folgten ihm.

Ab jetzt spielte er vorwiegend – oft gemeinsam mit »The Band« – eine völlig veränderte, meist elektrisch verstärkte Musik, die als »Folk Rock« in den Charts immer höher kletterte und fast den Erfolg der Beatles und der Rolling Stones erreichte. Für Dylan bedeutete das, 80 000 Dollar im Monat, also etwa eine Million im Jahr zu verdienen – und sich von den politischen Texten abzuwenden. Er beabsichtigte nun, aus dem begrenzten Kreis von Studenten und intellektuellen Jugendlichen, die vor allem Wert auf Aussage, gute Texte und die Verbindung zu Volksliedtraditionen legten, auszubrechen und ein breiteres Publikum – ja, ein Weltpublikum – zu erreichen, das gute Musik schätzte, die Texte aber selten verstehen konnte und mehr Wert auf Rhythmus und Tanzbarkeit legte.

Sein Abwenden von politischen Fragen drückte sich in folgenden Äußerungen aus: »Was Joan Baez und alle diese Demonstranten auch immer machen – sie werden die Welt nicht retten. Es ist nicht wahr, daß sie in den Herzen der Menschen etwas verändern können. Nichts davon ist real, es sind alles bloß Slogans. Ich habe das mitgemacht. Jeder bringt Namen aufs Tapet, die einem vertraut sind. ›Jesus Christus‹, sagen sie, ›sieh dir mal an, wieviel Gutes er getan hat.‹ Aber ich frage: Wo? Wie? Wann? Für wen? Und sieh dir mal an, was sie mit ihm gemacht haben ... Für mich geht es darum, mein eigenes Leben zu leben, so gut ich kann ... Ich habe keine Zeit, mir wegen dieser Sachen da draußen Sorgen zu machen ... Ich glaube natürlich an gar nichts.« (103)

Wie bisher produzierte er auch weiter neue Lieder und Alben, die originell, bildreich, mitunter mysteriös und schwer verständlich, doch musikalisch immer neu und häufig beeindruckend waren. Dylan heiratete Sarah Lowndes, reiste auf Tourneen um die Welt, wurde Vater mehrerer Kinder und kam am 30. Juli 1966 bei einem schweren Motorradunfall beinahe ums Leben. Abgesehen von Krankenhausberichten und den verschiedensten Gerüchten, hörte man fünfzehn Monate so gut wie nichts von Bob Dylan. Für viele verkörperte er – wie einst sein Vorbild Guthrie – ein Symbol der Rebellion. Doch schien diese ohne Ziel, ohne Engagement und ohne Nutzen.

Drei Morde und Black Power

In diesen Jahren war das Engagement vieler Amerikaner keinesfalls nutzlos. Im Juni 1964 wurde als Resultat ihres Einsatzes ein Bürgerrechtsgesetz erlassen, das manche der so schwer errungenen Fortschritte im Kampf gegen die Rassendiskriminierung befestigte. Im selben Sommer kamen viele junge Leute in die Südstaaten, um sich dafür einzusetzen, daß das offiziell garantierte Wahlrecht für schwarze Bürger auch wirklich durchgesetzt wurde. Zwei junge Männer aus New York, Andrew Goodman und Michael Schwerner, beide weiß, und der junge Schwarze James Chaney aus Mississippi gehörten zu diesen engagierten Jugendlichen. Eines Abends wurden sie von der Polizei wegen angeblicher Geschwindigkeitsüberschreitung verhaftet, dem Ku-Klux-Klan ausgeliefert und blieben seitdem verschwunden. Nach wochenlanger Suche fand man am 4. August ihre Leichen. Das Land war erschüttert. Tom Paxton schrieb das folgende, bewegende Lied:

GOODMAN, SCHWERNER AND CHANEY	GOODMAN, SCHWERNER UND CHANEY
The night air is heavy, no cool breezes blow,	Die Nachtluft ist schwer, keine kühle Brise weht,
The sounds of the voices are worried and low,	Die Geräusche der Stimmen sind besorgt und leise,
Desperately wond'ring and desperate to know	In Verzweiflung sich fragend, in Verzweiflung Gewißheit suchend
About Goodman and Schwerner and Chaney ...	Über Goodman, Schwerner und Chaney ...
The Pearl River was dragged and two bodies were found,	Der Pearl-Fluß wurde abgesucht und zwei Leichen gefunden,
But it was a blind alley 'cause both men were brown.	Doch das war ein Fehlschlag, denn beide Männer waren braun,

So they all shrugged their shoulders
    and the search it went on
For Goodman and Schwerner and Chaney.
	Also zuckte man mit den Schultern und
	    setzte die Suche fort
	Nach Goodman, Schwerner und Chaney.

Pull out the dead bodies from the ooze
    of the dam,
Take the bodies to Jackson all according
    to plan,
With the one broken body do the best that
    you can,
It's the body of young James Chaney.
	Zieht die Leichen aus dem Schlamm des
	    Ufers,
	Bringt die Leichen nach Jackson, genau
	    nach dem Plan,
	Mit der einen zerschundenen Leiche macht
	    es, so gut ihr könnt,
	Es ist die Leiche vom jungen James Chaney.

James Chaney, your body exploded
    in pain,
And the beating they gave you is pounding
    my brain,
And they murdered much more with their
    dark, bloody chains
And the body of pity lies bleeding.
	James Chaney, dein Körper barst
	    in Schmerzen,
	Und die Schläge, die du bekamst, hämmern
	    in meinem Gehirn,
	Und sie ermordeten viel mehr mit ihren
	    dunklen, blutigen Ketten,
	Und der Körper des Mitleids liegt blutend.

The pot-bellied coppers shook hands all
    around
And joked with the red-necks who came into
    town,
And they swore that the murderers soon
    would be found,
And they laughed as they spat their
    tobacco.
	Die Dickwanst-Polizisten schüttelten
	    allen die Hand
	Und scherzten mit dem weißen Pöbel, der
	    in die Stadt kam,
	Und sie beteuerten, sie würden die
	    Mörder bald erwischen,
	Und sie lachten, als sie ihren Tabak
	    ausspuckten.

Innerhalb der Bürgerrechtsbewegung wurde die Polarisierung zu dieser Zeit immer sichtbarer; während Martin Luther King an seiner Philosophie der Gewaltlosigkeit und Liebe festhielt, vertraten junge schwarze Ghettobewohner die Ansicht, daß man damit nicht weiterkäme. In Bussen, Drugstores und Kinos war die Rassentrennung zwar verboten, doch die Schwarzen waren immer die letzten, wenn es um Arbeitsplätze ging, sie erhielten die niedrigsten Löhne und kamen auch nur schwer aus ihren miesen, teuren, unglaublich überfüllten Ghetto-Mietskasernen heraus. Der Pegel der Gewalttaten stieg durch das Auftreten weißer Rassisten – wozu auch die meisten Polizisten gehörten –, und als Reaktion darauf folgten verzweifelte Ghetto-aufstände, die ab 1964 fast in jedem Jahr ausbrachen. Angesichts der Pistolen und Knüppel der Polizei, der Panzer der Nationalgarde, der Reifenketten, der Steine und des Sprengstoffs der Rassisten muteten Bürgerrechtslieder so wirkungslos und schwach an wie die Blumen der Hippies. Ein Teilnehmer am Befreiungskampf, wie man den Bürgerrechtskampf nun nannte, sagte: »Mann, die Leute sind zu sehr damit beschäftigt, sich auf den Kampf vorzubereiten, um sich mit Singen abzugeben.« (104) Der begabte Redner und Organisator Malcom X (dieser angenommene Name beruht auf einer Ablehnung des alten »Sklavennamens« und war für die Zeit typisch) meinte: »Ich bin keiner, der etwas von ›We Shall Overcome‹ hält. Ich glaube einfach nicht, daß wir siegen werden, indem wir singen. Wenn ihr euch eine 45er Pi-

Der Bürgerrechtskämpfer Malcolm X, der 1965 einem Mord zum Opfer fiel

stole besorgt und *dann* anfangt, ›We Shall Overcome‹ zu singen, dann bin ich dabei. Aber ich bin nicht für Singen, wenn man damit nicht zugleich sagt, was zu tun ist, wenn man mit dem Singen fertig ist.« (105) Weil das Newport Folk Festival 1967 überhaupt keine Notiz davon nahm, als zur gleichen Zeit im Ghetto in Newark (New Jersey) verzweifelte Kämpfe ausbrachen, bei denen siebenundzwanzig Menschen starben, glaubten viele Schwarze nicht mehr an eine Unterstützung durch die weißen »Joanies und Judys«, wie sie die Anhänger der Folklore-Bewegung nannten, und schrieben sie für ihren eigenen Kampf als hoffnungslos ab.

Einige vertraten auch den Standpunkt, daß das »Some day« (eines Tages) aus »We Shall Overcome« viel zu weit gesteckt sei. Sie hatten schon zu lange gewartet und forderten die Freiheit *jetzt*. Die Losung nach 1966 lautete »Black Power« (schwarze Macht). Unter diesem Motto forderten die Schwarzen eine echte Vertretung in den Regierungen der Städte, der Bundesstaaten und in der Bundesregierung, wo sie bisher kaum in Erscheinung traten. Noch Radikalere hegten den – zwar verständlichen, aber dennoch illusionären – Wunsch nach einem eigenen Staat. Für alle aber bedeutete die Losung: Abschaffung der Unterdrückung.

1965, ausgerechnet zu dem Zeitpunkt, als Malcolm X begann, für ein einheitliches Handeln von Schwarzen und Weißen gegen Rassismus, Kapitalismus und Imperialis-

mus einzutreten, und damit sein Programm des Alleingangs der Schwarzen fallen-
ließ, wurde er von einem Polizeispitzel ermordet. Man fürchtete offensichtlich nichts
so sehr wie die Einheit von Weißen und Schwarzen. Neben den vielen ehrlichen
Kämpfern unterschiedlicher Standpunkte gab es in den Ghettos aber auch nicht wenige vom FBI bezahlte Provokateure, die die Menschen zur Gewalt anstachelten, um
die darauf Hereingefallenen später vor Gericht zu denunzieren. Das waren harte
Jahre. Der schwarze Liedermacher und Pete Seegers Freund Jim Collier drückte etwas davon in folgendem Lied aus, das den Titel von einer damals häufig gebrauch-
ten Parole übernahm:

BURN, BABY, BURN	BRENNE, BABY, BRENNE
Middle of the summer, bitten by flies and fleas,	In der Mitte des Sommers, von Fliegen und Flöhen zerstochen,
Sittin' in a crowded apartment, about a 110 degrees,	In einer engen Wohnung, bei etwa 43 Grad Hitze,
I went outside in the middle of the night,	Da ging ich hinaus, mitten in der Nacht,
All I had was a match in my hand, but I wanted to fight.	Ich hatte nichts als ein Streichholz in der Hand, doch ich wollte kämpfen.
Chorus:	*Refrain:*
So I said-a	Also sagte ich:
Burn, baby, burn, burn, baby, burn,	Brenne, Baby, brenne, brenne, Baby, brenne,
Nowhere to be, no-one to see,	Man kann nirgendwo sein, niemanden sehen,
Nowhere to turn,	Sich nirgendwo hinwenden,
Burn, baby, burn.	Brenne, Baby, brenne.
Walkin' around the West Side now, lookin' mean and mad,	Ich gehe durch die West Side, sehe boshaft und gemein aus,
Deep down inside my heart,	Tief in meinem Herzen
I'm feelin' sorry and sad.	Bin ich voller Reue und Trauer.
Got a knife and a razor blade, everybody that I know is tough,	Habe ein Messer und eine Rasierklinge, jeder, den ich kenne, ist hart,
But when I burned my way out of the ghetto,	Doch als ich mir den Weg aus dem Ghetto brannte,
I burned my own self up.	Verbrannte ich mich selbst.
Chorus: ...	*Refrain: ...*
I really want a decent education,	Ich möchte wirklich eine gute Bildung,
I really want a decent job, now,	Ich möchte eine gute Stelle, jetzt,
I really want a decent opportunity,	Ich möchte wirklich eine echte Chance,
I wanna grow like everybody else!	Ich will wie jeder andere aufwachsen!

Auch in der Musik der Schwarzen gab es viele Tendenzen und Richtungen. Im Jazz
entwickelte sich nach Bebop und Cool gegen Ende der fünfziger Jahre ein neuer, un-
orthodoxer und anfänglich für manche unverdaulicher Stil. Man nannte ihn Free
Jazz, weil er mit vielen Konventionen brach. Großer Wert wurde auf Spontaneität
der Musiker, auf ein Verlassen bisheriger Regeln gelegt. Diese neue Musik besaß
Energie und Intensität und spiegelte damit die Zeit. Die Anhänger des Free

Meistertrompeter des Cool Jazz, Miles Davis

Jazz orientierten sich an der Musik aus Afrika, Asien und Lateinamerika, aber auch an Komponisten wie Schönberg, Strawinsky und Béla Bartók. Typisch war das zunehmende Engagement für politische und soziale Probleme. Bekannte Vertreter dieser heißumstrittenen Musik waren der Altsaxophonist Ornette Coleman, der Pianist Cecil Taylor, der Trompeter Miles Davis und der legendäre Tenorsaxophonist John Coltrane.

»The Supremes« von Motown: Cindy Birdsong, Mary Wilson,
Diana Ross (von links nach rechts)

Im Free Jazz gab es aber auch eine gewisse Orientierung zurück zum Blues, da in ihm die Gesellschaftskritik einen besonderen Stellenwert hat, zumal er zu einer größtenteils proletarischen Musik geworden war. Die Jazz-Musiker erinnerten sich wieder an die großen Vertreter des Blues, wie etwa den Gitarristen »T-Bone« Walker und den Sänger B. B. King, der – wie keiner – die Elektrogitarre benutzte.

Auch die (meist weißen) Anhänger der Folk-Richtung entdeckten wieder die hervorragenden alten Blues-Musiker ländlicher Traditionen aus den zwanziger und dreißiger Jahren, die oft arm und vergessen im Süden lebten, und luden sie nach Newport und zu anderen Festivals ein.

Als Weiße begannen, sich für die Kämpfe und das Leben schwarzer Amerikaner ein wenig zu interessieren, wurde auch die Gospel-Musik bekannter. Neben Mahalia Jackson, die durch die Initiative von Jazz-Musikern schon seit einiger Zeit populär war, wurden nun auch andere Sängerinnen für Millionen von Weißen, die bisher von schwarzer kirchlicher Musik keine Ahnung hatten, zu Begriffen. Manche schwarzen Gospel-Gruppen glätteten die Harmonien ihrer Lieder und entfernten sich somit immer mehr von dem alten Blues-Stil. Es entstanden außerhalb der Kirche der Schwarzen Trios, Quartette und Quintette, die mehr in die Richtung der Pop-Musik einschlugen und daher ein größeres weißes Publikum erreichten.

Endlich entstand eine große Plattenfirma für schwarze Musik, »Motown« in Detroit (der Name ist von »Motorenstadt« abgeleitet), die der Besitzer Berry Gordy zu einem gewinnträchtigen Unternehmen machte. Sie verlegte solche populären Grup-

John Coltrane, Tenorsaxophonist und Avantgardist
des Free Jazz

pen wie die »Temptations« und die »Supremes« und verhalf etlichen schwarzen Sängern zum Erfolg – darunter Diana Ross, Marvin Gaye und der damals erst dreizehnjährige, blinde Stevie Wonder. »Dancing in the Streets«, ein Lied, das bei Motown erschienen war, wurde fast zur »Nationalhymne« der Ghettoaufstände.

Das Wort »Soul« (Seele) wurde von den Schwarzen als Synonym für alles Afroamerikanische gebraucht, einschließlich ihrer Musik. Wie in anderen musikalischen

Genres jener Jahre fand nun auch in der sogenannten Soul Music, die sich aus Rhythm & Blues und Gospel entwickelt hatte, ein ständiger Kampf zwischen Billig-Kommerziellem und Ausdrucksstarkem, Emotionellem und Aussagekräftigem statt. Letzteres kam von Sam Cooke, der eine Reihe Gospels in die Soul Music einbrachte, James Brown und auch Otis Redding, dessen großartiges Lied über die Einsamkeit eines »Überflüssigen« in San Francisco, »Sitting at the Dock of the Bay« (Ich sitze am Kai in der Bucht), riesige Triumphe feierte, kurz nachdem sein Schöpfer 1965 bei einem Flugzeugunglück ums Leben gekommen war.

Schließlich muß man Aretha Franklin erwähnen. Sie begann ihre Karriere in Detroit mit Kirchenmusik und wurde von John Hammond für die Schallplattenfirma Columbia engagiert. Doch dort kam ihr Talent nie richtig zur Geltung. Erst nachdem sie zu dem kleineren »Atlantic«-Verlag übergewechselt war, sang sie eine Reihe großartiger Lieder – wie etwa Otis Reddings »Respect«, das zu einer Art Symbol der schwarzen Befreiungsbewegung wurde. Sie wurde nun als »Königin des Soul« oder »beste Sängerin seit Bessie Smith« gefeiert.

Das waren stürmische Jahre, und viele schwarze Sänger und Musiker nahmen – wie Aretha Franklin – engagiert teil an den Kämpfen um ihre Rechte.

Der Überfall aus England

Mitte der sechziger Jahre gab es eine »englische Invasion«. Die Gastspiele der Beatles führten zu hysterischen Szenen auf den Flughäfen, zu überfüllten Konzerten in den allergrößten Stadien und zu vollen Tresoren bei denen, die sich auf die eine oder andere Weise geschäftlich an diesen Tourneen beteiligen konnten. Und die Beatles traten unermüdlich in ihrer charmanten, legeren Art vor das Publikum, sie sangen und musizierten, wie nur sie es konnten, und schrieben Lied um Lied – etwa eins in jeder Woche. Nach ihnen kamen die Rolling Stones um Mick Jagger, die fast den gleichen Erfolg feierten. Gefolgt wurden sie von den «Hollies«, den »Bee Gees« (aus Australien) und einer Reihe anderer Gruppen und Musiker, die das langjährige Primat der amerikanischen populären Musik in der Welt teilweise einschränkten. Ausgerechnet diese britischen Musiker waren es, die ihre amerikanischen Kollegen – wie beispielsweise Dylan – auf deren eigene Schätze aufmerksam machten: Sie lobten die schwarzen Rhythm-&-Blues-Sänger, von denen sie selbst beeinflußt worden waren. Im eigenen Land wurden diese meist nur von allgemein unbeachteten schwarzen Sendern übertragen, obwohl viele ihrer Lieder, wenn sie in »gereinigter« Fassung von Weißen interpretiert wurden, Hits waren. Erst durch die Hinweise ausländischer Musiker, die von der Hautfarbe unbeeinflußt waren, wurden sie im eigenen Land »entdeckt«.

Bei diesem Austausch mischten sich die Genres beträchtlich. Die Beatles, die ihre Impulse aus etlichen Richtungen erhalten hatten, beeinflußten ihrerseits u. a. die »Byrds«, deren Mitglieder von der Folk Music und der Blue-Grass-Richtung der Country Music kamen und mit Dylans »Mr. Tambourine Man« bekannt geworden waren.

Kalifornien, die Heimat der »Byrds«, wurde zum Zentrum der neuen Musik; Gruppen wie »The Mamas and the Papas« und »Lovin' Spoonful« zogen von New York nach San Francisco. Von den Stränden des »Goldenen Bundesstaates« sangen fröhlich und ungetrübt die »Beach Boys« über hübsche Mädchen, schnelle Wagen und Surfbretter und feierten damit jahrelang Erfolge. »Beach Boy« Bryan Wilson zum Konzept der Gruppe: »Die Natur schenkt: ein Baum schenkt Obst, eine Mutter schenkt Milch, die ›Beach Boys‹ schenken Musik. So einfach ist das.«

Viele Beispiele solch blauäugiger Naivität fand man in jener Zeit in San Francisco, wo an die Stelle der früheren Beatniks die Hippies getreten waren. Sie glaubten an die Macht der Liebe (»All You Need Is Love« – wie es Lennon und McCartney formulierten) und der Blumen – »Flower Power«.

In der San-Franciscoer Filmore Street wurde für die Rockmusik, die sich immer größerer Beliebtheit erfreute, extra ein großer Konzertsaal eröffnet. Alle Gruppen mit großem Namen (manche auch ohne) traten dort auf, gelegentlich auch schwarze Künstler wie Ray Charles oder Aretha Franklin.

Über den Köpfen der Zuhörer in der Filmore Street kräuselte sich fast immer Rauch von »Pot« oder »Grass« (Marijuana) – obwohl verboten, wurde es bei ihnen allgemein akzeptiert. Das gehörte genauso zum Hippy-Bild wie ausgewaschene Jeans, Sandalen und Bärte.

Wie die früheren Beatniks lehnten auch die Hippies die Werte ihrer Eltern ab, ihr Konsumdenken, aber auch ihren Fleiß, »die ganze Scheißgesellschaft«! Sie verbrachten ihre Zeit lieber am Strand, im Park oder schliefen in Hippy-Gruppen beiderlei Geschlechts in irgendeiner alten Wohnung. Zentrum war das »Haight-Ashbury«-Viertel in San Francisco, und ihren Höhepunkt hatte die Bewegung im Sommer 1967 erreicht. Bald wimmelte es dort fast mehr von neugierig gaffenden Touristen als von wirklichen Hippies.

In Monterey, am Ufer des Pazifik, nicht weit von San Francisco, fand im Juni 1967 ein aufsehenerregendes Rockfest statt, Vorläufer mehrerer späterer solcher, noch berühmterer Ereignisse. Bei diesem Fest war der Eintritt frei. Es traten eine Menge Rockstars auf: Janis Joplin war da, Jimi Hendrix setzte alle in Erstaunen mit seinem extrem lauten Gitarrespiel und mit seinem Können; Eric Burdon, »The Who«, »Country Joe McDonald and the Fish«, die »Byrds« und »Jefferson Airplane« waren dabei.

So romantisch das Leben mancher der »flip-outs« auch erschien, so konnte es doch nicht von Dauer sein. Zum Marijuana gesellte sich zunehmend das gefährliche LSD, das zur Mode wurde, ohne daß man die Gefahren schon so genau kannte. Selbst unter den Schülern wurde zur Melodie von »Bruder Jakob« das folgende Liedchen gesungen:

Marijuana, marijuana,	Marijuana, Marijuana,
LSD, LSD,	LSD, LSD,
College kids are making it,	Hochschüler machen es,
High school kids are taking it,	Oberschüler nehmen es,
Why can't we, why can't we?	Warum nicht wir, warum nicht wir?

Für LSD wurde die Bezeichnung »acid« (Säure) üblich, wonach man den »Acid Rock« benannte, der besonders von Gruppen wie »Jefferson Airplane« und »The Grateful Dead« gespielt wurde. Die bunte, ineinanderfließende Mischung von Far-

»Country Joe« McDonald, der mit seiner Gruppe »The Fish«
oft für Aufsehen sorgte

ben in den Halluzinationen der LSD-Süchtigen – als »psychedelisch« bezeichnet –
beeinflußte manche Kunstrichtung sowie auch die Art der Konzerte, bei denen man
sich drehende, bunte Lichter einsetzte, also die heute noch immer übliche Lichtshow
entwickelte.

Viele Liedtexte jener Zeit behandelten das Thema Rauschgift – oder täuschte man
sich? Bei den Beatles-Songs kann man es in »Yellow Submarine« und in »Strawberry

Streik der Farmarbeiter in Kalifornien 1979

Fields Forever« mit Sicherheit feststellen. Bei »Lucy in the Sky with Diamonds« schwor John Lennon, daß es purer Zufall sei, wenn die Anfangsbuchstaben der Titelwörter »LSD« ergeben. In Hippy-Kreisen konnte man über solche Fragen endlos plaudern. Oft freilich war die Sache ernster: Viele Eltern suchten verzweifelt nach ihren weggelaufenen Kindern, die sich nicht selten irgendwo wegen Drogenvergiftungen oder Hepatitis in ärztliche Behandlung begeben mußten – oder starben.

Der Lebensstil der Hippies brachte sie aber nicht nur in Konflikte mit der bürgerlichen Gesellschaft, die ja beabsichtigt waren. Ärmere Amerikaner begriffen nicht, daß die Kinder aus wohlhabenden Familien »aufs Geld spuckten«, während sie schufteten, um aus ihrer Armut herauszukommen. Es kam zu Mißverständnissen, Auseinandersetzungen, sogar zu Todesfällen. Andererseits waren die Hippies eine leichte Beute für Rauschgiftpanscher, Diebe und Notzuchtverbrecher. Auch die Polizei war ihnen gegenüber nicht zimperlich – in San Francisco kam es zu einer regelrechten Schlacht, die die Hippies verloren. Unter ihnen gab es aber auch bald Zweifel darüber, ob das »flipping out« wirklich geeignet sei, das verhaßte »Establishment« zu bekämpfen.

Einige suchten nach neuen Wegen und fanden beispielsweise Anschluß an die große Streikbewegung der Weintraubenpflücker in Kalifornien, die damals einen nationalen Boykott (»Kauft keine Weintrauben!«) durchsetzten. 1966 marschierten die streikenden Landarbeiter – meist mexikanischer oder philippinischer Herkunft – über 400 Kilometer weit mit ihren Forderungen zur kalifornischen Hauptstadt nach Sacramento. Sie sangen dabei ihre Kampflieder, neue und alte, und spielten abends vor der Bevölkerung der Ortschaften, durch die sie zogen, eine Art Stegreiftheater, das von Bertolt Brecht beeinflußt war.

Die Folk-Szene, die Volksbühne und das Fernsehen

Folk Music hatte zu dieser Zeit eine riesige Verbreitung gefunden; überall gab es Folk-Cafés, Coffeehouses, und es wurden viele Festivals veranstaltet – große und kleine, meist an Wochenenden, für Blue-Grass-, Fiedel-, irische, Cajun- oder sonst welche spezielle Musik. Zahlreiche Sammler mit modernen Geräten suchten wieder einmal in den Bergen und in den Großstädten nach verborgenen Musikschätzen. Unzählige junge Leute spielten Gitarre oder andere Volksinstrumente und sangen dazu.

»Sing Out!«, die Zeitschrift, die die Lawine mit ins Rollen gebracht hatte, erreichte 1965 eine für sie relativ große Auflage von 25 000 Exemplaren. Das veranlaßte die Redaktion, sie im Frühjahr 1966 im neuen Format, größer, farbiger und teurer herauszugeben und den Verkauf am Kiosk zu versuchen. Die erste Ausgabe in der neuen Ausstattung, eine Jubiläumsnummer, hatte sogar 96 Seiten und eine eingelegte Schallfolie.

Doch mindestens seit Newport 1965 gab es ja auch einen Streit. Viele junge Gitarristen sahen ihr Idol in Bob Dylan. Es gab den Slogan: »Klemm dich hinter den Dylan-Sound, Baby, dann liegst du goldrichtig!« Dylan und einige andere »Stars« der Folk Music hatten sich darauf orientiert, was die großen Verlage suchten und wo das große Geld zu finden war, und entfernten sich in Richtung Folk Rock oder Rockmusik.

Die Seiten von »Sing Out!« sind ein Spiegel für den Streit der sich widersprechenden Trends. Mit den zunächst so verabscheuten elektrisch verstärkten Instrumenten hatte man sich zum Teil abgefunden. Sollte man sich nun auch mit der immer stärker werdenden Kommerzialisierung einverstanden erklären? Und wie sollte man sich gegenüber solchen Folk-Stars verhalten, die mit riesigen Konzerten, auf glänzenden LPs und in unzähligen Funk- und Fernsehsendungen aufgebaut wurden – allerdings unter der Bedingung, daß sie wenig oder möglichst gar nichts zu den Problemen des Tages zu sagen oder zu singen hatten? Was die Sender und Verlage akzeptierten, waren Problemchen wie: daß den Jungen an vielen Schulen verboten war, lange Haare zu tragen, oder daß man von den Eltern oder dem Partner nicht verstanden wurde. Andere Probleme nicht!

Manche »Sing Out!«-Autoren drängten auf Kompromiß, andere forderten einen konsequenten Bruch. Leider konnte politische Konsequenz die Auflagenzahl nicht erhöhen! Und die Großen im Musikgeschäft waren natürlich so mächtig, daß es sie keine Mühe kostete, eine so kleine Zeitschrift von den Kiosken zu verdrängen. Mit der Umstellung auf ein größeres Format hatte sich »Sing Out!« beträchtlich übernommen, und nach zwei Jahren stand die Zeitschrift so tief in der Kreide, daß sie ihr Format wieder auf das alte reduzieren mußte.

Harold Leventhal, Manager vieler Folk-Sänger

Die großen Schallplattenfirmen verstanden es, im Fernsehen und in den anderen Medien bestimmte Grenzen zu setzen. 1963 beschloß ABC, eine der drei führenden Fernsehgesellschaften, sich der Folk-Welle mit einer neuen Sendereihe anzuschließen, die sie »Hootenanny« nannten. Natürlich mußte Pete Seeger, der – neben Woody Guthrie – die Hootenannies ins Leben gerufen hatte, bei solchen Sendungen dabeisein, und der Hauptdramaturg erklärte sich damit auch einverstanden. Doch die wöchentliche Reihe begann ohne Seeger, und jedesmal, wenn Harold Leventhal an ihn erinnerte, sagte man ihm: »Bald, sehr bald. Erst muß sich die Sendung etablieren.« Die Sendungen wurden an Hochschulen aufgezeichnet, mit mehrfach geprobten Auftritten und viel erkünsteltem Lachen und Beifall. Vor einer der Aufnahmen erkundigte sich ein Student beiläufig beim Produzenten nach der Teilnahme Seegers. »Er kommt nicht – wegen des Drucks der Lokalsender, der Werbefirmen und Werbeagenturen«, lautete die vertrauliche Antwort. Der Student informierte Leventhal, und nun begann der Kampf. Viele Künstler bildeten ein Boykott-Komitee und vertraten den Standpunkt: »Wenn Pete nicht auftreten darf, dann treten wir auch nicht auf!« Diese Entscheidung soll Peter, Paul and Mary eine Gage von 25 000 Dollar gekostet haben, auch Joan Baez, Bob Dylan und Barbara Dane hatten ihre Auftritte abgesagt, wie die meisten der führenden Sänger und Musiker. Doch trotz des Boykotts blieben das ABC-Netz und die Seifenfirma, die die Sendung finanzierte, stur. In einer Pressekonferenz erklärte ein Produzent, es gäbe absolut keine schwarze Liste, doch könne bei begrenzter wöchentlicher Sendezeit schließlich nicht jeder auftreten, und Pete könne »einfach kein Publikum halten«. (106)

Das war gewiß eine der dümmsten Bemerkungen das Jahres. Pete ging gerade mit seiner Familie auf eine Welttournee, und sogar im japanischen Fernsehen hatte er – trotz Sprachbarrieren – großartigen Erfolg, in Indien sang er vor 100 000 Menschen, und in Tansania geriet er in eine schwierige Situation, als er ohne Mikrophon vor einem riesigen Publikum auftreten mußte. Er meisterte auch das und sang, bis er heiser war, gemeinsam mit den Zuhörern »We Shall Overcome«. Auf vier Kontinenten und in dreißig Ländern zeigte er, wie erstaunlich gut gerade er ein riesiges Publikum in seinen Bann ziehen konnte.

Als er in die USA zurückkehrte, bestand die seltsame »Hootenanny«-Reihe allerdings nicht mehr, während seine Version von Malvina Reynolds' Lied »Little Boxes« überall gespielt wurde. Zum erstenmal nach zwölf Jahren war seine Stimme wieder im Rundfunk zu hören. Doch für das Fernsehen blieb er weiterhin unerwünscht.

Auf seiner Welttournee und auf späteren Reisen kamen Pete Seeger vielerlei Gedanken: »Amerikanische populäre Folk Music fegt über einen Großteil von Europa (und Japan) mit beinahe erschreckendem Erfolg. Wenn ich Briefe von Übersee bekomme, frage ich in meiner Antwort oft danach, was der Schreiber über seine eigene Volksmusik weiß. Recht häufig ist es nicht sehr viel, was sie darüber wissen.« (107) Später schrieb er: »Es ist gut bekannt, daß in Kolonialländern viele Menschen glauben, sie müßten, um zivilisiert zu sein, die Lebensweise des Mutterlandes nachahmen … Heute geschieht das in vielen Ländern, die ›Coca-colonisiert‹ werden. Junge Leute, die behaupten, sie wollen modern sein, folgen jeder Mode und jedem Spleen aus den USA. Wenn sie wirklich modern sein wollten, würden sie von *jedem* Land nehmen, den neuen und den alten. Vieles von dem, was sie kennenlernen, würden sie nach Überlegung ablehnen. Manches würden sie annehmen, doch so adaptieren, daß es in ihre eigene Ecke der Welt paßt. Go-go-Stiefel sind in den Tropen albern, Bikinis in Grönland unpassend. Und das gilt auch für Musikmoden.« (108)

Pete Seeger

Im Januar 1967 kam Seeger zu einem kurzen, aufregenden Besuch in die DDR. Er nutzte die erste Gelegenheit, um sich mit dem Sänger Ernst Busch zu treffen; beide hatten einander seit vielen Jahren bewundert, doch niemals persönlich kennengelernt. Später sang Pete mit Mitgliedern des »Hootenanny-Clubs« (des späteren Oktoberklubs) in einem großartigen Konzert im kleinen Rahmen. Höhepunkt des Aufenthalts in der DDR war das Konzert in der Volksbühne. Schon Wochen zuvor waren die Karten ausverkauft, und ganz Optimistische gingen bis zur letzten Minute mit ihren Schildern »Suche eine Karte« vor dem Theater auf und ab. Einer hatte einen besonders glücklichen Einfall: Beim Abendbrot im »Lindenhotel« fand Pete an seinem Platz ein silbernes Tablett mit einem Kärtchen vor. Darauf stand: »Ich bewundere Ihre Musik sehr. Ist es nicht möglich, für heute Abend eine einzige Karte zu bekommen?« Unterschrieben war das Kärtchen mit einem Namen und der Bemerkung »Kellnerlehrling«. Petes Begleiter erklärten ihm, daß es absolut keine Karten mehr gab, doch Pete und Toshi nickten einander kurz zu, dann sagte Pete: »Er kommt rein, und wenn er uns das Banjo durch den Bühneneingang trägt und hinter den Kulissen sitzt.« So geschah es auch.

In der Erinnerung an dieses Konzert konnte Pete schreiben: »Ich habe die Moorsoldaten noch nie so gut von einem Publikum gesungen gehört wie hier.« (109) Kurz vor seiner Abreise tat Pete etwas, von dem nur sein Dolmetscher erfuhr – er übergab seine gesamte Gage dem Botschaftsvertreter Vietnams.

Woody und Arlo

Im gleichen Jahr reiste Seeger nach Japan, wo er mit Toshi das Dörfchen besuchte, aus dem ihr Vater vor fünfzig Jahren als »Radikaler« verbannt worden war. Auf dieser Reise erreichte sie am 3. Oktober 1967 ein Telegramm von Harold Leventhal: »Woody verstorben ...«

Noch zu seinen Lebzeiten war Woody Guthrie eine Legende geworden. Jahre zuvor hatte Lee Hays am New-Yorker Washington Square junge Sänger befragt, wer Guthrie sei. Die Antworten reichten vom »weggelaufenen Ranchersohn« bis zum »Totschläger«. Doch 1967 kannten ihn sehr viele, und die Nachricht von seinem Tode wurde in allen Medien bekanntgegeben. In den Jahren des Folk-Revivals war er berühmt geworden: Auf einen Wasserturm in Okemah malte man – nach langen erbitterten Kämpfen – die Worte: »Heimat von Woody Guthrie«; eine Transformatorenstation in der Nähe seines geliebten Bonneville-Staudamms erhielt seinen Namen. Als 1975 ein jährlicher »Musik-in-unseren-Schulen-Tag« eingeführt wurde, um die Musik an den Schulen stärker zu verbreiten, sangen Millionen Kinder gleichzeitig Woodys «This Land Is Your Land«. Dasselbe Lied – einst als kommunistische Antwort auf »God Bless America« geschrieben – wurde nun von vielen nachgesungen und auf Platte aufgenommen, von Glenn Campbell und dem Mormon-Tabernacle-Choir bis zu Bing Crosby, und manche schlugen sogar vor, es zur neuen Nationalhymne zu deklarieren. Nicht jeder war mit dieser Entwicklung einverstanden. Irwin Silber schrieb: »Sie nehmen einen Revolutionär und machen ihn zu einem Umweltschützer!« (110) Woody selbst konnte sich in seinen letzten Jahren zu alldem nicht mehr äußern. Jeder Bewunderer nahm sich von ihm das, was ihm gerade gefiel.

So erklärte ein junger Kellner in New York Lee Hays gegenüber, wovon viele junge Leute träumten, wenn sie an Woody dachten: »Die meisten Jugendlichen erreichen irgendwann einen Punkt, wo sie ihre Freiheit wollen. Man haßt die Schule, die Eltern und alles, was einem im Wege steht. Man denkt nur daran, herauszukom-

Die Sängerin Judy Collins in Indian Hill 1968

men. Man will irgendwo einen Wagen anhalten, auf einen Güterzug klettern und fahren, wohin man eben will. Ich glaube, für mich stellt Woody diese Art Freiheit dar.« (111) Andere erinnern sich gern an Woodys Mahnung, die in einer seiner abgezogenen Liedersammlungen stand und als für ihn typisch gilt: »Dieses Lied steht unter Schutz des US-Copyrights Nr. 154085 für die Dauer von 28 Jahren, und jeder, der dabei erwischt wird, daß er es ohne unsere Erlaubnis singt – wird unser guter Freund sein, denn wir machen uns nichts draus. Veröffentliche es! Schreib es auf! Sing es! Tanze dazu! Jodle es! Wir haben es geschrieben, mehr wollten wir nicht!« (112)

In einem Credo, in dem er seine Prinzipien zusammengefaßt hat und das ebenfalls gedruckt wurde, heißt es: »Ich hasse ein Lied, das dich denken läßt, du taugst nichts. Ich hasse ein Lied, das dich denken läßt, daß du geboren wurdest, um zu verlieren. Daß du verlieren mußt und für niemanden von Nutzen

Arlo Guthrie

bist. Zu nichts nützlich bist, weil du entweder zu alt oder zu jung bist oder zu dick oder zu dünn oder zu dieses oder zu jenes. Lieder, die dich schlecht machen, oder Lieder, die dich wegen irgendwelchen Pechs oder deines schweren Weges verspotten. Ich bin entschlossen, solche Lieder bis zu meinem letzten Atemzug und meinem letzten Blutstropfen zu bekämpfen. Ich will Lieder singen, die dir beweisen, daß es

264

deine Welt ist, auch wenn sie dich ganz hart betroffen hat und dich ein paarmal herumgestoßen hat. Ganz egal, wie schwer sie dich traf, ganz egal, welche Hautfarbe du hast, welche Größe, wie du gebaut bist – ich habe vor, Lieder zu singen, die dir Stolz auf dich und deine Arbeit geben. Und die Lieder, die ich singe, wurden größtenteils von Menschen geschaffen, die ungefähr so sind wie du.« (113)

Im Januar 1968 wurden in der Carnegie Hall zwei Gedenkkonzerte für Woody veranstaltet; die Eintrittskarten waren binnen einer Stunde ausverkauft. Später wurden die Konzerte in Kalifornien wiederholt. 18 000 Menschen füllten den Hollywood Bowl. Alle Teilnehmer traten ohne Gage auf; das Geld kam in den Woody-Guthrie-Fonds, der für seine Kinder, für den Kampf gegen die Huntingtonsche Krankheit und für andere Projekte gebildet wurde. Die Teilnehmerliste war überwältigend: Guthrie-Zitate, von Millard Lampell zusammengestellt, wurden von Will Geer und Peter Fonda gesprochen; es sangen Pete Seeger, Bob Dylan (es war der erste Auftritt nach seinem Unfall), Joan Baez, Judy Collins, Richie Havens, Earl Robinson, Jack Elliott, Odetta, Tom Paxton, »Country Joe« McDonald. Sie alle sangen Lieder von Woody Guthrie.

Tom Paxton sagte: »Wir, die wir heute Lieder schreiben (Dylan, Chandler, Ochs, LaFarge, Reynolds), schulden Woody alles. Er zeigte uns, wie, und er sagte uns, warum.« (114)

Man nannte sie alle »Woodys Kinder«. Pete Seeger schrieb in seiner unverblümten Art: »Nun, da hast du den Woody. Er bezahlte nicht immer seine Rechnungen, und er machte seiner Familie und seinen Freunden das Leben manchmal schwer. Er war immer unterwegs, mit juckenden Fersen, Ameisen in den Hosen. Doch mein Gott, mein Gott, er schuf Lied um Lied um Lied ...« (115) Das waren nur zwei von unzähligen dankbaren Aussprüchen über den kleinen Liedermacher.

Bei den Gedenkkonzerten fiel ein Sänger besonders auf. Arlo Guthrie, der älteste Sohn von Woody und Marjorie, hatte in Harold Leventhals Agentur als Bote gearbeitet; dieser schildert seine Tätigkeit so: »Immer wenn es Arbeit gab, wie Post öffnen oder verschließen, Zeitungsausschnitte einkleben, das Telefon bedienen, Kaffee holen – das ganze breite Spektrum verantwortungsvoller Aufgaben für einen Boten, dann war Arlo natürlich nicht verfügbar. Er war beschäftigt. Er übte Gitarre oder sang Duette mit Pete Seeger, sobald dieser ins Büro kam. Oder er tauschte Woody-Guthrie-Anekdoten mit dem früheren Weaver Lee Hays, einem alten Freund von Woody, aus. Meist hielten ihn diese wichtigen Angelegenheiten davon ab, sich um die unwichtige Büroarbeit zu kümmern. Wenn Arlo aber auch nicht allzusehr als Bote taugte, so war er doch voller Späße, Lachen, Geschichten, guter Musik und Liebe zum Leben. Also behielten wir ihn ... Vor einem reichlichen Jahr wippte er in mein Büro und gab mir bekannt: ›Junge, ich habe gerade beschlossen, meine Arbeit für dich einzustellen und statt dessen dich für mich arbeiten zu lassen. Du wirst mein Manager.‹« (116)

Am letzten Tag des Newport Festivals 1967 trat der zwanzigjährige, langhaarige Arlo mit einem breiten Schlapphut vor 10 000 Menschen auf die Bühne, spielte eine kleine Melodie und sang mit herzerquickendem Charme und – sicher geerbtem – Humor:

ALICE'S RESTAURANT

You can get anything you want at
   Alice's Restaurant, *(2×)*
Just walk right in,
It's around the back,
Just a half-mile from the railroad
   track.
You can get anything you want at
   Alice's Restaurant.

ALICES RESTAURANT

Du bekommst alles, was du möchtest, in
   Alices Restaurant, *(2×)*
Nur hereinspaziert,
Es ist dort hinten,
Nur eine halbe Meile von der Eisenbahn
   entfernt.
Du bekommst alles, was du möchtest, in
   Alices Restaurant.

Während er die Melodie leise weiterspielte, erzählte er auf umwerfend komische Art fast zwanzig Minuten lang von Alice und ihrem Restaurant – wie er einmal wegen des unerlaubten Abladens von Abfällen (für Alice) verhaftet wurde und man ihn zu einer Geldstrafe verurteilte. Zur gleichen Melodie erfolgte ein Ortswechsel zum Musterungsbüro, wo Arlo für den Vietnamkrieg eingezogen werden sollte. Was tun? Er täuschte dem Psychiater Wahnsinn vor und schrie nach Blut, er wolle töten! Doch zu seinem Erstaunen tanzte und schrie der Psychiater begeistert mit! Dann aber folgte die Frage: »Sind Sie vorbestraft?« Wegen »öffentlicher Verschmutzung« war er nun moralisch nicht mehr sauber genug, um am Töten teilzunehmen. Arlo riet allen, die in seine Lage kämen, das Lied »Alice's Restaurant« zu singen, damit man entweder für verrückt gehalten würde oder einer Bewegung zugehörig. Am Schluß seines Vortrages sang er nochmals mit allen gemeinsam das Liedchen von Alice's Restaurant, und daraus entstand in der Tat eine Bewegung – mit Abzeichen und einem Film – und Arlo wurde bekannt und beliebt.

DREIZEHNTES KAPITEL

MIT MUSIK GEGEN EINEN KRIEG
1964–1973

Der Große Schlammige und das Fernsehen

Daß auch dieses spaßige Lied in das die Allgemeinheit bewegende, ernste Thema mündete, zeigt, wie tief der Vietnamkrieg in das Bewußtsein der Amerikaner gedrungen war. Was von Eisenhower und Kennedy mit einigen »Militärberatern« und mit wenigen Waffen begonnen worden war, nahm 1964/65 unter Präsident Lyndon B. Johnson gewaltige Ausmaße an. Hunderttausende landeten in Südvietnam, auf das ganze Land hagelte es Bomben. Der Widerstand in den USA begann allmählich, zunächst unter den linken Kräften und unter den Hippies. Die Bewegung wurde immer breiter. 1967 erklärte Martin Luther King: Nicht allein aus moralischen Gründen oder weil besonders viele schwarze Jugendliche zum Sterben geschickt würden, sondern auch weil viele der in jahrelangen harten Kämpfen errungenen Erfolge durch den Aderlaß des Krieges verlorengingen, sei der Widerstand der Schwarzen unerläßlich. Die Wehrdienstverweigerung des Boxers Muhammad Ali (vormals Cassius Clay), die ihn seine Boxtitel kostete und ihn beinahe ins Gefängnis brachte, verlieh dieser Position kräftigen Nachdruck. Die schreckliche Brutalität des Krieges, das Prahlen mit »Leichenzahlen«, die von Napalm verbrannten Kinder, durch Gift verseuchte Felder und Wälder – das ganze Massenelend, das man täglich »live« am Bildschirm miterleben konnte, trieb immer mehr Menschen zu immer mächtigeren Demonstrationen auf die Straße.

Dabei wurde sehr viel gesungen. Zu diesem Zweck entstanden unzählige Lieder. Bekannte und unbekannte Liedermacher texteten, komponierten, parodierten und sangen – darunter Malvina Reynolds, Tom Paxton, Barbara Dane, Phil Ochs, Julius Lester, Lewis Allen, »Country Joe« McDonald und natürlich wieder Pete Seeger. Schnell hatte sich das folgende bissige Lied von Tom Paxton verbreitet:

LYNDON JOHNSON TOLD
THE NATION

I got a letter from LBJ,
It said, »This is your lucky day.
It's time to put your khaki trousers on.
Though it may seem very queer,
We've got no jobs to give you here,
So we are sending you to Vietnam.«

LYNDON JOHNSON SAGTE
ZUR NATION

Ich erhielt einen Brief von LBJ *(Johnson)*,
Darin stand: »Heute ist dein Glückstag,
Es ist Zeit, die Khaki-Hosen anzuziehen.
Obwohl es seltsam erscheinen mag,
Wir haben hier keine Arbeit für dich,
Also schicken wir dich nach Vietnam.«

Chorus:
And Lyndon Johnson told the nation,
»Have no fear of escalation
I am trying everyone to please.
Though it isn't really war,
We're sending fifty thousand more,
To help save Vietnam from the Vietnamese.«

Refrain:
Und Lyndon Johnson sagte zur Nation:
»Habt keine Angst vor Eskalation,
Ich bemühe mich, jedem zu gefallen.
Obwohl es kein echter Krieg ist,
Schicken wir nochmals 50 000,
Um Vietnam vor den Vietnamesen zu retten.«

Unter den vielen Liedern zu diesem Thema von Pete Seeger war eine lange (hier gekürzte) Ballade; »Big Muddy« (Der große Schlammige) ist der Name eines Flusses in Louisiana.

WAIST DEEP IN THE BIG MUDDY

It was back in nineteen-forty-two,
I was part of a good platoon.
We were on maneuvres in-a Louisiana,
One night by the light of the moon.
The captain told us to ford
    a river,
And that's how it all began.
We were knee deep in the Big Muddy,
But the big fool said to push on.

The sergeant said, »Sir, with all this
    equipment,
No man will be able to swim.«
»Sergeant, don't be a nervous Nellie,«
The captain said to him.
»All we need is a little determination;
Men, follow me, I'll lead on.«
We were neck deep in the Big Muddy
And the big fool said to push on.

All of a sudden the moon clouded
    over,
We heard a gurgling cry.
A few seconds later, the captain's
    helmet
Was all that floated by.
The sergeant said, »Turn around, men,
I'm in charge from now on.«
And we just made it out of the
    Big Muddy
With the captain dead and gone.

Well, maybe you'd rather not draw any
    moral,
I'll leave that to yourself.
Maybe you're still walking and you're
    still talking

BIS ZUR TAILLE IM BIG MUDDY

Es war damals, 1942,
Ich gehörte zu einem guten Zug.
Wir waren zu Manövern in Louisiana,
In einer Nacht bei Mondschein.
Der Hauptmann befahl uns, einen Fluß
    zu überqueren,
Und so begann das Ganze.
Wir waren bis zum Knie im Big Muddy,
Doch der große Narr befahl weiterzugehen.

Der Sergeant sagte: »Sir, mit all dem
    Gerät
Wird kein Mann schwimmen können.«
»Sergeant, sei keine nervöse Nellie«,
Sagte der Hauptmann zu ihm.
»Wir brauchen nur ein wenig Entschlußkraft,
Männer, folgt mir, ich führe euch.«
Wir waren bis zum Hals im Big Muddy,
Und der große Narr befahl weiterzugehen.

Plötzlich wurde der Mond von Wolken
    verdeckt,
Wir hörten einen gurgelnden Schrei.
Ein paar Sekunden später, und der Helm
    des Hauptmanns
War das einzige, was vorbeischwamm.
Der Sergeant sagte: »Kehrt um, Männer,
Ab jetzt habe ich das Kommando.«
Und wir schafften es gerade aus dem
    Big Muddy,
Und der Hauptmann war tot und dahin.

Nun, vielleicht zieht ihr lieber keine
    Moral daraus,
Ich überlasse das euch.
Vielleicht lauft ihr noch herum und redet
    noch,

Pete Seeger besuchte 1972 die Demokratische Republik Vietnam

And you'd like to keep your health.	Und ihr möchtet gern gesund bleiben.
But every time I read the papers	Aber immer, wenn ich die Zeitungen lese,
That old feeling comes on:	Kommt das alte Gefühl zurück:
We're waist deep in the Big Muddy	Wir sind bis zur Taille im Big Muddy,
And the Big Fool says to push on.	Und der große Narr befiehlt weiterzugehen.
… Waist deep! Neck deep!	… Bis zur Taille! Bis zum Hals!
Soon even a tall man'll be over his head!	Bald wird es auch einem großen Mann bis über den Kopf gehen!
Waist deep in the BIG MUDDY!	Bis zur Taille im Big Muddy!
AND THE BIG FOOL SAYS TO PUSH ON!	UND DER GROSSE NARR BEFIEHLT WEITERZUGEHEN!

Jeder wußte, welcher große Narr gemeint war; sogar Begriffe wie »nervous Nellie« hatte er für die Gegner des Krieges benutzt. Überall, wo Seeger dieses Lied sang, kam es großartig an. Dann erhielt er eine aufregende Mitteilung: Nach siebzehnjährigem Fernsehboykott, wogegen er vergeblich angekämpft hatte, lud ihn das Unterhaltungsteam Tom und Dick Smothers in seine Show ein, die über das gesamte CBS-Sendernetz und zu günstiger Sendezeit ausgestrahlt wurde. Er sollte auch »Big Muddy« singen dürfen. Überglücklich flog er mit Harold Leventhal nach Hollywood und nahm am 1. September 1967 seinen zwanzigminütigen Programmteil auf. Am 10. September sah er sich zu Hause die Sendung am Bildschirm an. Zunächst sang er

»Wimoweh«, dann fragte ihn – etwas nervös – Tom Smothers, ob er auch »jenes Lied« singen wolle. Die Kamera war auf Seeger gerichtet, der die Zwölfsaitengitarre in der Hand hielt, dann zeigte sie kurz auf sein Gesicht, dann wieder zurück. Und nun hatte er plötzlich das Banjo in der Hand und sang ein ganz anderes Lied! »Big Muddy« war einfach herausgeschnitten worden. Pete hätte am liebsten den Bildschirm eingeschlagen. Es folgte ein großer Skandal, der immer peinlichere Formen annahm, bis die Brüder Smothers ihn im Februar 1968 noch einmal einladen durften – und diesmal blieb das Lied drin. Dafür büßten aber nur wenige Monate später die beiden Brüder ihren Vertrag mit der CBS ein und waren ihre Show für immer los.

Blutige Zeiten

Nun hagelte es Schlagzeilen. Im Februar 1968 begann die »Tet-Offensive«, und die Vietnamesen bewiesen, daß die USA trotz aller offiziellen Versprechungen niemals siegen konnten. Der bei vielen Amerikanern verhaßte Präsident Johnson setzte im März alle in Erstaunen, als er erklärte, daß er nicht wieder kandidieren würde. Das war ein großer Sieg der Friedenskräfte. Kurz darauf gewann der Antikriegs-Kandidat Eugene McCarthy bei den ersten Vorwahlen der Demokratischen Partei mit überraschenden Ergebnissen. Daraufhin beschloß Robert Kennedy, sein Glück ebenfalls als Friedenskandidat zu versuchen.

Vier Tage nach Johnsons Wahlverzicht kam es in Memphis (Tennessee) zu einem erschütternden Ereignis. Martin Luther King wurde ermordet! Millionen trauerten, verzweifelte Aufstände brachen in den Ghettos von 125 Städten aus. 55 000 Uniformierte, Panzer und Hubschrauber wurden eingesetzt, 125 Menschen starben, 21 000 wurden verhaftet, und die schwarze Bewegung war auf Jahre fast völlig lahmgelegt. Viele Amerikaner glaubten, daß das von Anfang an von dem Martin Luther King feindlich gesinnten FBI-Chef J. Edgar Hoover beabsichtigt war.

Ende April besetzten in New York Studenten mehrere Gebäude der Columbia-Universität. Im ersten Halbjahr 1968 kam es in den USA zu 221 Studentendemonstrationen mit fast 40 000 Teilnehmern, doch die vom April war die dramatischste. Sie endete mit einem brutalen Polizeieinsatz und mit der Verhaftung von knapp 700 Studenten. (Diese Ereignisse bildeten die Grundlage für den Film »Blutige Erdbeeren«.)

Am 5. Juni, als Robert Kennedy die Vorwahl in dem großen Staat Kalifornien gewonnen und damit die letzte Hürde vor der Kandidatur für die Präsidentschaftswahlen bewältigt hatte, wurde auch er erschossen. Die ganze Welt fragte sich erschüttert: Was ist das für ein Land?

Ende August schließlich stellte die Demokratische Partei nicht den Friedensanhänger Eugene McCarthy als Kandidaten auf, sondern den farblosen Vizepräsidenten Hubert Humphrey – gegen die Proteste Tausender Jugendlicher, die erbarmungslos von der Polizei niedergeknüppelt wurden. Die blutigen Szenen wurden im Fernsehen live übertragen – auch wie die Jugendlichen, solange sie konnten, riefen: »The whole world is watching!« (Die ganze Welt schaut zu!)

Im Jahre 1969 wartete man zunächst ab, ob der neue republikanische Präsident, der Humphrey bei den Wahlen knapp geschlagen hatte, sein Friedensversprechen

FBI-Chef J. Edgar Hoover

halten würde. Doch Nixon und sein Berater Kissinger taten das nicht: Das Morden ging weiter, und die Empörung wuchs.

Der Jazzmusiker »Cannonball« Adderley sang beispielsweise ein Lied über die Ermordung von Dr. King und fragte darin, warum er für diese »Scheißnation« sein Leben geben solle.

Die Demonstrationen nahmen in der Anzahl ihrer Teilnehmer, in der Breite der Herkunft der Demonstranten und in ihrer Leidenschaft immer mehr zu. Auch beim Festival in Woodstock, wenn es auch vorwiegend der Musik gewidmet war, wo sich so viele musikalische Tendenzen mischten und die verschiedenartigsten Themen besungen wurden, herrschte einstimmige Ablehnung des Vietnamkrieges. Das äußerte sich in zahlreichen Bemerkungen von der Bühne herab, aber auch in einigen Liedern, wie etwa in dem bissigen, in schnellem Tempo vorgetragenen und begeistert begrüßten »Fixin' to Die Rag« von »Country Joe McDonald and the Fish«:

FIXIN' TO DIE RAG

Well, come on, all of you big strong men,
Uncle Sam needs your help again,
He's got himself in a terrible
  jam,
Way down yonder in Vietnam.
So put down your books and pick up
  a gun,
We're gonna have a whole lotta fun.
Chorus:
And it's one, two, three,
What are we fighting for?
Don't ask me, I don't give a damn,
Next stop is Vietnam.
And it's five, six, seven,
Open up the pearly gates.
Well, there isn't no time to
  wonder why.
Whoopee, we're all gonna die.

Come on, mothers, throughout the land,
Pack your boys off to Vietnam.
Come on, fathers, don't hesitate,
Send your sons off before it's too late.
And you can be the first ones on your
  block
To have your boy come home in
  a box.
Chorus: ...

BEREIT-ZUM-STERBEN-RAG

Nun kommt, all ihr großen, starken Männer,
Onkel Sam braucht wieder eure Hilfe,
Er ist in einen schrecklichen
  Schlamassel geraten
Weit unten in Vietnam.
Legt eure Bücher weg und ran an die
  Gewehre,
Jetzt werden wir eine Menge Spaß haben.
Refrain:
Und nun eins, zwei, drei,
Wofür kämpfen wir?
Frag mich nicht, mir ist es Wurst.
Die nächste Station ist Vietnam.
Und nun fünf, sechs, sieben,
Mach das Himmelstor auf,
Nun, es fehlt die Zeit zu fragen,
  warum.
Hurra, wir sterben alle.

Kommt doch, Mütter des ganzen Landes,
Schickt eure Jungs nach Vietnam.
Kommt doch, Väter, zögert nicht,
Schickt eure Jungs weg, bevor es zu spät ist.
Da könnt ihr die allerersten in eurer Straße
  sein,
Die ihren Sohn zurückbekommen – in einer
  Kiste.
Refrain: ...

Einen Tag, bevor das Woodstock Festival begann, trat etwa 1200 Kilometer weit weg im Bundesstaat Illinois Bob Dylan mit »The Band« für eine sehr hohe Gage auf. Einen Monat später sang er vor einem begeisterten Publikum bei einem Festival auf der englischen Insel Wight. Der Streit um Dylan, seine Musik und seine Texte hörte nie auf. Besonders trug dazu ein mißglücktes Interview in der Zeitschrift »Rolling Stone« bei. Ein Kritiker sagte dazu: »Dylan spricht von seiner Musik wie ein seichter Songschreiber, den nicht viel mehr interessiert als das Komponieren und Singen von niedlichen kleinen Liedchen, die das Publikum bei Laune halten – und sein Bankkonto in wohlgenährtem Zustand.« (117) Politisch engagierte sich Dylan zu dieser Zeit nicht; musikalisch unterschied sich jede neue LP gravierend von der vorausgegangenen: Mal waren es introvertierte Lieder, mal sang er im Country-Stil à la Nashville, auch gemeinsam mit Johnny Cash, mal gab er sich religiös. Viele rätselten über die Lieder, etliche schimpften darüber, doch fast alle kauften seine Platten – und Columbia war zufrieden. Im Juni 1970 bekam der neunundzwanzigjährige, ehemalige Rebell sogar die Ehrendoktorwürde von der konservativen alten Princeton-Universität verliehen.

Nicht alle schätzten die Musik der damaligen Zeit – sei es Folk, Rock oder Folk-Rock. Einer der extremsten Gegner war wohl David Noebel, der aus seiner Feindschaft eine Karriere aufbaute. 1965 erschien seine Broschüre »Kommunismus, Hypnose und die Beatles«, später ergänzte er sie mit dem Buch »Rhythmus, Aufruhr und Revolution«. Noebel behauptete, eine schreckliche Verschwörung entdeckt zu haben: »Die Kommunisten haben durch ihre Wissenschaftler, Pädagogen und Unterhaltungsleute eine raffinierte, ausgeklügelte und wissenschaftliche Methode ausgedacht, die darauf zielt, eine Generation der amerikanischen Jugend durch Nervenstörungen, geistige Unterdrückung und Verdummung neurotisch werden zu lassen. Der Plan wird mit bestimmten Arten von Musik, mit Hypnose und bedingten Reflexen durchgeführt.« (118)

Noebel schoß in viele Richtungen: »Stellen Sie sicher, daß Ihre Schulen diese kommunistischen Platten nicht benutzen. Kybernetische Kriegführung ist die äußerste Waffe, und wir können uns nicht ein einziges nervenzerstörtes Kind leisten!« (119)

Die Beatlemania, die auch die USA erfaßt hatte und viele Teenager völlig in ihren Bann schlug, gab die Grundlage für Noebels Warnungen ab. »Werfen Sie Ihre Beatles- und Rock-'n'-Roll-Platten auf den Müllhaufen«, verlangte er und erwies sich als weitaus närrischer als der hysterischste Beatles-Fan. (120) Aber es gab auch andere, denen jede gedankliche Regung und jede Suche nach Qualität in der Musik als verdächtig galt. So war es möglich, in Fort Lauderdale (Florida) ein Folk-Festival zu vereiteln, weil drei der angekündigten Musiker am Auftreten gehindert werden sollten: Guy Carawan lehrte nämlich an der Highlander School, Tom Paxton schrieb Lieder gegen den Vietnamkrieg und Mike Seeger war Petes Halbbruder.

Hier und da gab es Versuche, Gegenattraktionen zu bieten. So sang eine »anständig« gekleidete und bieder frisierte Sängerin zu Melodien aus dem Folk-Bereich Texte wie »Be Careful of Communist Lies« (Seid auf der Hut vor Kommunistenlügen), was aber beim Publikum nicht ankam. Und ein hochdotierter Chor, ebenso bieder im Aussehen, trat in aller Welt unter dem absichtlich täuschenden Namen »Sing Out« auf und sang Lieder über die Größe und Güte der USA. Er feierte damit einen gewissen Erfolg – besonders in Ländern, wo man die Texte nicht verstand.

Weitaus wirksamer waren geschickt gemachte Lieder im Country-Stil, die mit Unterstützung der Medien popularisiert wurden. Merle Haggard sang in einem Lied »I'm an Okie from Muskogee« (Ich bin ein Okie von Muskogee), doch er unterschied sich extrem von dem Okie Woody Guthrie: Er beschimpfte die Hippies von San Francisco und lobte das Hissen der USA-Fahne und »gesunde amerikanische« Tätigkeiten wie Hochschul-Football. (Das Lied brachte ihm immerhin die Freundschaft von Ronald Reagan ein.)

Von wesentlich schlimmerer Sorte war »Green Berets« über den tapferen Elitesoldaten mit dem grünen Barett, der in Vietnam »für die Freiheit und die Heimat« stirbt, doch bereits die Liebe zu den gleichen blutigen »Heldentaten« an seinen kleinen Sohn weitergegeben hat. Doch am übelsten war »Lieutenant Calley«, das den Offizier glorifizierte, der 1968 in Son My (My Lai) in Vietnam mit seiner Einheit 567 Frauen, Kinder und Greise grundlos niederschoß, dafür zunächst verurteilt wurde, aber durch eine große Propagandakampagne, zu der auch dieses Lied gehörte, das innerhalb von drei Tagen in 202 000 Exemplaren verkauft wurde, wieder freikam.

Auch der Ku-Klux-Klan und der rassistische Politiker George Wallace setzten Lieder zu ihren Zwecken ein; der Country-Sänger Marty Robbins sang z. B. unter dem Pseudonym »Johnny Freedom« für Wallace.

Doch in erster Linie griff man zu der altbewährten amerikanischen Methode – die auch in anderen Künsten Erfolg hat –, daß man die beliebtesten Sänger nach Möglichkeit mit großen Konzerten und hohen Plattenauflagen verwöhnt, sie reich und berühmt macht. Wenn auf der ersten LP noch einige Texte fortschrittlichen Inhalt hatten, so waren es auf der zweiten bestimmt weniger, und bald gab es gar keine mehr. Mit Hilfe von Funk, Fernsehen und Presse ging das mitunter fast unbemerkt vor sich, und das Gewissen der so Gekauften wurde nicht allzusehr belastet. Um 1969 und 1970 funktionierte dieses System nicht immer ganz so reibungslos; der lang anhaltende Krieg in Vietnam schärfte das kritische Bewußtsein.

Nie zuvor hatte das Land solche gewaltigen Demonstrationen erlebt. Es kamen die Zeiten, wo junge Männer ihre Wehrpässe verbrannten (»Besser als Kinder zu verbrennen«, riefen sie) und nicht selten auch die USA-Fahne. Am 15. November 1969, als noch etwa eine halbe Million amerikanischer Soldaten in Vietnam kämpfen mußten, fand die große Demonstration in Washington statt, die am Anfang des Buches erwähnt wurde. Vierzigtausend Menschen nahmen daran teil, sie trugen Schilder mit den Namen der in Vietnam gefallenen Soldaten und der zerstörten vietnamesischen Dörfer. Damit zogen sie vom Nationalfriedhof bis vor das Capitol, wo große Särge aufgestellt worden waren. Hunderttausende sammelten sich vor dem Lincoln-Denkmal, sie hörten Reden und Lieder und sangen gemeinsam »Give Peace a Chance« von John Lennon und Yoko Ono und »Let the Sunshine In« (Laßt den Sonnenschein herein) von der Gruppe »Fifth Dimension« aus dem Musical »Hair«.

Coffeehouses

»Coffeehouse« (Kaffeehaus) hört sich ziemlich harmlos an. Vielleicht haben sich die Bewohner der kleinen Städte in der Nähe von Militärstützpunkten in den USA zunächst auch keine Gedanken darüber gemacht. Doch ihre Unwissenheit dauerte nicht lange. Hier konnten sich Soldaten, die Ausgang hatten, entspannen, miteinander plaudern, Schach spielen, Kaffee trinken oder lesen. Das war für sie eine Zuflucht vor den vielen Nepp-Lokalen, die ihnen für viel Geld zumeist schlechte Musik, schlechte Spirituosen und schlechte Frauen anboten. Die Coffeehouses verärgerten

Demonstration gegen den Vietnamkrieg, ehemalige Kriegsteilnehmer
werfen ihre Orden und Soldbücher weg

also zuerst die Besitzer der Nepp-Lokale. Doch als sich herausstellte, daß hier auch gegen den Krieg in Vietnam agitiert wurde, ärgerten sich noch ganz andere Leute. Hier sahen viele Soldaten zum ersten Mal in ihrem Leben linke Zeitungen – mitunter wurden sie von den Soldaten selbst heimlich abgeschrieben oder anderweitig vervielfältigt. So erfuhren sie manche Wahrheit über den Krieg »für Freiheit und Demokratie«, der sie das Leben kosten konnte. In den Coffeehouses, die von einigen mutigen Leuten geleitet wurden, traten Künstler ohne Gage gegen den Krieg auf, unter ihnen Jane Fonda, Pete Seeger, Bernice Reagon, Phil Ochs und – wohl am häufigsten – die Sängerin Barbara Dane. Da die meisten Soldaten Arbeiterjungen waren – weiße, schwarze, puertorikanische, mexikanische usw. –, entstand daraus eine neue Verbindung zwischen Arbeitern und fortschrittlichen Liedern, die in den vergangenen Jahren oft gefehlt hatte.

Zunächst ging die Armee sehr vorsichtig gegen die Coffeehouses vor, um nicht noch Werbung für sie zu betreiben. Mitunter verweigerte man ihnen die Lizenz. Provokateure wurden hineingeschickt, um sich mit Rauschgift »erwischen« zu lassen.

Damit hatte man einen Grund, Geld- oder Gefängnisstrafen zu verhängen. Oder der Ku-Klux-Klan wurde von der Armee und dem FBI engagiert, um Schießereien anzuzetteln oder Brandbomben zu werfen. Doch von Jahr zu Jahr wurden die Streitkräfte mehr zersetzt. An die hunderttausend Wehrpflichtige flohen nach Kanada, Zehntausende widersetzten sich der immer brutaler werdenden Unterdrückung in der Armee und sogar der Folterung in den zum Bersten überfüllten Militärgefängnissen.

Einmal sollte Barbara Dane vor Marineinfanteristen auftreten, die noch nicht von der Antikriegsbewegung erreicht worden waren. Es gab kein Coffeehouse in Oceanside (Kalifornien), die Lizenz dafür war verweigert worden. Daher bot man der Leiterin eines Militärklubs in der Nähe des Stützpunktes den Auftritt »einer guten Blues-Sängerin« an, womit diese – nichtsahnend – einverstanden war. Es kamen etwa neunzig neue »Ledernacken« mit rasierten Köpfen und gelangweilten Gesichtern, und Barbara Dane hätte am liebsten – wie sie später schrieb – einen Wagen mit laufendem Motor vor der Tür gehabt, hier im Herzen von »Reagan-Land«. Sie begann mit einem Blues, dann erzählte sie, daß es schon immer schwierig war, in Kalifornien arm zu sein, und sang Woody Guthries »Do Re Mi« (siehe S. 166). Dann folgte Woodys Lied über diejenigen, die mit einem Füllfederhalter mehr rauben als andere mit der Pistole. Für ihr spezielles Publikum fügte sie hinzu, daß es am Lohntag für jemand mit kurzen Haaren schwierig sei, wenn alle Preise in der Gegend erhöht würden. Die »Ledernacken« waren verblüfft darüber, daß sich jemand ihren Problemen widmete. Als nächstes berichtete Barbara Dane, daß in manchen Ländern Truppen gegen die eigenen Armen eingesetzt werden, und sang ein revolutionäres Lied auf Spanisch, was die Muttersprache einiger dieser Männer war. Manche applaudierten bereits lauter. Nun stellte Barbara Dane einen ehemaligen Feldwebel der »Green Berets« in Vietnam vor, der berichtete, wie man dort mißbraucht wird. Die Leiterin wollte nunmehr dringend Schluß machen, doch Dane sang weiter. Es folgten zwei anspruchsvolle neue Lieder über den Krieg, und die Männer bemühten sich, kein Wort zu verpassen. Am Ende, als das Licht bereits ausgeschaltet war, klatschten alle den Takt zu »Aunt Molly« Jacksons altem Lied »I Am a Union Woman« (siehe S. 130) mit dem neuen Text »Ich trete in die Soldatenbewegung ein«.

Nach dem Konzert fragten viele, was sie persönlich gegen den Krieg tun könnten, und einige Tage später nahm eine Gruppe von »Ledernacken« zusammen mit 10 000 anderen Menschen an einer Antikriegsdemonstration teil, deren Ziel die Sommerresidenz von Präsident Nixon in San Clemente war. (121)

Zu den Liedern, die in den Coffeehouses – versehen mit aktuellen Texten – gesungen wurden, gehörten das Wobbly-Lied »Hallelujah I'm a Bum«, das Spiritual »Go Tell It on the Mountain«, »We Shall Not Be Moved« – und folgendes Lied von Pete Seeger:

IF YOU LOVE YOUR UNCLE SAM	WENN IHR EUREN ONKEL SAM LIEBT
If you love your Uncle Sam	Wenn ihr euren Onkel Sam (die USA) liebt,
Bring 'em home, bring 'em home.	Bringt sie nach Hause, bringt sie nach Hause,
Stop the war in Vietnam!	Stoppt den Krieg in Vietnam!
Bring 'em home, bring 'em home!	Bringt sie nach Hause, bringt sie nach Hause!

Joan Baez wird bei einer Demonstration gegen den Vietnamkrieg verhaftet

45 000 dead and gone,
Bring 'em home, bring 'em home.
And Uncle Sam is in the wrong,
Bring 'em home, bring 'em home!

They said it was a freedom fight ...
Well now, that's just about half right ...

There's just one big fallacy ...
It's our own GI's that want to be
    free ...

GI's fight and GI's die ...
Some get rich while Nixon lies ...

I'm gonna let Vietnam alone ...
Fight for my own rights here at
    home ...

Well, I may be short and I may be
    tall ...
But I sure ain't shaped like a
    cannonball! ...

45 000 sind tot und gestorben,
Bringt sie nach Hause, bringt sie nach Hause,
Und Onkel Sam ist im Unrecht,
Bringt sie nach Hause, bringt sie nach Hause!

Sie sagten, es sei ein Freiheitskampf ...
Nun, das ist nur die Hälfte der Wahrheit ...

Da gibt es nur einen großen Fehler ...
Es sind unsre eigenen Soldaten, die frei
    sein wollen ...

Soldaten kämpfen und Soldaten sterben ...
Mancher wird reich, während Nixon lügt ...

Ich werde Vietnam in Ruhe lassen ...
Und für meine eigenen Rechte kämpfen –
    hier zu Hause ...

Vielleicht bin ich klein und vielleicht
    bin ich groß ...
Ganz sicher habe ich nicht die Form einer
    Kanonenkugel ...

Die Spaltung der Nation erhielt neue Nahrung, als Präsident Nixon am 30. April 1970 den militärischen Einmarsch in Kambodscha befahl – und kurz darauf vier friedlich protestierende Studenten an der Kent-Universität in Ohio von Nationalgardisten erschossen wurden. Im ganzen Land demonstrierten Studenten (von denen noch zwei weitere – Schwarze – in Mississippi getötet wurden).

Im Mai 1971 erreichten die Demonstrationen im ganzen Land neue Höhepunkte. In Washington zogen 2000 kriegsversehrte »Vietnam-Veteranen gegen den Krieg« mit Krücken und in Rollstühlen zum Capitol und warfen ihre Orden und Medaillen über den Zaun. Einer von ihnen rief: »Das nächste Mal geht's gegen euch!« Wenig später wurden in der gleichen Stadt 12 000 Demonstranten verhaftet und in einem Stadion festgehalten.

Der Widerstand der Vietnamesen, die weltweite Unterstützung für Vietnam, die ungeheure Protestwelle in den USA, aber auch die Tatsache, daß die völlig demoralisierten US-amerikanischen Soldaten in Vietnam begonnen hatten, sich den Befehlen zu widersetzen, veranlaßten Richard Nixon, die Truppen aus dem Lande zu ziehen und sich auf Flotte und Luftwaffe zu stützen. Auf den Flugzeugträgern kam es jedoch bald zu Meutereien, und Matrosen suchten – allerdings vergeblich – Asyl in Kirchen, um nicht nach Vietnam zu müssen. Auch bei der Air Force brodelte es. Zunächst gab es Störaktionen beim Bodenpersonal, das sich vorwiegend aus der Arbeiterschaft rekrutierte. Die Flugzeuge mit ihrer komplizierten Computertechnik waren so störungsanfällig, daß mitunter ein an der richtigen Stelle »hineingefallener« Bleistift genügte, ihr Aufsteigen zu verhindern, oder der Anlaß dafür war, daß sie viel steiler wieder herunterkamen, als erwünscht war.

Unweit des Luftwaffenstützpunktes Mountain Home im Bundesstaat Idaho gründeten einige Kriegsgegner, ehemalige Luftwaffenangehörige, in einem Coffeehouse (das bald auf mysteriöse Weise niederbrennen sollte) eine Art Singegruppe, »The Covered Wagon Musicians«. Bei Barbara Danes und Irwin Silbers kleiner Plattenfirma produzierten sie eine Langspielplatte mit eigenen Antikriegsliedern. Das folgende Beispiel zeigt, wie radikal die Bewegung geworden war. Es stammte von Jimmy Schaffer, dem Leiter der Gruppe.

THE PEOPLE THANK YOU

We'd like to thank you, Richard Nixon,
Thank you for the job you've done.
Revolution is the people's Thank you,
And the Thank yous have just begun.

Well, you know you took the power
From the people and their land,
But now we've got the GI Movement,
And we're growing, marching on to
    victory.

DAS VOLK DANKT IHNEN

Wir möchten Ihnen danken, Richard Nixon,
Für alles, was Sie getan haben.
Revolution ist der Dank des Volkes,
Und das Danken hat gerade erst begonnen.

Nun, Sie wissen, Sie nahmen dem Volk
Die Macht und sein Land,
Doch jetzt haben wir die Soldatenbewegung,
Und wir werden stärker und marschieren
    bis zum Sieg.

Es folgten ähnlich ironische Strophen, an Außenminister Kissinger, an General Westmoreland und an »euch Dreckskerle, alle« gerichtet. Die versprochene Revolution fand zwar bisher immer noch nicht statt, doch im Januar 1973 waren die Herren – nicht zuletzt durch diese Bewegung – endlich gezwungen, sich aus einem der fürchterlichsten Kriege der Geschichte zurückzuziehen.

VIERZEHNTES KAPITEL

DIE SIEBZIGER JAHRE
1970–1980

Harte Übergänge

Das Musikfestival im August 1969 in Woodstock war trotz vieler technisch-organisatorischer Probleme, trotz Regen, Schlamm und Dreck verhältnismäßig fröhlich und friedlich verlaufen. Doch nur wenige Monate später, am 6. Dezember, fand in Altamont (Kalifornien) vor über 300 000 Fans ein Konzert der Rolling Stones statt, bei dem es anders zuging. Es war der größte Fehler, die motorisierte Bande »Hell's Angels« für das Recht auf Freibier und Plätze auf der Bühne als Ordner einzusetzen, denn sie nutzten ihr Amt bis zum Äußersten aus. Ein Fotograf büßte dabei seine Kamera ein und holte sich obendrein eine Platzwunde. Ein Mitglied der »Jefferson Airplane«, die als Vorgruppe auftraten, wurde bei seinem Versuch, eine Schlägerei zu schlichten, bewußtlos geschlagen. Schließlich räumten die »Angels« die riesige Freilichtbühne von den etwa hundert herumstehenden Zuhörern. Meredith Hunter war der einzige Schwarze unter den Zurückgedrängten. Er starb an schweren Schlagverletzungen, Fußtritten ins Gesicht und mehreren tödlichen Messerstichen im Rücken.

Die sechziger Jahre mit ihren Hippies, Revolten und Newport Festivals (die ab 1971 eingestellt waren) gehörten nun der Vergangenheit an. Wer jetzt aus der Gesellschaft »aussteigen« wollte, mußte weit weg von den großen Städten ziehen und sich in irgendeine »Commune« eingliedern, die sich mit Gartenbau oder Kunstgewerbe befaßten. Suchende, Verzweifelte, auch Exaltierte schlossen sich den unterschiedlichsten Sekten an, wie der von Hara Krischna oder den »Jesus People«, und wurden von diesen mitunter bis aufs Hemd ausgenommen. Viele der in den Städten verbliebenen Jugendlichen griffen zu Drogen, um sich auf diese Art vor den Problemen zu verschließen.

Bis zum Ende der Teilnahme der USA am Vietnamkrieg behielt die Friedensbewegung ihre Bedeutung, dann fiel sie rasch auseinander. Ein Grund dafür war, daß sie nicht von Arbeitern, sondern vorwiegend von Studenten getragen wurde, die ja irgendwann ihr Studium beenden mußten. Als die Probleme in der Wirtschaft größer wurden und damit die Zahl der Arbeitslosen stieg, begannen auch die Studenten fleißiger, ja geradezu ängstlich zu studieren anstatt zu demonstrieren.

Eine kleine fanatische Gruppe ehemaliger Studenten, die im »Untergrund« mit Sprengstoff arbeitete, nannte sich »Weathermen« in Anlehnung an das Lied »Subter-

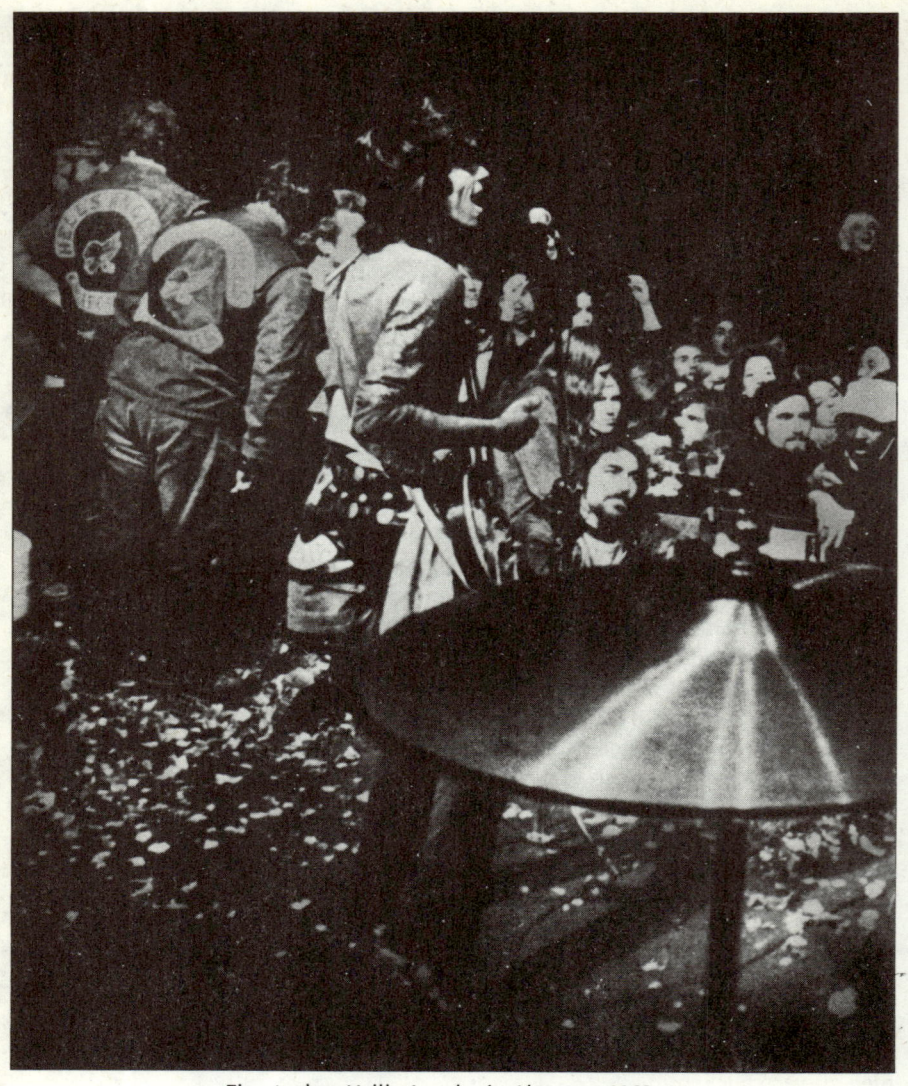

Einsatz der »Hell's Angels« in Altamont 1969
beim Rolling-Stones-Konzert

ranean Homesick Blues« von Bob Dylan, in dem es heißt: »Man braucht kein Wetter-
prophet zu sein, um zu wissen, woher der Wind weht.« Natürlich hatte Dylan mit
dieser Organisation nichts zu tun!

Eine dramatische Rolle spielte die »Black Panther Party« (Schwarze-Panther-Par-
tei), die 1966 in Oakland (Kalifornien) als eine linke, bewaffnete Organisation von
Ghetto-Bewohnern gegründet worden war. Ihre Mitglieder waren antikapitalistisch

Phil Ochs auf dem Cover einer seiner Platten

und ein wenig romantisch – und wurden von der Polizei und der Regierung gehaßt. Diese gingen geradezu militärisch gegen die recht kleine Organisation vor, sperrten ihre Führer ein oder ließen sie ermorden, schleusten unzählige Spitzel und Provokateure in die Ortsgruppen ein, bis sie geschwächt, gespalten und schließlich bedeutungslos wurden. Die Panther waren auch in ihren stärksten Zeiten keine singende Organisation, als »Konsumenten« bevorzugten sie die Soul Music, gesungen von Aretha Franklin, Roberta Flack, James Brown, Marvin Gaye und anderen.

Die Musikszene blieb wie immer weitgefächert und kompliziert. Es war jedoch klar, daß die Folk Music die starke Position der sechziger Jahre verloren hatte. Für die Schallplattenkonzerne und die Medien, die an ihr viel Geld verdient hatten, war sie nun einer ausgepreßten Zitrone vergleichbar, die nur noch zum Wegwerfen taugt. Wie in der Konfektionsindustrie mußte immer wieder eine neue Mode her, damit die Leute kauften. Ganz echt war die Freundschaft der Großen zur Folk Music,

Aretha Franklin auf einem Konzert für Angela Davis
1972

besonders zu den unbequemen politischen Liedern, auch in ihren besten Zeiten nie. Von einer progressiven Bewegung im Lande war ohnehin nicht mehr viel zu merken. Als Präsident Richard Nixon 1974 in Verbindung mit dem »Watergate-Skandal« mit Schimpf und Schande zurücktreten mußte, was zum ersten Mal in der Geschichte der USA einem Präsidenten passierte, entstand im Land kaum Volksaufbegehren, sondern vielmehr Verwirrung und Zynismus.

Zehn Jahre lang hatte das Trio Peter, Paul and Mary mit Liedern wie »Blowin' in the Wind«, »Puff the Magic Dragon«, »Jet Plane« und »Freight Train« großen Erfolg gehabt. 1964 hatten sie sogar behauptet, sie könnten durch ihren Einfluß auf die Jugend eine Präsidentschaftswahl entscheiden. Und nun, 1970, lösten sie ihr Trio auf.

Phil Ochs, der talentierte Liedermacher und Sänger mit der ironischen, leicht nasalen Stimme, litt schon Ende der sechziger Jahre zunehmend unter Depressionen. Auch an seiner wehmütig schönen Musik war zu spüren, daß er den Halt verloren hatte. Er stellte die Theorie auf, daß der Weg Elvis Presleys der einzig richtige gewesen sei, um Massen junger Menschen zu erreichen. Daher trat er 1970 in einem Konzert in der Carnegie Hall im Goldlaméanzug auf und sang im Stil von Buddy Holly und Elvis Presley, was ihm von den eigentlichen Anhängern Buh-Rufe einbrachte. Bei einem Überfall während einer Auslandsreise trug er eine Kehlkopfverletzung davon, die ihm zusätzlich psychisch schwer zu schaffen machte.

Er geriet immer tiefer in ein unstetes Leben, gezeichnet von Alkohol und Anfällen von Schizophrenie, und sang »It seems that there are no more songs« (Es scheint keine Lieder mehr zu geben). Eine große politische Bewegung wie in den sechziger Jahren, aus der er hätte Kraft schöpfen können, fehlte zu dieser Zeit. Geldgier, Effekthascherei und Egoismus verbreiteten sich allgemein, echte Kämpfe waren selten, und gerade der empfindsame Phil Ochs, der sich nie sehr intensiv mit theoretischen Fragen befaßt hatte, sah keine Zukunft. Im Oktober 1975 trat er im Gerdes-Folk-City-Club auf – dort, wo er seinen ersten Triumph gefeiert hatte, doch davon war nur noch ein schwaches Echo zu spüren. Er hoffte, an einer bevorstehenden Tournee von Dylan und Baez beteiligt zu werden, doch sie ließen ihn zurück. Ochs sank immer tiefer in Depressionen und Apathie. Am 9. April 1976 erhängte er sich.

Es waren damals nicht wenige junge, begabte Musiker, die frühzeitig durch Selbstmord, Drogen, Alkohol oder Unfälle ums Leben kamen: Zu ihnen gehören Peter LaFarge, Jimi Hendrix, Janis Joplin, Jim Morrison von der Gruppe »Doors« und Brian Jones, langjähriges Mitglied der Rolling Stones. Dazu kam noch der frühe Tod von Elvis Presley im Jahre 1977, der auch nicht ohne Tragik war.

Country, Reggae und anderes

Obwohl die Mode der Folk Music Anfang der siebziger Jahre vorüber war, blieben ihr etliche Sänger und einige Gruppen treu. Auch Publikationen wie »Sing Out!«, »Broadsides« und andere kleinere und lokale Blätter erschienen, solange es ging.

Und es existierten die Auswirkungen dieses Jahrzehnts der Folk Music auf zahlreiche Musiker. Viele der damals bekannt gewordenen Lieder waren Produkte von Generationen, die sie immer wieder verändert und verbessert hatten, bis Musik, Sprache und Inhalt die echten Emotionen und Sehnsüchte, den Sinn für Humor und Romantik des Volkes ausdrückten – oder, genauer gesagt, der vielen Völker, da ja Lieder und Sänger aus allen Kontinenten kamen.

Typisch für die sechziger Jahre war auch der Einfluß von politischen Künstlern, die nicht vorrangig nach Ruhm und Geld strebten, sondern im Singen, Spielen und Schreiben von Liedern ihre Möglichkeit sahen, einen Beitrag gegen Krieg, Rassismus und Armut zu leisten. Die Wirkung solcher Impulse war je nach dem einzelnen Interpreten zwar unterschiedlich, doch war sie insgesamt unüberhörbar.

Ein weiteres »Erbe« aus den sechziger Jahren war die Zunahme an schönen und intelligenten Texten. Die Themen waren vielseitig, und selbst die uralten Geschichten von verschmähter Liebe, Sehnsucht und Untreue wurden jetzt mitunter mit glaubwürdigem Gefühl geschrieben und vorgetragen.

Auch die berühmteste Gruppe jenes Jahrzehnts – die Beatles – hatte Impulse von der Volksmusik empfangen, z. B. aus Indien oder von der afroamerikanischen Tradition, die noch nach der Auflösung der Gruppe im Jahre 1970 nachwirkten.

Die verschiedenen Genres populärer Musik sind ohnehin niemals scharf voneinander zu trennen – und zu dieser Zeit erst recht nicht. Mit der Folk Music verwandt war beispielsweise auch die zum Country zählende »Blue-Grass«-Musik und ihre Weiterentwicklung »New Grass«. Die Sängerin Joni Mitchell aus Kanada hatte große Erfolge mit Liedern wie »Clouds« (Wolken) und »Big Yellow Taxi« (Großes gelbes Taxi), die beide vom Folk in Verbindung mit aktuellen Genres beeinflußt sind. Im zuletzt genannten Lied erzählt sie davon, wie man das Paradies gepflastert habe, um einen Parkplatz zu bauen, und dabei alle Bäume gefällt, ein Baummuseum eröffnet und Eintritt verlangt. Weitere Künstler, die sich von der Folk-Welle zum Folk Rock entwickelten, sind Joni Mitchells Landsleute Leonard Cohen und Neil Young, der mit David Crosby, Stephen Stills und Graham Nash als Gruppe oder auch als Solist eine große Schar von Anhängern hatte.

Doch auch die anderen Genres befruchteten sich gegenseitig. Chick Corea ging bei dem großen Jazzmusiker Miles Davis in die Lehre und entwickelte seine Gruppe in Richtung der Fusion von Jazz und Rock. Jimi Hendrix verband in den sechziger Jahren den Rock'n'Roll mit der Musik der Schwarzen, wobei er auch auf Blues-Traditionen zurückgriff – das Ganze präsentierte er mit seinem phänomenalen Gitarrespiel. Es gab also einen ständigen Austausch; neben der Auswahl und den Arrangements der Instrumente hingen die Unterschiede oft wesentlich von der Person des Interpreten, von seinem Dialekt, seiner Hautfarbe oder gar von seiner Haarlänge ab. Ein Country-Sänger mußte eben weiß sein (einzige Ausnahme ist der schwarze Sänger Charley Pride) und kurze Haare tragen, sonst galt er als zu »nördlich«, rebellisch und überhaupt suspekt. Willie Nelson, der sich diesem Diktat nicht beugen wollte und lange Haare und Bart trug, zog für mehrere Jahre von Nashville, der Hochburg der Country Music, weg in die etwas ungezwungenere Universitätsstadt Austin (Texas).

Doch gerade Nashville sollte zu einem Beispiel für den Vermischungsprozeß in der Musik werden. Seit 1925 war diese etwas hinterwäldlerische Stadt in Tennessee Veranstaltungsort der »Grand Ole Opry«-Sendungen. Nach und nach wurde sie zur Hauptstadt der Country Music. Mehr als die Hälfte aller Single-Platten der USA wurden nun in den fünfzig Studios von Nashville hergestellt, wofür ein großes Reservoir von mehr als 2000 »Back up«-Musikern zur Begleitung zur Verfügung stand. Die Stadt übte eine magnetische Anziehungskraft auch auf diejenigen aus, die früher höchstens zu einer Bürgerrechtsdemonstration nach Tennessee gereist wären. Bob Dylan nahm hier seine Platte »Nashville Skyline« auf – gemeinsam mit dem Country-Sänger Johnny Cash, der mit einer Tochter der berühmten Carter-Familie

Der früh verstorbene Elvis Presley

verheiratet war. Auch Peter, Paul and Mary benutzten die Studios von Nashville, bevor sie sich trennten. Und Joan Baez produzierte hier ebenfalls.

Die Country-&-Western-Musik, die während der Rock-'n'-Roll-Zeit viele Anhänger eingebüßt hatte, wurde immer zwischen Folk-Einflüssen – wo die ursprünglichen Quellen der Musik der Südstaaten lagen – und kommerziellen Faktoren wie

David Crosby, Stephen Stills, Graham Nash und Neil Young,
hier als Gruppe

Wünschen von Verlagen und Sendern hin und her gerissen. Viele Sänger wechselten
ständig zwischen Country und Pop – ob zum Vor- oder Nachteil der beiden Genres
blieb immer eine Streitfrage. Rock und Blues übten auch ihren Einfluß auf die Country-Sänger aus. Sogenannte Crossover-Sänger und -Sängerinnen, die zwischen den
verschiedenen Genres kreuzten, waren Linda Ronstadt, Emmylou Harris und Dolly
Parton, Glenn Campbell und Kenny Rogers.

Und immer wieder entstanden interessante Lieder in der Country-Szene, was sicher auch auf den Einfluß der Folk Music zurückzuführen ist: wie zum Beispiel die »Ode to Billie Joe«, ein subtiles Lied über Tragik und Tod in einer armen Farmerfamilie in Mississippi, von der Sängerin Bobby Gentry, oder Tanya Tuckers Lied über einen möglichen »New South« (Neuer Süden) der Gerechtigkeit und Rassengleichheit. Doch dieser Titel war nur kurz und selten im Rundfunk zu hören. Das galt auch für einige von Tom T. Hall: bewegende Lieder, die musikalisch von hoher Qualität waren und von der Sehnsucht der Amerikaner nach Frieden und einer besseren Regierung berichteten. Sein Lied über den Watergate-Skandal verschwand sehr schnell, und Tom Hall bevorzugte bald Titel wie »Ich liebe kleine Entlein« und ähnliches.

Die Country-Sängerin Dolly Parton produzierte einmal eine Platte mit Liedern amerikanischer Arbeiter, darunter Woody Guthries anklagendes Meisterwerk »Deportees« (siehe S. 210), das schöne Bergmannslied »Dark as a Dungeon« (Dunkel wie ein Verlies) von Merle Travis und der Song, der sie 1980 berühmt machte, als sie ihn in dem gleichnamigen Film sang – »9 to 5« (sie erzählt darin von den Schwierigkeiten und Sorgen einer Büroangestellten).

Ein neues Thema erschloß sich die Country Music mit den Liedern für und über die Fernfahrer. Dave Dudley sang 1963 sein »Six Days on the Road« (Sechs Tage auf der Landstraße), das enorm populär wurde, so wie auch Red Sovines sentimentales »Giddy-Up and Go«. Als sich das CB-Radio durchsetzte und sich Fernfahrer unterwegs miteinander über Sprechfunk unterhalten konnten, wofür sie einen ganz eigenen Jargon entwickelten, fand sich dieser in vielen neuen Liedern wieder. Am bekanntesten war wohl C. W. McCalls »Convoy«, in dem von einer höllisch rasenden, der Polizei trotzenden LKW-Kolonne die Rede ist. Der Erfolg war so groß, daß aus dem Lied ein Abenteuerfilm entstand. Manche dieser Lieder waren kitschig, manche auch sehr gut, unumstritten blieb jedoch die Tatsache, daß die Fernfahrer sowohl im Transportwesen als auch in den Liedertexten die Eisenbahner verdrängt hatten.

Ein Lied aus dem Country-Genre wurde unter amerikanischen Arbeitern besonders beliebt. Ein Nashville-Produzent veranlaßte den nicht sehr typischen, weil langhaarigen Sänger Johnny Paycheck, ein neues Lied zu singen: »Take This Job and Shove It« (der etwas freche Titel ist eine Redewendung und bedeutet etwa: »Du kannst diese Arbeitsstelle nehmen und sie dir irgendwohin stecken ...«). Das ist es nämlich, was ein Arbeiter, nachdem ihm seine Frau weggelaufen ist, die ihn immer zur Arbeit angetrieben hat, seinem Chef gern mal sagen möchte – wenn er nur den Mut dazu hätte. Der Text drückt die geheimen Wünsche von Millionen von Arbeitern aus, und das Lied war daher ein großer Erfolg. Auf einem Werbefoto war Johnny Paycheck in einer Streikpostenkette von Fernfahrern zu sehen, und zwar mit erhobener Faust – was wohl zum erstenmal in seinem Leben passierte. Country-Lieder mit einer solchen Aussage blieben jedoch Ausnahmen.

Das gleiche wäre auch von der Musik der Schwarzen zu sagen. Wenn auch hier, aus der Not geboren, echter Protest eher zu finden ist als in allen anderen Musikbereichen in den USA. Doch der Einfluß von Motown, das nunmehr ein großes und reiches Unternehmen geworden war – eins der größten, das unter schwarzer Kontrolle steht – ist nicht zu verleugnen. Begabte Künstler wie Marvin Gaye mußten einen

Stevie Wonder brach mit Motown, als er volljährig wurde

Kampf führen, um sich von Motown zu befreien, zumal er lange Zeit mit der Schwester des Chefs Berry Gordy verheiratet war. Erst als er sich losgerissen hatte, konnte er seine erfolgreiche Platte »What's Going On?« (Was ist hier los?) aufnehmen, auf der er seine Besorgnis über die Rolle der USA im Vietnamkrieg ausdrückte. Stevie Wonder konnte den Bruch mit Motown erst vollziehen, als er volljährig war.

Bob Marley, der Reggae-Sänger aus Jamaika

Eine Hilfe für viele schwarze Liedermacher und Interpreten war die sichere Basis, die ihnen der Blues bot (zum Teil profitierten davon auch die Jazz- und Rockmusiker). Doch auch auf weiße Musiker übte der Blues einen großen Einfluß aus – besonders seit der Invasion der englischen Rockmusik durch die Beatles und die Rolling Stones. (Allerdings schrieb der schwarze Autor Amiri Baraka verbittert: »Die Beatles und Stones ... sagen: ›Ja, ich verdanke alles Chuck Berry‹, wobei sie aber den Schlußsatz unterdrücken, das triumphierende: ›Aber ich kassiere die Kohle!«) (122)

Die Rockmusik wurde nun zum dominierenden Genre für Millionen junger Menschen in den USA und in vielen anderen Ländern. Lautstärke und Einsatz von Technik nahmen immer mehr zu, die Musik wurde immer härter. Neue Einflüsse entstanden. Da war der aus Mexiko stammende Carlos Santana, der Latin-Elemente in die Rockmusik einbrachte. Aus Jamaika kam der Reggae, der von den Jamaikanern nach Großbritannien gebracht wurde. Führender Vertreter und beinahe eine Symbolfigur war der faszinierende Bob Marley, der einer eigentümlichen Sekte angehörte, den Rastafaris. Marley unterstützte den fortschrittlichen Premierminister von Jamaika, Michael Manley, 1976 in seinem Kampf um die Wiederwahl mit dem Reggae-Lied »Better Must Come« (Es muß besser werden). Das brachte ihm von Manleys Gegnern einen lebensgefährlichen Bauchschuß ein, von dem er sich aber wieder erholte. Seine Musik wurde immer erfolgreicher, doch bei den Wahlen von 1980 in Jamaika, als Michael Manley von einem vom CIA unterstützten Kandidaten geschlagen werden konnte, war Bob Marley schon todkrank. Kurz danach, am 11. Mai 1981, erlag er dem Krebs. Andere Reggae-Musiker setzten seine Richtung fort, indem sie in ihren Liedern von den Sorgen und Nöten ihrer Landsleute in London und anderen britischen Städten berichteten oder – wie Peter Tosh – die Befreiungskämpfe im Süden Afrikas unterstützten.

Auch die Diskomusik mit ihrer akzentuierten Rhythmik verkörperte einen neuen Trend, der sich rasch im ganzen Land verbreitete – trotz ihrer Ablehnung durch die Rock-Enthusiasten. Es gab wie immer das alte Tauziehen zwischen kommerziellem Kitsch und Musik von besserer Qualität.

Schließlich sei hier noch die Punk-Welle erwähnt – mit den heißen Diskussionen über ihre Musik, Bühnen-Show, Mode und Lebensweise. Punk entstand wohl als eine Art musikalischer Aufschrei gegen die für junge Briten ungewöhnlich schweren Bedingungen, die Ende der siebziger Jahre herrschten, – daher ist seine provozierende und brutale Erscheinungsform nicht verwunderlich. Dennoch hatte er auch positive Seiten – wie es sich in den Rock-gegen-Rassismus-Shows zeigte, wo Punk-Musiker gegen faschistische Elemente auftraten (beispielsweise »Clash« und die »Tom-Robinson-Band«).

Einiges aus den Siebzigern

Ein interessanter politischer Impuls kam unerwartet aus einer ganz anderen Ecke.

Am 1. August 1971 strömten in New York 40 000 Menschen zu zwei nacheinander stattfindenden Veranstaltungen in den Madison Square Garden. Der Reingewinn dieser beiden Konzerte war für das junge, durch einen grauenvollen Krieg heimgesuchte Land Bangla Desh bestimmt. Der Ex-Beatle George Harrison, der eine Beziehung zur südasiatischen Kultur hatte, lud viele Künstler ein: Ravi Shankar und Ali Akhbar Khan spielten indische Raga-Musik, weitere Mitwirkende waren Ringo Starr, Eric Clapton, Leon Russell und Jimmy Kettner. Überraschend kam die Ankündigung Harrisons: »Hier ist ein Freund von uns allen – Bob Dylan!« Zum erstenmal seit Jahren sang und spielte Dylan wieder einige seiner alten Lieder: »Just Like a Woman«, »Tambourine Man« – und auch »A Hard Rain's A-Gonna Fall« und »Blowin' in the Wind«. Manche Zuhörer sagten verblüfft: »Bobby singt wieder Protestlieder!«

Zwei Monate später erklärte Joan Baez bei einem Konzert in der Carnegie Hall, daß sie Bob Dylan seit vier Jahren nicht gesehen habe und deswegen nun ein Lied für ihn singen werde. »To Bobby« enthielt ihre an Dylan gerichtete Bitte, »zurückzukehren«. »Du hast uns allein weitermarschieren lassen, du hast gesagt, die Last sei zu schwer ...« Sein Platz sei aber noch immer frei. Das Publikum klatschte tosend Beifall.

Das Lied schien seine Wirkung nicht verfehlt zu haben. Eine Woche später nahm Bob Dylan den Titel »George Jackson« auf, in dem es um die Ermordung des schwarzen Häftlings und Dichters ging – »Lord, Lord, they shot George Jackson down« (Gott, Gott, sie haben George Jackson erschossen). 1974 schrieb Dylan wiederum einen Text, in dem es nicht vornehmlich um private Dinge ging. Auf einer großen Protestveranstaltung, bei der auch Joan Baez und Muhammad Ali anwesend waren, sang er ein Lied über den schwarzen Boxer »Hurricane« Rubin Carter, der wegen Mordes lebenslänglich ins Zuchthaus gesperrt wurde, obwohl sein wahres »Verbrechen« nur darin bestand, sich in Paterson (New Jersey) nicht tief genug vor den Rassisten gedemütigt zu haben. Dylans Ballade erklärte den Vorfall auf ergreifende Weise, und die Kundgebung trug dazu bei, einen neuen Prozeß für Carter zu erreichen – doch trotz aller Gegenbeweise wurde die Strafe bestätigt. Erst 1985 – nach 19 Jahren – wurde der halb erblindete Carter endlich freigelassen.

Doch nun entdeckte Dylan plötzlich sein Interesse für die von ihm bisher meist ignorierte jüdische Religion seiner Vorfahren und für Israel, wo er einen Kibbuz (das ist eine kommunal betriebene Farm) mitfinanzierte. Unglücklicherweise engagierte er sich in diesem Zusammenhang aber auch für die ultrareaktionäre »Jüdische Verteidigungsliga« (JDL), die in den USA gewalttätig gegen Schwarze, aber auch gegen Vertreter der UdSSR und im Mittleren Osten gegen Palästinenser vorging. Nach kurzer Zeit erlosch sein Interesse wieder und er sagte von sich selbst: »Meine Begeisterung ist schnell verflogen.« Dennoch forschte er weiterhin auf mystischen und religiösen Pfaden und wurde schließlich zu einem »wiedergeborenen Christen«. Diese Entwicklung spiegelte sich auch bald in seinen Liedern wider. Allerdings stand Dylan in der zweiten Hälfte der siebziger Jahre nicht mehr so sehr im Mittelpunkt der Musikszene.

Auch Joan Baez, die als Vietnamkriegsgegner und Steuerverweigerer als eine Art Symbolfigur des Widerstands galt, überraschte ihre Anhänger mehrmals. Plötzlich tauchte sie in den Charts mit einem Lied auf, dessen Text voller Sympathie für die Sache der Südstaatler im amerikanischen Bürgerkrieg zu sein schien. Wenn auch dieser Krieg vor mehr als hundert Jahren stattgefunden hatte, so wirkte er emotional

Bob Dylan (Foto von 1978)

noch immer sehr stark nach. Die Anhänger der Südstaaten, die überall ihre schräg-
gestreiften Fahnen herumschwenkten, demonstrierten damit nicht nur einen unver-
wüstlichen, streitbaren Lokalpatriotismus gegen die »Yankee«-Sieger von damals,
sondern auch einen kaum verhüllten Rassismus. Joan Baez' Lied »The Night They
Drove Old Dixie Down« (Die Nacht, als man das alte Dixie niederschlug) war nicht
rassistisch, doch war seine Bedeutung zumindest zweideutig. Und gerade in den
Südstaaten, wo »Joanie« bisher als »Folk-Königin« der Antikriegs- und Bürgerrechtsbewegung von reaktionären Weißen gehaßt worden war, hatte die Platte ihren
größten Erfolg.

Noch stärker war das Unverständnis bei vielen, als sie den Namen von Joan Baez
in einem politischen Inserat fanden, in dem knapp anderthalb Jahre nach dem Sieg
über die reaktionäre, von den USA unterstützte Saigoner Macht die neue Regierung
von Vietnam scharf angegriffen wurde.

Am 30. März 1979 wuchs die Bestürzung noch mehr: Die Baez war eine der Haupt-
organisatoren in der Kampagne gegen Vietnam, die angeblich aus humanitären
Gründen stattfand, doch zeitlich mit den Angriffen der westlichen Propagandaoffen-
sive gegen Vietnam übereinstimmte. Manche konnten sich dieses Verhalten nicht anders erklären, als daß die Baez wissentlich oder unwissentlich in eine CIA-Verschwö-
rung geraten sei. Sie selbst erklärte einer Journalistin in einem Interview: »Alle
sagen, daß ich politisch naiv sei, und das bin ich auch …« (123) Ihre Politik richte
sich nur nach ihrem Gefühl und sei ganz vage. Dabei machte sie nur eine Ausnahme,
indem sie sich gegen den Kommunismus aussprach. Manche Kritiker waren der Meinung, man solle ihre Äußerungen nicht allzu ernst nehmen, da sie besser singen als
Weltprobleme analysieren könne. Nun aber, da sie sich so stark gegen Vietnam engagiert hatte, war das nicht so leicht …

Schon Mitte der sechziger Jahre hatten sich zahlreiche Amerikaner, darunter auch
Pete Seeger, der Fragen des Umweltschutzes angenommen. Dazu trug das Buch »Si-
lent Spring« (Verstummter Frühling) von Rachel Carson bei, das auf die wachsenden
Gefahren der Wasser-, Erde- und Luftverschmutzung aufmerksam machte. Die Seegers hatten dafür einen kräftigen Beweis vor Augen – und Nasen: den Hudson River, der einst so schön gewesen war.

Beim Segeln auf diesem zur Kloake gewordenen Wasserweg war schon vor einigen Jahren dieses Lied entstanden:

MY DIRTY STREAM	MEIN SCHMUTZIGER STROM
Sailing down my dirty stream,	Segle ich meinen schmutzigen Strom hinab,
Still I love it and I'll keep the dream	Liebe ich ihn doch und bewahre den Traum,
That some day, though maybe not this year	Daß eines Tages, wenn auch nicht in diesem Jahr,
My Hudson River will once again run clear.	Mein Hudson River wieder einmal klar fließen wird.
It starts high in the mountains of the north –	Er entspringt hoch oben in den Bergen des Nordens –
Crystal-clear and icy trickles forth,	Kristallklar und eisig beginnt er zu tropfen,

With just a few floating wrappers of chewing gum	Nur ein paar Kaugummipapiere darin,
Dropped by some hikers to warn of things to come.	Von Wanderern hineingeworfen, um vor Kommendem zu warnen.
At Glen's Falls five thousand honest hands	In Glen's Falls arbeiten fünftausend ehrliche Leute
Work at the Consolidated Paper Plant –	Im Consolidated-Papierwerk –
Five million gallons of waste a day,	Neunzehn Millionen Liter Abwasser am Tage.
»Why should we do it any other way?«	»Warum sollen wir es denn anders machen?«
Down the valley one million toilet chains	Talabwärts gibt es eine Million Toilettenketten,
Find my Hudson's a convenient place to drain,	Für die mein Hudson den bequemen Abfluß bietet,
And each little city says, »Who me?«	Und jede kleine Stadt sagt: »Was denn, warum gerade ich?
»Do you think that sewage plants come free?«	Glaubt ihr, daß Kläranlagen umsonst sind?«
Out in the ocean they say the water's clear	Draußen im Meer, sagt man, ist das Wasser klar,
But I live right at Beacon here,	Doch ich lebe hier in Beacon,
Halfway between the mountains and the sea,	Auf halbem Weg zwischen den Bergen und dem Meer,
Tacking to and fro this thought returns to me:	Mit dem Boot hin und her lavierend, kehrt der Gedanke zurück:
Well, it's sailing up my dirty stream,	Nun, wie ich meinen schmutzigen Strom aufwärts segle,
Still I love it and I'll dream	Liebe ich ihn doch und träume,
That someday, though maybe not this year,	Daß eines Tages, wenn auch nicht in diesem Jahr,
My Hudson River and my country will run clear.	Mein Hudson River und mein Land sauber sein werden.

Seeger begann Ende der sechziger Jahre drei- bis viermal täglich aufzutreten – mitunter auch vor reichem Publikum, für das er sich noch nie interessiert hatte –, bis er genügend Geld verdient hatte, um seine »Clearwater« zu bauen, eine Schaluppe im Stile der Hudson-Segler von 1800, 32 m lang, 7,5 m breit und mit einem 32,4 m hohen Mast aus Douglastanne. Eine Mannschaft von Sängern und Hobbyseglern, doch mit einem »echten« Kapitän, zog nun von einem Hafen des langen Flusses zum anderen. Bei jedem Landgang luden sie zur Besichtigung des historischen Schiffes ein, die Kinder des Ortes kletterten fröhlich über Segel und Taue, dann folgte ein Konzert – oder eigentlich eine Hootenanny. Das ständig wechselnde Publikum stimmte in die alten Shanties und die neuen Lieder über den Umweltschutz ein.

Manche waren überrascht von Seegers Eifer für den Umweltschutz. Doch er glaubt sehr ernsthaft daran, daß man Land und Landschaft retten müsse, bevor es dafür zu spät sei. Das für ihn ungewohnte Publikum war ihm wohl auch eine willkommene Abwechslung, und er mochte seine Segelfreunde, darunter Sänger wie Jimmy Collier, Pfarrer Fred Kirkpatrick, Jack Elliott und Don McLean.

Malvina Reynolds, Sängerin und Schöpferin des Liedes »God Bless the Grass«

Von der »Clearwater«-Gruppe engagierte Chemiker entdeckten, daß General Electric – bis zu diesem Zeitpunkt unbemerkt – 1,5 Millionen Pfund farbloses, geruchloses PCB in den Hudson geleitet hatte, einen höchst giftigen Krebserreger. Durch eine gerichtliche Klage konnten Teilsiege erreicht werden.

Doch einige seiner neuen Verbündeten in der Umweltschutz-Kampagne liebten zwar alte Boote und elegante Ufer-Parties und traten für einen sauberen Fluß ein, doch sie nahmen es Pete übel, daß er gegen den Krieg in Vietnam auftrat, daß er auch in Harlem landen wollte und sogar, daß der Kapitän die Haare lang trug. Einer von diesen sagte in einer Versammlung: »Wir können den Fluß nicht allein reinigen. Dazu brauchen wir das Establishment, die Leute mit der Macht. Wenn Sie die verärgern, werden wir den Fluß niemals sauber bekommen.« Darauf antwortete Pete scharf: »Die werden den Fluß niemals reinigen. Ehe dieser Fluß je sauber wird, brauchen wir ein neues Establishment.« (124)

Seeger hatte immer alle seine Interessen miteinander verbunden – Musik, Politik und nun auch den Umweltschutz. Er reiste jetzt öfters auch ohne sein Schiff – nach Vietnam, China, in die Sowjetunion, nach Kuba und nach Spanien, wo die noch immer herrschende Franco-Regierung ihm etliche Lieder und ein großes Konzert verbot. Nachdem 1975 Spanien endlich vom Faschismus befreit war, kam Pete noch einmal wieder und sang in Madrid und in Barcelona die alten Lieder aus dem Bürgerkrieg, wie »Los cuatros generales« (»Mamita mia«) und »Freiheit«. Er war überrascht, daß sein Publikum so viele Strophen mitsingen konnte, obwohl diese Lieder seit vierzig Jahren verboten waren. Später berichtete er: »Einige alte Folkways-Platten wurden nach Spanien geschmuggelt ... Obwohl ich mit meinem Hillbilly-Flamenco-Akzent sang und die Wörter falsch aussprach, konnte ich mithelfen, die Lieder am Leben zu erhalten. Sie sangen sie wunderschön, und ich war fast zum Weinen bewegt.« (125)

Ein tragisches Kapitel in der jüngeren Geschichte, das viele Sänger der »alten Garde« tief berührte, war Chile.

1973, kurz nach dem Putsch, traten Seeger, Bob Dylan und Phil Ochs gemeinsam in einem Konzert zugunsten der chilenischen Opfer auf. Im März 1974 gelang es Seeger und Arlo Guthrie, die Carnegie Hall mit 2800 Menschen zu füllen, neben Liedern von Woody Guthrie und »Leadbelly« sangen sie ihre eigenen und ehrten den großen chilenischen Dichter-Sänger Victor Jara, der ein halbes Jahr zuvor von der Junta in Santiago ermordet worden war.

Das Programm enthielt außerdem ein bissiges Lied von Arlo über den Watergate-Skandal und den großartigen Song »God Bless the Grass« von Malvina Reynolds über den Umweltschutz. Das Lied, das zunächst hauptsächlich vom Umweltschutz zu handeln scheint, hat aber – wie so häufig bei dieser großen Liedermacherin – eine vielfältigere Bedeutung.

GOD BLESS THE GRASS

God bless the grass that grows through
   the crack,
They roll the concrete over it to try to
   keep it back.
The concrete gets tired of what it has to do,
It breaks and it buckles and the grass
   grows through.
And God bless the grass.

God bless the truth that fights toward
   the sun,
They roll the lies over it and think that
   it is done.
It moves through the ground and reaches
   for the air,
And after a while it's growing everywhere,
And God bless the grass.

God bless the grass that grows through
   cement,
It's green and it's tender and it's
   easily bent,
But after a while it lifts up its head,
For the grass is living and the stone
   is dead,
And God bless the grass.

GOTT SEGNE DAS GRAS

Gott segne das Gras, das durch die Ritzen
   wächst,
Sie walzen den Beton darüber und
   versuchen, es zurückzudrängen.
Der Beton wird bei seiner Aufgabe müde,
Er zerbricht und zerkrümelt, und das Gras
   wächst hindurch,
Und Gott segne das Gras.

Gott segne die Wahrheit, die sich zur
   Sonne emporkämpft,
Sie wälzen die Lügen darüber und denken,
   sie ist erledigt.
Sie geht durch den Boden und reicht
   in die Luft,
Und nach einer Weile wächst sie überall,
Und Gott segne das Gras.

Gott segne das Gras, das durch Zement
   wächst,
Es ist grün, und es ist zart, und es
   ist leicht gebogen.
Doch nach einer Weile hebt es den Kopf,
Denn das Gras ist lebendig, und der Stein
   ist tot,
Und Gott segne das Gras.

God bless the grass that's gentle and low,	Gott segne das Gras, das zart und niedrig ist,
The roots they are deep and the will is to grow,	Die Wurzeln sind tief, und ihr Wille ist es, zu wachsen,
And God bless the truth, the friend of the poor,	Und Gott segne die Wahrheit, den Freund der Armen,
And the wild grass growing 'round the poor man's door,	Und das wilde Gras, das um die Tür des armen Mannes wächst,
And God bless the grass.	Und Gott segne das Gras.

Umweltschutzfragen wurden von vielen jungen Leuten heiß diskutiert. »Country Joe« McDonald zum Beispiel schrieb und sang zu dieser Zeit für die Rettung der Präriewölfe und gegen die Tötung der Robbenbabys in Kanada. Gewiß waren das auch wichtige Themen – auch Peter LaFarge hatte für die Rettung der Kojoten gesungen –, doch sie waren weitaus weniger kämpferisch und umstritten als die früheren Lieder.

Noch um etliche Grade höher stieg das Thermometer der Emotionen bei der Frage der Kernkraftwerke, und es gab bereits etliche Demonstrationen von Kernkraftgegnern. 1979 fanden zu diesem Problem in Madison Square Garden eine Woche lang Veranstaltungen statt, wo neben bekannten Künstlern wie Jackson Browne, den Doobie Brothers und der Gruppe »Sweet Honey in the Rock« auch der zu schneller Popularität gelangte Bruce Springsteen sang, den manche als einen »neuen Bob Dylan« sahen und der übrigens auch von John Hammond entdeckt worden war.

Frauenrechte und anderes

Malvina Reynolds äußerte sich in ihren letzten Jahren häufig zu Themen der Gleichberechtigung, und damit stand sie nicht allein. Wofür sich früher fast ausschließlich die KP und ihr Nahestehende interessiert hatten, das war seit etwa Mitte der sechziger Jahre zu einer breiten, kämpferischen Bewegung geworden. »Women's Lib«, wie sie sich nannte, strebte eine Verfassungsänderung in den USA an, die in allen Gesetzen die Geschlechterdiskriminierung verbot, doch dazu war die Ratifizierung von 38 Bundesstaaten notwendig, und die letzten fehlenden drei konnten auch nach zehn Jahren nicht erreicht werden. Frauen, die an dieser Bewegung teilnahmen, lehnten alle beruflichen Einschränkungen ab, einige Tausende von Frauen arbeiteten beispielsweise unter Tage im Bergbau, andere waren erstmalig als Zimmerleute, Feuerwehrleute, Telefonleger tätig – und zunehmend als Soldaten und Offiziere. Dennoch lagen die Durchschnittslöhne der Frauen in allen Berufen bei etwa sechzig Prozent derer der Männer für die gleiche Arbeit. Krippen und Kindergärten fehlten überall. Gründe für den Kampf und das Singen entsprechender Lieder gab es also genug.

Und es entstanden viele stolze, selbstbewußte Lieder – in fast allen Genres, wie »I Am a Woman« (Ich bin eine Frau) von Helen Reddy, darin wurde aufgezählt, was Frauen alles leisten konnten. Auch bissig-ironische Lieder wurden gesungen, wie der Country-Song, in dem ein Mann seiner Frau befiehlt, ihm die Jeans zu nähen, die

Stiefel zu putzen, das Essen zu kochen, Feuer im Kamin zu machen, die Socken zu waschen, damit er mit ihrer Schwester ausfahren kann – dann fragt er, warum sie ihn verlassen will.

Es gab gelegentlich Streit, als manche der Sängerinnen eine offen lesbische Richtung einschlugen. In den USA – wie auch in England und anderswo – wurde das Problem der Homosexualität, gleich ob männlicher oder weiblicher, zu einem der am häufigsten und am hitzigsten diskutierten. Es gab Kämpfe um die Gleichberechtigung Homosexueller, einen jährlichen Karnevalsumzug in San Francisco, dem Zentrum der sogenannten Gay-Bewegung, und zahlreiche Lieder zu diesem Thema in verschiedenen Genres. In der Rockmusik etwa traten männliche Sänger in weiblichem Habitus auf oder – wie im Falle von Alice Cooper, der mit bürgerlichem Namen Vincent Funier heißt – sogar unter weiblichem Namen. Cooper legte in vielerlei Hinsicht Wert auf Sensation, präsentierte sich in Goldlamékleidung, trug beim Singen manchmal eine lebendige Boa Constrictor und köpfte gelegentlich Hühner und warf die Teile ins Publikum.

Zu dieser Richtung gehörte zeitweise auch der ebenfalls sehr erfolgreiche englische Sänger David Bowie. In New York trat die Gruppe »Village People« »gay« auf – in betont unechten Kostümen als Cowboy, Indianer, Polizist, Bauarbeiter oder in engem Lederanzug. Mit ihrem Lied »YMCA« waren sie sehr erfolgreich, ebenso mit »Macho Man«, in dem wohl nur halb ironisch der »Macho«-Typ, der supermännliche, rücksichtslose Mann, gepriesen wird, der Frauen wie Dreck behandelt. Schließlich sangen sie auch »Join the Navy«, ein recht vordergründiges Werbelied für die Kriegsmarine, das auf mögliche Hintermänner auf der politischen Ebene verweist.

Nicht alles, was sich »gay« gab, war dem Aufschrei einer diskriminierten Gruppe zuzurechnen. Es wurde schließlich zu einer Modetendenz, und Lester Bangs, der Herausgeber des Rock-Magazins »Creem«, meinte: »Sie finden es ›chic‹, schwul zu sein oder sich wenigstens so aufzuführen.« (126) Solche Worte stießen auf heftige Kritik und riefen empörte Antworten hervor. Die Pop- und Rockszene jener Jahre lebte überhaupt von zahlreichen Tricks, viel Show, mancher Brutalität und von dem, was einige Erotik und andere Porno nennen. Einige Zeit, bevor er starb, erklärte Jim Morrison: »Wir sind Politiker der Erotik. Wir sind für alles, was mit Revolte, Chaos und sinnloser Betätigung zu tun hat.« (127) Ian Anderson von der Gruppe »Jethro Tull« meinte: »Diese lächerlich teuren Theatereffekte wurden so wichtig, daß darüber die Musik vergessen wurde.« (128) Anders, aber auch bedenkenswert, ist der Ausspruch von Jack Brokensha, einem Werbefachmann in dieser Branche: »Mit gut ausgewählter Musik kann man alles verkaufen.« (129)

Unentwegt wurde über neue Moden in der Musik und ihren Wert heiß gestritten – es ging um Rock, Punk, New Wave und anderes. Unberührt von solchen Streitigkeiten suchte sich die Musikindustrie aus allen Richtungen und Tendenzen, aus den unzähligen Bands, Sängern und Instrumentalisten diejenigen aus, die am wirksamsten waren und sich beim breitesten Publikum am besten verkaufen ließen. Politische Beweggründe spielten meist nur eine untergeordnete Rolle; die Hauptsache war selbstverständlich das Geld, doch war meistens beides bequem unter einen Hut zu bringen. Denn Tin Pan Alley tendierte eigentlich immer zum Konformismus –

wenn man auch dem Schein nach den Nonkonformismus förderte, weil auffallende Moden, verbunden mit Alkoholismus und Drogenabhängigkeit, interessanter und verlockender für Jugendliche waren. Wenn aber Stars in goldenen Cadillacs fuhren, wie Elvis Presley, oder sich einen Teil des Schädels glattrasierten, »um Geld zu verdienen«, so gingen sie gerade dadurch mit ihrer Gesellschaft konform. Die Auswahl, die sich den Musikverlagen und Plattenfirmen bot, war dabei erstaunlich breit. Es gab ja so viele Künstler zwischen New York und Kalifornien, die davon träumten, der neue Elvis Presley oder die neuen Beatles zu werden, und die jedes Opfer auf sich nahmen, um ein Tonband oder eine Single zu produzieren. Im Jahre 1976 wurden in den USA in jeder Woche im Durchschnitt 1000 neue Lieder aufgenommen.

Doch jede Woche kamen nur je vierzig Lieder in die Top 40 der Pop-, Country- oder Soul-Charts, aus denen die Rundfunksendungen zusammengestellt werden, die anderen blieben unbemerkt. Auch die wenigen Glücklichen, denen dieser Sprung gelang, durften sich nicht ausruhen, denn *ein* erfolgreiches Lied brachte nur kurzen Ruhm und nur begrenzte Einnahmen und garantierte keineswegs weitere Erfolge. Immer mehr Aufnahmen und endlose, harte, die Gesundheit untergrabende Tourneen durch das riesige Land waren nötig. Abgesehen von einer kleinen Zahl etablierter Stars bedeutete das Show-Business für die Musiker nur ein beschränktes Einkommen und einen niemals endenden Kampf gegen Tausende Konkurrenten, der mit allen Mitteln geführt wurde, um nach oben zu kommen und dort zu bleiben. Gute Beziehungen zu den Schallplattenverlagen und den Rundfunksendern waren bei dieser Schlacht von großem Wert. Gerade hier gab es den härtesten Konkurrenzkampf. Die Plattenkonzerne schienen allerdings immer oben zu bleiben. 1978 erreichte der Plattenverkauf die erstaunliche Größenordnung von 4,13 Milliarden Dollar.

Dann plötzlich ging es bergab. Die Leute kauften entschieden weniger Platten. Viele Teenager – männliche wie weibliche, die bisher die Hauptabnehmer der Rock- und Pop-Platten waren, gingen nun statt nach Hause, um ihre Platten anzuhören, in die wie Pilze aus der Erde schießenden Videospiel-Läden. Dort steckten sie eine Vierteldollarmünze nach der anderen ein, um kleine elektronische Figuren mit fürchterlichen Waffen gegeneinander agieren zu lassen.

Andere hielten der Musik schon die Treue, nur nahmen sie lieber auf Tauschbasis die Schallplatten ihrer Freunde auf Band oder Kassette auf und sparten sich den kostspieligen Gang in das Plattengeschäft. Ein Fachmann schätzte, daß auf eine Million verkaufter Platten fast eine halbe Million illegaler »Heimkopien« kommen, was der Industrie einen jährlichen Verlust von einer Milliarde Dollar einbringt.

Schließlich gab es eine Wirtschaftskrise, die etwa 1974 begonnen hatte und bei wechselndem Auf und Ab ständig andauerte, wenn sich ihr Einfluß auf die Plattenverkäufe auch erst später bemerkbar machte. Schließlich hatten die Leute weniger Geld für Luxusartikel, und die LP-Alben wurden keinesfalls billiger. Die beiden Gesellschaften Warner Brothers (einschließlich der Plattenfirma Elektra und anderer Labels) und CBS (mit Columbia und anderen) kontrollierten damals etwa fünfundvierzig Prozent des Marktes, der nun aber einschrumpfte. 1982 brachten Plattenverkäufe 3,95 Milliarden Dollar ein – das waren dreizehn Prozent weniger als vier

Jahre zuvor. Es war also wieder eine Zeit gekommen, wo die Plattenfirmen kämpften, um am Leben zu bleiben. In solchen Zeiten zeigten sie an Experimenten wenig
Interesse. Sie verlangten Musik, die sicher verkauft wird, und berücksichtigten kaum
»Sonderwünsche«, seien das Wünsche nach besonders hoher musikalischer Qualität
oder nach politischer Aussage. Es hat sich wieder einmal bewahrheitet – wer sich
nach echter, tiefempfundener Musik sehnte und wer hoffte, Anregung, Ermutigung
oder gar richtungsweisende Impulse für die Bewältigung der wachsenden Alltagsprobleme zu erhalten, war bei den großen Platten-, Funk- und Fernsehgesellschaften an der falschen Adresse.

FÜNFZEHNTES KAPITEL

DIE ACHTZIGER JAHRE
1980–1986

Stürmisch in das neue Jahrzehnt

Ende der siebziger und Anfang der achtziger Jahre überrollte die Welt eine Welle von besorgniserregenden Ereignissen. Präsident Jimmy Carter unterschrieb zwar mit Leonid Breshnev den »SALT II«-Abrüstungsvertrag, doch bekamen in Washington die »Falken« bald die Oberhand, die gegen jede Entspannung waren, und der Vertrag wurde nicht ratifiziert. Die Abrüstungsgegner nutzten die krisenhaften Situationen in Afghanistan und in Polen, an deren Entstehung sie selbst keinesfalls unbeteiligt waren, als willkommenen Anlaß für eine gewaltige Propagandakampagne gegen die UdSSR aus. Ihren Ausdruck fand diese Politik auch im Getreideembargo und in dem Boykott der Olympischen Spiele von Moskau im Jahre 1980. Das lange währende »Geiseldrama« von Iran, wo USA-Diplomaten festgehalten wurden, legten die Medien als »gefährliches Zeichen der amerikanischen Schwäche« aus. Dazu kamen Schreckensmeldungen über Gefahren, die den USA von jeder Volkserhebung in Asien, Afrika und Lateinamerika angeblich drohten. Damit wurden ausgiebige Begründungen für die Notwendigkeit der steil ansteigenden Rüstungsausgaben geliefert. Konkretes Beispiel, das die Welt erschreckte, war der NATO-Beschluß, Pershing-Raketen und Cruise Missiles in Westeuropa zu stationieren.

Diese Ereignisse widerspiegelten sich nicht direkt in der Musikszene. Es sei denn, man beachtet die Show von Joan Baez, die in Thailand mit einem Flüchtlingsbaby auf dem Arm ein Lied sang, an die Grenze von Kampuchea marschierte, um von hier aus laut dazu aufzufordern, Lebensmittel aus den USA anzunehmen. Aus dem Urwald kam natürlich keine Antwort. In einem Interview in New-Yorker Fernsehstudios gab Joan Baez der neuen Regierung von Kampuchea und der Regierung Vietnams die Schuld am Massensterben, obwohl ihr sicher bekannt war, daß gerade jene es waren, die das Land in letzter Sekunde vor dem Untergang gerettet hatten. Diese Kampagne, die genau geplant war und breit publiziert wurde, schien nicht mit der zur Schau gestellten politischen Naivität von Joan Baez vereinbar. Daran ändert auch wenig, daß sie später wieder mit ihren Liedern für den Frieden eintrat.

Etwa zur gleichen Zeit gab es einen Schock auf der Musikszene, als am 3. Dezember 1979 in Cincinatti (Ohio) bei einem Konzert der britischen Rockgruppe »The Who« ein solcher Tumult beim Kampf um den Einlaß entstand, daß elf junge Leute zu Tode getrampelt wurden.

Ein Jahr später, am 8. Dezember 1980, wurde Ex-Beatle John Lennon vor seiner Wohnung in New York niedergeschossen. In der ganzen Welt trauerten Menschen aller Generationen um den eigenwilligen, genialen Liedermacher und Sänger – und hörten und sangen seine Lieder, besonders auch die, die im nachhinein eine besondere Bedeutung erhalten hatten: »Give Peace a Chance« und »Imagine«, worin John Lennon die Zukunftsvision einer glücklicheren Welt heraufbeschwört – ohne Ärger, Zank und Krieg um Grenzen, ohne Streit um Privateigentum und Religionen und ohne Gier und Hunger. Das Lied fordert dazu auf, den Tag herbeizuführen, an dem die Welt in Frieden und Liebe bewohnt wird.

Doch es gab auch freudige Ereignisse. Nur wenige Wochen nach John Lennons Tod, nur wenige Straßen entfernt, trafen sich die vier Weavers nach jahrzehntelanger Trennung zu zwei Konzerten in der Carnegie Hall. Zunächst zweifelten sie am Erfolg. »Können Sie sich ein Basketballteam vorstellen, das dreißig Jahre später versucht, die alten Spiele aufleben zu lassen?« fragte Pete Seeger. (130) Doch ihr alter Manager Harold Leventhal kündigte die beiden Konzerte in der »New York Times« an, und kurz danach waren sämtliche Karten verkauft, Bestellungen lagen bis nach Kalifornien hin vor.

Lee Hays, der bereits bei den Almanac Singers zusammen mit Pete Seeger aufgetreten war, mußte im Rollstuhl auf die Bühne kommen, doch seinen Humor in den Conférencen hatte er sich bewahrt. Sie alle waren etwas dicker oder kahler, doch ihre Stimmen und ihre Lieder waren so vital und wunderbar wie früher. Für »Darlin' Corey« aus den Appalachen, »Wimoweh« aus Südafrika, »Venga Jaleo« aus dem spanischen Bürgerkrieg und für »Leadbellys« »Irene Goodnight« ernteten sie dieselben Ovationen wie damals – aber es gab auch Beifall für etliche neue Lieder. Wohl das bewegendste sang Ronnie Gilbert auf spanisch: »Hay una mujer«, ein Lied über die mutigen chilenischen Frauen, die unter Pinochet »verschwunden« waren. Es stammte von Holly Near, die in der Filmaufzeichnung der Konzerte bekannte, wie stark sie von den Weavers angeregt worden sei und besonders von Ronnie Gilberts selbstbewußter Art als Frau und Sängerin. Auch andere Künstler hoben die Bedeutung der Weavers für das eigene Schaffen hervor: Don McLean, Arlo Guthrie und Mary Travers von Peter, Paul and Mary. Sie sagte: »Die Weavers waren unsere Mentoren. Wir lernten von ihnen, daß Folk Music ein Prozeß ist, der fortgeführt werden muß, daß sie eine Verantwortung gegenüber der Gemeinschaft hat, der sie entsprungen ist. Und daß zur Tradition der Folk Music gesellschaftliches Engagement gehört – aber auch das gute, alte ›Spaß-miteinander-haben‹.« (131)

Es gingen viele Anträge aus anderen Städten für ähnliche Konzerte ein, die aber abgelehnt werden mußten. Nur acht Monate später starb Lee Hays, der eigenwillige alte Bassist, der die Welt etliche gute Lieder gelehrt hatte.

Keine vier Wochen nach den Auftritten der Weavers in der Carnegie Hall hatte ein anderer seinen Auftritt im wesentlich bedeutungsvolleren Weißen Haus. Ronald Reagan, der auf einer Welle von Sorgen über die schlechte Wirtschaftslage und über die Rückschläge in der US-amerikanischen Politik gewählt worden war, verkörperte die Reaktion. Sein Wahlprogramm bestand aus Steuergeschenken an die reichsten Bürger und Konzerne, einer immensen Steigerung der Rüstungsausgaben, ver-

Die Plattenveröffentlichung vom letzten Comeback der Weavers

bunden mit einer aggressiven Außenpolitik und drastischen Kürzungen sämtlicher Sozialprogramme. Als nach sechs Monaten eine große Krise das Land traf, litten nicht – wie sonst – vorwiegend nur Minderheiten Hunger und Elend, sondern diesmal traf es auch eine große Zahl von besserbezahlten Amerikanern.

Ab und zu spiegelten sich nun auch in den Musik-Charts echte Sorgen und Wünsche wider. »I'm Busted!« (Ich bin pleite!), ein Scherzlied von Harlan Howards aus dem Jahre 1962, wurde wieder populär: Wehleidig wird erzählt, daß die Rechnungen alle fällig sind, die Kuh trocken steht, das Baby ohne Schuhe ist und die Exmitterung bald fällig sein wird. Obwohl er nicht gern bettelt, so singt der Betroffene, bittet er nun doch seinen Bruder um Hilfe – aber nur, um zu erfahren, daß der ihn auch gerade anpumpen wollte. Larry Gatlin hatte Erfolg mit einem Lied, in dem er die Musiker warnt, mit allzu großen Hoffnungen nach Kalifornien zu gehen, denn alles Gold von Kalifornien stecke in einer Bank im reichen Vorort von Los Angeles,

Beverly Hills – »unter dem Namen von jemand anderem«. Es erinnert an Woody Guthries »Do Re Mi«, das eine ähnliche Geschichte erzählt.

1983 sang Billy Joel den Popsong »Allentown«, worin es um eine sterbende Industriestadt in Pennsylvania geht, in der man noch immer auf die Erfüllung der Versprechen der Lehrer in der Schule wartet, die alles über Amerika erzählten, nur nicht die Wahrheit und nichts darüber, daß nun wieder eine Fabrik geschlossen wird.

Auch einige schwarze Sänger sangen von der realen Welt – Eddy Grant etwa in »Electric Avenue« oder Donna Summer, die »Königin der Disco«, in »She Works Hard for the Money« (Sie arbeitet schwer fürs Geld). Und Stevie Wonder sang »Happy Birthday«, das er Martin Luther King widmete und dem Kampf um einen Feiertag an seinem Geburtstag: »Es soll nie so sein, daß sie seinen Traum zu einer Illusion machen ... Wir wissen alle, daß das, wofür er sich einsetzte, mit der Zeit kommen wird.«

Es gab schon einige gute Lieder mit inhaltlicher Substanz in der Pop-, Rock-, Soul- und Country-Szene – doch sie blieben seltene Ausnahmen. Dagegen waren auch sehr reaktionäre Lieder erfolgreich, wie etwa »God Bless America Again« (Gott segne Amerika wieder), das die sonst nicht politisch engagierte »Charlie Daniels Band« sang. Hierin wurde behauptet, die Unterschiede zwischen »Hippies und Cowboys«, zwischen dem Süden und Norden der USA, die früher so scharf waren, seien nun vergessen in einer gemeinsamen Front gegen – nun, natürlich gegen »die Russen«!

Die meisten Lieder jedoch hatten keinerlei politische Aussage. Unabhängig vom Genre wurden sie technisch äußerst raffiniert und spielerisch außerordentlich gekonnt vorgetragen. Nicht wenige waren von eingängiger, gefälliger Melodik. Doch ihr Inhalt war meist seicht. Auf dem Bildschirm sah man immer wieder stereotyp lächelnde, sich im gleichen Rhythmus tänzerisch bewegende Figuren, die ihre Texte – auch wenn es um Liebe oder Sex ging, was häufig war – recht kalt vortrugen.

Musik und Massen

Seit Beginn der achtziger Jahre kommt es immer häufiger vor, daß ein Zehnjähriger seinen Freund in der Schule fragt: »Hast du schon das neueste Michael-Jackson-Lied gesehen?« Viele Sänger und Gruppen lassen nun ihre Titel filmisch umsetzen und als Videokassetten verkaufen. Die meist sehr aufwendigen Aufnahmen werden in Videogeschäften gehandelt, in Videodiskos und -restaurants, in Bowlingzentren und Friseurläden gezeigt. Sie werden auch von Fernsehsendern ausgestrahlt, und die Präsentation auf dem Bildschirm animiert zum Kauf des Videotapes oder der Schallplatte.

Im August 1981 begann »MTV« – Music Television – zunächst in New York ihren Sendebetrieb. Rund um die Uhr, täglich vierundzwanzig Stunden, werden Videos ausgestrahlt, nicht einmal unterbrochen durch die sonst unvermeidlichen Werbespots, denn die Videos sind ja ihre eigenen Werbeartikel. Zu empfangen ist der Sender nur über Kabelanschluß. Die schwere Krise in der Musikindustrie, die 1979 hart zugeschlagen hatte, war etwa 1984 beendet, der Umsatz stieg wieder. Hauptsächlich war das auf einen Aufschwung in der Wirtschaft zurückzuführen, zum Teil war dies aber auch MTV und dem Geschäft mit den Videotapes zu verdanken. Besonders ein Sänger spielte in dieser neuen Welle eine große Rolle – der hübsche schwarze Michael Jackson mit der bunten Kleidung und der hellen, fast kindlichen Stimme. Jahre zuvor hatte er bereits gemeinsam mit seinen Geschwistern Erfolge gefeiert, jetzt war er zu einer Sensation geworden. Sein Album »Thriller« kletterte nach fünf Tagen Ausstrahlung bei MTV auf Verkaufszahlen von 600 000 pro Woche.

Wenn auch weiße Künstler bei MTV eindeutig dominieren, so sind die Plattenfirmen manchmal nicht abgeneigt, sich selbst mit Hilfe schwarzer Stars und deren Auflagen gesundzustoßen. Das riskantere Experimentieren mit neuen Sängern und Musikstilen überlassen sie gern den Unabhängigen (Independents oder »Indies«), die mit wenig Geld produzieren und häufig nach kurzer Zeit wieder eingehen. Die Großen setzen auf Nummer Sicher, sie profitieren vorwiegend vom Vertrieb, der fast völlig unter ihrer Kontrolle liegt. Fünf Riesen der Branche setzten sich vor allem durch:

1. EMI aus England (mit Capitol in den USA liiert), die sich mit den Beatles, später u. a. mit »Pink Floyd« sanierte.

2. Polygram, die 1972 aus einer Fusion von Polydor in der BRD – mit Siemens verbunden – und Phonogram, einer Tochtergesellschaft von Philips in den Niederlanden, entstand. Bald kamen auch MGM und Decca dazu. Mit Hilfe japanischer Elektrofirmen ging die Polygram schon früh zu den modernen Compact Discs über und entwickelte sich binnen zehn Jahren zu einer der drei größten Gesellschaften.

3. Die USA-Firma Warner Communications war (als Warner Brothers) nach ihrem Erfolg mit dem Tonfilm groß geworden. 1958 wandte sie sich der Musik zu, wuchs mit dem Rock der sechziger Jahre und übernahm Frank Sinatras Firma Reprise (einst hatte er die Rockmusik wütend beschimpft). Später verband sich die Gesellschaft mit der Firma Kinney, die sich bislang mit Parkplätzen, Friedhöfen, Reinigungsdiensten und anderen – oft auch fragwürdigen, doch höchst lukrativen – Geschäftsbereichen befaßt hatte. Zu ihren Stars zählen Joni Mitchell, Judy Collins, »Crosby, Stills, Nash and Young«, Jimi Hendrix, Jackson Browne, »Jethro Tull« und »Deep Purple«.

4. CBS – Columbia Broadcasting System – war lange der größte Name in Funk und Fernsehen wie auch im Musikinstrumentenbau. Die zugehörige Plattenfirma engagierte viele Berühmtheiten: Janis Joplin, »Santana«, Neil Diamond, »Blood, Sweat and Tears«, Johnny Cash, Loretta Lynn, Simon and Garfunkel, für viele Jahre auch Bob Dylan und für kurze Zeit Aretha Franklin und Pete Seeger.

Während der Reagan-Regierung verlor die CBS, die ein wenig als liberal galt, trotz ihrer »Dallas«-Serie den ersten Platz im Fernsehen. Sie mußte mehreren Versuchen widerstehen, von ultrarechten Interessen aufgekauft zu werden. Das war teuer und verlangte Änderungen. 1986 lehnte CBS zwar eine Fusionierung mit CocaCola ab, schloß sich aber schließlich mit der Firma Loews zusammen, die sich bisher mit Filmtheatern, Tabak, Hotels und Versicherungen abgegeben hatte.

5. RCA (Radio Corporation of America), Columbias traditionelle Rivalin seit den Anfängen, hatte den Zug zwar mehrmals verpaßt, als es um die Einführung der Langspielplatte, den Rock 'n' Roll in den fünfziger und die Rockmusik in den sechziger Jahren ging, sie hatte aber dann doch mit Elvis Presley, mit »Jefferson Airplane«, Da-

vid Bowie und John Denver, Dolly Parton und Charley Pride aus der Country-Branche wieder Boden gewinnen können. 1966 verhalf sie dem Lied »Green Berets« – einer Glorifizierung des Vietnamkrieges – zum Millionenerfolg; RCA und ihr Funk- und Fernsehnetz NBC galten immer als rechtsgerichtet. Mit NBC, wichtigen Buchverlagen, der Mietautofirma Hertz und mit ihrer Elektronikindustrie hatte RCA eine recht sichere Position. Dennoch – oder gerade deshalb – wurde sie 1986 für 6,3 Milliarden Dollar von General Electric aufgekauft, von einem der allergrößten Konzerne der Welt und einem der wichtigsten Rüstungshersteller.

Solche komplizierten Finanztransaktionen werfen ein Licht darauf, wer schließlich den führenden Einfluß auf Musikgeschmack und Hörgewohnheiten in der ganzen Welt besitzt. Finanzgruppierungen, riesige Rüstungsfirmen, Dienstleistungsgesellschaften mit Mafia-Beigeschmack – das sind die Kräfte, die am stärksten mitbestimmen, was die Menschen demnächst hören und bejubeln werden, was im Funk, Fernsehen und Film begeistern wird und wonach vor den Plattengeschäften Schlange gestanden wird.

Kommerz und Folk Music

Zunehmend ergossen sich also Wellen von hartem Beat, hohen Phonstärken und sentimentalem Schmalz in verschiedenen Kombinationen in den Äther oder durch die Kabel. Die Qualität der neuen Musik war unterschiedlich und umstritten.

Folk Music – wenigstens in ihrer traditionellen Form – blieb auch in den achtziger Jahren fast völlig aus den Medien verschwunden. Wir erinnern jedoch nochmals daran, daß die Folksongexplosion bzw. das »Revival« der sechziger Jahre auf andere Genres gewirkt hat, auch wenn die Musikindustrie schroff mit ihr Schluß gemacht hat. Nun vertreten viele die Meinung, daß einige populäre Musikstile – vor allem die Rockmusik – zur Volksmusik geworden sei. Eines stimmt dabei gewiß – daß die kommerzielle Musik bei ihrer ständigen Suche nach Neuem immer wieder aus dem Volke und seiner Musik schöpft. Und die Folk Music bietet dafür ihren großen Vorrat an – wenn auch nicht gerade freiwillig. So lebten die alten Minstrel Shows trotz ihres rassistischen Charakters in großem Maße von der Musik der Sklaven. Die Country & Western Music der letzten fünfzig Jahre griff auf Melodien und Ideen von Balladen der Appalachenbewohner zurück. Der Blues diente als erstaunlich reichhaltige Quelle für viele populäre Musikstile – vom Rhythm & Blues und Soul bis hin zum Rock und zur Diskomusik. (Eric Clapton sagt dazu: »Rock ist wie eine Batterie. Von Zeit zu Zeit mußt du zurück zum Blues und dich neu aufladen.«) (132)

Eine große Anzahl modischer Musikstile, die besonders zum Tanzen geeignet sind, übernahm die Musikindustrie aus Lateinamerika und aus der Karibik, vom Tango und Samba bis zum Calypso und Reggae. Und so dienten auch die Folk Music und aktuell-politische Lieder, die mit dieser eng verwandt waren, als Grundlage für die profitable Folk-Mode der sechziger Jahre und für die spätere Mode des Folk Rock.

Man darf dabei nicht übersehen, daß auch die Folk Music in den USA mitunter aus kommerziellen Quellen geschöpft hatte: Viele Pop-Songs wurden – zum Teil mit neuen Texten – vom Volk übernommen. Ein Beispiel ist »Casey Jones«: Zwei Vaudeville-(Varieté-)Musiker hatten es gesungen und sogar zum Copyright angemeldet, obwohl sie es einem schwarzen Eisenbahner abgelauscht hatten, danach war es zu einem großen Hit geworden, und schließlich hat es Joe Hill mit einem neuen Text versehen und zum Arbeiterlied »umfunktioniert«. So sprang manches Lied vom Volk zur Tin Pan Alley und wieder zurück zum Volk. So bilden auch Evergreens aus dem Pop-Bereich oft die Grundlage für schöne Jazz-Motive.

Wenn auch die Grenzen zwischen Musikstilen aus den soeben genannten Gründen nicht scharf zu ziehen sind, so kann man doch behaupten, daß in der Volksmusik die Menschen eher und öfter ihre echten Gefühle und Gedanken ausdrücken, sie äußern ihre Beschwerden, Hoffnungen, ihre Forderungen und Wünsche. Die kommerzielle oder kommerzialisierte Musik, vorwiegend aus Profitgründen produziert, ist eher oberflächlich und leer, häufig verkitscht und mitunter auch brutal.

Unabhängig davon, in welche Kategorie man sie einordnet, haben es Lieder mit einer ehrlichen oder gar kämpferischen Aussage in den USA stets am schwersten, die Barrieren zu durchbrechen, die von Funk, Film, Fernsehen und von den Plattenfirmen errichtet werden, um diese Lieder von den Massen fernzuhalten. Wenn fortschrittliche Sänger oder Gruppen so gut sind, daß sie Popularität erzielen, werden sie entweder von den Medien ferngehalten, oder sie werden gekauft, indem man sie mit ihrem eigenen Erfolg korrumpiert. Letzteres geschieht mitunter ganz automatisch aufgrund besonderer Erfolgsmechanismen.

Als die Almanac Singers begannen, durch den Rundfunk und mit ihren Platten bekannt zu werden, griff sie die Presse als »Rote« an und verhinderte so ihre weitere Entwicklung. Paul Robeson hat man neun Jahre lang fast jeden Auftritt unmöglich gemacht. Pete Seeger fand sich jahrelang von den Bildschirmen verbannt. Wer jedoch bereit war, seine progressive Position aufzugeben, der wurde gefördert. So hat man mehrere Erfolgssänger der sechziger Jahre mit lukrativen Plattenverträgen und großen Konzerten von brisanten Haltungen »kuriert«. Woody Guthrie – wie auch etliche andere – mußte ständig zwischen seinen Prinzipien und Erfolgschancen wählen. Am eindeutigsten war das Ergebnis bei Joe Hill – er bezahlte seine Gesinnung mit dem Leben.

Doch die Wirkung der Folk Music ist nicht nur von ihrem Inhalt abhängig. Selbst ihre begeistertsten und bewußtesten Anhänger wollten nicht unentwegt Streiklieder, Antikriegslieder oder melancholische Balladen aus den Appalachen hören. Ein Kritiker hatte für diese Frage die folgende Erklärung: Die Musik dient vier verschiedenen Körperteilen – dem Kopf, um das Denken anzuregen, dem Herzen für die Gefühle, den Beinen zum Tanzen und dem Unterleib zur erotischen Anregung. Alle vier sind legitime Ziele für die Wirkung der Musik, doch darf es keine Monopole geben. Wird der Kopf überbetont, so können statt guter Lieder langweilige gereimte Grundsatzerklärungen entstehen. Wird nur das Herz berücksichtigt, ergibt das sentimentalen Kitsch. Eine einseitige Orientierung auf die erotische Wirkung führt zu billigem Sex. Und Musik, die nur auf die Beine zielt, kann die Möglichkeiten für den Kopf oder für das Herz gefährlich einschränken. Nicht jedes Lied und nicht jedes Musikstück kann oder soll allen Zwecken dienen. Doch die gesamte Musikszene muß eine gute Bilanz ergeben, um nicht einseitig oder verdummend zu wirken. Diese Bilanz zu erzielen und zu entscheiden, welche Musik wann und wo die richtige

Wirkung erreicht, ist kompliziert – besonders unter den bedrohlichen, sich schnell verändernden Bedingungen unserer heutigen Welt.

Wenn auch die monotone Arbeit in vielen Betrieben, der tägliche Streß, die Zwänge des Großstadtlebens in vielen Menschen den Wunsch hervorrufen, sich beim Musikhören nur zu entspannen, ihre Sorgen loszuwerden, sich abzureagieren und seelisch zu befreien, so muß man sich die Frage stellen, ob das der Zustand der heutigen Welt überhaupt zuläßt.

Es liegt eine Gefahr darin, daß die geradezu hypnotische Wirkung mancher Lieder und mancher Musiktrends zu einer Art »Herdentrieb« führen und das selbständige Denken völlig auslöschen, zu einem permanenten Vergessen der Welt vor lauter Musikbegeisterung.

Ist diese bewußtseinseinschläfernde Wirkung immer zufällig? Die Probleme – von der Arbeitslosigkeit, vor allem der Sechzehn- bis Vierundzwanzigjährigen, bis hin zu immer gefährlicheren Vernichtungswaffen – verlangen dringend Lösungen. Die Kampfstimmung, die unter Teilen der Jugendlichen in den USA und in Westeuropa in den sechziger Jahren herrschte, fehlte zu Beginn der achtziger fast völlig. Ob nicht auch die Musik, deren Wirkung ein wenig mit der von Rauschgift vergleichbar ist, solche Aktionen verhindern soll? Auch wenn es gelegentlich Titel gibt, die zum Denken anregen, kann man diese Frage nicht völlig verneinen.

Diese Problematik ist schon seit langer Zeit zu einer internationalen geworden. Bereits nach dem zweiten Weltkrieg hatten das State Department und die CIA zielstrebig und unverhüllt versucht, durch ihre Sender Stimme Amerikas, Radio Free Europe, Radio Liberty, RIAS und AFN sowie durch Amerika-Häuser in vielen Ländern den Einfluß der USA in der Welt zu vergrößern. Dabei erzielten sie erstaunliche Erfolge.

Diesem Zweck dienen auch zahllose örtliche Sender auf allen Kontinenten und vor allem jenes äußerst wirkungsvolle Instrument – der Hollywoodfilm. Journalisten und Kritiker, direkt oder indirekt dafür bezahlt, unterstützten diese Bemühungen, wobei es ihnen oft weniger um die Werte der amerikanischen Kultur ging, als um das Prestige der USA und deren Position in der Welt.

In dem 1958 erschienenen »Handbuch für die psychologische Kriegführung« liest man z. B. unter dem Stichwort »Musik als Mittel des psychologischen Krieges«, daß »in den letzten vier bis sechs Jahren mit dem Erreichen der Hörer im Ausland durch die Rundfunkstation ›Stimme Amerikas‹ die Musik in ihren verschiedenen Formen sozusagen zum ersten Sendboten guten Willens von Onkel Sam geworden ist«. (133)

Verschiedene Gruppen und Solisten, die eher an ihrer Karriere oder an schönen Reisen ins Ausland interessiert waren als an politischen Hintergründen, erhielten für ihre Tourneen die Unterstützung der amerikanischen Regierung – doch mit dem Ziel, für die Politik Washingtons Sympathien zu wecken, selbst bei den Völkern, die die Opfer dieser Politik waren, und zu den Zeiten, wo die Brutalität der Aktionen des großen Landes am schärfsten hervortrat: während des Vietnamkrieges, bei der Unterstützung des Apartheidregimes in Südafrika, bei der Bedrohung von Nikaragua, während der Unterstützung des Putsches in Chile oder während der Invasion in Grenada.

Der Bebop-Musiker »Dizzy« Gillespie

Wie das funktionierte, wird aus folgendem Text einer Plattenhülle ersichtlich: »Die Band erreichte ihren musikalischen wie diplomatischen Höhepunkt in Athen ... John ›Dizzy‹ Gillespie und seine Jazz-Botschafter kamen kurz nach den Unruhen im Mai 1956 an, und es gab intensive, antiamerikanische Gefühle ... Das Eröffnungskonzert wurde für dieselben Studenten veranstaltet, die die Fenster des US-Informations-Service mit Steinen beworfen hatten ... Nach dem Konzert trugen sie ihn auf den Schultern nach draußen ... Diese Musik hatte ihnen die fröhliche, großzügige Seite des amerikanischen Lebens gezeigt.« (134)

So wurden – von diesen oft unbewußt und unbeabsichtigt – hervorragende Musiker zu Handlangern der durchaus nicht so hervorragenden außenpolitischen Absichten des State Departments.

Durch neue elektronische Entwicklungen werden die Möglichkeiten der Einflußnahme auf andere Länder noch verstärkt. Video, Satelliten- und Kabelfernsehen sowie Werbesender werden in den Dienst der Propaganda gestellt. Die Welt – die westliche und möglichst auch die östliche – soll von einer Welle erfaßt werden, die sich von »Dallas« und »Denver« bis zu den brutalsten und gruseligsten Videos erstreckt und von billigen T-Shirts mit den amerikanischen Farben oder Wappen von Baseballmannschaften, Hochschulen und Kaufhallenfirmen über Uniformteile mit Rangabzeichen und »Ranger«-Aufnähern bis zu den neuesten Pop-Schlagern. Zu diesem Zweck werden Musik, Film, Literatur, Tänze und Kleidung benutzt. Und die Rechnung geht auf. Selbst Begriffe der Drogenszene wie »high«, »trip«, »junk«, »joint« und Dutzende andere – wahrlich Ausdrücke der bittersten Tragödie – haben mancherorts einen Hauch des Reizvollen und Modischen und tragen dazu bei, neue Opfer zu gewinnen und das Image der USA »schillernder« zu machen.

Dennoch wäre es falsch, alles Amerikanische abzulehnen – falsch und vergeblich. Neben der seit 1945 so gefährlichen Politik und neben vielen verderblichen Erscheinungen gab es allein in der Musik auch sehr viel Anregendes, ob es im Jazz, Blues, Soul, Rock oder in der Folk Music war, so daß es auch hier schwer und beinahe unmöglich ist, eine genaue Trennungslinie zu ziehen.

Die bewegte Vergangenheit der USA mit ihren unaufhörlichen Wellen neuer Einwanderer, die alle neue Kulturimpulse, neue Musiktraditionen mitbrachten, die Vermischung afrikanischer und europäischer Musik, all das ließ eine reiche und schöne Kultur entstehen. Sogar die tiefe Tragik dieses so reichen Landes, wo neben riesigen Vermögen noch immer soviel Armut besteht, und wo es, hervorgerufen durch diese Kontraste, viele Kämpfe gibt, trägt zur Entstehung einer breiten Vielfalt bei, voller Lust, Humor, Ironie, Trauer, manchmal auch Resignation, doch immer wieder Kampfesmut in unzähligen Variationen. Das alles widerspiegelt die Musik des amerikanischen Volkes, die dem häufigen Mißbrauch, der Verkitschung und der Kommerzialisierung immer wieder trotzt. Darauf beruht wohl auch ihre Wirkung auf andere Völker, die legitim ist. Doch sollte man sich hüten – sowohl vor schroffer Ablehnung als auch vor der Jagd nach amerikanischen Mode-Neuheiten, die häufig mit blauäugiger Naivität verbunden ist und zu einem Verkennen oder Ignorieren der ganzen Wahrheit über dieses mächtige Land und seine Beziehungen zur übrigen Welt führt.

Die Musik, die Kultur, aber auch die Welt sind ja so kompliziert. Das wird schlicht, aber bewegend in folgendem Lied widergespiegelt, dessen Text Pete Seeger fast wörtlich der Bibel entnahm. Dabei sind diese Worte eigentlich ein Ausdruck marxistischer Dialektik. Das Lied ist immens erfolgreich und existiert in vielen Versionen.

TURN, TURN, TURN

Chorus:
To everything *(turn, turn, turn)*
There is a season *(turn, turn, turn)*
And a time for every purpose under
  heaven.
A time to be born, a time to
  die;
A time to plant, a time to reap;
A time to kill, a time to heal;
A time to laugh, a time to weep.

Chorus:
To everything ... *(repeat beginning)*
A time to build up, a time to tear down;
A time to dance, a time to mourn;
A time to cast away stones, a time
  to gather stones together.

Chorus: ...
A time of war, a time of peace,
A time of love, a time of hate,
A time you may embrace, a time to refrain
  from embracing.

Chorus: ...
A time to gain, a time to
  lose,
A time to rend, a time to sew,
A time of love, a time of hate,
A time of peace – I swear, it's not
  too late.

TURN, TURN, TURN
(DREHEN, DREHEN, DREHEN)

Refrain:
Ein jegliches *(turn, turn, turn)*
Hat seine Zeit *(turn, turn, turn)*
Und jedes Vorhaben unter dem Himmel hat
  seine Stunde.
Geboren werden hat seine Zeit, Sterben
  hat seine Zeit.
Pflanzen hat seine Zeit, Ernten hat seine Zeit.
Eine Zeit zum Töten, eine Zeit zum Heilen,
Eine Zeit zum Lachen, eine Zeit zum Weinen.

Refrain:
Ein jegliches ... *(wie am Anfang)*
Bauen hat seine Zeit, Abreißen hat seine Zeit,
Eine Zeit zum Tanzen, eine Zeit zum Klagen,
Eine Zeit zum Steinewegwerfen, eine Zeit
  zum Steinesammeln.

Refrain: ...
Eine Zeit zum Streiten, eine Zeit für Frieden,
Eine Zeit zum Lieben, eine Zeit zum Hassen,
Eine Zeit zum Herzen, eine Zeit, damit
  aufzuhören.

Refrain: ...
Eine Zeit zum Gewinnen, eine Zeit zum
  Verlieren,
Eine Zeit zum Zerreißen, eine Zeit zum Flicken,
Eine Zeit zum Lieben, eine Zeit zum Hassen,
Eine Zeit des Friedens – ich schwöre, es ist
  nicht zu spät.

Die letzte Zeile, die nicht aus der Bibel entnommen ist, ist typisch für Pete Seeger und hat eine große Bedeutung.

Alte und neue Stimmen

Kämpferische Lieder und Volkslieder aller Art waren auch in den achtziger Jahren zu hören – selbst, wenn sie von den großen Plattenverlagen, vom Fernsehen und anderen Massenmedien in der Regel ignoriert wurden und daher weder im Inland noch im Ausland ein Massenpublikum erreichen konnten. Kleinere Festivals der Folk-Sänger und -Musiker auf regionaler Basis oder auch Treffen bestimmter Instrumenten-

Bernice Reagon, Leiterin von »Sweet Honey in the Rock«

gruppen oder Musizierstile bereicherten noch immer die Sommerwochenenden an verschiedenen – meist kleineren – Orten des Landes.

Nicht alle Sänger aus den sechziger Jahren sind verschwunden: Guy Carawan, einer der Geburtshelfer von »We Shall Overcome«, war weiterhin an der Highlander School als Sänger und Organisator tätig, Tom Paxton schrieb und sang noch immer,

Die Sängerin Holly Near

Barbara Dane zog mit Blues und Kampfliedern durchs Land, Suni Paz trug – wie viele andere – ihre Lieder auf spanisch vor – und viele US-Amerikaner bemerkten überrascht, daß diese Sprache ja in ihrem Land für Millionen die Muttersprache war.

Dr. Bernice Reagon, einstiges Mitglied der »Freedom Singers« in Albany (Georgia) und Gründerin von Festivals und kulturellen Aktionen, die die Musik der Schwarzen als Kampfkultur am Leben erhalten sollten, erzielte seit 1973 große Erfolge mit ihrer A-cappella-Gruppe »Sweet Honey in the Rock«, einem professionellen, künstlerisch ausgebildeten Quintett von schwarzen Sängerinnen. Sie trugen in vielen Konzertsälen die schönen und aussagekräftigen Lieder der Schwarzen und speziell der Frauen vor. Bei Kampfaktionen – für Abrüstung, gegen Apartheid, für Namibia – waren die fünf oft zu hören.

Die rotblonde Holly Near, die als Mädchen viele Vorbilder hatte – Judy Garland, Edith Piaf, die Weavers, Aretha Franklin und Paul Robeson –, gelangte während einer Antivietnamkriegs-Tournee mit Jane Fonda und Donald Sutherland durch die Philippinen zu politischem Bewußtsein. Sie wurde mit dem fürchterlichen Elend der Frauen konfrontiert, die durch das Einrichten von US-amerikanischen Armeestützpunkten aus der Landwirtschaft verdrängt worden waren und zur Prostitution gezwungen wurden. Zunächst verstand sie noch nicht, warum alle Tourneemitglieder weinten, als sie von der Ermordung Allendes in Chile erfuhren. Doch bald sang sie gemeinsam mit Ronnie Gilbert, dem ehemaligen Mitglied der Weavers, ihr beeindruckendes, trauriges Lied über die in Chile unter Pinochet verschwundenen Frauen – »Hay una mujer«. War ihr schon durch ihre Lieder für die Rechte der Frauen der

Pete Seeger wird in Schönefeld empfangen
(von links nach rechts: Toshi und Pete Seeger und der Autor)

Weg zum kommerziellen Erfolg erschwert, so war er nun durch ihre politischen Themen völlig versperrt. Doch unverdrossen sang sie auch weiterhin zusammen mit
Ronnie Gilbert gegen Reagan, gegen Rassismus, für die Antikriegs-Demonstrantin-
nen in Greenham Common, England, für Nikaragua und für den Weltfrieden.

Unter den Sängern, die auch in den achtziger Jahren noch aktiv sind, ist besonders
Pete Seeger als anerkannter »Altmeister« zu erwähnen, der schon von den »Urzei-
ten« an dabei ist, der die Almanacs und die Weavers mitgegründet hat, der, trotz
spärlich gewordener Haare und Unsicherheit bei manchen Tönen, jung geblieben ist
in seinem Singen – und in seinem rastlosen Engagement. Wie stets ist er noch immer Meister in der Kunst, das Publikum zum Mitsingen zu bewegen. 1986 konnte er
das auch bei seinem sehr erfolgreichen zweiten Besuch in der DDR demonstrieren.

An dieser Stelle muß auch noch eine andere Variante erwähnt werden, die in der
Musik dargeboten wird. Bereits seit 1959 zieht die »San Francisco Mime Troupe« an
den Wochenenden in die Parks der großen Stadt an der Bucht. Schnell wird eine ein-
fache Bühne errichtet, von der aus sie für Sonntagsspaziergänger und die Fans der
Gruppe ihre Stücke vorträgt. Diese enthalten viel gute und moderne Musik, sind voller Humor und mit aktuellen Anspielungen gespickt, werden immer im Slang vorgetragen – manchmal auch ein wenig ordinär, mit Temperament und Tempo. Die Aussagen der Stücke wurden von Anfang an unverschleiert und direkt präsentiert:
gegen den Vietnamkrieg, gegen die Unterdrückung der Frauen und Minderheiten,
gegen Prüderie und Reaktionäre (und deren heuchlerische Kreuzzüge gegen Abtrei-

Straßentheater »San Francisco Mime Troupe«

bung, Homosexuelle u. dgl.), gegen Reagan und den Imperialismus. Sie engagieren sich für die Arbeiter, die Rentner, die einfachen Leute, überraschen mit erstaunlichen Einfällen, ohne jemals phrasenhaft zu werden. In der kälteren Jahreszeit gehen sie auf Tourneen durch die USA, nach Kuba, Nikaragua, Westeuropa und gastierten 1985 auch in der DDR – immer mit Erfolg.

Ebenfalls in der Tradition des Straßentheaters steht auch das »New York Street Theater Caravan«, das 1970 von Theaterleuten gegründet wurde und meist vor Arbeiterpublikum spielt. Sie treten mit gleicher Begeisterung auf wie ihre Kollegen aus San Francisco, und genau wie bei diesen gibt es auch hier Musiker und Schauspieler

Das »New York Street Theater Caravan«

verschiedenster Hautfarbe und Herkunft. Auch die Gruppe aus New York besuchte Nikaragua, wo sie neue Impulse für ihre Sketche fand.

Ebenfalls in New York entstanden in den achtziger Jahren faszinierende neue Trends. Diese stammen vorwiegend aus dem schwarzen Ghetto und dem spanisch sprechenden, meist puertorikanischen »Barrio«, aus Harlem und aus der Süd-Bronx. Dazu gehört der Break-Dance mit seinen eckigen Bewegungen, den schier unmöglich erscheinenden Drehungen auf dem Kopf oder auf den Schultern, die Beine in der Luft, mit seinem ansteckenden Rhythmus und der Freude, Geschmeidigkeit und Geschwindigkeit der Ghettojungen, die ihn präsentierten. 1983 machte ihn der Film »Flashdance« bekannt, gefolgt von einer Reihe weiterer Filme.

Für diese jungen Leute bedeutete der Break-Dance – ebenso wie die mitunter recht kunstvolle, wenn auch verbotene Dekoration von New-Yorker U-Bahnwagen mit grellen Farben aus Spraydosen – einen kulturellen Ausbruch aus der Misere und Hoffnungslosigkeit des Slum-Lebens. Einige wenige wurden durch den Break-Dance berühmt, und nachdem dieser Tanz einmal bekannt geworden war, wurde er von elastischen Menschen in anderen Ländern nachgeahmt und seine Figuren weiterentwickelt. 1983/84 produzierte Harry Belafonte den Film »Beat Street«, der ein interessantes Bild dieses Milieus, seiner Tänze und seiner Musik bietet.

Dem Break-Dance als Volkskultur des Ghettos verwandt und ebenfalls in diesem Film zu hören ist die Rap-Musik. Rap ist seit langer Zeit ein Slang-Ausdruck für »Reden und Miteinandersprechen«. Die Rap-Musik entstand schon vor Jahrzehnten, sie wurde in den siebziger Jahren langsam populär und in den Achtzigern weithin bekannt. Sie ist eine Art musikalischer Straßenpoesie, scharf synkopiert, mit abrupt abbrechenden Textfetzen, aufregend und kritisch, meist bissig und radikal. Sie ist oft mit einer Technik verbunden, die »scratching« (kratzen) genannt wird und von Discjockeys entwickelt wurde. Beim Abspielen von Schallplatten werden Kratzgeräusche erzeugt, das Tempo verlangsamt oder Plattenrillen übersprungen, was ein großes Geschick verlangt. »Scratching« ermöglicht auch Textänderungen und -zusätze durch den Discjockey.

Auch hier versuchte natürlich die Musikindustrie einzusteigen, die scharfen Ecken und Kanten abzuschleifen und die Texte in harmlosere Richtungen zu lenken, und manchmal gelang es. Doch immer wieder setzte sich der harte, mitunter zynische oder auch abgebrühte, doch selten pessimistische Kommentar der Ghetto-Jugend über ihre miserable Welt durch. Hier war wirklich eine neue Volkskultur entstanden.

In den achtziger Jahren gibt es einige, meist unbekannte Sänger, die neue Formen und neue Themen mit alten musikalischen Kampftraditionen verquicken. Ein Trio aus Kentucky, »Ye Knights of Labor Band« (»ye« ist eine altertümliche Form von »the«), präsentiert Lieder der Arbeiterbewegung von den Rittern der Arbeit der 1880er Jahre bis zu neuen Arbeiterliedern der 1980er Jahre. Todd Smith und Tom Juravich gestalteten ein Programm, in dessen Mittelpunkt das Leben von Joe Hill steht, und brachten die Delegierten eines der größten Gewerkschaftsverbände der USA dazu, die alte, kämpferische Arbeiterhymne »Solidarity Forever« begeistert mitzusingen, was durchaus keine Alltagserscheinung ist. Ein Mitglied der Gewerkschaft sammelte Zehntausende Unterschriften, die man dem Gouverneur von Utah überreichte, mit der Forderung nach einer postumen Rehabilitierung von Joe Hill.

Auch andere alte Traditionen wurden wieder wach. Zur großen »Solidarity-Day«-Kundgebung am 19. September 1981 versammelten sich in Washington viele Gewerkschafter, ein großer Teil von ihnen war schwarz. Die Reden und Lieder waren leider nicht allzu zündend, und die Aufmerksamkeit ließ nach. Plötzlich trat die schwarze Sängerin Jenny Burton ans Mikrophon und begann, leise und langsam zu singen. Sie sang eine Strophe des Liedes »Lift Every Voice and Sing« (Erhebt jede Stimme und singt), das 1900 von den Brüdern Rosamond und James Weldon Johnson gedichtet und komponiert worden war und etwa seit 1915 als »inoffizielle Nationalhymne« aller schwarzen Amerikaner galt, jedoch seit Jahren selten gesungen wurde. Die sechzig- bis achtzigtausend Anwesenden hörten fast atemlos zu, und als die Sängerin die erste Strophe wiederholte, da erhoben sie ihre Stimmen und sangen mit. »Ein meisterhaftes Beispiel von Musizierkunst«, nannte Pete Seeger das Massensingen. »Ich habe das Lied noch nie besser gesungen gehört.« (135)

Hier sangen und kämpften Schwarze, dort kämpften und sangen Frauen. Hier waren es verschiedene Gewerkschaftsgruppen, dort waren es Anhänger der Friedensinitiative, nationale Minderheiten, ethnische Gruppen aus Dutzenden von Ländern. Zu oft jedoch sangen und kämpften sie voneinander isoliert. Von oben her ist man auch daran interessiert, daß sie gespalten und damit schwach bleiben. Um sie zu stärken, galt es, sie zusammenzubringen. Manchmal gelang es.

Arlo Guthrie und Pete Seeger

Ein paarmal im Jahr treffen sich Sänger im Nordosten für ein langes Musikwochenende; sie nennen sich »People's Music Network« – etwa »Netzwerk« oder »Bund der Musik des Volkes«. Seeger schildert sie als eine Gruppe von Lehrern, Arbeitern, Angestellten mit allerlei Ansichten: Pazifisten, Anarchisten, Katholiken, Vegetarier und Revolutionäre. Was dabei herauskommt, ist gute Musik und immer besser werdende Musiker – wie z. B. die Lehrerin Ruth Pelham, die sich wunderbare und oft auch kämpferische Massenlieder ausdenkt, die leicht zu lernen sind. Solche Gruppen von engagierten Laien gibt es auch an anderen Orten.

1985, nach anderthalb Jahrzehnten, wurde wieder ein Newport Folk Music Festival durchgeführt. Es ist noch offen, ob sich auch diese Tradition wiederbeleben läßt.

Im September 1984 fand in Oakland (Kalifornien) ein ungewöhnliches Festival statt – mit Workshops und einem Konzert, das siebeneinhalb Stunden dauerte. Es wurde über die Probleme mit der kommerziellen Musikindustrie und die Rolle der Musiker in den Arbeitskämpfen der Gegenwart diskutiert. Bei einem Workshop über die Musik der Schwarzen, geleitet von Angela Davis, war die Rede von Rap-Musik und Break-Dance als »trotzigen Beispielen einer schöpferischen, nicht unterzukriegenden Menschlichkeit«. In anderen Workshops ging es um die Musik der Frauen, Lieder für Kinder, Musik gegen Nuklearwaffen und auch um elektronische Musik.

Guy Carawan von der Highlander School sang seinen Konferenzbericht vor. Sänger mexikanischen Ursprungs stellten Kontakte zur Bewegung »Neues Lied« in Lateinamerika her. Das Hauptthema der Konferenz war, wie sich Musiker aller Art in ihrem Kampf gegen Kriegsgefahr und die Regierungspolitik sowie gegen die Medien und Verlage, die diese unterstützen, gegenseitig helfen können.

Das gemeinsame Konzert zeigte eine bunte Vielfalt. Der alte Gitarrist und Blues-Sänger »Brownie« McGhee war da, der einst zu den Almanac-Singers gehört hatte. Sänger von der Obstpflückergewerkschaft, die in den sechziger und siebziger Jahren die Weintrauben- und Kopfsalatboykotts im ganzen Land angeführt hatte, sangen ihre Lieder auf spanisch. Dann kam »Sistah Boom«, eine Percussion-Band, die aus Frauen besteht. Rap-Musik war vertreten, eine jüdische Teilnehmerin sang »Free Palestine Now« (Befreit Palästina). Die große »Ritual-Band« trug ein Lied aus Südafrika vor. Zweitausend Mitglieder von »Freedom Song Network« sangen das Lied des Schotten Dick Gaughan, »Do You Think the Russians Want War?«. Dieses Lied hatte er geschrieben, nachdem er bei einem Festival des politischen Liedes in Berlin von Jürgen Walter eine deutsche Version des Gedichts von Jewgeni Jewtuschenko gehört hatte.

Jedes Jahr im Juni organisiert Toshi Seeger gemeinsam mit etwa fünfzehn anderen Leuten ein Festival am Hudson-Ufer unweit des Blockhauses, das die Seegers bewohnen, und auch nicht weit von Peekskill entfernt, wo Paul Robesons Konzert 1949 brutal gestört worden war. Auf vielen Bühnen können Junge und Alte je nach Wunsch und Laune Zauber, Tänze, Lieder und andere Musik erleben, und zwischen den Bühnen gibt es kunstgewerbliche Vorführungen und köstliche Gerichte. Bekannte Künstler wie Arlo Guthrie, »Sweet Honey in the Rock« und natürlich Pete Seeger traten hier bereits auf, doch auch westafrikanische Gruppen, Eskimo-Sänger, armenische Musiker, Indianertänzer und Vertreter vieler der mehr als fünfundneunzig Nationalitäten, die in New York leben. Oft waren 20 000 an solchen Wochenenden gekommen, doch verglichen mit den Festivals für irische Musik, italienische Musik, jüdische Musik, Fiedel- oder Banjo- oder Blues-Musik ist das keine allzu große Zahl. Von diesen werden manchmal mehr als 100 000 Gäste angelockt. Die Hauptakteure dabei sind größtenteils Laienmusiker, wenn in der Regel auch einige bekannte Namen die Besucherzahlen noch erhöhen.

Solche Ereignisse werden von den Massenmedien meist ignoriert, besonders wenn dahinter eine politische Tendenz vermutet wird. Doch – genau wie in der Vergangenheit – gibt es gelegentlich einen Durchbruch. Einen solchen Durchbruch erzielte Bruce Springsteen.

Er stammt aus einer von der Krise im Nordosten hart betroffenen Kleinstadt in New Jersey. In der Mitte der siebziger Jahre hatte er erste Erfolge und wurde häufig mit Bob Dylan verglichen. An der Protestkundgebung der Kernkraftgegner 1979 in Madison Square Garden nahm er bereits als Prominenter teil. Zu Beginn der achtziger Jahre las er die Biographie von Woody Guthrie und wurde vom Vorbild des kompromißlosen Sänger-Dichters genauso fasziniert wie zwanzig Jahre vor ihm Bob Dylan. In seinen Konzerten interpretierte er mit Gitarre und Mundharmonika eine neue Version von Guthries Lied »This Land Is Your Land« und nannte es »das beste

Bruce Springsteen, dessen »Born in the USA«
ein Riesenhit wurde

Lied, das je über das Versprechen Amerikas geschrieben wurde ... ein Versprechen, von dem jeden Tag für viele Menschen ein Stück abbröckelt«. (136) Guthries Einfluß auf Inhalt und Qualität der Lieder von Bruce Springsteen ist eindeutig.

Springsteen singt laut, in hartem, schnellem Tempo – doch dann auch wieder leise und verhalten. Sehr oft geht es in seinen Texten um die Beziehungen zwischen Mann und Frau, doch nicht vor einem Hintergrund aus rosaroten Wolken, sondern aus dem rauhen, bitteren Leben gegriffen, das er aus den von Krisen heimgesuchten Industriegebieten kennt, also realistisch, packend, wahr – und gerade deshalb zu Herzen gehend. »Johnny 99«, der Arbeiter ohne Job, der einen Unschuldigen tötet, gesteht sein Verbrechen und erzählt dem Richter von seinen Problemen: von der steigenden Schuldenflut, von der Drohung, aus dem Haus geworfen zu werden, und von seiner Verzweiflung. Er wird zu neunundneunzig Jahren Haft verurteilt. »My Hometown« (Meine Heimatstadt) berichtet vom Guten und Schlechten in den Jahren seiner Kindheit und von dem Entschluß, seine perspektivlose Heimatstadt mit Frau und Sohn für immer zu verlassen. Springsteens bittere Lieder, voller Liebe und Sympathie für die Porträtierten, sind musikalisch perfekt und kommen vorwiegend bei jungem Publikum an.

1984 produzierte er »Born in the USA« (Geboren in den USA). Der Titelsong ist sein bisher größter Hit und gleichzeitig das am meisten mißverstandene seiner Lieder. Viele Leute hören nur den Refrain und glauben, es handele sich um ein »patriotisches« Lied wie so viele andere, nur besser gemacht. Selbst Ronald Reagan ging diesem Irrtum auf den Leim und tönte: »Amerikas Zukunft ruht ... auf so hoffnungsvollen Aussagen wie in den Liedern von New Jerseys Bruce Springsteen.« (137) Doch wer'genau hinhört, erkennt den Fehler. In dem Lied äußert sich ein junger Mann, der sich einst etwas zu schulden kommen ließ, woraufhin man ihm ein Gewehr in die Hand drückte, damit er »in einem fremden Land den gelben Mann töte«. Nun ist er seit zehn Jahren zurück und sucht noch immer vergebens nach seinem Platz im Leben.

Die Platte erzielte die besten Verkäufe in der Geschichte von Columbia – für diese Plattenfirma hatte ihn der alte John Hammond gewonnen. Bruce Springsteen gelang es, an sechs Abenden hintereinander ein Stadion mit 60 000 Plätzen zu füllen und an jedem Abend fast vier Stunden zu spielen und zu singen.

Als in seiner Heimatstadt eine Ton- und Videobandfabrik geschlossen werden sollte – fast schon der letzte Betrieb in dieser ehemaligen Textilstadt –, war er zur Stelle und unterstützte den Kampf um die Rettung der Arbeitsplätze mit seinem Auftritt und seinem Geld.

Auf ähnliche Weise unterstützte er die Gewerkschaft der Stahlarbeiter in Homestead (Pennsylvania). Solche Einsätze wiederholt er ständig, was sich auch in seinen Liedern niederschlägt. In »Seeds« (Saaten) schildert er Autoarbeiter von Detroit, die auf der Suche nach Arbeit in die Erdölfelder von Houston (Texas) fahren, dort aber nichts finden, in ihren Autos schlafen und aus dem Fond schon den »Friedhofshusten« ihres Kindes hören.

Konzerte mit konkreten Zielen

Für die unter einer gewaltigen Dürrekatastrophe leidenden Bewohner von zehn Ländern Afrikas produzierten mehrere berühmte Künstler eine Langspielplatte ohne Profit; zu ihnen gehörten Harry Belafonte, Michael Jackson, Quincy Jones, Lionel Richie und Kenny Rogers. Diesen schlossen sich noch viel mehr Prominente an, darunter Ray Charles, Bob Dylan, Billy Joel, Cyndi Lauper, Bette Midler, Willie Nelson, Diana Ross, Paul Simon, Tina Turner, Dionne Warwick und Stevie Wonder. Gemein-

»We Are the World«, die Platte vom Solidaritätskonzert »USA for Africa«

sam sangen sie »We Are the World« (Wir sind die Welt), wozu jeder ein paar Worte oder eine Zeile beitrug, bevor sie gemeinsam den Refrain sangen.

Einer der Mitwirkenden, der Ire Bob Geldof, organisierte wenige Monate später das spektakuläre »Live-Aid«-Doppelkonzert in London und Philadelphia, das die Musikfans vieler Länder für etwa sechzehn Stunden an den Bildschirmen festhielt. Diesmal wirkten noch mehr Prominente mit. Unter ihnen auch Bob Dylan, der sein Lied mit der Bemerkung einleitete, daß auch in den USA sehr viele Farmer große Schwierigkeiten hätten und Hilfe benötigten.

Angeregt von dieser Veranstaltung, kam es im Oktober 1985 zu dem riesigen »Farm-Aid«-Konzert in Champaign (Illinois), wo 78 000 Menschen fast fünfzehn Stunden lang zuhörten und – soweit es möglich war – zuschauten. Hier nahmen einige der besten Vertreter der Country- und Rock-Szene teil, schwarze Musiker waren allerdings diesmal kaum beteiligt. Unter den Country-Stars waren Loretta Lynn,

Pete Seeger bei seinem Auftritt in der DDR 1986

gemeinsam planen, arbeiten, ausharren und marschieren, bringt sie Elan, Kraft und Ausdauer, Inspiration und Exaltation.« (130)

Und Pete Seeger sagte: »Lieder können Menschen erreichen, wo Bücher und Reden das nicht vermögen. Aber unsere besten Lieder sind noch nicht geschrieben. Ich freue mich bereits darauf, diese neuen Lieder zu hören ... Denn die Gefahr des Krieges ist groß, und für Musiker und Liedermacher eröffnet sich hier ein weites Aufgabengebiet. Wenn wir nicht bessere Lieder schreiben, dann erfüllen wir unsere Pflicht nicht. Wir müssen Lieder schreiben, die so komisch sind, daß selbst unsere Feinde lachen müssen. Wir müssen Lieder schreiben, die so voller Mut sind, daß die Feiglinge aufhören wegzulaufen und sich umdrehen und der Gegenwart ins Gesicht sehen. Lieder, die so traurig sind, daß selbst die Hartherzigen zu weinen beginnen. Wir brauchen Geschichten in den Liedern, die so interessant sind, daß man nicht aufhören kann zuzuhören, solange man den Schluß nicht gehört hat. Wir brauchen schöne Melodien, die den Leuten nicht mehr aus dem Kopf gehen, die sie immer und immer wieder singen wollen. Ich hoffe, daß sich die Liedermacher in diese Arbeit stürzen. Das ist die größte Arbeit, die je vor uns lag.« (131)

1 Lyell, Sir Charles: A Second Visit to the United States of North America, Bd. I, S. 327. London: 1849.
Zitiert in: Stearns, Marshall: The Story of Jazz, S. 70. New York: Oxford University Press, 1956.

2 Ives, Burl: Burl Ives Song Book, S. 2. New York: Ballantine Books, 1953.

3 Boni, Margaret: The Fireside Book of Favorite American Songs, S. 328. New York: Simon and Schuster, 1952.

4 Krehbiel, H. E.: Afro-American Folksongs, S. 134. New York: Schirmer, 1914. Zitiert in: Stearns, Marshall: a. a. O., S. 65.

5 Greenway, John: American Songs of Protest, S. 39. U. of Pennsylvania, 1953.

6 Lomax, John A.; Lomax, Alan: Folk Song U. S. A., S. 334. New York: Duell, Sloan & Pearce, 1947.

7 DuBois, Prof. W. E. B.: The Souls of Black Folk, S. 182. New York: Fawcett, 1961.

8 Nevins, Allan: Lincoln, War Song, and War Poetry, S. 35. In: The Union, Columbia Records.

9 Ebd., S. 37.

10 Lenin, W. I.: Ein Brief an die amerikanischen Arbeiter, Werke, Bd. 28, S. 48.

11 Marx, Karl: Das Kapital, Bd. I, S. 7. Berlin: Dietz, 1953.

12 Nevins, Allan: a. a. O., S. 34.

13 Claiborne, Bob: Sing Out!, Jg. 2, Nr. 3 (Sept. 1951), S. 7. New York.

14 Bimba, Anthony: The Molly Maguires, S. 114. New York: International, 1932.

15 Jones, Mary H.: Autobiography of Mother Jones (red. M. F. Parton). Chicago: Charles H. Kerr, 1925.
Zitiert in: Seeger, Pete: The Incompleat Folksinger, S. 85–86. New York: Simon & Schuster, 1972.

16 Goethe, Johann Wolfgang: Wilhelm Meisters Lehrjahre, S. 142–143. Berlin-Weimar: Aufbau, 1983.

17 Boyer, Richard O.; Morais, Herbert M.: Labor's Untold Story, S. 72. New York: Cameron, 1955.

18 Ebd., S. 76.

19 De Caux, Len: The Living Spirit of the Wobblies, S. 21–22. New York: International, 1978.

20 Boyer, Richard O.; Morais, Herbert M.: a. a. O., S. 173.

21 Vorse, Mary H.: Labor's New Millions. New York: 1938.
Zitiert in: Boyer, Richard O.; Morais, Herbert M.: a. a. O., S. 175.

22 Foner, Philip S.: The Case of Joe Hill, S. 96. New York: International, 1965.

23 Deseret Evening News, 26. 11. 1915. Salt Lake City. Zitiert in: Foner, Philip S.: a. a. O., S. 98.

24 Foner, Philip S.: a. a. O., S. 98.

25 Ebd., S. 98.

26 Palmer, Tony: All You Need Is Love, S. 127. München–Zürich: Droemer-Knaur, 1977.

27 Brunn, H. O.: The Original Dixieland Jass Band, S. 173. Baton Rouge: 1960. Zitiert in: Kuhnke, Klaus; Miller, Manfred; Schulze, Peter: Geschichte der Pop-Musik, Bd. I, S. 233. Lilienthal-Bremen: Eres, 1976.

28 Whiteman, Paul; McBride, M. M.: Jazz, S. 139f. New York: 1926. Zitiert in: Kuhnke, Klaus; Miller, Manfred; Schulze, Peter: a. a. O., S. 234.

29 Hughes, Langston: The Big Sea, S. 229. New York: Knopf, 1945. Zitiert in: Stearns, Marshall: a. a. O., S. 131.

30 Lomax, Alan: Sing Out!, Jg. 3, Nr. 6 (Febr. 1953). New York.

31 Ames, Russell: The Story of American Folk Song, S. 267–268. New York: Grosset & Dunlap, 1955.

32 Seeger, Pete: a. a. O., S. 12.

33 Klein, Joe: Woody Guthrie, A Life, S. 144. New York: Knopf, 1980.

34 Manchester, William: The Glory and the Dream, S. 41. New York: Bantam, 1975.

35 Kuhnke, Klaus; Miller, Manfred; Schulze, Peter: a. a. O., S. 298.

36 Manchester, William: a. a. O., S. 27.

37 Eisler, Hanns: Materialien zu einer Dialektik der Musik, S. 54. Leipzig: Reclam, 1976.

38 Ebd., S. 55.

39 Ebd., S. 100.

40 Lomax, Alan; Guthrie, Woody; Seeger, Pete: Hard Hitting Songs for Hard-Hit People, S. 180. New York: Oak, 1967.

41 Ebd., S. 168.

42 People's Songs, Jg. 2, Nr. 1–2 (Febr./ März 1947), S. 6.

43 Gold, Michael: Toward an American Revolutionary Culture. In: New Masses, Juli 1931, S. 13. New York. Zitiert in: Reuss, Richard A.: American Folklore and Left-Wing Politics 1927–1957, unveröffentlichte Dissertation, S. 54. Indiana University: 1971.

44 Gold, Michael: What a World. In: Daily Worker, 19. 10. 1933, S. 5. New York. Zitiert in: Reuss, Richard A.: a. a. O., S. 54.

45 Gold, Michael: Change the World. In: Daily Worker, 21. 4. 1934, S. 7. New York. Zitiert in: Reuss, Richard A.: a. a. O., S. 90.

46 Gold, Michael: Change the World. In: Daily Worker, 22. 11. 1934, S. 5. New York. Zitiert in: Reuss, Richard A.: a. a. O., S. 90.

47 Gold, Michael: Change the World. In: Daily Worker, 2. 1. 1936, S. 5. New York. Zitiert in: Reuss, Richard A.: a. a. O., S. 92.

48 Adomian, Lan: What Songs Should Workers' Choruses Sing? In: Daily Worker, 7. 2. 1934, S. 5. New York. Zitiert in: Reuss, Richard A.: a. a. O., S. 83.

49 Gorki, Maxim: In: New Masses, 2. 10. 1934, S. 29–33. New York. Zitiert in: Reuss, Richard A.: a. a. O., S. 73.

50 Lincoln, Abraham. Zitiert in: People's Song Book, S. 51. New York: Boni & Gaer, 1948.

51 LaTouche, John; Robinson, Earl: Ballad for Americans. New York: RCA Victor, 1939.

52 Reuss, Richard A.: a. a. O., S. 163.

53 Ramsey, Frederic Jr.: Leadbelly: A Great Long Time. In: Sing Out!, Januar 1965, S. 16. New York.

54 Guthrie, Woody. Zitiert in: California to the New York Island, S. 14. New York: Guthrie Children's Trust Fund, 1958.

55 Klein, Joe: a. a. O., S. 90.

56 Ebd., S. 122.

57 Dunaway, David King: How Can I Keep from Singing: Pete Seeger, S. 58–59. New York: McGraw-Hill, 1981.

58 Ebd., S. 64.

59 Lomax, Alan: Interview mit Woody Guthrie, Library of Congress-Schallplatte, 21.–27. 3. 1940.

60 Seeger, Pete: a. a. O., S. 43.

61 Dunaway, David King: a. a. O., S. 70.
62 Klein, Joe: a. a. O., S. 167.
63 Ebd., S. 168–169.
64 Johnson, Dave: In: Northwest Magazine, 2. 2. 1969, S. 10.
65 Seeger, Pete: a. a. O., S. 15.
66 Ebd., S. 59.
67 Ebd., S. 16–17.
68 Dunaway, David King: a. a. O., S. 105.
69 Ebd., S. 80.
70 Ebd., S. 106.
71 Palmer, Tony: a. a. O., S. 220.
72 Guthrie, Woody: In: Sunday Worker, 13. 3. 1946, S. 7. New York. Zitiert in: Denisoff, R. Serge: Great Day Coming, S. 104. Baltimore: Penguin, 1973.
73 Boyer, Richard O.; Morais, Herbert M.: a. a. O., S. 345.
74 People's Songs Bulletin, Jg. 3, Nr. 10 (Nov. 1948), S. 1–2. New York. Zitiert in: Reuss, Richard A.: a. a. O., S. 285.
75 Dunaway, David King: a. a. O., S. 134.
76 Filmmanuskript: Wasn't That a Time, S. 7. New York: Memory Lane Productions, 1981.
77 Ebd., S. 8.
78 Dunaway, David King: a. a. O., S. 141.
79 Ebd., S. 141.
80 Sing Out!, Jg. 1, Nr. 1 (1. 5. 1950), S. 2. New York. Zitiert in: Reuss, Richard A.: a. a. O., S. 330.
81 Sing Out!, Jg. 2, Nr. 5 (Sept. 1951), S. 2. New York. Zitiert in: Reuss, Richard A.: a. a. O., S. 359.
82 Dunaway, David King: a. a. O., S. 165.
83 Sing Out!, Jg. 3, Nr. 2 (Okt. 1952), S. 2. New York.
84 Sing Out!, Jg. 2, Nr. 3 (Sept. 1951), S. 2, 14. New York.
85 Klein, Joe: a. a. O., S. 385.
86 Ebd., S. 405.
87 Doster, Lillie Mae. Zitiert in: Carawan, Guy; Carawan, Candie: We Shall Overcome. In: Talkin' Union, Nr. 7 (Aug. 1983), S. 5. Takoma Park, Maryland.

88 Walker, Wyatt T. Zitiert in: Ebd.
89 Dunaway, David King: a. a. O., S. 225.
90 Seeger, Pete: a. a. O., S. 262.
91 Dunaway, David King: a. a. O., S. 201.
92 Ebd., S. 206.
93 Ebd., S. 212.
94 Seeger, Pete: a. a. O., S. 246.
95 Ochs, Phil: Songs of Phil Ochs, S. 4. New York: Appleseed, 1964.
96 Scaduto, Anthony: Die Biografie Bob Dylan, S. 83–84. Frankfurt/Main: Zweitausendeins, 1976.
97 Ebd., S. 193.
98 Ebd., S. 190.
99 Ebd., S. 205.
100 Ebd., S. 218.
101 Ebd., S. 321.
102 Ebd., S. 302.
103 Ebd., S. 351–352.
104 Dunaway, David King: a. a. O., S. 243.
105 X, Malcolm; Breitman, George: Malcolm X Speaks, S. 135. New York: Grove, 1965.
106 Dunaway, David King: a. a. O., S. 214–217.
107 Seeger, Pete: a. a. O., S. 286.
108 Ebd., S. 301.
109 Ebd., S. 298.
110 Klein, Joe: a. a. O., S. 434.
111 Ebd., S. 421.
112 Seeger, Pete: a. a. O., S. 296.
113 Klein, Joe: a. a. O., S. 287.
114 Paxton, Tom: Ramblin' Boy and Other Songs, S. 5. New York: Oak, 1965.
115 Seeger, Pete: a. a. O., S. 56.
116 Leventhal, Harold: Plattentext zu: Alice's Restaurant, Reprise Records, Warner Brothers, Aug. 1967.
117 Scaduto, Anthony: a. a. O., S. 425.
118 Noebel, David A.: Rhythm, Riots and Revolution, S. 18. Tulsa: Christian Crusade, 1967. Zitiert in: Sing Out!, Jg. 17, Nr. 1 (Febr./März 1967), S. 31. New York.
119 Ebd., S.
120 Noebel, David A.: Communism, Hypnotism and the Beatles. Zitiert in: Denisoff, R. Serge: a. a. O., S. 148.

121 Dane, Barbara: Plattentext zu: FTA! Songs of the GI Resistance, S. 5–6. Brooklyn: Paredon Records, 1970.

122 Berendt, Joachim Ernst (Hrsg.): Die Story des Jazz, S. 155. Stuttgart: Deutsche Verlagsanstalt, 1975.

123 Didion, Joan: Folk Singer's School for Nonviolence Opposed. In: The New York Times International Edition, 19. 3. 1966, S. 5. New York.

124 Dunaway, David King: a. a. O., S. 294.

125 Ebd., S. 304–305.

126 Palmer, Tony: a. a. O., S. 305.

127 Ebd., S. 278.

128 Ebd., S. 306.

129 Ebd., S. 308.

130 Filmmanuskript: Wasn't That a Time, a. a. O., S. 12.

131 Ebd., S. 19.

132 Berendt, Joachim Ernst: a. a. O., S. 152.

133 Handbuch für die psychologische Kriegführung, 1958.
Zitiert in: Kuhnke, Klaus; Miller, Manfred; Schulze, Peter: a. a. O., S. 386.

134 Stearns, Marshall: Dizzy in Greece, Plattentext zu: Verve MGV-8017.
Zitiert in: Kuhnke, Klaus; Miller, Manfred; Schulze, Peter: a. a. O., S. 386.

135 Seeger, Pete: Solidarity Day Music. In: Talkin' Union, Nr. 9 (April 1984), S. 7. Tacoma Park, Maryland.

136 In: Time, 26. 8. 1985, S. 40. New York.

137 Ebd., S. 40.

138 Robeson, Paul: In: American Dialog, Mai/Juni 1965, S. 18. New York.

139 Kirchenwitz, Lutz: Interview mit Pete Seeger. In: Sonntag, Nr. 51, 1981, S. 12. Berlin.

Für die Genehmigung zum Abdruck der Liedtexte danken wir folgenden Verlagen:

Bildnachweis

ADN-Zentralbild/Archiv: S. 14, 119, 120, 130, 143, 167, 207, 223, 230, 269, 275, 277, 285. ADN-ZB/Böttcher: S. 19. ADN-ZB/Flair: S. 225. ADN-ZB/Popper: S. 217. ADN-ZB/Preißler: S. 10. ADN-ZB/Schäfer: S. 257, 282, 288. Irma Commanday: S. 144, 159, 169, 263. Bob Freitag: S. 318. David Gahr: S. 141 (aus: »Sing Out!«), 209. Hanns-Eisler-Archiv der Akademie der Künste der DDR: S. 126. Lewis Hine: S. 58, 80. PdR/Bark: S. 325. Otto Sill: S. 309. Alejandro Stuart: S. 295. G. Zwickert: S. 216. Aus: »Anspruch und Wirklichkeit«, Rütten & Loening, Berlin 1976: S. 22, 42, 124, 249. Aus: Foner/Schultz, »Das andere Amerika«, Elefanten Press Verlag, Berlin (West) 1983: S. 33, 61, 63, 74, 78, 87, 204. Aus: »Friday«, Jg. 1940/1941: S. 55, 56, 77, 98, 99, 125, 138, 182, 188, 271. Aus: Große, »Von der Edisonwalze zur Stereoplatte«, Lied der Zeit, Berlin 1981: S. 107. Aus: J. Klein, »Woody Guthrie«, Alfred A. Knopf, New York 1980: S. 173. Aus: Lewenthal/M. Guthrie, »The Woody Guthrie Songbook«, Grosset & Dunlap, New York 1976: S. 163, 165, 178, 187, 210. Aus: Lomax/Guthrie/Seeger, »Hard-Hitting Songs for Hard-Hit People«, Oak Publications, New York 1967: S. 131. Sammlung Karger-Decker: S. 17, 21, 25, 29, 37. Aus: Schebera, »Hanns Eisler«, Henschel Verlag, Berlin 1981: S. 128. Aus: Seeger/Reiser, »Carry It On!«, Simon and Schuster, New York 1985: S. 52, 64. Aus: »Sing Out!«, New York: S. 67, 135. Archiv des Autors: S. 13, 39, 44, 45, 46, 50, 51, 71, 83, 90, 91, 92, 94, 96, 100, 102, 103, 105, 108, 111, 112, 115, 122, 133, 147, 148, 149, 150, 151, 152, 154, 156, 158, 172, 184, 193, 195, 197, 198, 201, 202, 214, 221, 222, 227, 228, 229, 232, 234, 235, 237, 241, 243, 246, 251, 252, 253, 256, 259, 261, 264, 280, 281, 286, 289, 292, 303, 312, 313, 314, 315, 316, 320, 322, 324.

Für die Unterstützung mit Informationen und die Hilfe bei der Zusammenstellung des Bildmaterials danken der Autor und der Verlag: Russell Ames, Moe Asch †, Irma Commanday Bauman, Barbara Dane, dem Komitee des Festivals des politischen Liedes, Harold Leventhal, Robert Lumer, Lutz Masanetz, Tom Paxton, Walter Rosenblum, Richard A. Reuss, Jürgen Schebera, Pete Seeger, Werner Sellhorn und Wolfgang Tilgner. Außerdem dankt der Autor seinem Sohn Thomas für viele gute Ratschläge.